DUMONT

AF577476

WANDERZEIT IN DER PFALZ

Herrlich entspannte Touren zum Abschalten & Genießen

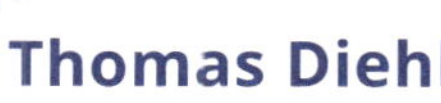

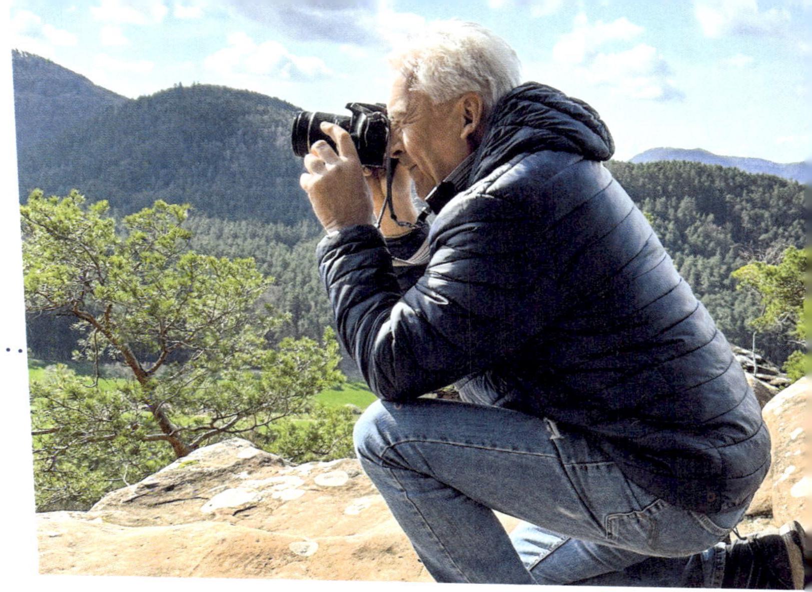

THOMAS DIEHL

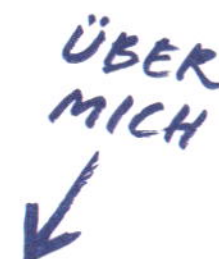

Raus, raus, raus! Schon als kleines Kind wollte ich immer: raus. Und das hat sich bis heute nicht geändert. Mich bewegen, herumstromern, schauen, entdecken, tagträumen. Beim Wandern, Radeln, Bergsteigen oder Paddeln. Das schafft einen wunderbaren Ausgleich zu den vielen Stunden in geschlossenen Räumen – in meinem Hauptberuf als freiberuflicher Dozent, bei der Schreiberei und beim Pflegen meiner Website www.wanderportal-pfalz.de.

Meine persönliche Wanderweisheit:

» **Schuhe aus – ein ganz anderes Lebensgefühl!**

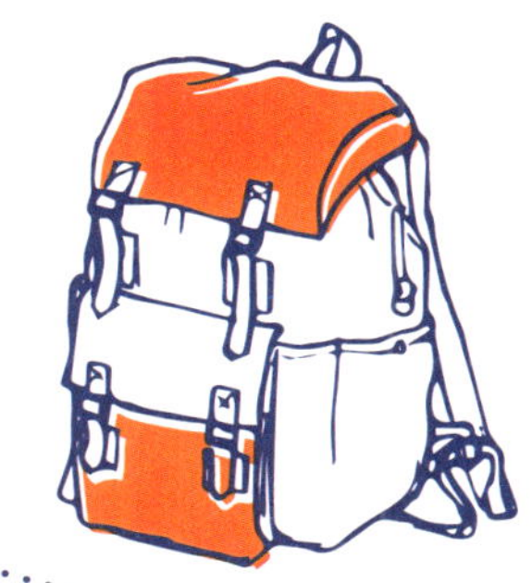

LIEBE LESERIN, LIEBER LESER,

»Papa was a rolling stone, wherever he laid his head was his home«. Schön, wenn man herumstreunen und doch überall ein Zuhause finden kann. Noch schöner, wenn man auch eine Heimat hat. Denn Heimat ist mehr als Zuhause. Der Platz, an dem man schon alles zu kennen glaubt, und dann doch immer wieder Neues entdeckt. Der Platz, an dem man weiß, wie die Landschaft den Menschen geprägt hat und der Mensch die Landschaft. Der Platz, auf den man stolz ist, obwohl er einem geschenkt wurde.

Bei mir ist dies die Pfalz. Mit dem Naturpark Pfälzerwald im Zentrum, flankiert von Rebenhängen und der Rheinebene im Osten, von hügeligen Bauernlandschaften im Westen und Norden.

Eine herrlich entspannte Wanderzeit wünscht

Thomas Diehl

INHALT

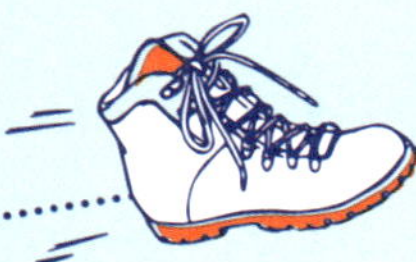

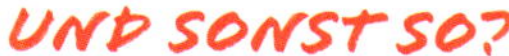
UND SONST SO?

UNTERWEGS AUF DEN SCHÖNSTEN STRECKEN ...

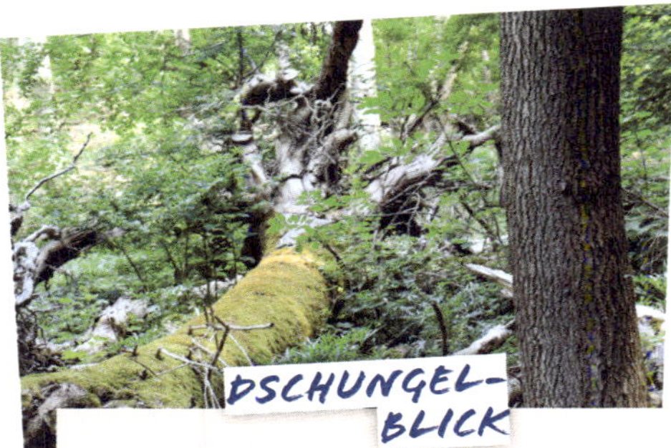

DSCHUNGEL-BLICK

» Auf kieseligen Bergpfaden zu einem weltfernen Aussichtsfelsen. Unten im Talgrund wiegen sich die Baumriesen und die Vögel geben ein Konzert. Dschungelgefühle! Tour 20, zwischen Wildensteiner Tal und Reißender Fels, Seite 204

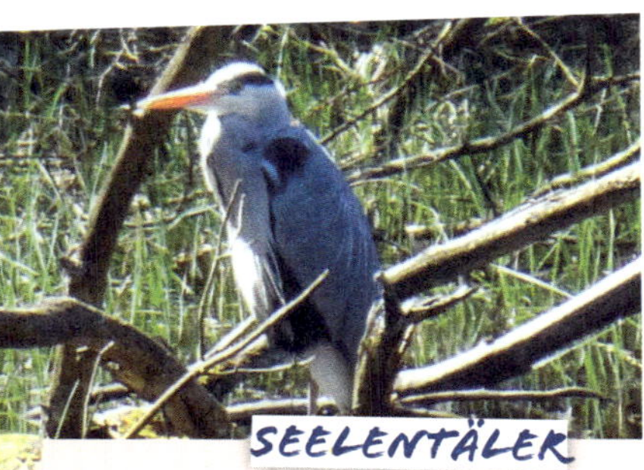

SEELENTÄLER

» Komplett abschalten und die Zeit vergessen. Immer am Waldrand entlang wandern durch eine Parklandschaft mit stillen Gewässern und ausgedehnten Wiesen. Tour 3, zwischen dem Grenzweg und dem Stüdenwoog, Seite 34

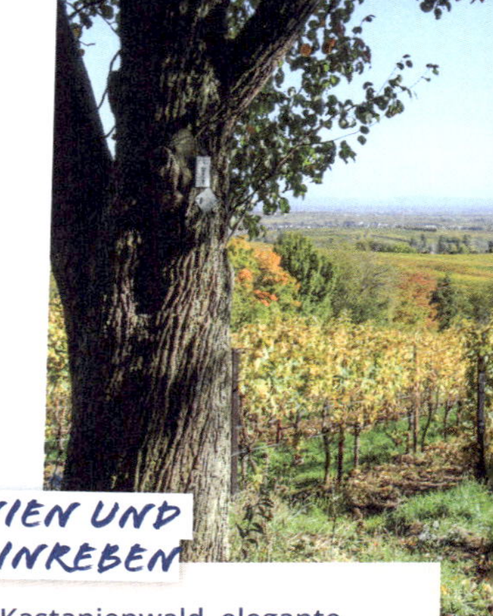

KASTANIEN UND WEINREBEN

» Üppiger Kastanienwald, elegante Weinberge und ein Picknick mit einem weiten Blick in die Rheinebene. Was braucht es mehr? Und das alles innerhalb einer Dreiviertelstunde. Tour 14, zwischen Burgruine Neukastel und Picknickplatz am Keschdebusch, Seite 144.

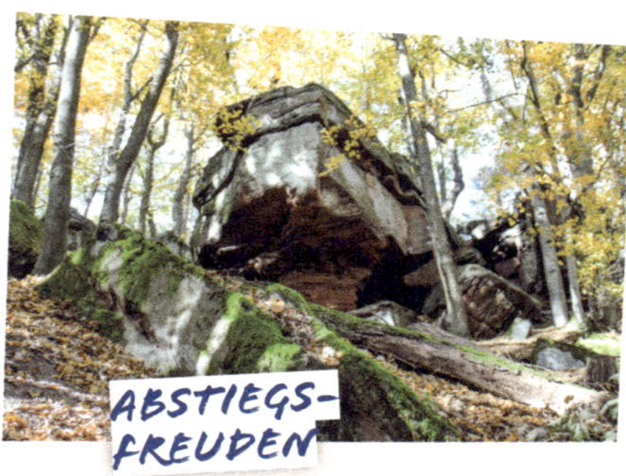

ABSTIEGS-FREUDEN

» Sich zwischen Felstrümmern hindurchschlängeln und dann begleitet von Zwergeichen und Krüppelkiefern hinunterbummeln zu einem romantischen Bergsee. Tour 17, zwischen Felsenmeer und Sandwiesenweiher, Seite 174

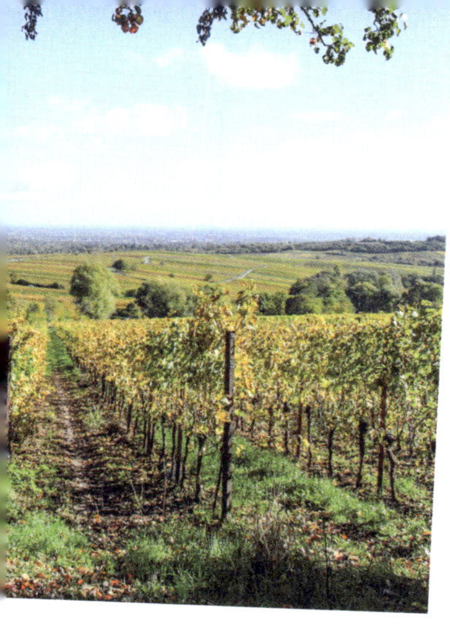

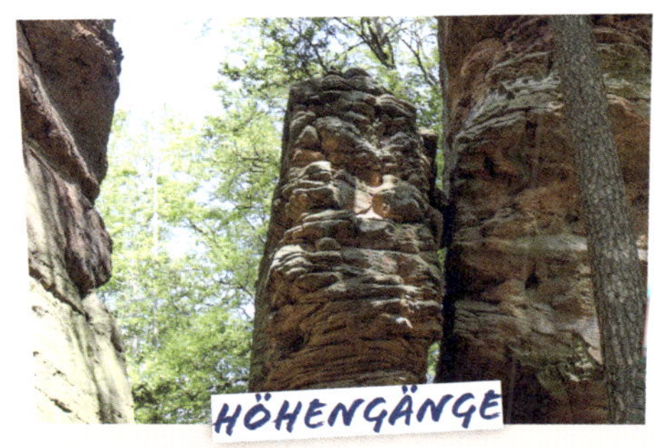

HÖHENGÄNGE

» Durch ein Felsentor schlüpfen, zu einem Felskamm aufsteigen, auf einem Höhenpfad zu einem Felsen-Aussichtsbalkon spazieren und die Kegelberge des Wasgaus zählen. Tour 9, zwischen Löffelsbergfelsen und Buhlsteinpfeiler, Seite 94

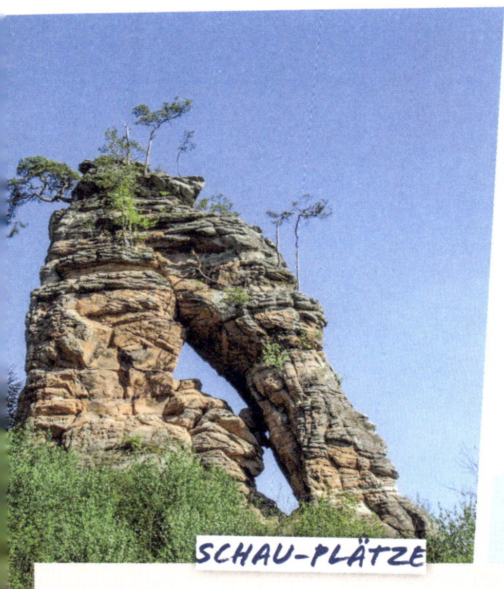

SCHAU-PLÄTZE

» Felslöcher, Spalten, ein Felsenrund inspizieren. Von gesicherten Aussichtskanzeln ist der Blick auf die Buntsandsteinwunder des Dahner Felsenlandes atemberaubend schön. Tour 8, zwischen Schillerfelsen und Pfaffenfelsen, Seite 84

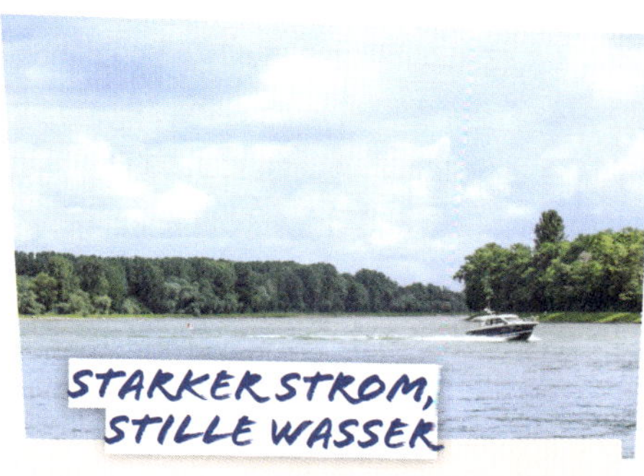

STARKER STROM, STILLE WASSER

» Lastkähne tuckern über den Rhein, Möwen rufen, Fischreiher staken am Ufer. Auf einem historischen Treidelpfad folgt man dem Fluss, umgeben von Auenwäldern und Altrheinarmen. Tour 15, zwischen Schleuse Sondernheim-Süd und Treidelpfad, Seite 154

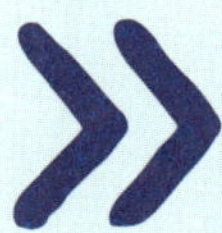

ALLE TOUREN IM ÜBERBLICK

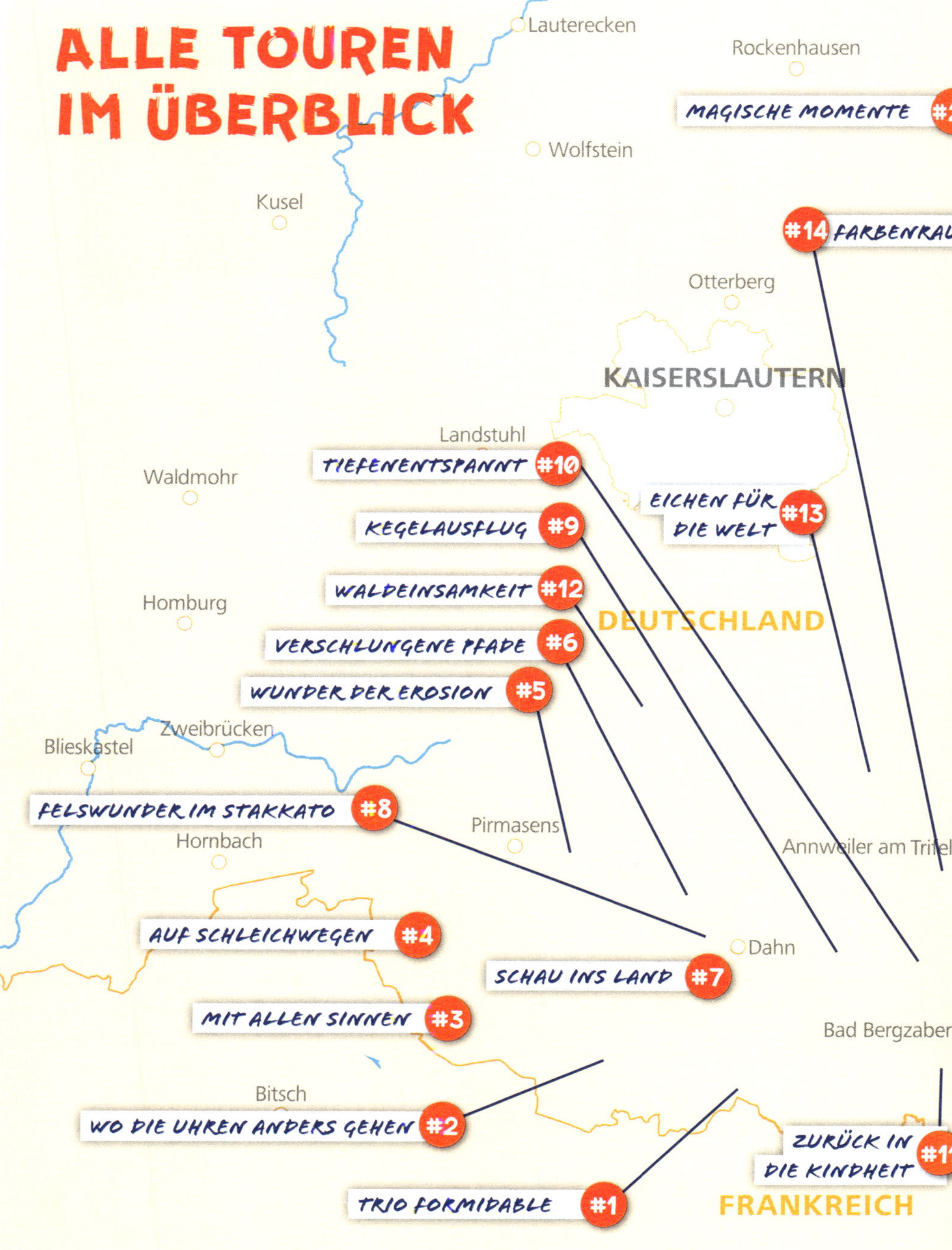

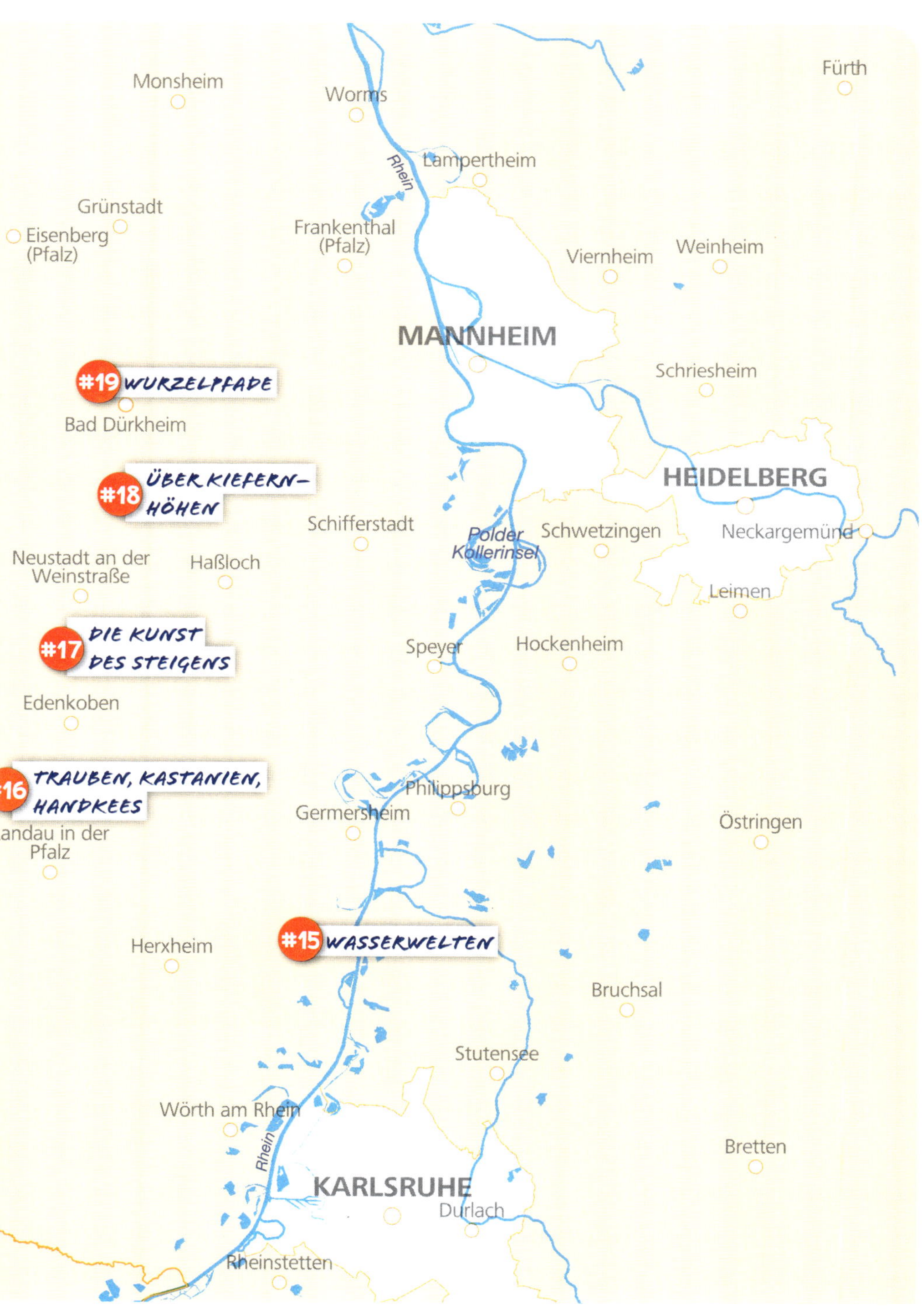

Monsheim
Worms
Fürth
Rhein
Lampertheim
Grünstadt
Eisenberg (Pfalz)
Frankenthal (Pfalz)
Viernheim
Weinheim
MANNHEIM
Schriesheim
#19 WURZELPFADE
Bad Dürkheim
HEIDELBERG
#18 ÜBER KIEFERN-HÖHEN
Schifferstadt
Polder Kollerinsel
Schwetzingen
Neckargemünd
Neustadt an der Weinstraße
Haßloch
Leimen
#17 DIE KUNST DES STEIGENS
Speyer
Hockenheim
Edenkoben
#16 TRAUBEN, KASTANIEN, HANDKEES
Philippsburg
Germersheim
Östringen
Landau in der Pfalz
#15 WASSERWELTEN
Herxheim
Bruchsal
Stutensee
Wörth am Rhein
Bretten
Rhein
KARLSRUHE
Durlach
Rheinstetten

… UND AUCH PAUSE MACHEN NICHT VERGESSEN

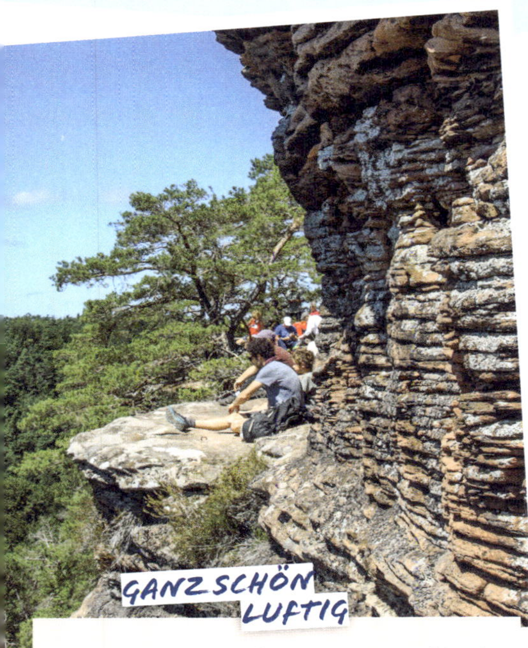

GANZ SCHÖN LUFTIG

» Spannende Kombi: etwas Nervenkitzel auf einer exponierten Felsrampe, dazu schwindelerregende Tiefblicke, aufregende Felsformationen, herrliche Aussicht. Tour 10, Stopp 4, Rötzenfels, Seite 110

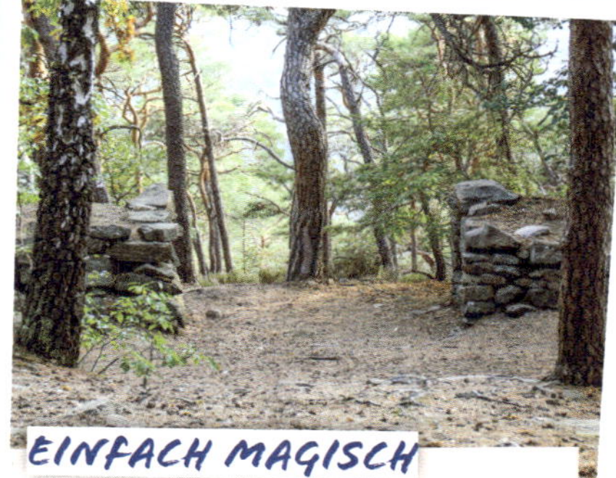

EINFACH MAGISCH

» Zwischen uralten Mauern und Fundamenten genießt man während der Rast die besondere Atmosphäre einer frühmittelalterlichen Fliehburg oberhalb der Deutschen Weinstraße. Tour 18, Stopp 2, Heidenlöcher, Seite 189

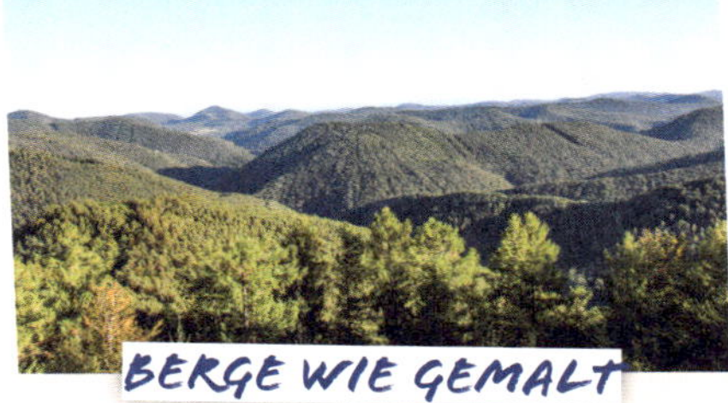

BERGE WIE GEMALT

» Der Blick geht über die weit gestaffelten Hügelketten und formschönen Kegelberge des Trifelslandes bis zum Schwarzwald. Tour 13, Stopp 1, Kirschfelsen, Seite 138

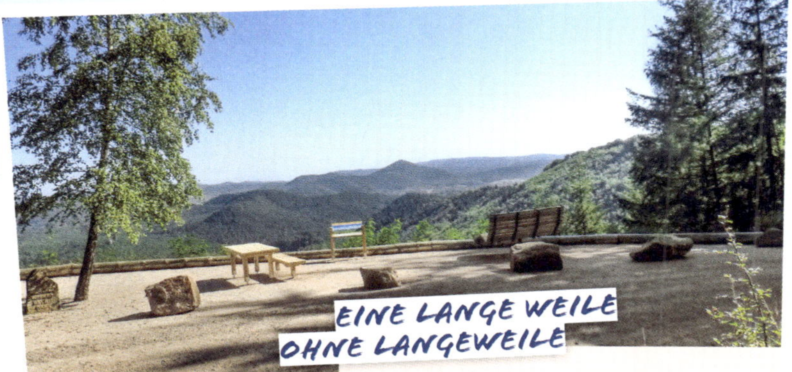

EINE LANGE WEILE OHNE LANGEWEILE

» Immer wieder von Neuem könnte man hier den Blick über Berge und Täler, über Dörfer, Burgen und Felsen schweifen lassen. Was für ein Picknickplatz! Tour 7, Stopp 3, Eyberg-Aussichtspunkt, Seite 79

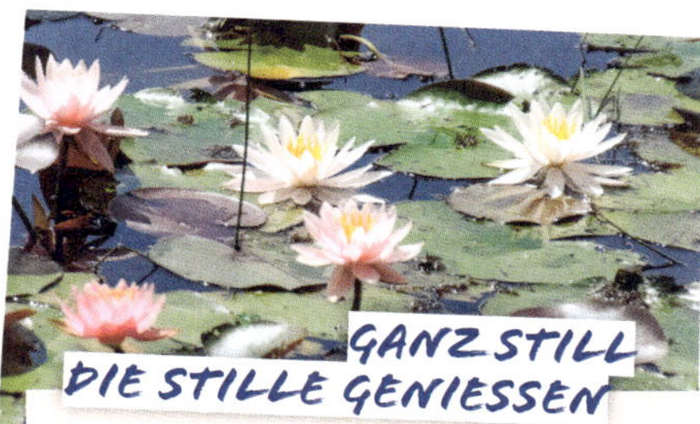

GANZ STILL DIE STILLE GENIESSEN

» Ein Platz zum Staunen und Flüstern. Wer würde an diesem wunderschönen Woog das Leben der Reiher, Frösche, Libellen und Schmetterlinge stören wollen? Tour 2, Stopp 5, Pfälzerwoog, Seite 30

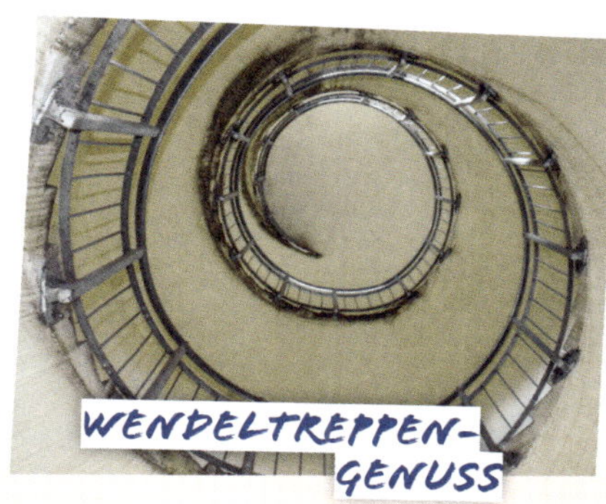

WENDELTREPPEN-GENUSS

» Erst für das 360-Grad-Panorama mit der Rheinebene und dem Pfälzerwald auf einen Aussichtsturm hinauf wendeln und dann gemütlich unten rasten. Tour 11, Stopp 2, Stäffelsbergturm, Seite 119

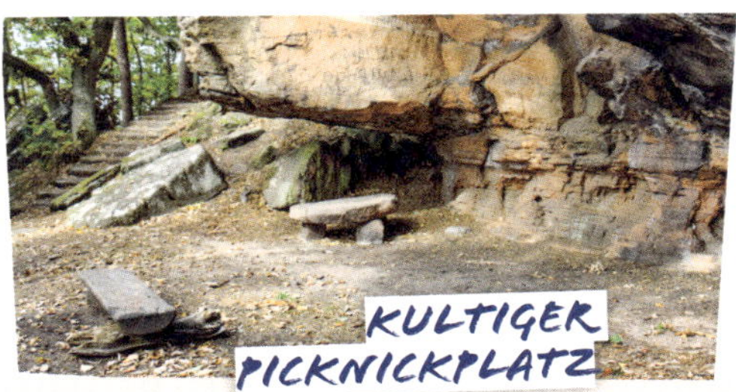

KULTIGER PICKNICKPLATZ

» Dort seinen Rucksack leeren, wo schon in vorchristlicher Zeit rätselhafte Kulte zelebriert wurden. Unter einem Felsüberhang steht der passende steinerne Tisch. Tour 19, Stopp 3, Heidenfels, Seite 199

EINFACH LOSWANDERN

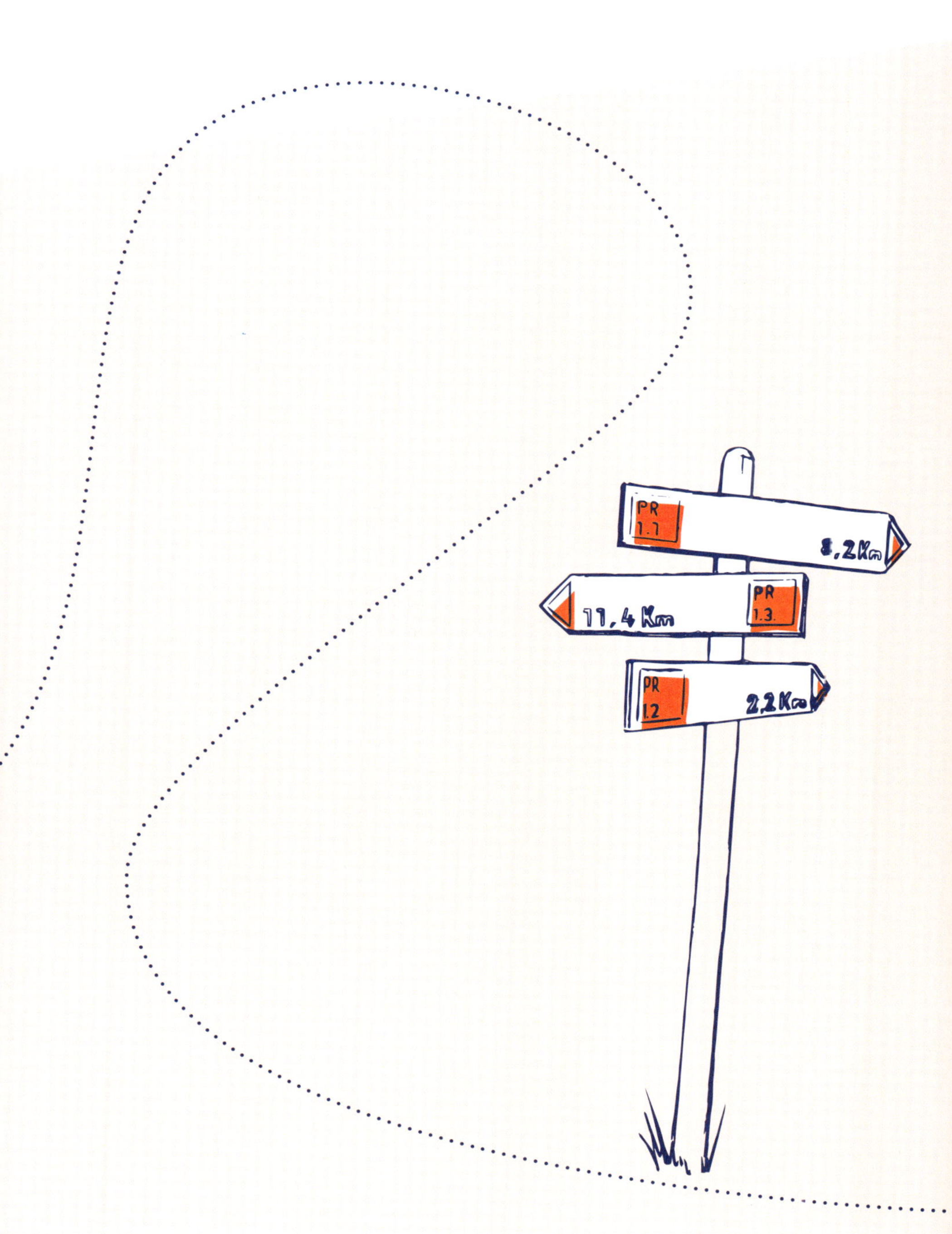
PR
1.1
8,2 Km
PR
1.3.
11,4 Km
PR
1.2
2,2 Km

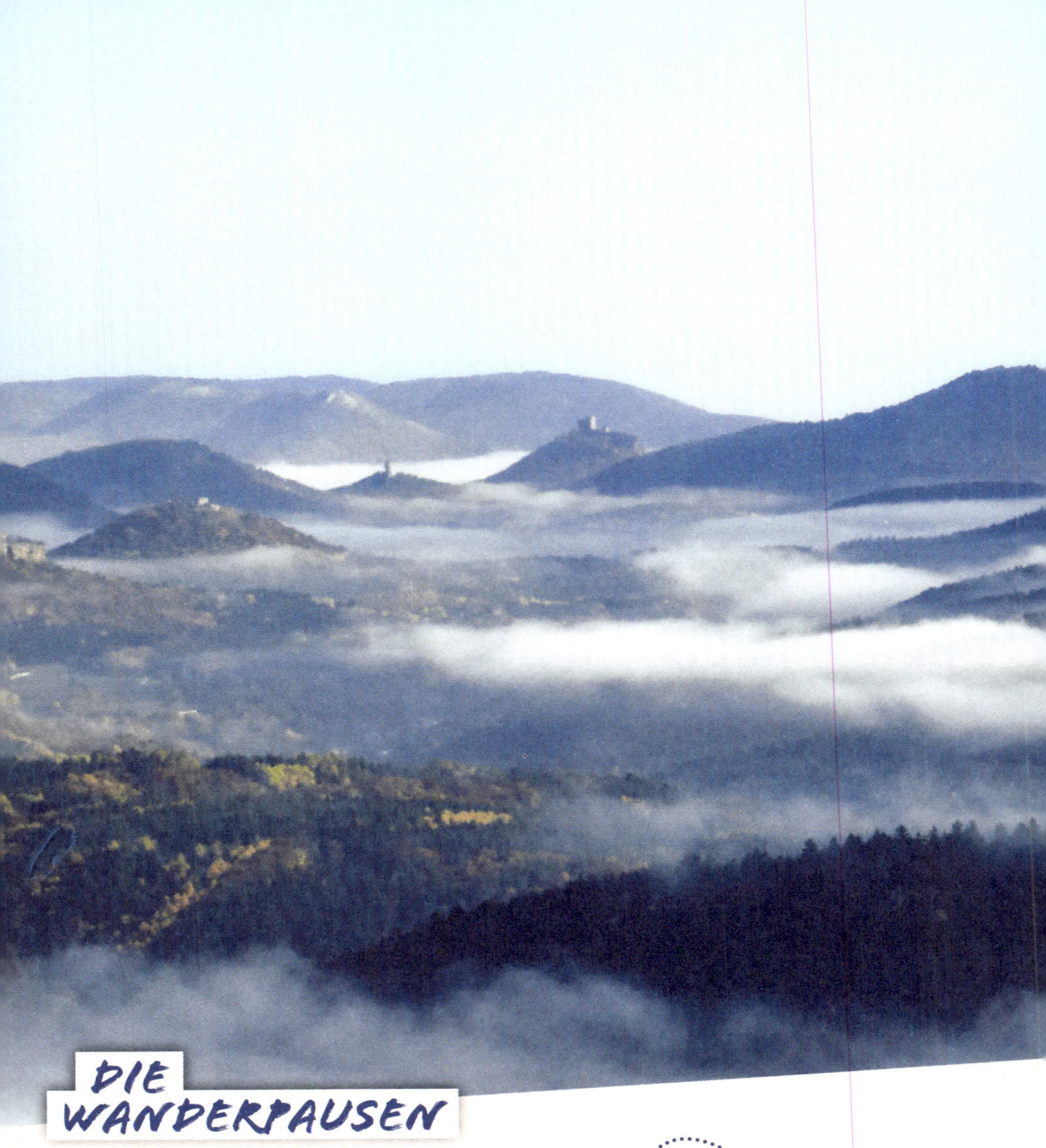

DIE WANDERPAUSEN

» START
Nothweiler, Parkplatz an der Kirche

KM 2
1 Wegelnburg
Was für eine Aussicht!

KM 3
2 Hohenburg
Ganz großes Panorama

KM 4
3 Löwenstein
Ein Raubritternest

1

TRIO FORMIDABLE

Klassische Burgentour über Nothweiler

Hier geht es ganz hoch hinauf auf den pfälzisch-elsässischen Grenzkamm mit seinen drei Felsenburgen. Schweißtreibend, doch dann folgt die Belohnung: grandiose Fern- und Tiefblicke, Geschichten von Rittern, Minnesängern und Räubern. Und als i-Tüpfelchen französische Küche.

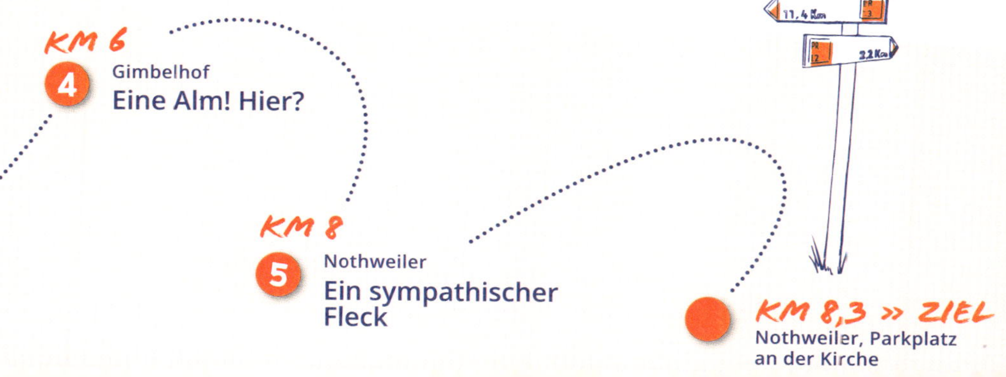

EINE MUSS-MAN-GEMACHT-HABEN-TOUR …

… ist die Überschreitung des Burgentrios Wegelnburg-Hohenburg-Löwenstein schon. Das wissen auch viele andere, doch diese Wanderung gehört einfach zu einem Pfalz-Besuch dazu. Nirgendwo sonst erhält man auf einer so kurzen Wegstrecke solche Einblicke in die Burgenwelt des südlichen Pfälzerwaldes und der Nordvogesen. Formidable!

Los geht es im Fachwerkdorf **Nothweiler.** Ein Blick hinauf zur Wegelnburg verrät, dass die Götter auch hier an den Anfang den Schweiß gesetzt haben – der 300-Höhenmeter-Aufstieg durch die steile Bergflanke der Zeppelinhalde ist eine durchaus sportliche Angelegenheit. Nicht abschrecken lassen! Denn wenn man erst einmal oben ist, wird aus der Wanderung ein vergnüglicher Spaziergang, ernsthafte An- und Abstiege gibt es auf dem Burgenkamm nicht mehr. Aber Treppen und Leitern! Nur so kommt man auf die gesicherten Aussichtsplattformen hinauf.

WENN AN EINEM NEBELTAG BERGE UND BURGEN AUS DEN WOLKEN HERAUSSPITZELN

Die drei Felsenburgen sind zwar nur wenige Gehminuten voneinander entfernt, bieten aber doch ganz unterschiedliche Blickwinkel. Die **Wegelnburg** ist der ideale Platz, um nordwärts die Täler, Kegelberge und Hügelketten des Pfälzerwaldes zu studieren, die **Hohenburg** besorgt das 360-Grad-Panorama, der **Löwenstein** glänzt mit Tiefblicken auf die Almwiesen am Gimbelhof und auf die mächtige Nachbarburg Fleckenstein.

So unterschiedlich die Aussicht auf den Burgen, so unterschiedlich ihre Bauweise: die erste eine langgestreckte, großspurige Festung, die zweite eine himmelwärts strebende Trutzburg, die dritte ein verwegen auf zwei Felsen gepflanztes Raubritternest.

Zwischen der Wegelnburg und der Hohenburg verläuft die Grenze. Die Bäume sehen hüben aus wie drüben, die Pfade auch, die Menschen ebenso. Nur die Wegzeichen ändern sich. Und die Speisekarte, denn auf dem **Gimbelhof** wird elsässisch gekocht. Kein Saumagen, keine Leberknödel, dafür kultivierte mehrgängige Menüs. Sollte es am Wochenende hier gar zu trubelig sein, findet man auch in **Nothweiler** etwas Leckeres. «

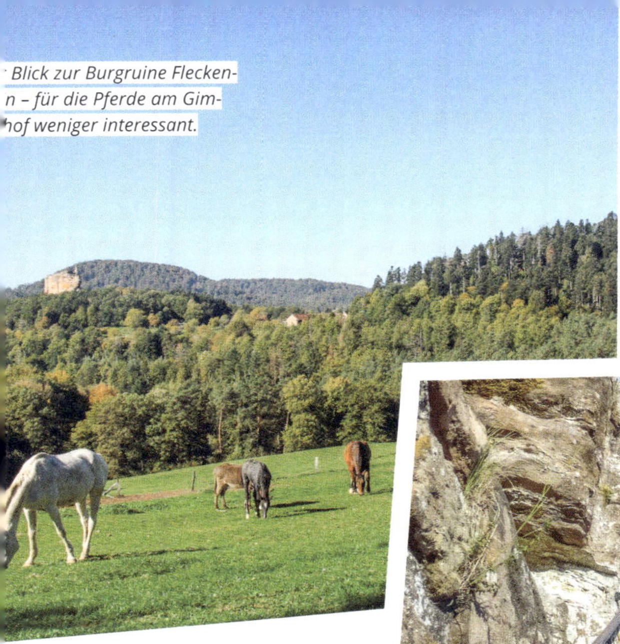

Blick zur Burgruine Flecken-n – für die Pferde am Gim-hof weniger interessant.

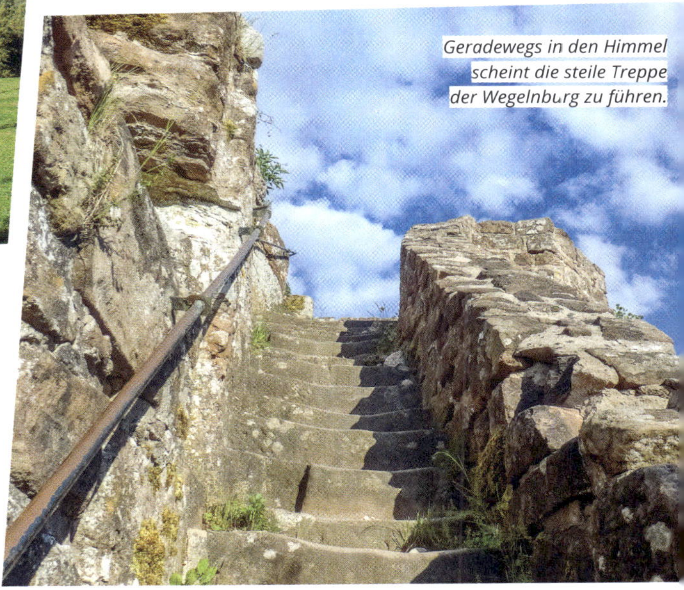

Geradewegs in den Himmel scheint die steile Treppe der Wegelnburg zu führen.

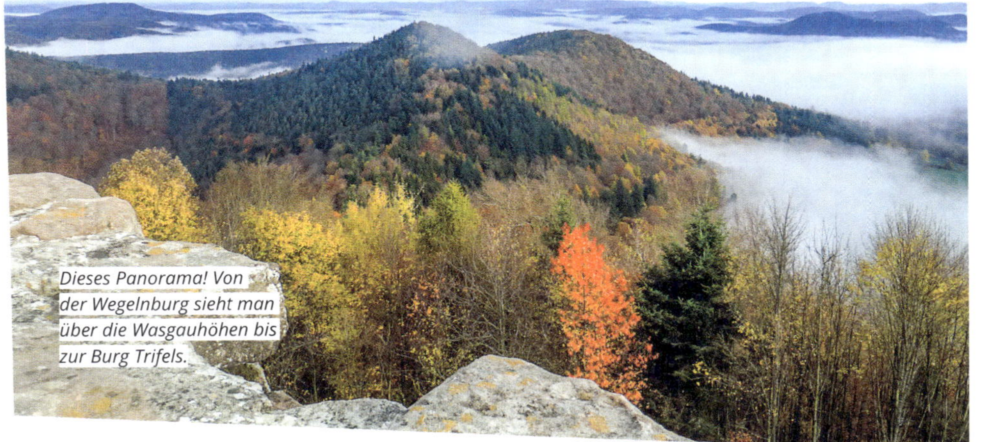

Dieses Panorama! Von der Wegelnburg sieht man über die Wasgauhöhen bis zur Burg Trifels.

WANDERN & GENIESSEN

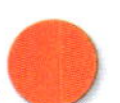

»START

Nothweiler, Parkplatz an der Kirche

In der Graf-Zeppelin-Straße neben dem Hotel Zur Wegelnburg beginnt der beschilderte Aufstieg zur Wegelnburg. Die Route ist auch mit dem hellblauen Logo des Felsenland Sagenweges markiert.

Endlose Wälder und elegante Kegelberge – Pfälzerwald eben.

KM 2

Wegelnburg

Was für eine Aussicht!

Wie ein Schiff ragt die Wegelnburg aus dem Wäldermeer des Pfälzerwaldes. Schon vor Sonnenaufgang kommen die ersten Hobby-Fotografen hier herauf und richten ihre Stative. Sie wissen warum. Welch spektakulärer Blick in den Pfälzerwald! Besonders im Herbst, wenn zuerst die langen Höhenzüge des zentralen Pfälzerwaldes und der Haardt ins erste Sonnenlicht getaucht werden und dann die Kegelberge des Wasgaus nach und nach aus den Talnebeln herausspitzeln. Die Höhe macht's möglich: Mit 571 Metern ist die im 12. Jahrhundert auf einem langen Felsen erbaute Anlage nicht nur die höchstgelegene Burgruine der Pfalz, sondern auch die zweithöchste Erhebung des pfälzischen Wasgaus – übertroffen nur vom Rehberg bei Annweiler.

Beschildert oder mit dem schwarz-weißen Logo des Deutsch-Französischen Burgenweges zur Hohenburg.

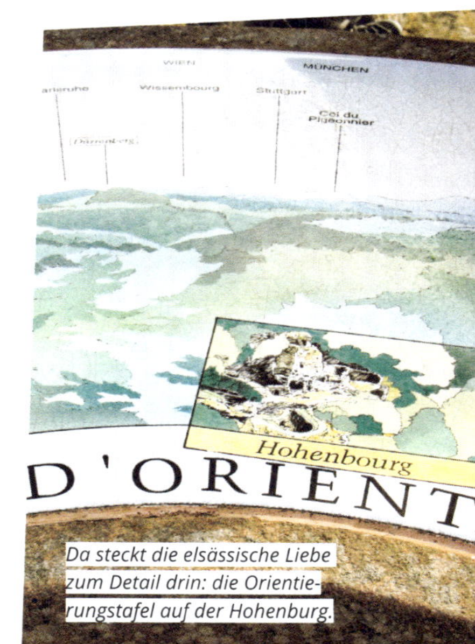

Da steckt die elsässische Liebe zum Detail drin: die Orientierungstafel auf der Hohenburg.

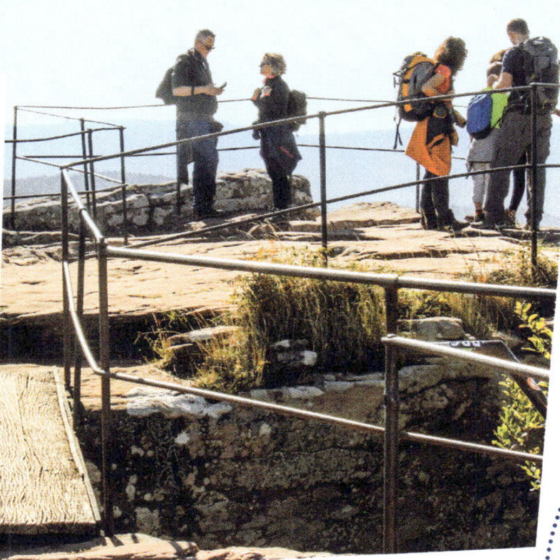

So belebt ist es auf der Aussichtsplattform der Burgruine Löwenstein nur am Wochenende.

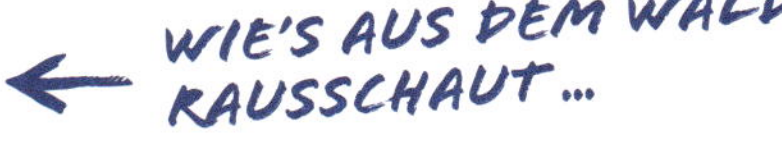

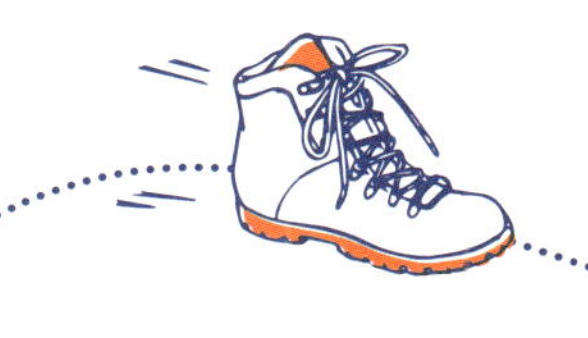

KM 4

Löwenstein

Ein Raubritternest

Eine etwas wackelige Holzbrücke verbindet die beiden Burgfelsen des Löwensteins. Dazwischen klafft ein bedrohlicher Abgrund. Für ängstliche Gemüter eine echte Prüfung! Auf der exponierten Felsplattform läuft den Freunden der französischen Küche schon das Wasser im Munde zusammen, wenn sie unten das eine halbe Stunde entfernte Ausflugsrestaurant Gimbelhof entdecken. Bereits 1386 wurde der Löwenstein, die kleinste der drei Burgen, zerstört und niemals wieder aufgebaut. Hier hauste der berüchtigte Raubritter Lindenschmidt, der im vorderpfälzischen Frankenthal am Galgen endete. Die Ruine wird nach dem einstigen Burgherren auch Lindenschmidt genannt.

Auf der Westseite der Burg mit dem Logo des Deutsch-Französischen Burgenweges rechts hinunter zum Col de Hohenbourg und mit dem roten Punkt weiter bergab zum Gimbelhof.

KM 3

2 Hohenburg

Ganz großes Panorama

Ganz leicht macht es einem die Hohenburg nicht. Da muss man schon einige Treppen und Leitern hinaufsteigen, um auf die Aussichtsplattform zu gelangen. Aber dann: Kaum zu übertreffen ist dieser Rundblick. Wie ein Who's Who des Mittelalters liest sich die Liste der Burgbesitzer. Da gab es die Fleckensteiner, den pfälzischen Kurfürsten Ruprecht, das Geschlecht der Sickinger und die Sippe derer von Schöneck. Einer der frühen Bewohner, Konrad Puller von Hohenburg, war ein Popstar seiner Zeit – ein Minnesänger, von dem fünf Lieder überliefert sind, in denen er die Liebe zu seiner Angebeteten mit ihrem »roten munt« besang.

Markiert und beschildert zur nächsten Burg.

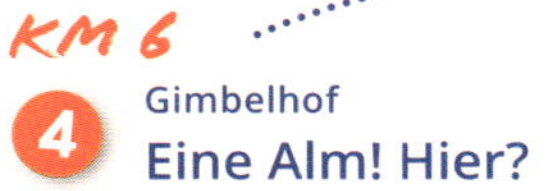

4 Gimbelhof

Eine Alm! Hier?

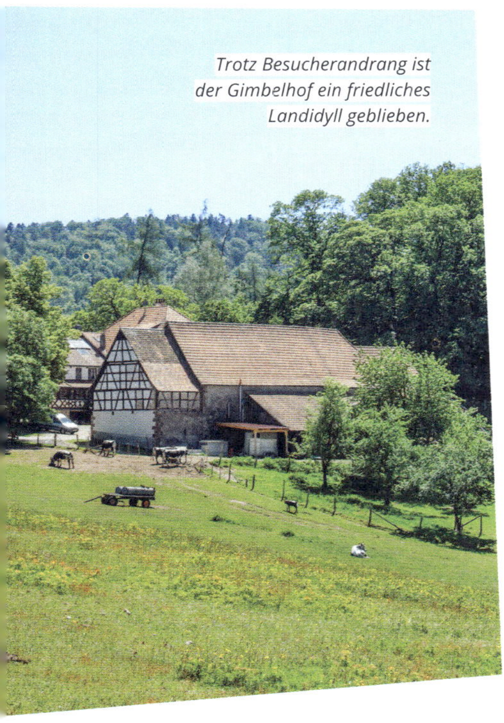
Trotz Besucherandrang ist der Gimbelhof ein friedliches Landidyll geblieben.

Hoch über dem Tal der Sauer, inmitten von hügeligen Viehweiden mit Kühen und Pferden, erinnert der Gimbelhof an eine allgäuerische Almlandschaft. Die Almwirtschaft entpuppt sich als gepflegtes Restaurant mit typisch elsässischer Küche. Seit 1830 gehört der Hof der Familie Metz, die auch das Hotel-Restaurant Gimbelhof betreibt. In einem Nebengebäude gibt es einfache rustikale Kost und den kleinen Imbiss (www.gimbelhof.com, geöffnet von Mittwoch bis Sonntag). So sitzt man denn beim Café au Lait im Freien, schaut hinüber zur Burgruine Fleckenstein und beobachtet das bunte Treiben – am Wochenende kann es hier ganz schön betriebsam zugehen. Kinder vergnügen sich derweil auf einem großen Abenteuerspielplatz mit wuchtigen Sandsteinrittern, die der Bildhauer Bernhard Petri geschaffen hat.

Mit dem blauen Punkt zur Straßengabelung Col du Litschhof und mit dem roten Kreuz am ehemaligen Forsthaus Maison Forestière du Litschhof vorbei nach Nothweiler.

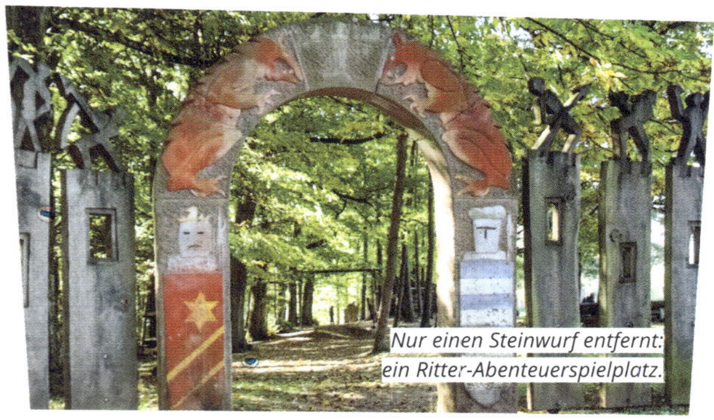
Nur einen Steinwurf entfernt: ein Ritter-Abenteuerspielplatz.

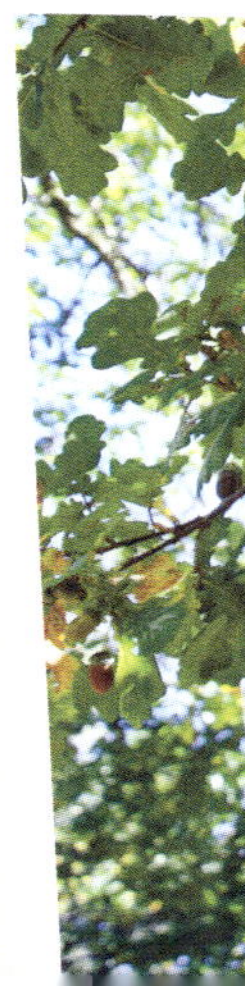

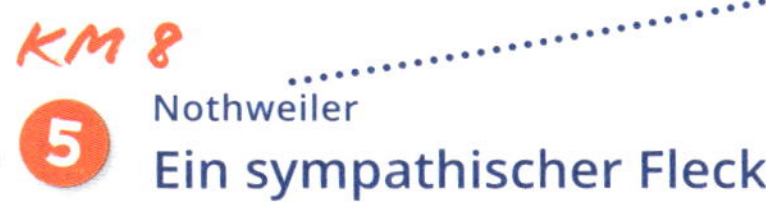

5 Nothweiler

Ein sympathischer Fleck

Auf Anhieb einnehmend, dieses 150-Seelen-Dörfchen Nothweiler im Talkessel unter der Wegelnburg: mit seiner Ruhe, seinen Fachwerk- und Buntsandsteinhäusern, seinem schmucken Kirchlein. Und mit seinem ökologischen Bewusstsein: Gezielt hat man hier die Pflege der Streuobstwiesen gefördert, die landwirtschaftliche Düngung reduziert, Pferde, Schafe und Galloways angesiedelt. Zwanzig Gehminuten vom Ort entfernt liegt ein ehemaliges Eisenerzbergwerk, der Sankt Anna Stollen. Keine schlechte Idee, den Tag voller Fernblicke zur Abwechslung mit einer Unter-Tage-Exkursion abzuschließen (www.nothweiler.de/erzgrube.html, Führungen von April bis Oktober, Mittwoch bis Sonntag). Kost und Logis gibt es im Landgasthaus Zur Wegelnburg in der Ortsmitte (www.zur-wegelnburg.de, täglich geöffnet außer Dienstag).

Nach 300 m ist wieder der Ausgangspunkt, der Parkplatz an der Kirche, erreicht.

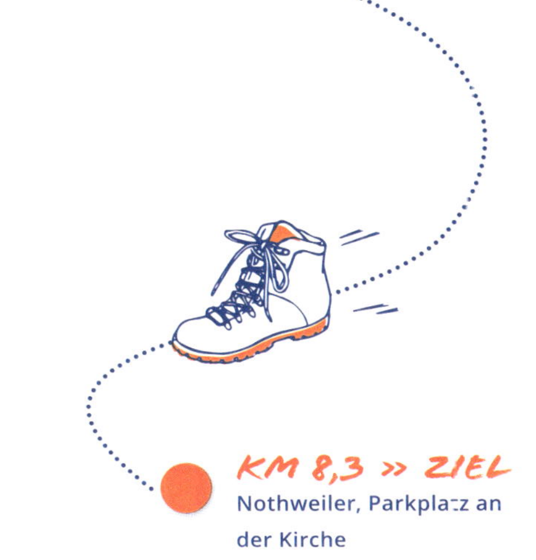

Nothweiler, Parkplatz an der Kirche

Schilder und Wegzeichen des Vogesenclubs weisen den Weg vom Gimbelhof nach Nothweiler.

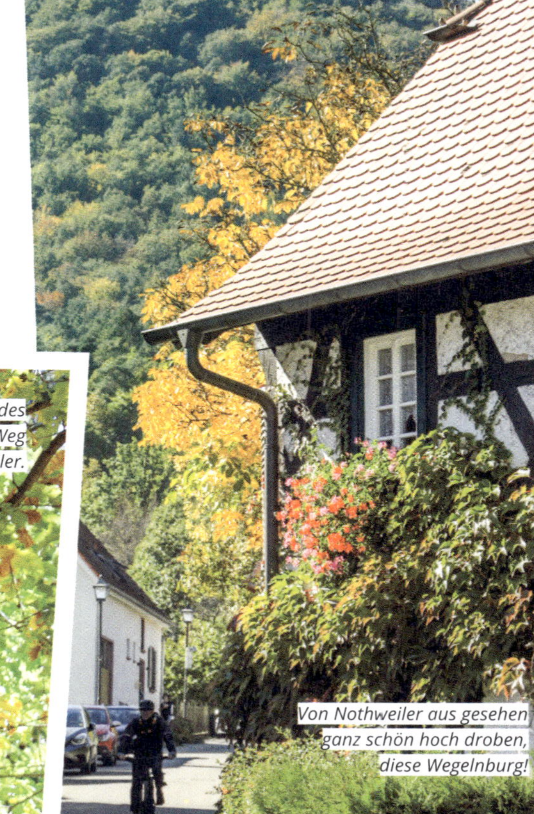

Von Nothweiler aus gesehen ganz schön hoch droben, diese Wegelnburg!

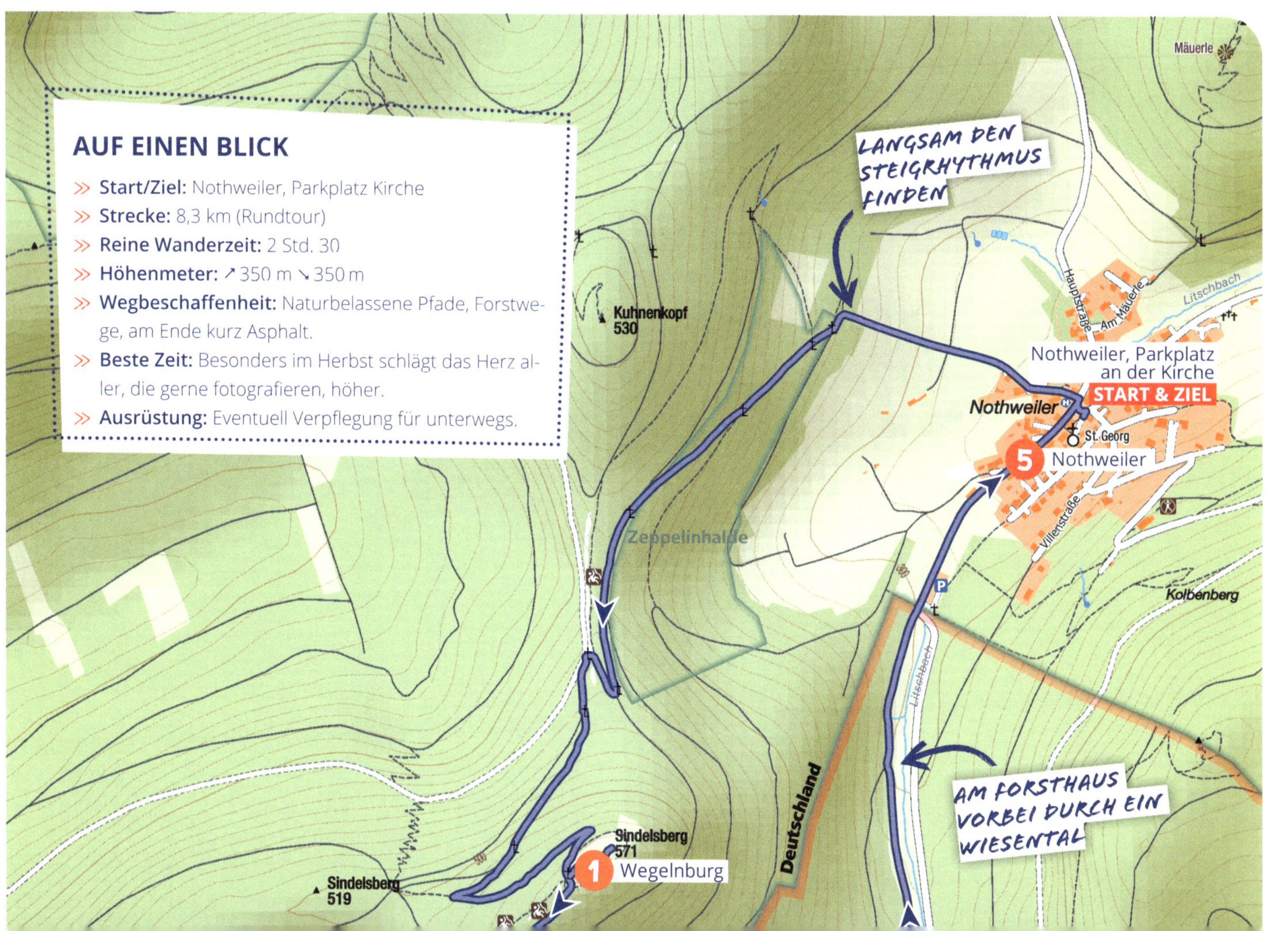

AUF EINEN BLICK
» Start/Ziel: Nothweiler, Parkplatz Kirche
» Strecke: 8,3 km (Rundtour)
» Reine Wanderzeit: 2 Std. 30
» Höhenmeter: ↗ 350 m ↘ 350 m
» Wegbeschaffenheit: Naturbelassene Pfade, Forstwege, am Ende kurz Asphalt.
» Beste Zeit: Besonders im Herbst schlägt das Herz aller, die gerne fotografieren, höher.
» Ausrüstung: Eventuell Verpflegung für unterwegs.
LANGSAM DEN STEIGRHYTHMUS FINDEN
AM FORSTHAUS VORBEI DURCH EIN WIESENTAL
Nothweiler, Parkplatz an der Kirche
START & ZIEL
Nothweiler
5 Nothweiler
1 Wegelnburg
St. Georg
Mäuerle
Hauptstraße
Am Mäuerle
Litschbach
Villenstraße
Kolbenberg
Kuhnenkopf 530
Zeppelinhalde
Sindelsberg 571
Sindelsberg 519
Deutschland

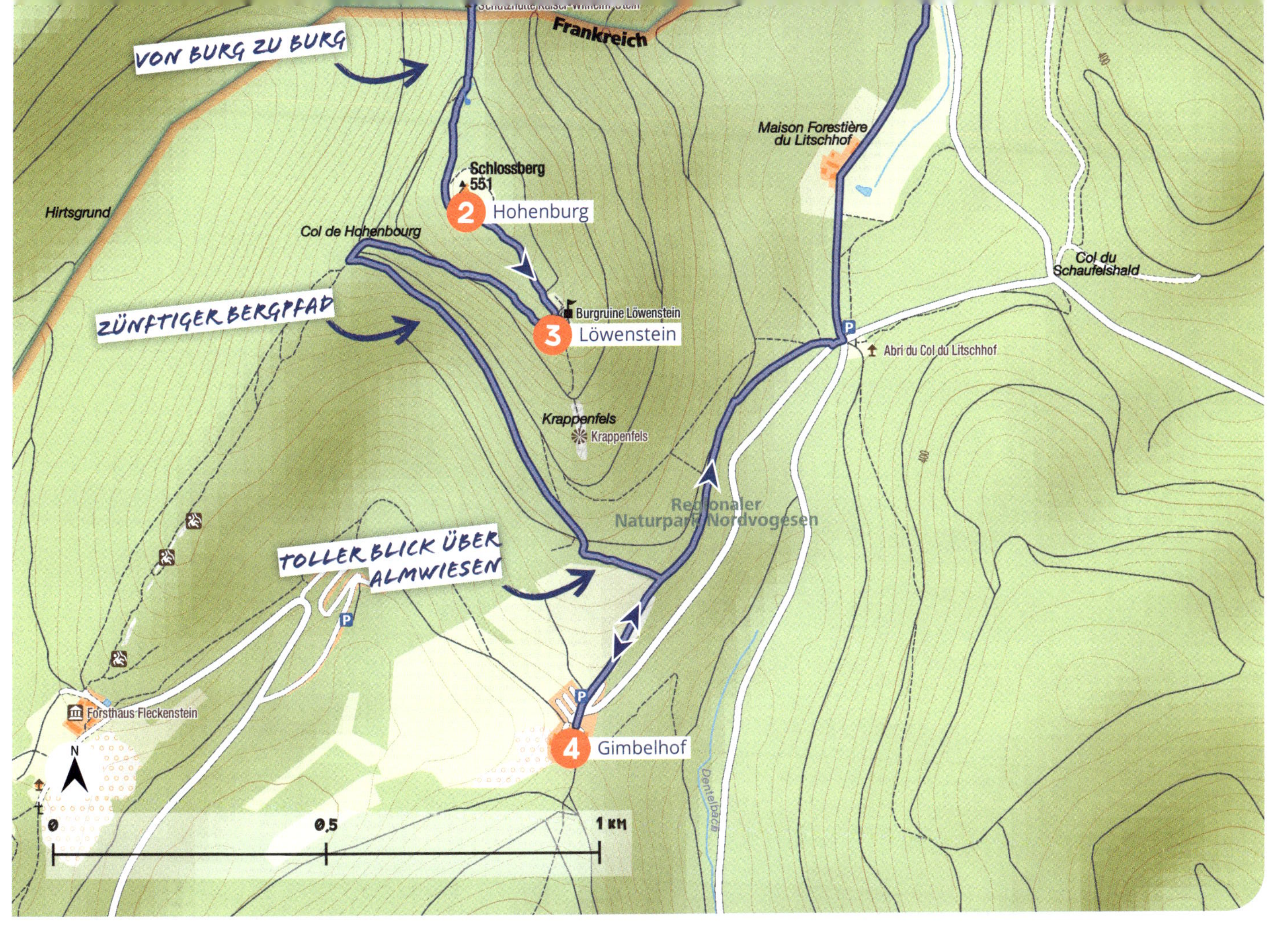
Frankreich
VON BURG ZU BURG
Schlossberg
551
2 Hohenburg
Hirtsgrund
Col de Hohenbourg
ZÜNFTIGER BERGPFAD
Burgruine Löwenstein
3 Löwenstein
Krappenfels
Krappenfels
Maison Forestière
du Litschhof
Col du
Schaufelshald
Abri du Col du Litschhof
400
400
Regionaler
Naturpark Nordvogesen
TOLLER BLICK ÜBER
ALMWIESEN
Forsthaus Fleckenstein
4 Gimbelhof
Dentelbach
N
0
0,5
1 KM

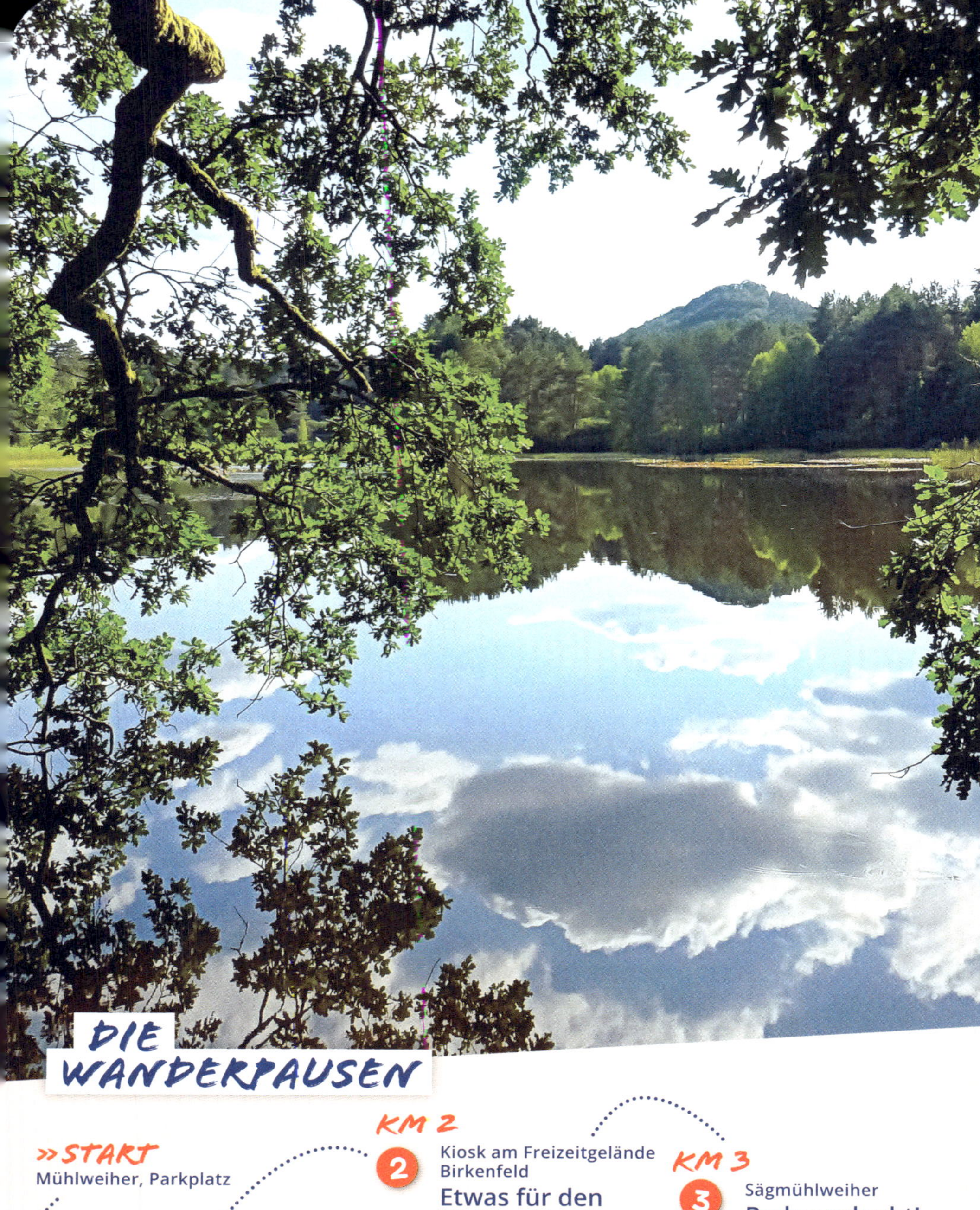

DIE WANDERPAUSEN

» START
Mühlweiher, Parkplatz

KM 1
1 Ludwigswinkler Skulpturenweg
Waldbewohner, Mythen, Märchen

KM 2
2 Kiosk am Freizeitgelände Birkenfeld
Etwas für den kleinen Hunger

KM 3
3 Sägmühlweiher
Baden erlaubt!

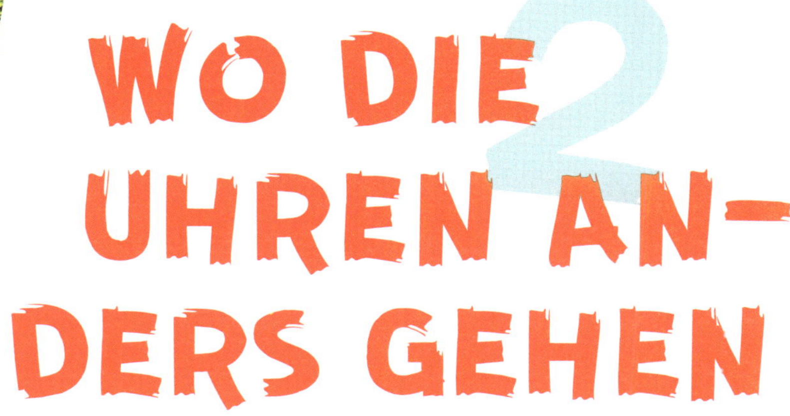

WO DIE UHREN AN-DERS GEHEN

Stille Wooge zwischen Fischbach und Ludwigswinkel

Die Zeit vergessen, gemächlich von See zu See bummeln, ungestört schwimmen. Beim Picknick ganz entspannt an einem verträumten Woog sitzen und Libellen, Wasserläufern und Co. bei ihrem Tanz auf dem Wasser beobachten.

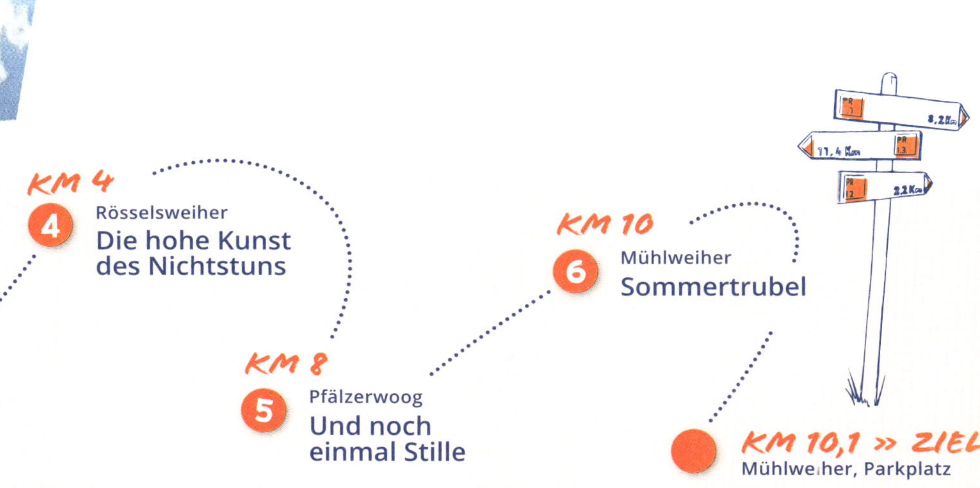

NUR SELTEN KRÄUSELT EIN WINDZUG ...

... die dunkle Wasseroberfläche, ansonsten ruht still der See. Still ist es auch sonst im oberen Sauertal, dieser von den Einheimischen »In de Hecke« genannten Gegend nahe der französischen Grenze. Die Uhren gehen hier anders, der Tag hat mindestens 30 Stunden – falls man diese überhaupt zählt. Hier scheint Alltag zu sein, was andernorts immer wieder vergeblich beschworen wird: Entschleunigung. Wie sollte es auch anders sein, bei dieser abgeschiedenen Lage und diesem Landschaftsbild?

Weite Talauen mit kristallklaren Bächen und licht bewaldeten Sümpfen träumen umrahmt von zwar markanten, aber relativ niedrigen Bergkuppen in der Sonne. Verstreute Bauminseln, Viehweiden mit Pferden und Kühen, in der Ferne ein Kirchturm. Und dazu diese Wooge! Rund 1000 solcher künstlich angelegter Stillgewässer findet man weit verstreut im Pfälzerwald. Hier um Fischbach und Ludwigswinkel sind sie besonders zahlreich. Meist trugen sie als Fischweiher zur Nahrungsversorgung der Bevölkerung bei, einige dienten auch zum Wässern von Wertholz, speisten Holztriftbäche, Mühlen und Hammerwerke. Heute dienen die pfälzischen Wooge vorwiegend der Erholung und dem Plaisir.

GANZ STILL AM WASSER SITZEN UND DEM KNISTERN DES RÖHRICHTS ZUHÖREN

Wie weit ist dem Volkmund zu trauen, der da behauptet »Stille Wasser gründen tief«? Wohl eher nicht, denn mehr als zwei bis drei Meter tief sind die hiesigen Wooge nie. Überprüfen lässt sich das an den Badeweihern **Mühlweiher** und **Sägmühlweiher,** zwei Stationen dieser leichten Rundwanderung.

Ganz anders als diese beiden, die auch mit dem Auto zu erreichen sind, verstecken sich die zwei naturgeschützten Wooge auf dieser Tour in abgelegenen Talgründen. Ist der von einem Märchenwald umgebene **Rösselsweiher** schon ein staunenswertes Kleinod, so wird beim **Pfälzerwoog** ein Superlativ fällig: Das ist er, der schönste Woog der Pfalz! Und sonst? Wunderliche Holzfiguren gibt es auf einem **Skulpturenweg** zu entdecken. Für den Imbiss sorgt ein Kiosk am Ludwigswinkeler Barfußpfad.

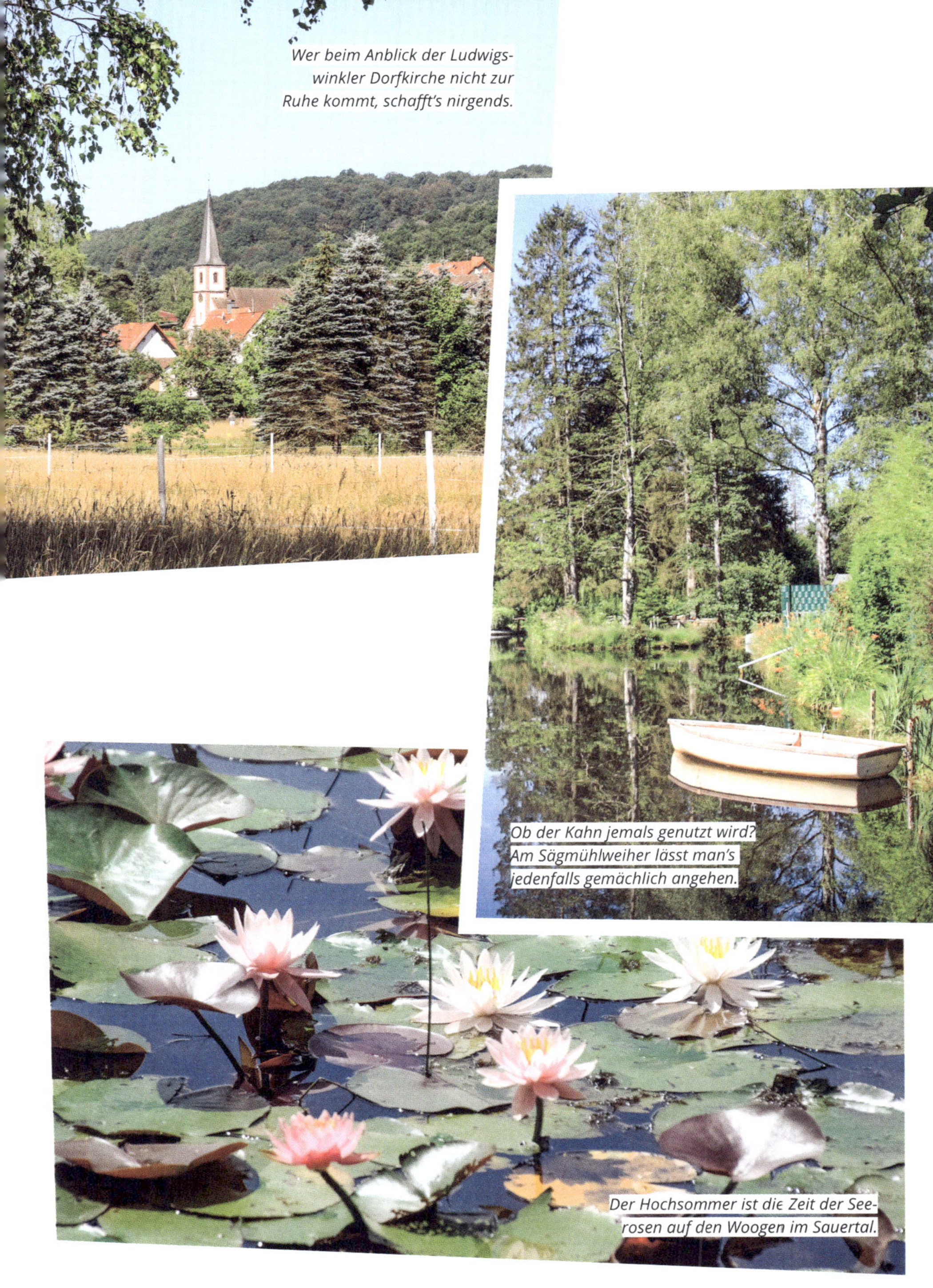

Wer beim Anblick der Ludwigswinkler Dorfkirche nicht zur Ruhe kommt, schafft's nirgends.

Ob der Kahn jemals genutzt wird? Am Sägmühlweiher lässt man's jedenfalls gemächlich angehen.

Der Hochsommer ist die Zeit der Seerosen auf den Woogen im Sauertal.

WANDERN & GENIESSEN

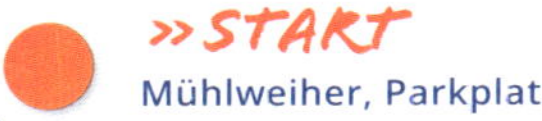

» START

Mühlweiher, Parkplatz

Über den Weiherdamm, am ehemaligen Hotel Zwickmühle vorbei und dann mit dem gelben Logo der Wasgau-Seen-Tour links in den Wald.

KM 1

1

Ludwigswinkler Skulpturenweg

Waldbewohner, Mythen, Märchen

Wie er wohl ausgesehen hat, der Ritter vom Lindelskopf? Perry Sutton, ein Holzkünstler aus dem nahen Dörfchen Fischbach, hatte da so seine Vorstellungen. Und flugs mit der Motorsäge aus einem dicken Baumstamm eine Skulptur geschnitzt, lackiert und zum Nordhang des Lindelskopfes über der Ludwigswinkler Talaue transportiert. Dort steht er nun, der Ritter, mitten im Wald, gemeinsam mit über 20 anderen geheimnisvollen Holzskulpturen – Märchenfiguren, Ungeheuern, Waldtieren, Waldgeistern. Manche sind entlang des 1.5 km langen Ludwigswinkler Skulpturenweges leicht aufzuspüren, andere verbergen sich im Dickicht.

Auf der Route der Wasgau-Seen-Tour rechts hinunter zum Freizeitgelände Birkenfeld.

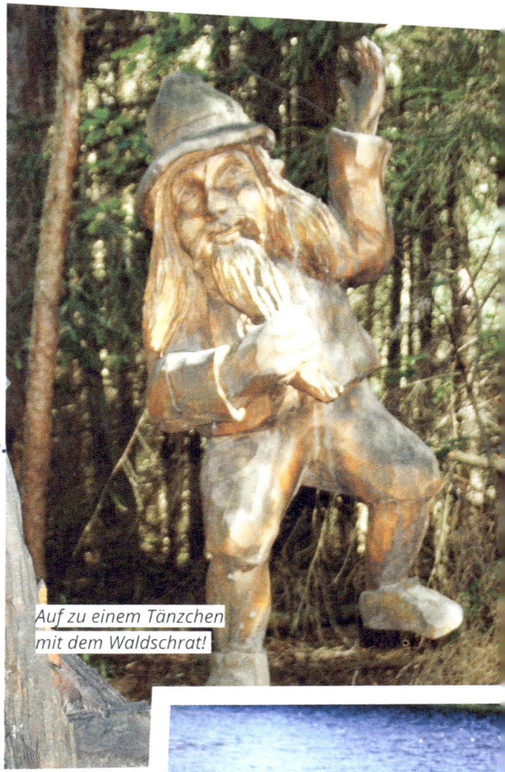

Auf zu einem Tänzchen mit dem Waldschrat!

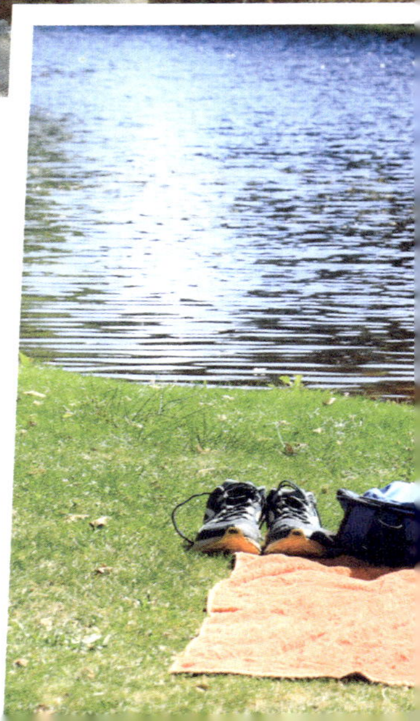

KM 2

2 Kiosk am Freizeitgelände Birkenfeld

Etwas für den kleinen Hunger

Am Rande der weiten Talaue von Ludwigswinkel liegt diese sympathische Freizeitanlage. Ein Kiosk, Minigolf, Grillhütte, Kinderspielplatz – alles da. Im Kiosk gibt's Eis, Snacks oder Currywurst (Montag Ruhetag). Besonderer Anziehungspunkt ist der Ludwigswinkler Barfußpfad (www.ludwigswinkel.de/lu_barfussweg.php), ein unterhaltsames Sinneserlebnis für Menschen jeden Alters. Warum nicht noch einen Rundgang in die Wanderung einbauen? Durch Wasser waten, auf Baumstämmen balancieren, durch Moorschlamm staksen. Am Kiosk holt man sich für wenig Geld eine Eintrittskarte, deportiert seine Schuhe und los geht's.

Mit der Kirche von Ludwigswinkel zur Rechten zum Damm des Sägmühlweihers.

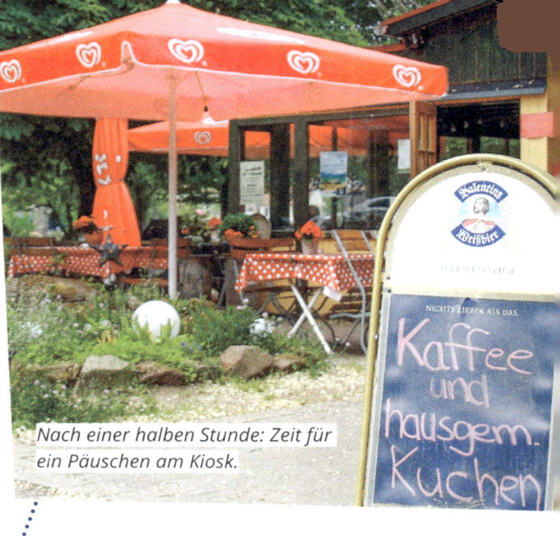

Nach einer halben Stunde: Zeit für ein Päuschen am Kiosk.

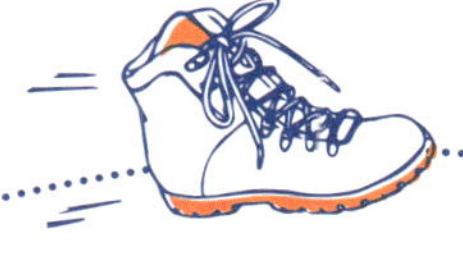

KM 3

3 Sägmühlweiher

Baden erlaubt!

Am Ortsrand von Ludwigswinkel, einem 1783 von Landgraf Ludwig IX. von Hessen-Darmstadt gegründeten Dörfchen, liegt der wohl schönste Badeweiher der Gegend, der Sägmühlweiher. Dank seines starken Zuflusses hat er auch im Hochsommer noch eine angenehme Wassertemperatur, Badeplätze gibt es am Damm oder am nördlichen Ufer. Hier gilt eine kuriose Regelung für Badegäste: Nachdem eine Anwohnerin wegen Ruhestörung durch Badende über Jahre hinweg gegen die Gemeinde geklagt hatte, fällte die letzte Instanz ein Urteil. Danach dürfen nie mehr als zehn Personen gleichzeitig im Wasser sein – was schon zuvor kaum je der Fall war.

Rechts Richtung Dorf und gleich links zum Hotel Rösselsquelle. Dahinter links zum Badeplatz. Ohne Wegweiser weiter der Straße Am Sägmühlweiher folgen, kurz links und im Wald nach rechts auf einen sandigen Waldweg abzweigen. Nach 300 m gut aufpassen: Der links zum Rösselsweiher führende Pfad ist recht unscheinbar.

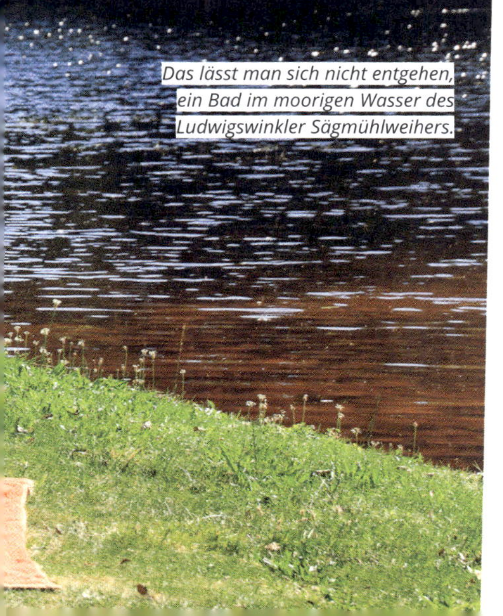

Das lässt man sich nicht entgehen, ein Bad im moorigen Wasser des Ludwigswinkler Sägmühlweihers.

KM 4

4 Rösselsweiher
Die hohe Kunst des Nichtstuns

Ein Prachtexemplar von Woog, dieser mitten in einem Naturschutzgebiet gelegene Rösselsweiher! Oft sitzen hier Graureiher in den Wipfeln der Kiefern. Beim ersten Störgeräusch fliegen sie allerdings meist davon. Deshalb: Ganz ruhig am Ufer sitzen bleiben und ihre Rückkehr abwarten. Der verwunschene Weiher ist ein idealer Platz, um sich einmal im Nichtstun zu versuchen. Falls das doch zu anstrengend sein sollte: Mit einem kleinen Abstecher durch eine fast nordische Landschaft kommt man zur munter sprudelnden Rösselsquelle, an der man seine Trinkflasche auffüllen kann.

Über den Damm und weiter mit dem Logo der Wasgau-Seen-Tour in einen märchenhaften Wald. Durch ein ruhiges Wohngebiet am Ortsrand von Ludwigswinkel, an zwei kleinen Woogen vorbei, hinauf zum Aussichtspunkt Lindelskopf und dann bergab zum Pfälzerwoog.

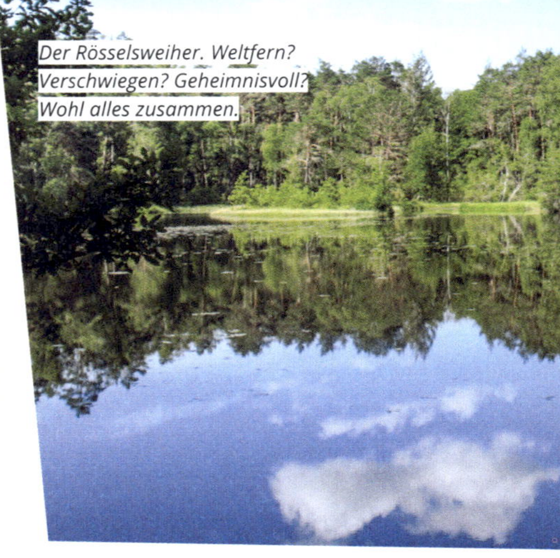

Der Rösselsweiher. Weltfern? Verschwiegen? Geheimnisvoll? Wohl alles zusammen.

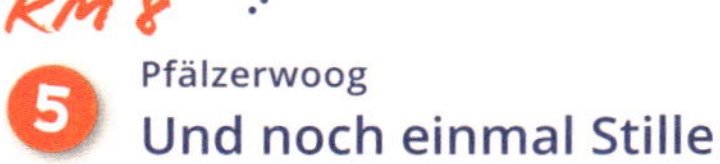

KM 8

5 Pfälzerwoog
Und noch einmal Stille

Fernab von allen Zivilisationsgeräuschen liegt ein dunkler Teich mit schilfbewachsenen Ufern, ausgebreitet in einer weitläufigen Talaue, dahinter eine formschöne Hügelsilhouette. Das Platschen eines ins Wasser springenden Frosches, der Ruf eines Reihers, das Surren einer Libelle, ansonsten: Stille. Das ist der Pfälzerwoog, der König unter den Woogen des Pfälzerwaldes. Schwer vorstellbar, dass sich nur zwei Kilometer entfernt das Camp Fischbach der US-Army befand, die dort während des Kalten Krieges Atomsprengköpfe lagerte.

Die Route der Wasgau-Seen-Tour verlassen. Stattdessen mit dem Pfälzerwoog im Rücken auf der linken Talseite unbeschildert weiter und in einem Linksbogen – das Sauertal liegt jetzt zur Rechten – zurück Richtung Saarbacher Hammer. Durch das Gelände eines ehemaligen Sägewerkes zum Ausgangspunkt.

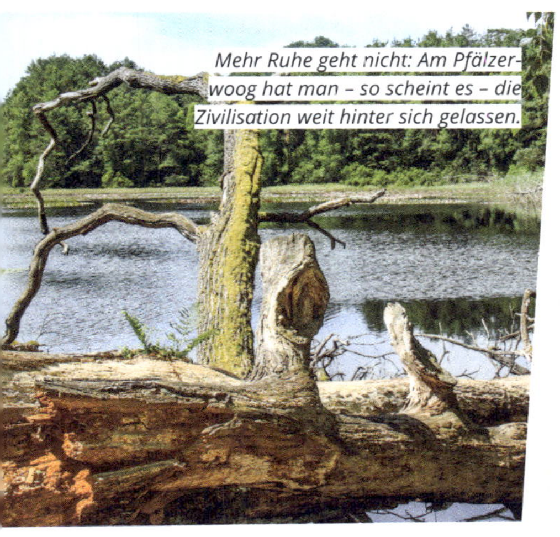

Mehr Ruhe geht nicht: Am Pfälzerwoog hat man – so scheint es – die Zivilisation weit hinter sich gelassen.

KM 10

Mühlweiher

Sommertrubel

Ganz schön rummelig, dieser Mühlweiher neben dem ehemaligen Säge- und Hammerwerk Saarbacher Hammer! Zumindest im Vergleich zu den anderen Seen dieser Wanderung. Da räkelt sich an warmen Sommertagen mitunter ein sattes Dutzend Badegäste auf der Liegewiese, da fahren im Halbstundentakt Motorräder vorbei, da führen Dauercamper ungeniert ihre Hunde spazieren, da wird ab und zu sogar ein Gummiboot zu Wasser gelassen. Bis vor wenigen Jahren war es am Mühlweiher – Einheimische reden übrigens nur vom Saarbacher Hammer – sogar noch belebter, als es am Südufer noch ein Hotel mit einem öffentlichen Badeplatz gab.

Ein paar Schritte noch bis zum Parkplatz an der Liegewiese.

EXTRA INFOS:

Schöne Freisitzplätze und eine vielseitige Speisekarte bietet das ● **Gasthof Zum Landgrafen** in der Ludwigswinkler Dorfstraße (www.zumlandgrafen.de, geöffnet Donnerstag bis Montag).

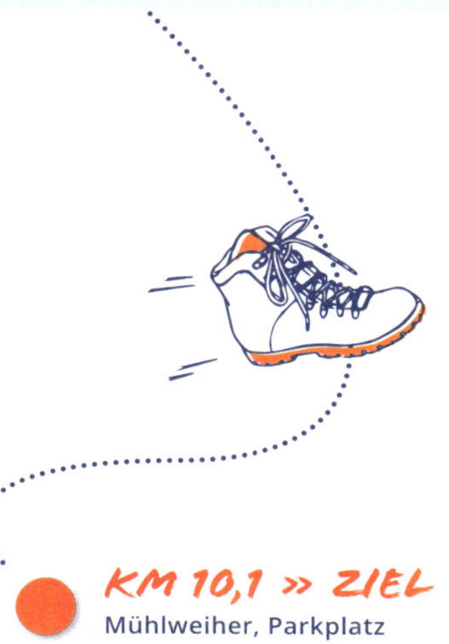

KM 10,1 » ZIEL

Mühlweiher, Parkplatz

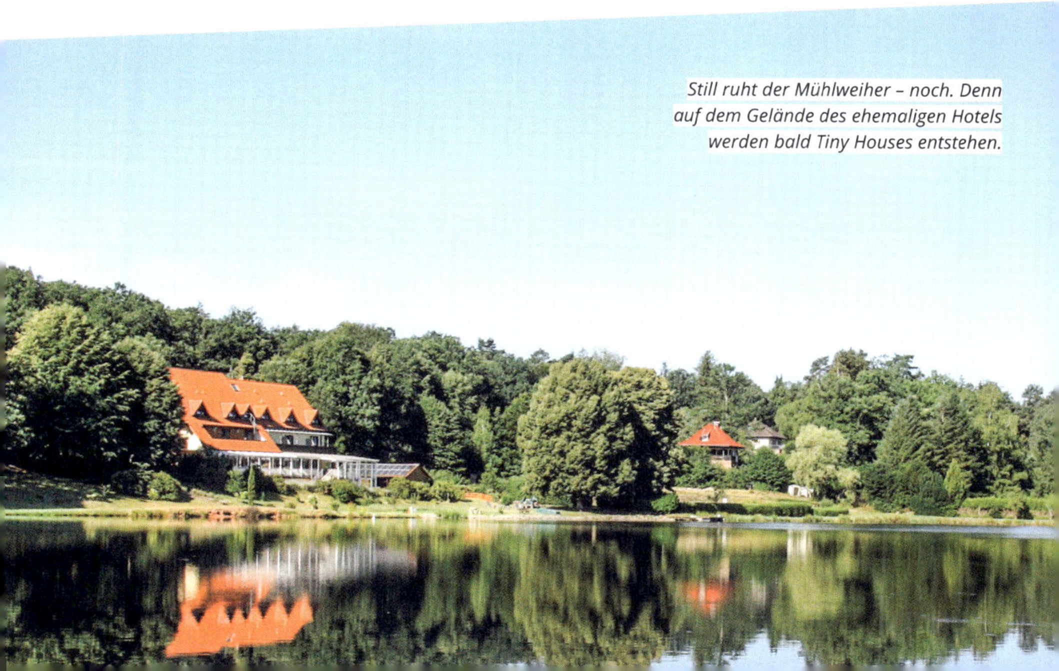

Still ruht der Mühlweiher – noch. Denn auf dem Gelände des ehemaligen Hotels werden bald Tiny Houses entstehen.

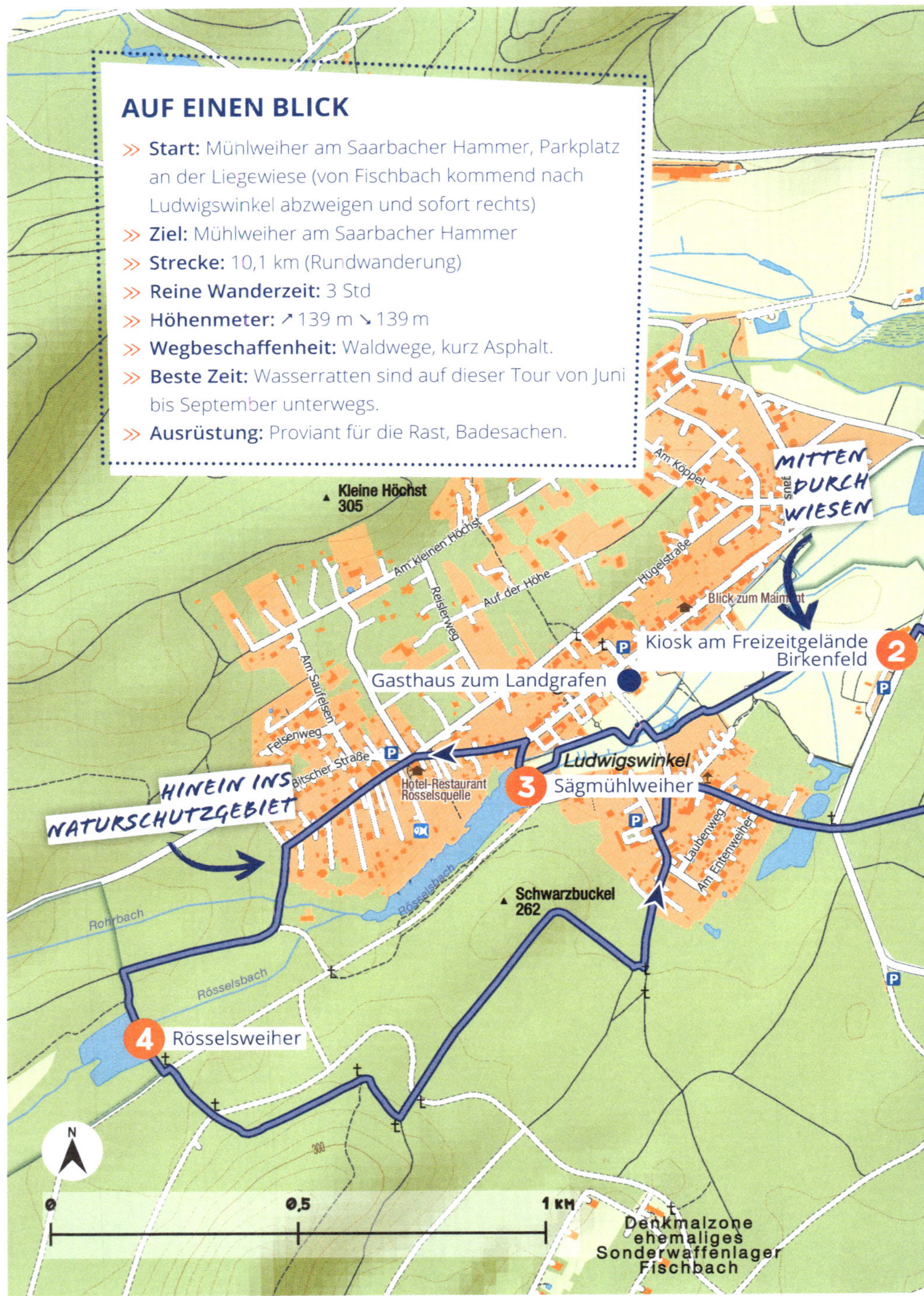

AUF EINEN BLICK

- **Start:** Mühlweiher am Saarbacher Hammer, Parkplatz an der Liegewiese (von Fischbach kommend nach Ludwigswinkel abzweigen und sofort rechts)
- **Ziel:** Mühlweiher am Saarbacher Hammer
- **Strecke:** 10,1 km (Rundwanderung)
- **Reine Wanderzeit:** 3 Std
- **Höhenmeter:** ↗ 139 m ↘ 139 m
- **Wegbeschaffenheit:** Waldwege, kurz Asphalt.
- **Beste Zeit:** Wasserratten sind auf dieser Tour von Juni bis September unterwegs.
- **Ausrüstung:** Proviant für die Rast, Badesachen.

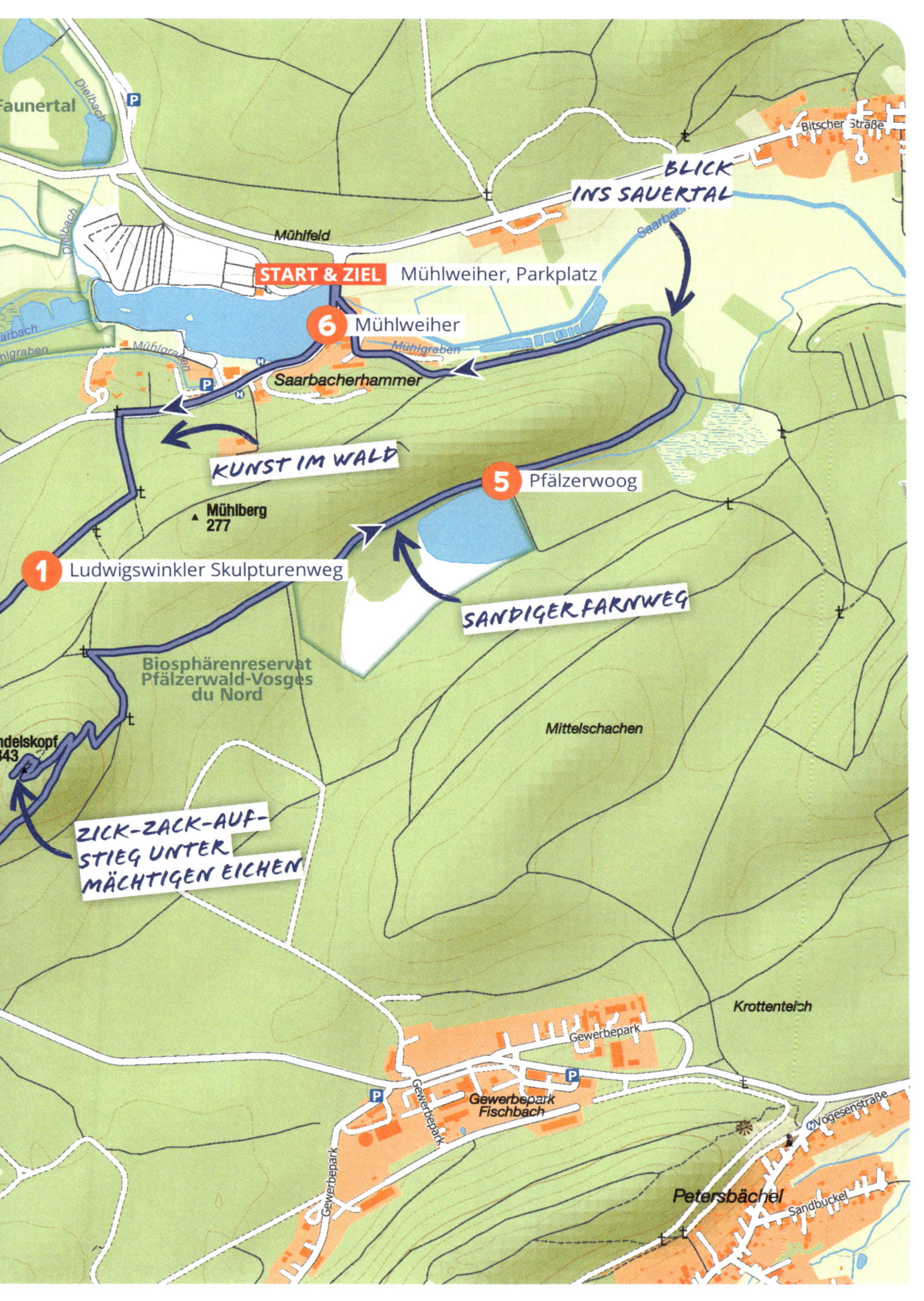

Faunertal
Dielbach
Mühlfeld
START & ZIEL
Mühlweiher, Parkplatz
6
Mühlweiher
Mühlgraben
Saarbacherhammer
Saarbach
BLICK INS SAUERTAL
Bitscher Straße
KUNST IM WALD
Mühlberg
277
5
Pfälzerwoog
1
Ludwigswinkler Skulpturenweg
SANDIGER FARNWEG
Biosphärenreservat Pfälzerwald-Vosges du Nord
Mittelschachen
ZICK-ZACK-AUFSTIEG UNTER MÄCHTIGEN EICHEN
Krottenteich
Gewerbepark
Gewerbepark Fischbach
Vogesenstraße
Petersbächel
Sandbuckel

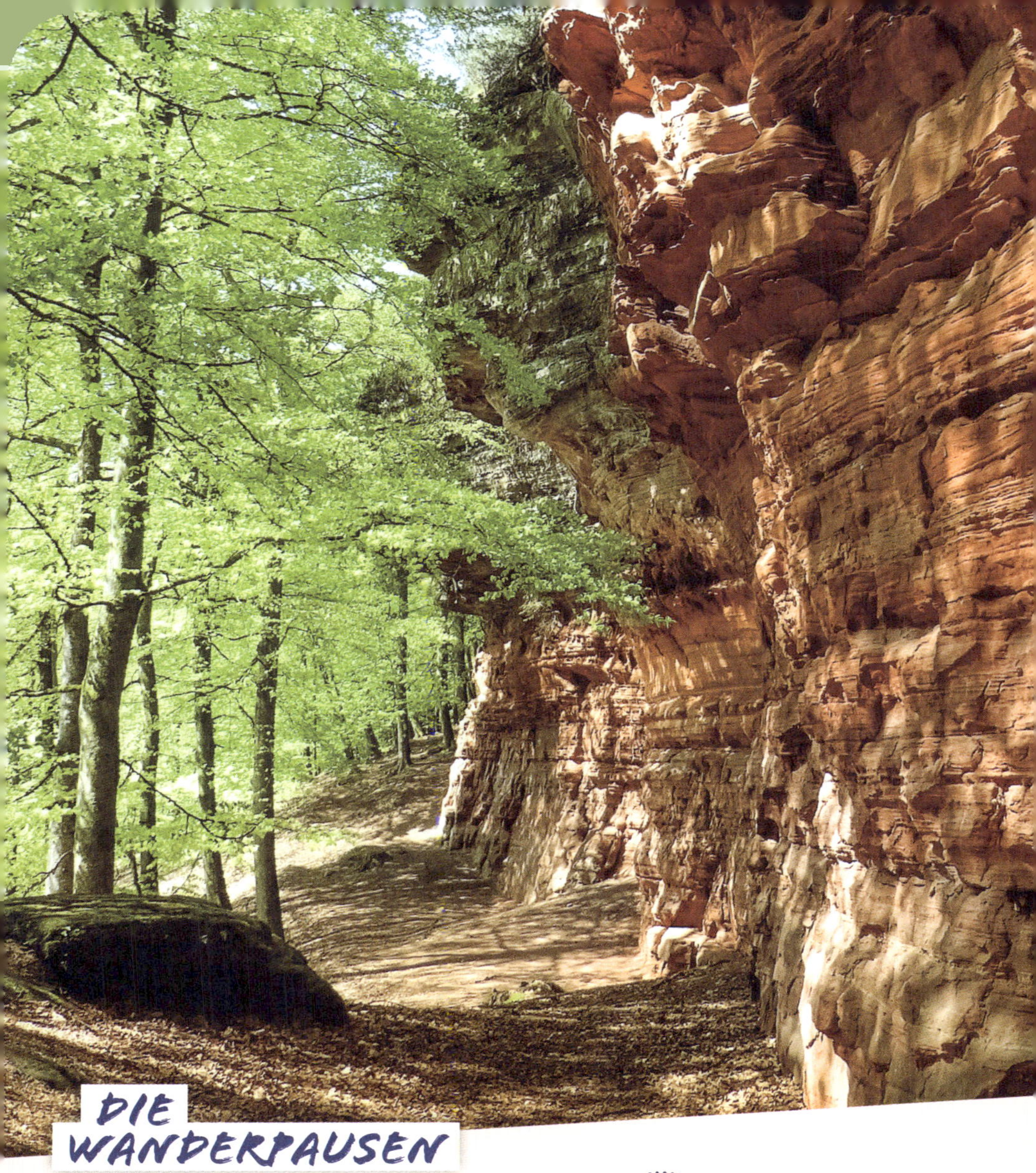

DIE WANDERPAUSEN

» START
Wanderparkplatz Spießweiher

KM 2
1 Altschlossfelsen-Türme
Nichts als Natur

KM 2,5
2 Altschlossfelsen-Durchschlupf
Welches Löcherl hätten's gerne?

KM 3
3 Altschlossfelsen-Aussichtspunkt
Plötzlich Böllern

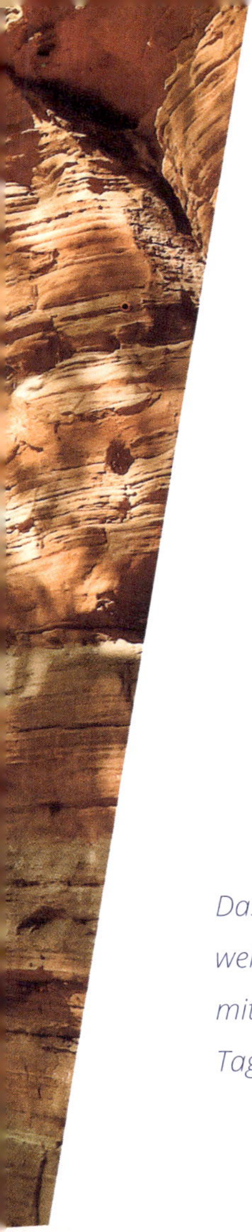

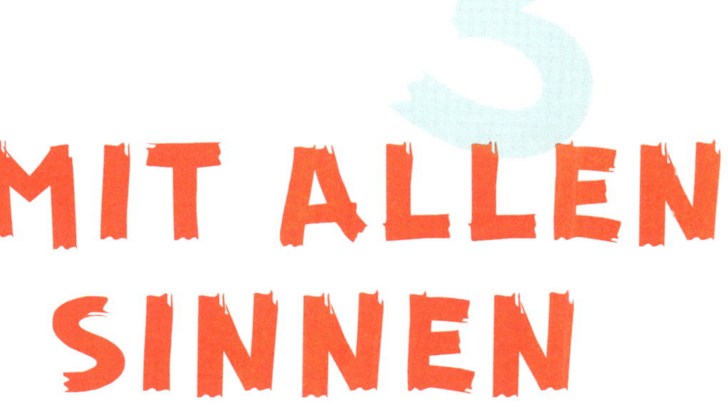

3 MIT ALLEN SINNEN

Über die Altschlossfelsen ins Stüdenbachtal

Das vielbesuchte größte Felsmassiv der Pfalz, als starker Kontrast ein weltferner historischer Grenzpfad und eine weitverzweigte Tallandschaft mit malerischen Woogen. Eine Tour für Schaulustige, stille Genießer und Tagträumer.

KM 4

4 Grenzsteine am Grenzweg
Rätsel lösen

KM 9

5 Stüdenwoog
Tagträumen und herumstreunen

KM 9,7

6 Forsthaus Stüdenbach
Ein Haus mit Geschichte

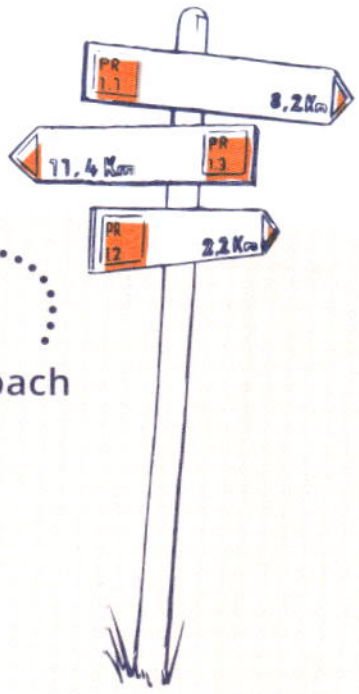

KM 10,2 » ZIEL
Wanderparkplatz Spießweiher

WAS MAN NICHT ALLES ERLEBEN KANN, ...

... wenn man auf dieser Tour mit wachen Sinnen unterwegs ist! Atemlos schauen, wie sich an den Altschlossfelsen die großen Formen – Türme, Wandfluchten, Überhänge – mischen mit den kleinen Wundern – Risse, Höhlungen, Flechten, in den Fels gekrallte Bäume. Das Spiel der Farben bewundern – das Rostrot der Felsen, das je nach Jahreszeit frühlingshafte Grün oder üppige Gelb des Buchenlaubes, das moorige Braun der Wooge.

Die Ohren aufsperren für die Ohs und Ahs derer, die zum ersten Mal die Türme der Altschlossfelsen bestaunen. Für die heiseren Rufe der Raubvögel, für das unermüdliche Klopfen der Spechte. Aber auch für das Geschützgeböller, welches ab und zu von Frankreich herüberweht. Den Duft von feuchtem Moos, Kiefernharz und Torfboden einsaugen. Beim langen Gang entlang der Felsen über den körnigen Buntsandstein streichen, mit Hutzeln und Eicheln jonglieren.

AUF EINER BANK AM WOOG SITZEN UND DIE BILDER DER TOUR AN SICH VORÜBERZIEHEN LASSEN

Für den Geschmackssinn hat man zu Hause schon Vorbereitungen getroffen und seine Rucksack-Leckereien besonders liebevoll zusammengestellt – das hat dieser Weg mit seinen exquisiten Rastplätzen verdient, Gasthäuser gibt es unterwegs keine.

Vielleicht geht man diese Wanderung nicht nur sinnenverzückt an, sondern ganz systematisch und gliedert die Tour in drei Abschnitte. Die **Altschlossfelsen** für das Spektakuläre, der **Grenzpfad** für das Historische, das **Stüdenbachtal** fürs Träumen. Wenn nach Stunden der Waldeinsamkeit das fachwerkromantische **Forsthaus Stüdenbach** das Ende der Wanderung ankündigt, lässt es sich trefflich räsonnieren: der oder die Altschlossfelsen? Für den Singular ist das eineinhalb Kilometer lange Massiv zu ausgedehnt, zu vielgestaltig. Also: die Altschlossfelsen. Dass dieses Kunstwerk der Natur nicht mit künstlichen Attraktionen aufgepeppt wurde, ist Ausdruck des sanften Tourismus in der Pfalz. Anderswo gäbe es an einem solchen Platz einen Kiosk mit Souvenirs und Billetverkauf. Hier zum Glück nicht! «

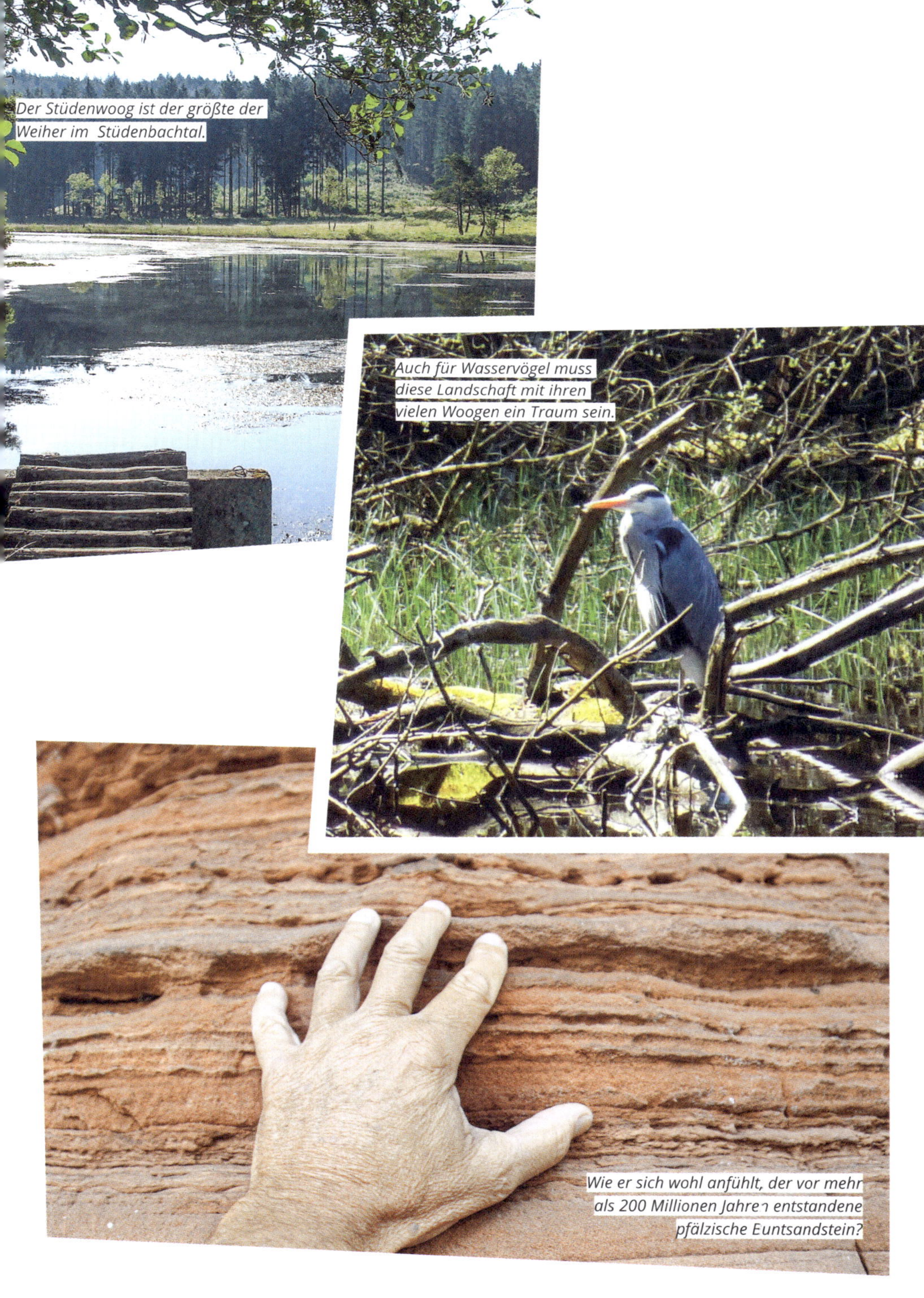

Der Stüdenwoog ist der größte der Weiher im Stüdenbachtal.

Auch für Wasservögel muss diese Landschaft mit ihren vielen Woogen ein Traum sein.

Wie er sich wohl anfühlt, der vor mehr als 200 Millionen Jahren entstandene pfälzische Euntsandstein?

WANDERN & GENIESSEN

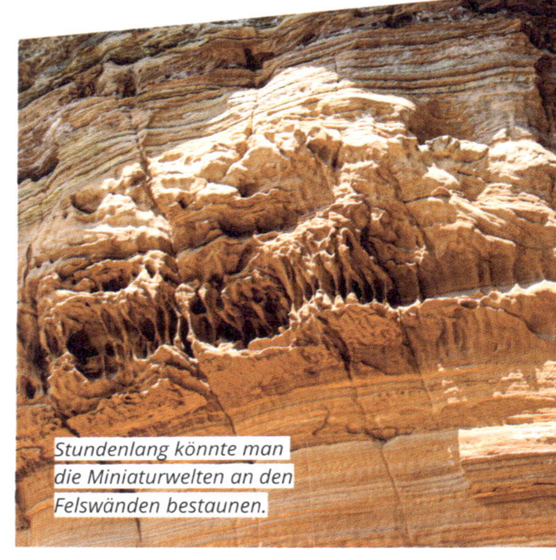

Stundenlang könnte man die Miniaturwelten an den Felswänden bestaunen.

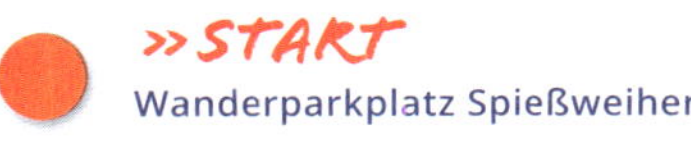

Wanderparkplatz Spießweiher

Dem Helmut-Kohl-Wanderweg und den Schildern zu den Altschlossfelsen folgen.

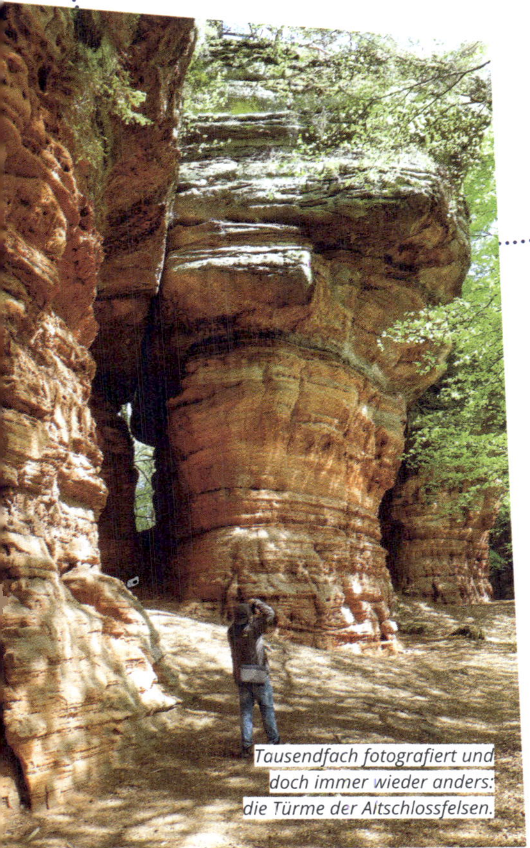

Tausendfach fotografiert und doch immer wieder anders: die Türme der Altschlossfelsen.

KM 2

1 Altschlossfelsen-Türme

Nichts als Natur

Am Ostende der Altschlossfelsen liegen vier bizarre Türme, die den Ruf des Massivs als eines der größten Naturwunder im Südwesten Deutschlands begründen. Wer genau hinschaut, wird hoch oben am Felsen noch einen Treppenaufgang entdecken – Überbleibsel einer kleinen, im 11. Jahrhundert auf den Türmen errichteten Burg, dem Alten Schloss. In der Neuzeit hat man hier der Versuchung widerstanden, menschliche Artefakte zu hinterlassen wie z. B. Infotafeln oder Geländer. Gut so, die Altschlossfelsen sind Attraktion genug. Da wird man leicht darüber hinwegsehen können, dass an wenigen Stellen Uli und Mareike, Jenny und Sascha, Tarik und Alina ihre Liebe in die Felswände gemeißelt haben.

Mit dem Logo der Altschlossfelsen-Tour oder des Grenzweges auf einem Pfad an der Südseite der Felsen entlang.

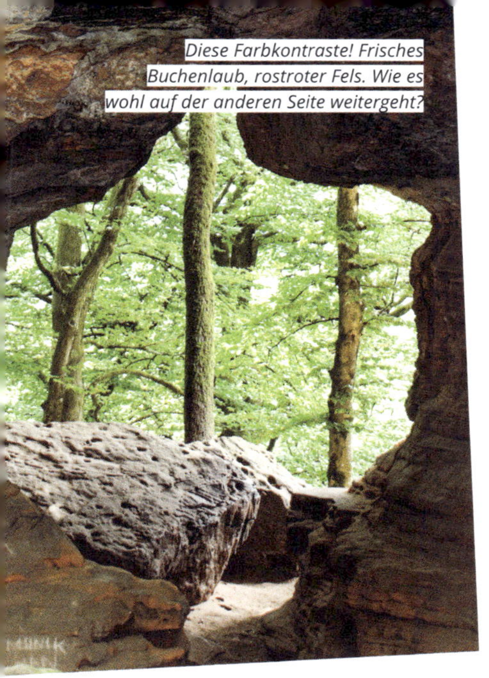

Diese Farbkontraste! Frisches Buchenlaub, rostroter Fels. Wie es wohl auf der anderen Seite weitergeht?

KM 2,5

2 Altschlossfelsen-Durchschlupf
Welches Löcherl hätten's gerne?

Immer wieder ein Erlebnis, wenn eine Wanderroute durch ein Felsentor hindurchführt. Am Altschlossfelsen kann man in der Mitte des Massivs gleich zwischen dreien wählen. Auch hier wurde dankenswerterweise darauf verzichtet, Schilder an den Fels zu nageln oder pfiffige Vermarktungsnamen – Engelstor, Teufelsloch, Himmelspforte und dergleichen – zu plakatieren. Lediglich zu zwei Wanderweg-Farbmarkierungen hat man sich hinreißen lassen. Ein Tipp für Felsentorsammler: Die gibt es auch auf den Premiumwegen Dahner Felsenpfad, Pirmasenser Felsenwaldtour und Busenberger Holzschuhpfad.

Weiter auf dem Felsenpfad. Am Ende der Altschlossfelsen zum Aussichtspunkt scharf rechts hinauf.

KM 3

3 Altschlossfelsen-Aussichtspunkt
Plötzlich Böllern

Grüne Wälder, am Horizont ein paar Kegelberge, kein Haus weit und breit. Stille. Und dann plötzlich Böllern. Blickt man vom Aussichtspunkt auf den westlichen Altschlossfelsen in die Ferne, deutet nichts darauf hin, dass die weit ausgedehnte Senke dort unten vom 35 Quadratkilometer großen französischen Truppenübungsplatz Camp Militaire de Bitche eingenommen wird – von dort also dringen in unregelmäßigen Abständen die Detonationsgeräusche herauf. Und nichts deutet hier oben auf dem geländergesicherten Felsplateau darauf hin, dass sich unter den Füßen zunächst zwar Gestein, dann aber nichts als Luft befindet – der Rastplatz liegt auf einem weit überhängenden Felsen, der höchsten Wand des Massivs. Wo sonst kann man ein solches Picknick zelebrieren?

Zurück zum Hauptweg und mit dem Logo des Grenzweges links hinunter und am militärischen Sperrgebiet entlang.

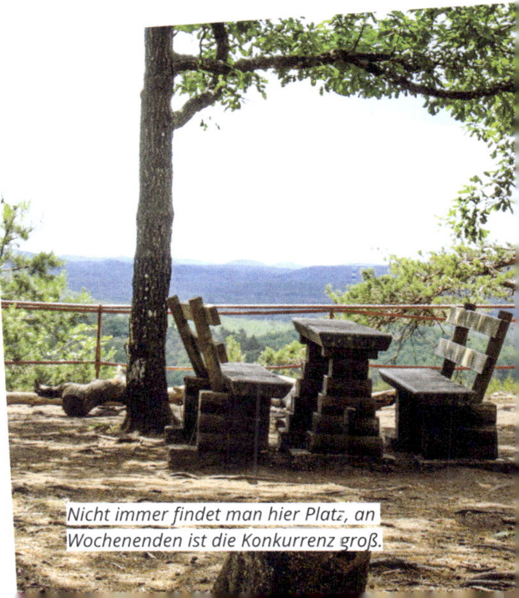

Nicht immer findet man hier Platz, an Wochenenden ist die Konkurrenz groß.

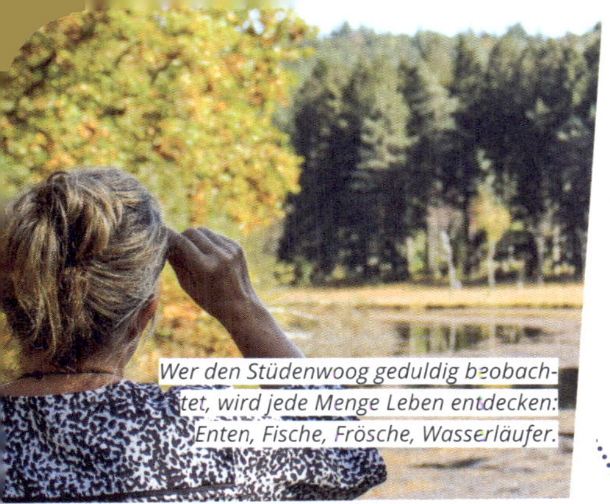

Wer den Stüdenwoog geduldig beobachtet, wird jede Menge Leben entdecken: Enten, Fische, Frösche, Wasserläufer.

Grenzsteine am Grenzweg

Rätsel lösen

Das eingemeißelte F auf diesem Grenzstein von 1826 steht wohl für Frankreich. Soweit recht einfach. Aber was hat es mit dem B auf der nach Deutschland ausgerichteten Seite auf sich? Bayern, erfährt man von einheimischen Wanderndern. Wie aber kommt das Zeichen von Bayern auf diesen Grenzstein? Die Pfalz war einst bayrisch, vom Wiener Kongress des Jahres 1816 bis zur Neugliederung Deutschlands nach dem Zweiten Weltkrieg. Und das gut erhaltene Wappen mit den drei spitzwinkeligen Linien auf dem Grenzstein mit der Jahreszahl 1606? Hat mit den Grafen von Hanau-Lichtenberg zu tun, die während dreier Jahrhunderte über einen Flickenteppich herrschten, der sich von der elsässischen Rheinebene bis in den Pfälzerwald erstreckte.

Nach etwa 2 km auf dem Grenzweg an einem Sattel den Premiumweg verlassen und unbeschildert auf einem Forstweg links hinunter. Durch das Kalseyertal zu einem Teich. Dort rechts und wieder auf dem Premiumweg auf der rechten Talseite am Stüdenwoog vorbei zum Wendepunkt am Schöneichelsbachweiher und auf der anderen Talseite talabwärts.

KM 9

5

Stüdenwoog

Tagträumen und herumstreunen

Das weitverzweigte Stüdenbachtal ist eine Seelenlandschaft par excellence. Dort, wo es seine größte Ausdehnung hat, liegt der Stüdenwoog, der schönste Weiher des gewässerreichen Tals. Auch hier wurde, wie an den Altschlossfelsen, erfreulicherweise auf Schilderorgien verzichtet. Dass man am Stüdenwoog angelangt ist, erkennt man deshalb als Stüdenbach-Neuling nur an den beiden Ruhebänken am Ufer. Ein idealer Platz, um einmal völlig zur Ruhe zu kommen! Tagträumen, vor-sich-hin-sinnlosen. Dann vielleicht noch ein wenig herumstreunen in den stillen Seitentälern, die am Stüdenwoog zusammentreffen.

Weiter mit dem Grenzweg-Logo.

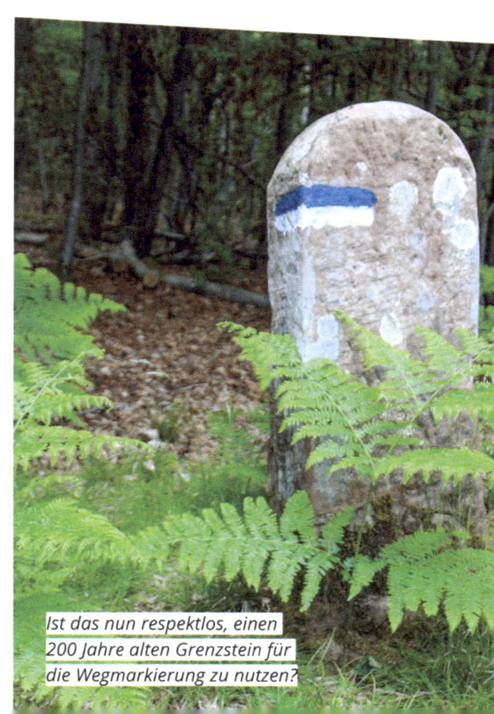

Ist das nun respektlos, einen 200 Jahre alten Grenzstein für die Wegmarkierung zu nutzen?

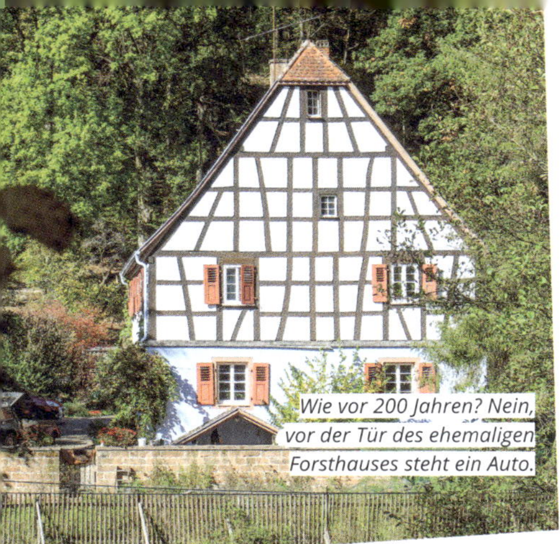
Wie vor 200 Jahren? Nein, vor der Tür des ehemaligen Forsthauses steht ein Auto.

EXTRA INFOS:

Da es am Wanderweg keine Einkehrmöglichkeit gibt, verlegt man den Tourenabschluss ins zwei Kilometer entfernte Eppenbrunn. Einen einladenden Biergarten bietet das ● **Hotel-Restaurant Kupper** (www.hotelkupper.de, Mittwoch bis Sonntag geöffnet). Gutbürgerliche Küche gibt es auch im ● **Hotel Haus Waldesruh** (hotel-hauswaldesruh.de, täglich außer Dienstag).

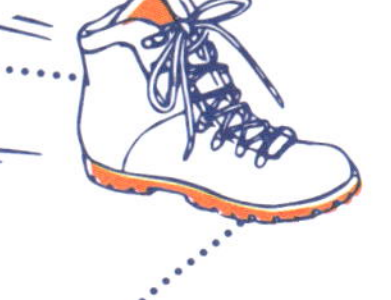

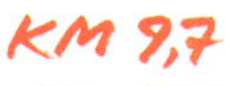

KM 9,7

6 Forsthaus Stüdenbach

Ein Haus mit Geschichte

Hinter dem dunklen Sägeweiher, den frühere Generationen auch gerne zum Baden nutzten, passiert die Wanderroute das abgelegene ehemalige Forsthaus Stüdenbach. Es geht zurück auf eine im 18. Jahrhundert errichtete Säge- und Lohmühle, in der aus Rinde und Holz der Gerbstoff gewonnen wurde, den man in der nahegelegenen Schuhstadt Pirmasens für die Lederherstellung brauchte. Im 19. Jahrhundert machte die bayerische Verwaltung aus der Mühle ein Forsthaus, danach wandelte sich das romantische Anwesen zur Schnapsbrennerei und Gastwirtschaft. Heute ist es in privaten Händen.

Weiter auf dem Grenzweg.

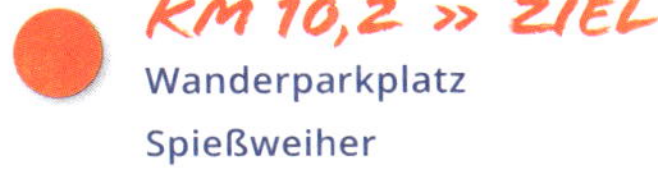

KM 10,2 » ZIEL

Wanderparkplatz Spießweiher

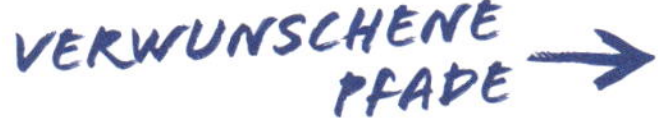

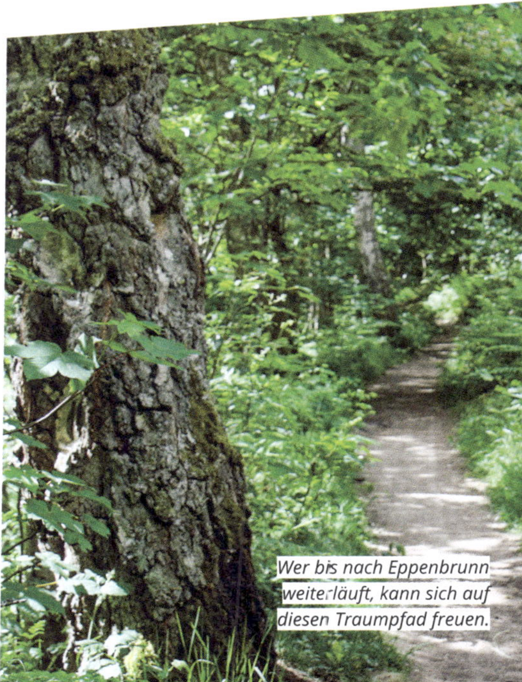
Wer bis nach Eppenbrunn weiterläuft, kann sich auf diesen Traumpfad freuen.

AUF EINEN BLICK

- **Start/Ziel:** Wanderparkplatz Spießweiher (von Eppenbrunn Richtung Fischbach und 1 km nach dem Ortsschild rechts abbiegen)
- **Strecke:** 10,2 km (Rundtour)
- **Reine Wanderzeit:** 3 Std.
- **Höhenmeter:** ↗ 168 m ↘ 168 m
- **Wegbeschaffenheit:** Forstwege, naturbelassene Pfade.
- **Beste Zeit:** April/Mai, wenn das Buchenlaub sich frisch und grün zeigt, oder Oktober/November, wenn die Färbung an den Indian Summer erinnert.
- **Ausrüstung:** Ausreichend Proviant und Getränke.

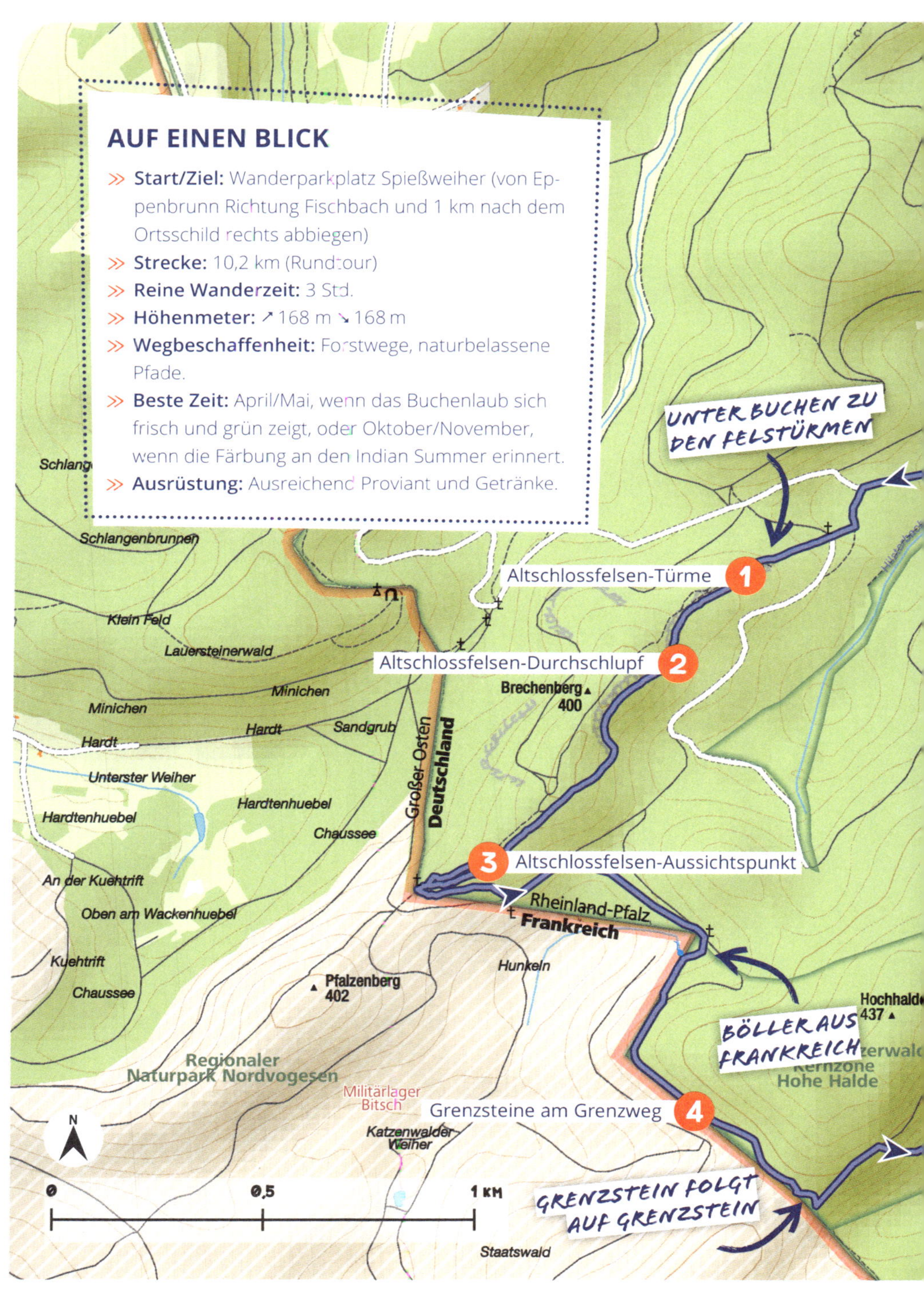

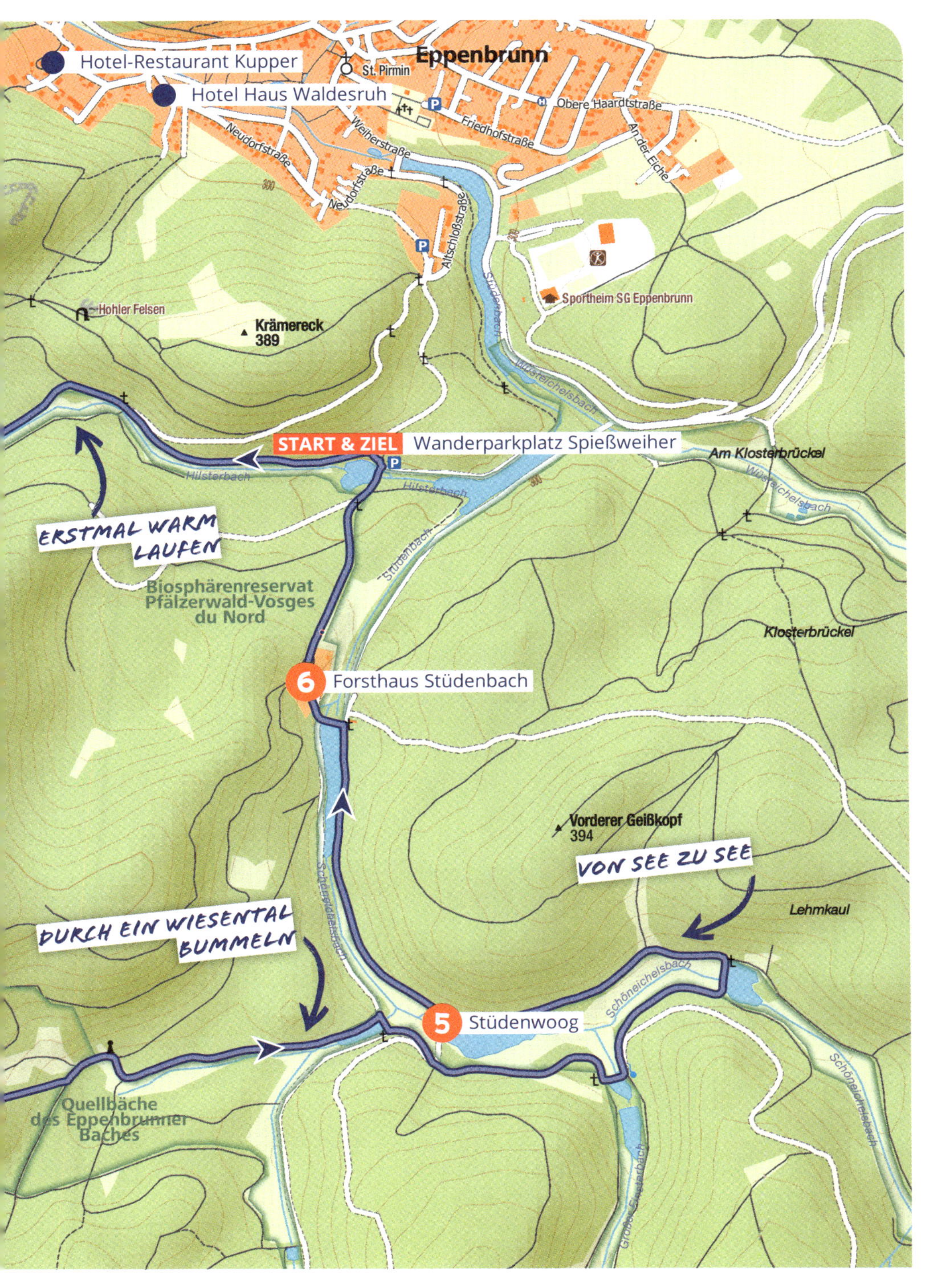
Hotel-Restaurant Kupper
Hotel Haus Waldesruh
Eppenbrunn
St. Pirmin
Obere Haardtstraße
Friedhofstraße
An der Eiche
Neudorfstraße
Weiherstraße
Altschloßstraße
Sportheim SG Eppenbrunn
Hohler Felsen
Krämereck
389
Stüdenbach
Wüsteichelsbach
START & ZIEL
Wanderparkplatz Spießweiher
Am Klosterbrückel
Hilsterbach
ERSTMAL WARM LAUFEN
Biosphärenreservat Pfälzerwald-Vosges du Nord
Klosterbrückel
6
Forsthaus Stüdenbach
Vorderer Geißkopf
394
VON SEE ZU SEE
Lehmkaul
DURCH EIN WIESENTAL BUMMELN
Schöneichelsbach
5
Stüdenwoog
Quellbäche des Eppenbrunner Baches
Großer Eisterbach

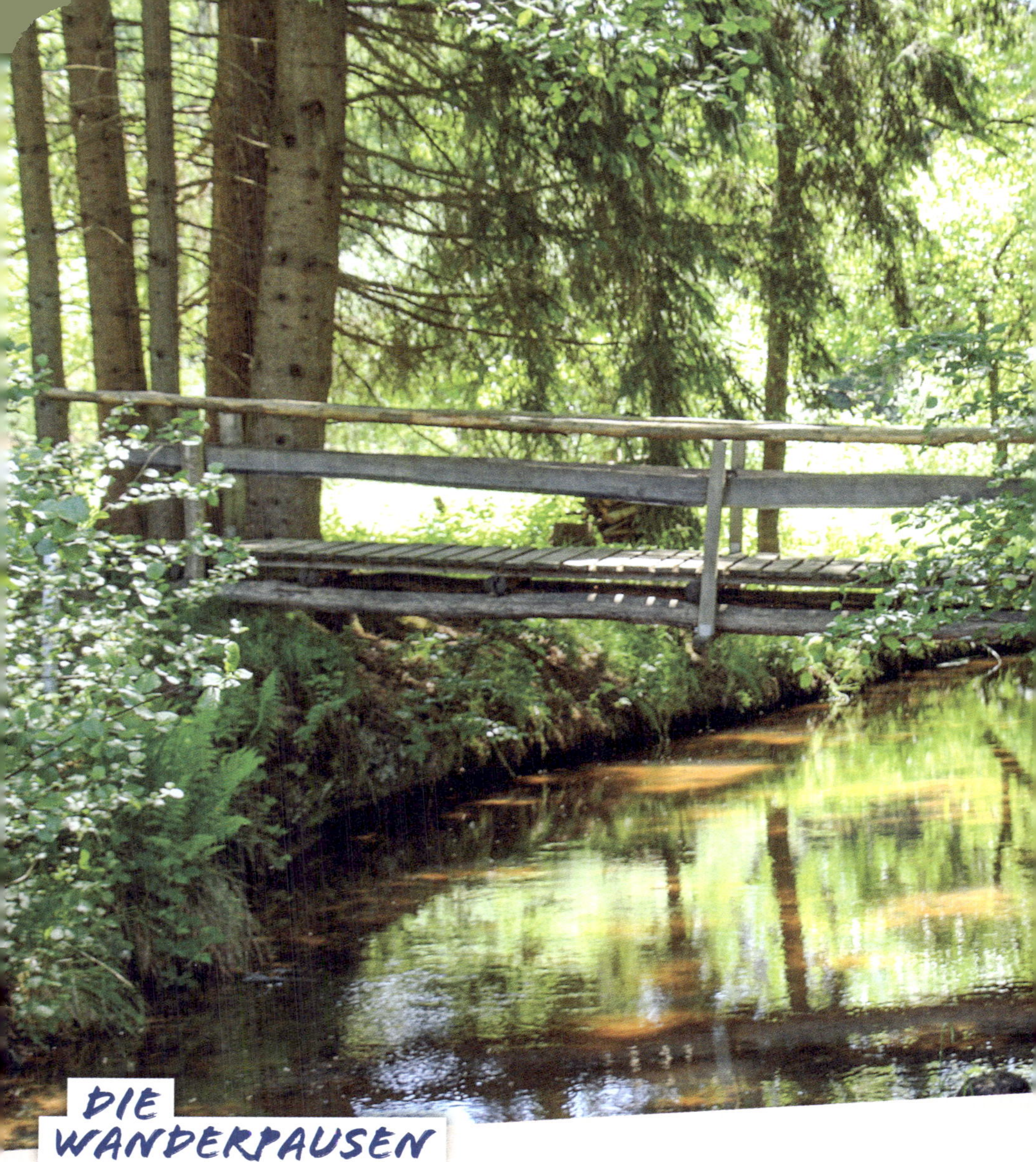

DIE WANDERPAUSEN

» START
Kröppen, Sportplatz

KM 1
1 Streuobstwiesen am Mühlberg
Eine Allee aus Obstbäumen

KM 5
2 Zollhäuschen Eppenbrunner Tal
Müßiggang und Sittlichkeit

KM 7
3 Walschbronn
Sprachforschung beim Menu du Jour

AUF SCHLEICH-WEGEN

4

Schmugglerpfade auf der Hackmesserseite

Am Rande des Pfälzerwaldes flaniert's sich auf einem pfiffig konzipierten Themenweg bestens über aussichtsreiche Höhen und durch stille Täler. Alle Leckermäuler aufgepasst: Eine Stippvisite nach Frankreich ist auf dieser Tour inklusive.

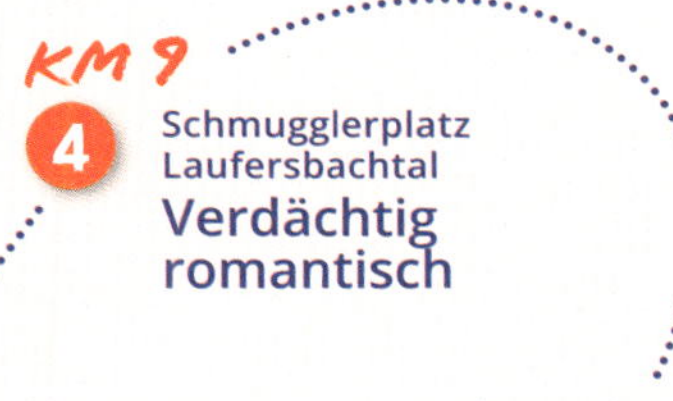

KM 9

4 Schmugglerplatz Laufersbachtal

Verdächtig romantisch

KM 10

5 Hexenfels-Hütte

Hyggelig im Schmuggelwald

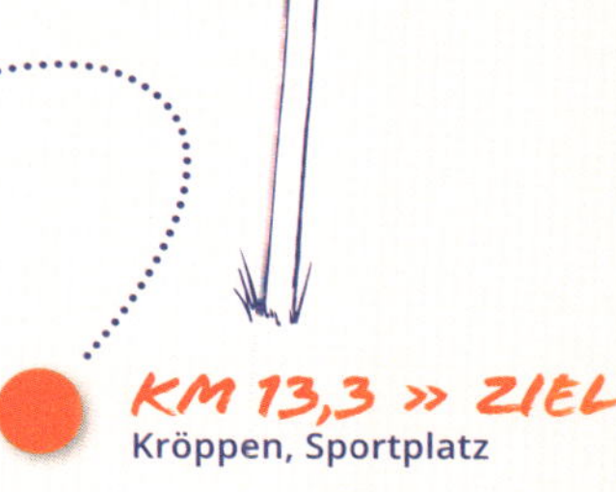

KM 13,3 » ZIEL

Kröppen, Sportplatz

KEIN LEICHTES HANDWERK …

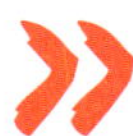

… hatten sie sich ausgesucht, diese Schmuggler an der pfälzisch-lothringischen Grenze. Bei Nacht und Nebel durch den Wald schleichen, mit schweren Lasten auf den Schultern, die ständige Angst vor dem Zugriff der Zöllner im Nacken. Wie zahlreich diese waren, lässt sich in den Grenzdörfern heute noch erahnen: Jedes hatte sein Zollhaus, mancherorts gab es sogar ganze Zöllnersiedlungen. Aus gutem Grund: Was wurde da nicht alles hinüber- und herübertransportiert, um Steuern zu umgehen – Schnaps, Wein, Zigaretten natürlich, aber auch Mineralöl, Kaffee und Parfüm.

Der Schmugglerpfad, ein liebevoll gestalteter Themenweg, lässt den Alltag der Zöllner und Schmuggler lebendig werden. Da geht es um Uniformen und Ausrüstung, um Zollhunde, skurrile Vorfälle oder trickreiche Verstecke für die Schmuggelware. Schauplatz ist die im Volksmund »Hackmesserseite« genannte Grenzregion bei Pirmasens. Hackmesser? Schon kurz nach der Französischen Revolution hatten sich sechs Grenzgemeinden der Republik angeschlossen. So kam die Guillotine, das »Hackmesser«, hierher. Viel Gebrauch von ihr wurde allerdings nicht gemacht.

ZWISCHEN STREUOBSTBÄUMEN DIE VON FRANKREICH HERÜBERZIEHENDEN WOLKEN BEOBACHTEN

Ausgangspunkt des Schmugglerpfades ist das Höhendorf **Kröppen.** Nach einem Streifzug über aussichtsreiche **Streuobstwiesen** wandert man an zwei Mühlen vorbei durch das **Eppenbrunner Tal** und schleicht dann ganz schmugglermäßig über die Grenze nach **Walschbronn.** Das gehört politisch zwar zu Lothringen, ist aber kulturell dem Elsass näher. Daher die liebenswert verspielte, dem Kindlichen und dem Kitsch nicht abgeneigte Gestaltung der Häuser und Vorgärten – und die elsässisch geprägte Kost in der Auberge du Château. Durch ein stilles Wiesental und üppige Buchenwälder geht es zurück nach Deutschland.

Fazit: Landschaftlicher Abwechslung und unterhaltsame Informationen sorgen dafür, dass man auf dem Schmugglerpfad nie die für die Pfalz typischen Aussichtsfelsen und Burgen vermisst.

«

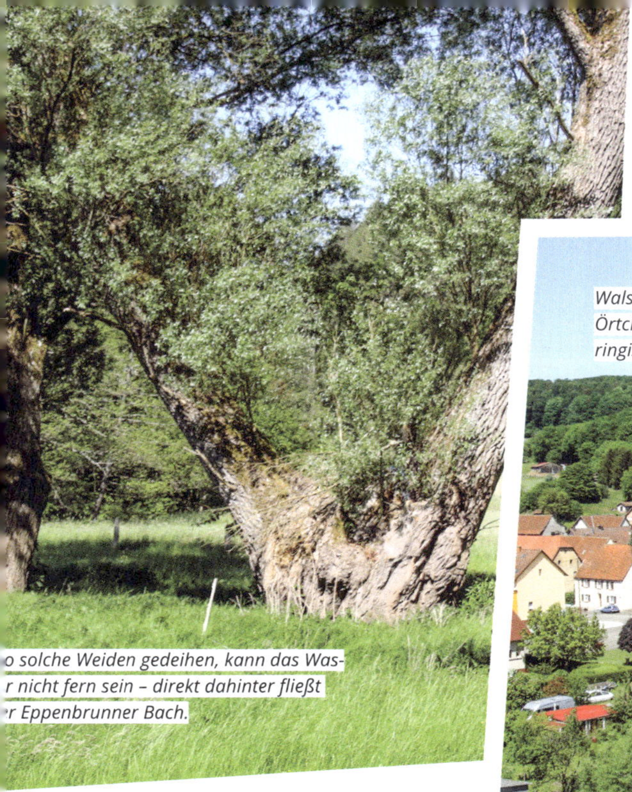

o solche Weiden gedeihen, kann das Was-
r nicht fern sein – direkt dahinter fließt
r Eppenbrunner Bach.

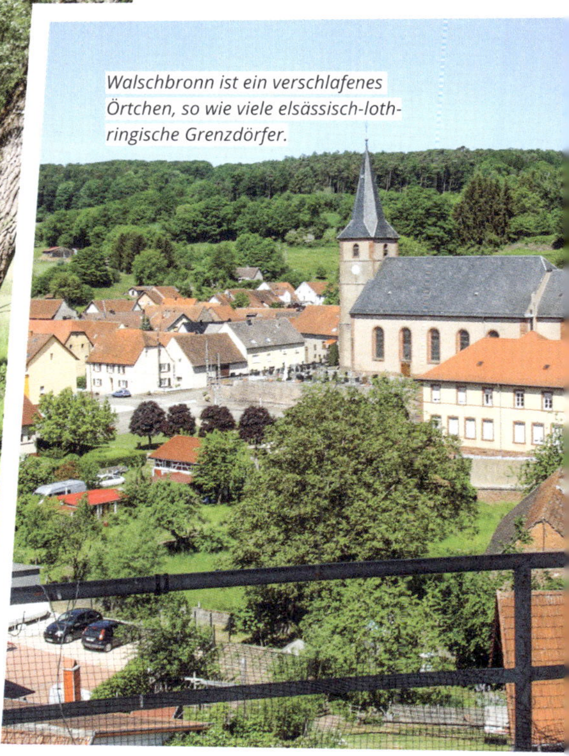

Walschbronn ist ein verschlafenes Örtchen, so wie viele elsässisch-lothringische Grenzdörfer.

Viel Auslauf haben Schafe auf den Streuobstwiesen bei Kröppen.

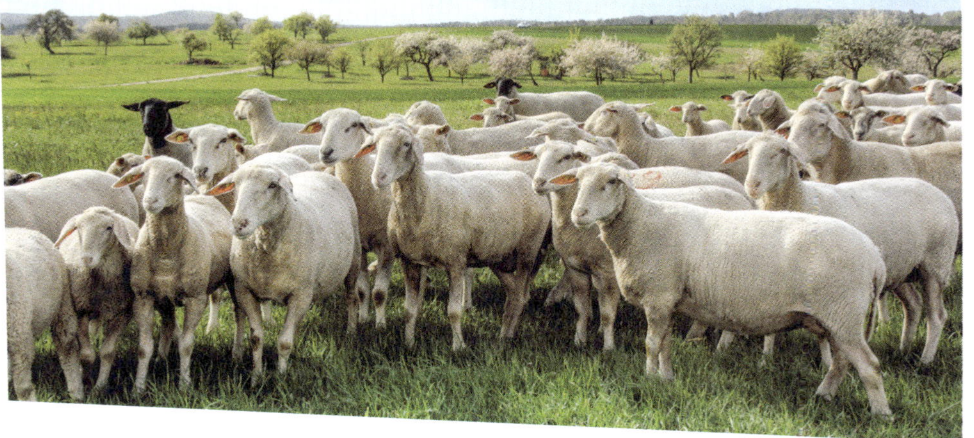

WANDERN & GENIESSEN

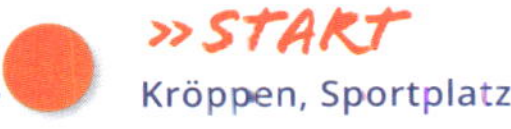

Kröppen, Sportplatz

Mit dem unverkennbaren Logo des Schmugglerpfad-Rundweges am Sportplatz entlang zu Streuobstwiesen.

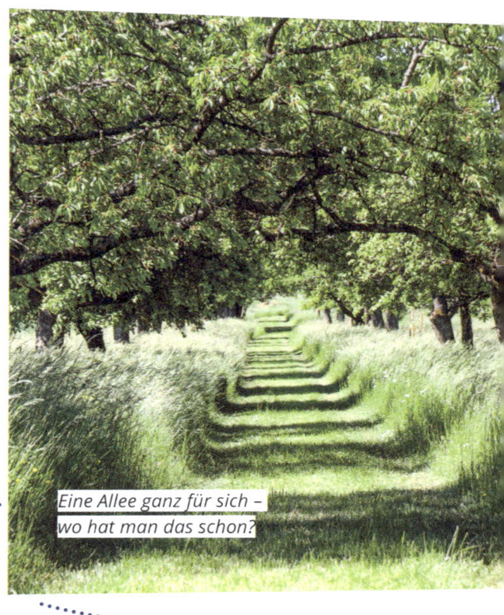

Eine Allee ganz für sich – wo hat man das schon?

KM 1

1

Streuobstwiesen am Mühlberg

Eine Allee aus Obstbäumen

Immer wieder wohltuend, der Anblick einer Streuobstwiese. Wie hier am Mühlberg bei Kröppen, wo sich Obstbäume unterschiedlichen Alters und unterschiedlicher Arten locker über die weiten Wiesenhänge verteilen. Mit einer Ausnahme: Eine Doppelreine zieht sich schnurgerade über die Anhöhe. Ein besonderes Wandererlebnis, auf dem grasigen Weg durch diese Obstbaumallee zu bummeln – besonders in der Zeit zwischen Ende April und Ende Mai, wenn die Apfelbäume in voller Blüte stehen. Am Beginn der Allee steht ein als Lothringer Kreuz ausgewiesenes steinernes Kreuz. Streng genommen gehört dieses Exemplar jedoch nicht zu dieser Gattung, da der für Lothringer Kreuze typische zweite Querbalken fehlt.

Auf dem Schmugglerpfad hinunter zur Schweixer Mühle am Eppenbrunner Bach und weiter talabwärts zur Grenze.

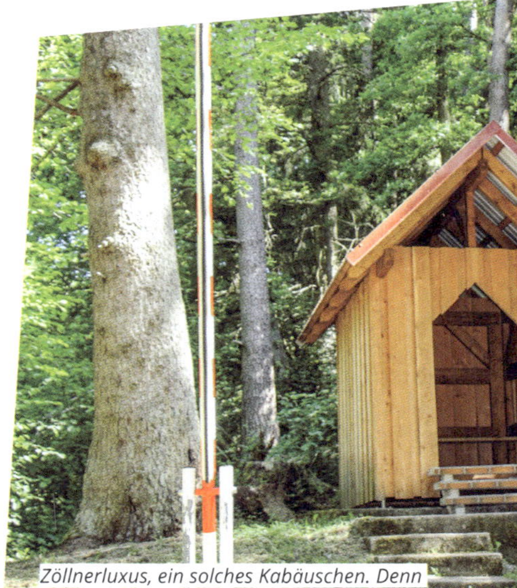

Zöllnerluxus, ein solches Kabäuschen. Denn meist mussten sie bei Wind und Wetter die Schmugglerpfade kontrollieren.

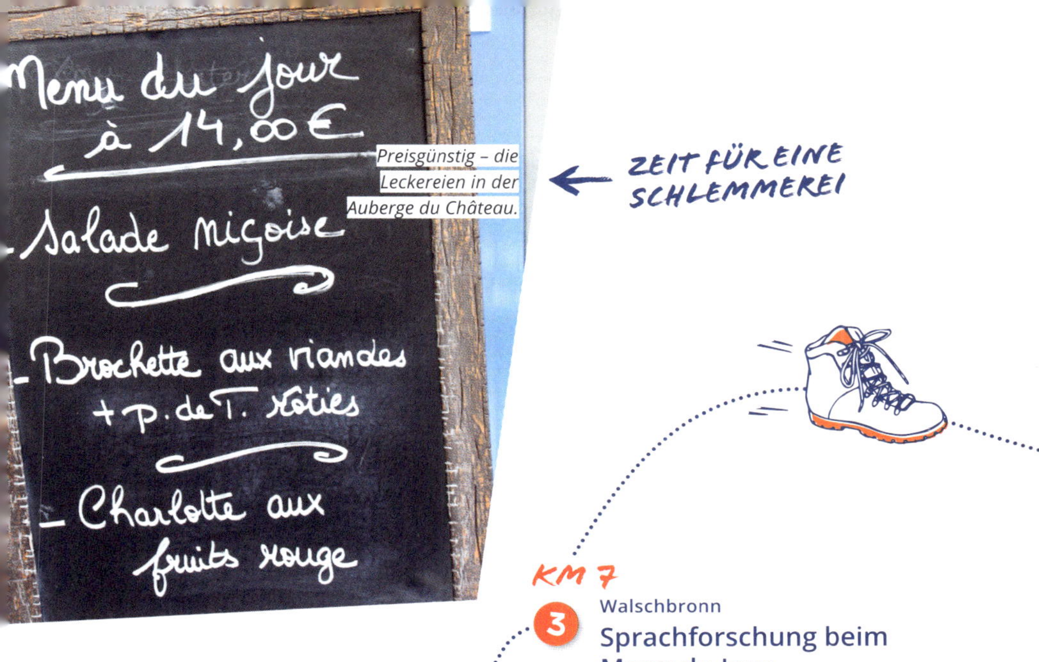

Preisgünstig – die Leckereien in der Auberge du Château.

ZEIT FÜR EINE SCHLEMMEREI

KM 5

2 Zollhäuschen Eppenbrunner Tal
Müßiggang und Sittlichkeit

Nach eineinhalb Stunden Wanderung: rasten in einem nachgebauten Zollhäuschen. Wie mag sich das Zöllnerdasein hier wohl angefühlt haben? Grenzgänger kontrollieren, Zollgebühren erheben – reine Routine. Ansonsten sitzen und warten, dass sich endlich mal etwas Verdächtiges tut. Man wird sich die Zeit mit Knobeln vertrieben haben. Die moralisch-sittlichen Anforderungen für Zollbeamte im Kaiserreich allerdings waren hoch: Laut Dienstanordnung waren sie dazu verpflichtet, sich »durch Eifer und Pünktlichkeit im Dienst, durch Besonnenheit und Umsicht, durch sittlichen Lebenswandel und durch anständiges Auftreten die allgemeine Achtung zu erwerben und zu erfahren«.

Mit dem Schmugglerweg-Logo hinüber nach Frankreich.

KM 7

3 Walschbronn
Sprachforschung beim Menu du Jour

Ein trotz Grenzverkehr verschlafenes Dörfchen, dieses Walschbronn. Immerhin gibt es die Auberge du Château mit ihrer bodenständigen Küche (Mittwoch bis Sonntag geöffnet). Am Tresen sitzen Dörfler und Routiers auf ein Schwätzchen beisammen. Forschernaturen mögen versuchen, beim Menu du Jour den Geheimnissen des hiesigen Sprachgebrauchs auf die Schliche zu kommen. Warum da plötzlich mitten im Satz vom Elsässisch-Lothringischen ins Französische gewechselt wird – und zurück – wissen die Einheimischen wahrscheinlich selbst nicht so genau. Wer partout nicht auf ein Burgenerlebnis verzichten möchte, kann dann noch in wenigen Minuten zum Château de Weckersburg hinaufsteigen, einer bescheidenen Anlage mit wenigen Mauerresten, über der eine Jesus-Statue emporragt.

Weiter dem Schmugglerpfad-Logo folgen.

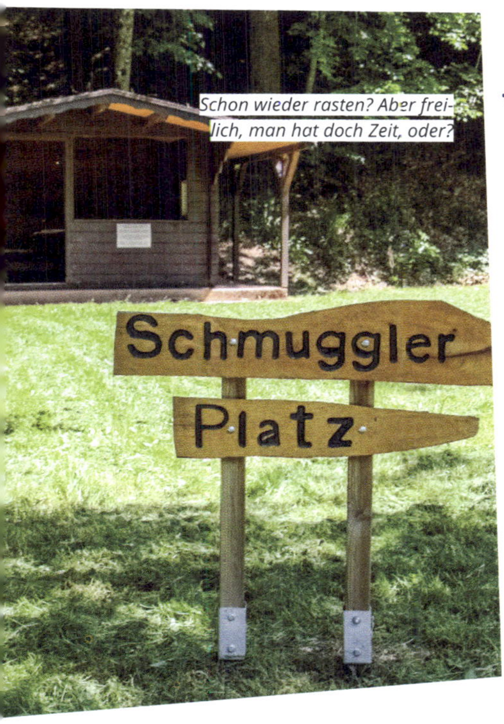

Schon wieder rasten? Aber freilich, man hat doch Zeit, oder?

4

Schmugglerplatz Laufersbachtal

Verdächtig romantisch

Da wird man von den Themenweg-Designern doch wohl etwas an der Nase herumgeführt: »Schmuggler Platz« haben sie diesen lauschigen Wiesenfleck am Waldrand genannt und neben Sitzbänken gleich noch eine gediegene Schutzhütte hingestellt. Ganz so gemütlich werden es die Schmuggler vermutlich nicht gehabt haben. Eher haben sie sich – stets mit der Angst vor Zöllnern im Nacken – bei Nacht und Nebel hierher geschlichen, um ihren Durst an der nahegelegenen Quelle zu löschen. Um dann ganz schnell wieder in den dunklen Schatten des Waldes zu verschwinden.

Der Schmugglerpfad verlässt jetzt das Tal und windet sich durch Buchenwald hinauf zur Hexenfels-Hütte.

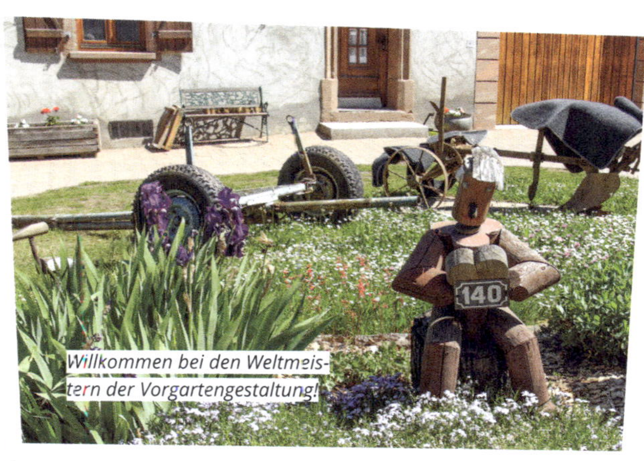

Willkommen bei den Weltmeistern der Vorgartengestaltung!

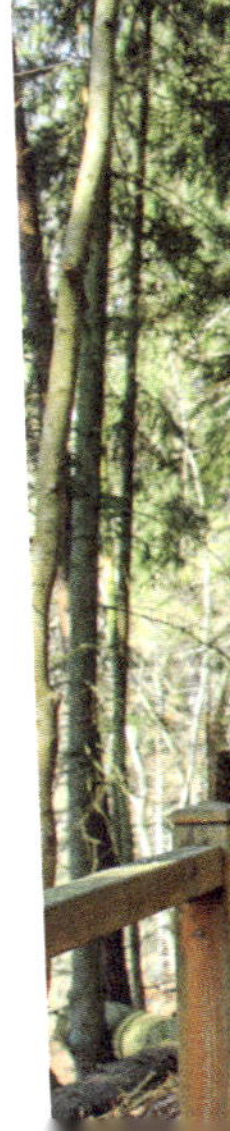

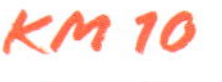

5 Hexenfels-Hütte

Hyggelig im Schmuggelwald

Von dichtem Mischwald umgeben ist die Hexenfels-Hütte, eine gemütliche Schutzhütte mit Picknicktisch, Feuerplatz und Brennholz. Noch einmal die Beine ausstrecken und einen kräftigen Schluck aus der Trinkflasche nehmen, denn jetzt geht es zum letzten Anstieg der Tour. Anders als die hölzernen Zollhäuschen unterwegs gab es diese Hütte schon, bevor der Themenweg angelegt wurde. Der Hexenfels selbst liegt etwas unterhalb am Waldrand. Ein bescheidenes Exemplar, die Felsen hier am Westrand des Pfälzerwaldes können mit denen des Dahner Felsenlandes oder des Trifelslandes nicht mithalten.

Ein kurzer Abstieg und der Schmugglerpfad führt hinauf nach Kröppen, wo man das Dorf durchquert, um zum Sportplatz zurückzukehren.

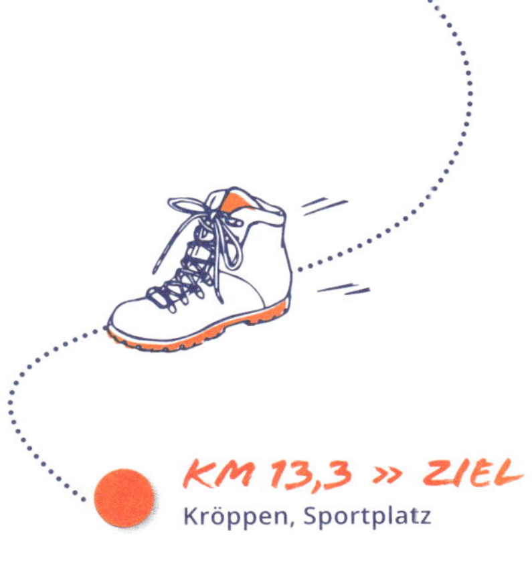

Kröppen, Sportplatz

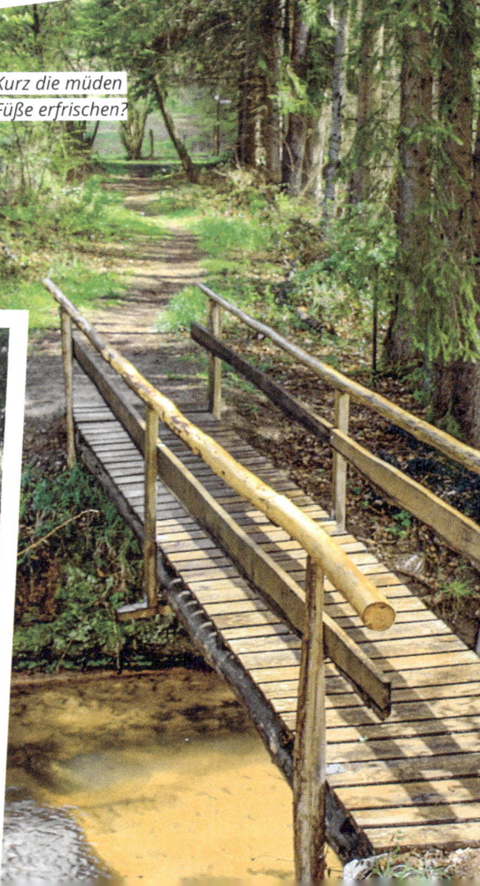

Kurz die müden Füße erfrischen?

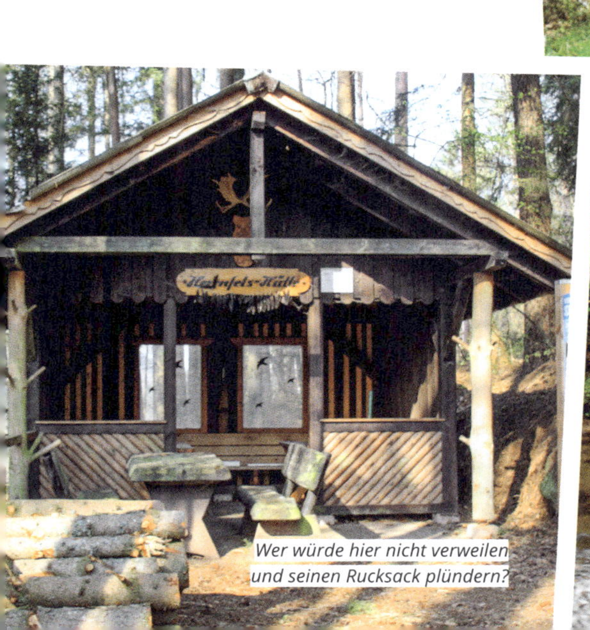

Wer würde hier nicht verweilen und seinen Rucksack plündern?

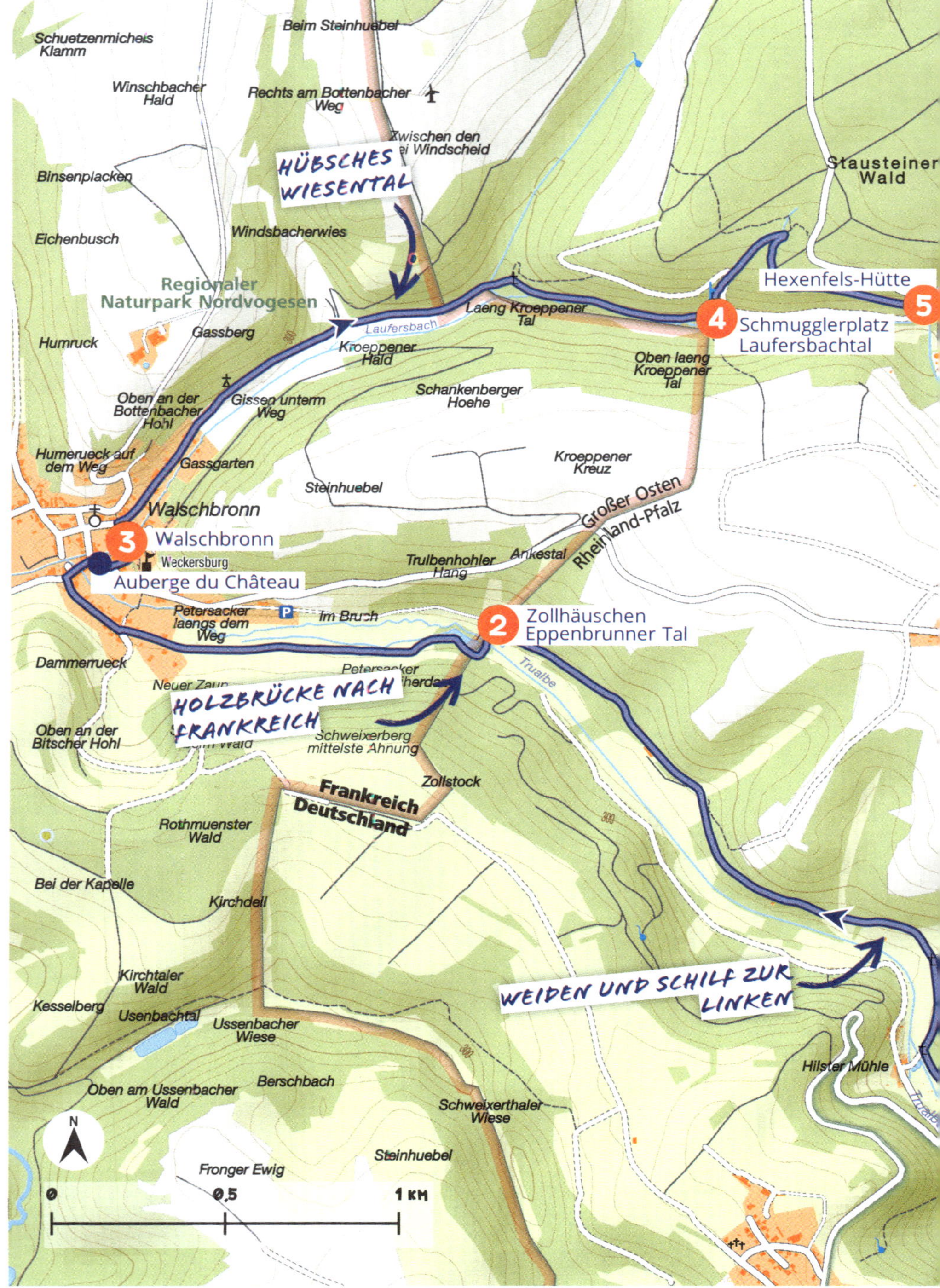
HÜBSCHES WIESENTAL
HOLZBRÜCKE NACH FRANKREICH
WEIDEN UND SCHILF ZUR LINKEN
Regionaler Naturpark Nordvogesen
2 Zollhäuschen Eppenbrunner Tal
3 Walschbronn
Auberge du Château
4 Schmugglerplatz Laufersbachtal
5
Hexenfels-Hütte
Stausteiner Wald
Walschbronn
Weckersburg
Großer Osten
Rheinland-Pfalz
Frankreich
Deutschland
Laufersbach
Trualbe
Schuetzenmicheis Klamm
Beim Steinhuebel
Winschbacher Hald
Rechts am Bottenbacher Weg
Binsenplacken
Eichenbusch
Windsbacherwies
Humruck
Gassberg
Kroeppener Hald
Laeng Kroeppener Tal
Oben laeng Kroeppener Tal
Schankenberger Hoehe
Oben an der Bottenbacher Hohl
Gissen unterm Weg
Humerueck auf dem Weg
Gassgarten
Steinhuebel
Kroeppener Kreuz
Trulbenhohler Hang
Ankestal
Petersacker laengs dem Weg
Im Bruch
Dammerrueck
Schweixerberg mittelste Ahnung
Zollstock
Oben an der Bitscher Hohl
Rothmuenster Wald
Bei der Kapelle
Kirchdell
Kirchtaler Wald
Kesselberg
Usenbachtal
Ussenbacher Wiese
Berschbach
Oben am Ussenbacher Wald
Schweixerthaler Wiese
Steinhuebel
Fronger Ewig
Hilster Mühle
300
N
0
0,5
1 KM

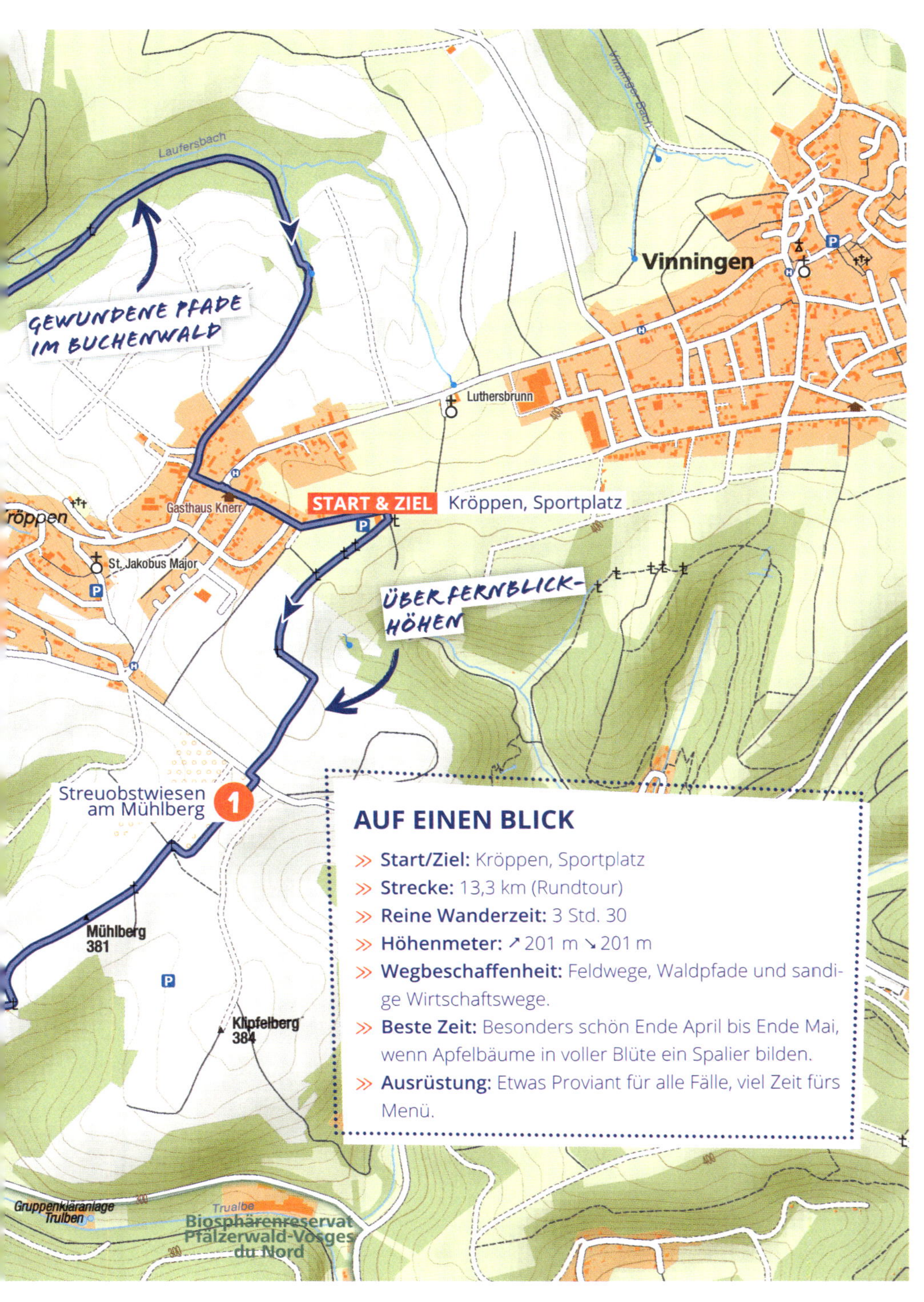

AUF EINEN BLICK

- **Start/Ziel:** Kröppen, Sportplatz
- **Strecke:** 13,3 km (Rundtour)
- **Reine Wanderzeit:** 3 Std. 30
- **Höhenmeter:** ↗ 201 m ↘ 201 m
- **Wegbeschaffenheit:** Feldwege, Waldpfade und sandige Wirtschaftswege.
- **Beste Zeit:** Besonders schön Ende April bis Ende Mai, wenn Apfelbäume in voller Blüte ein Spalier bilden.
- **Ausrüstung:** Etwas Proviant für alle Fälle, viel Zeit fürs Menü.

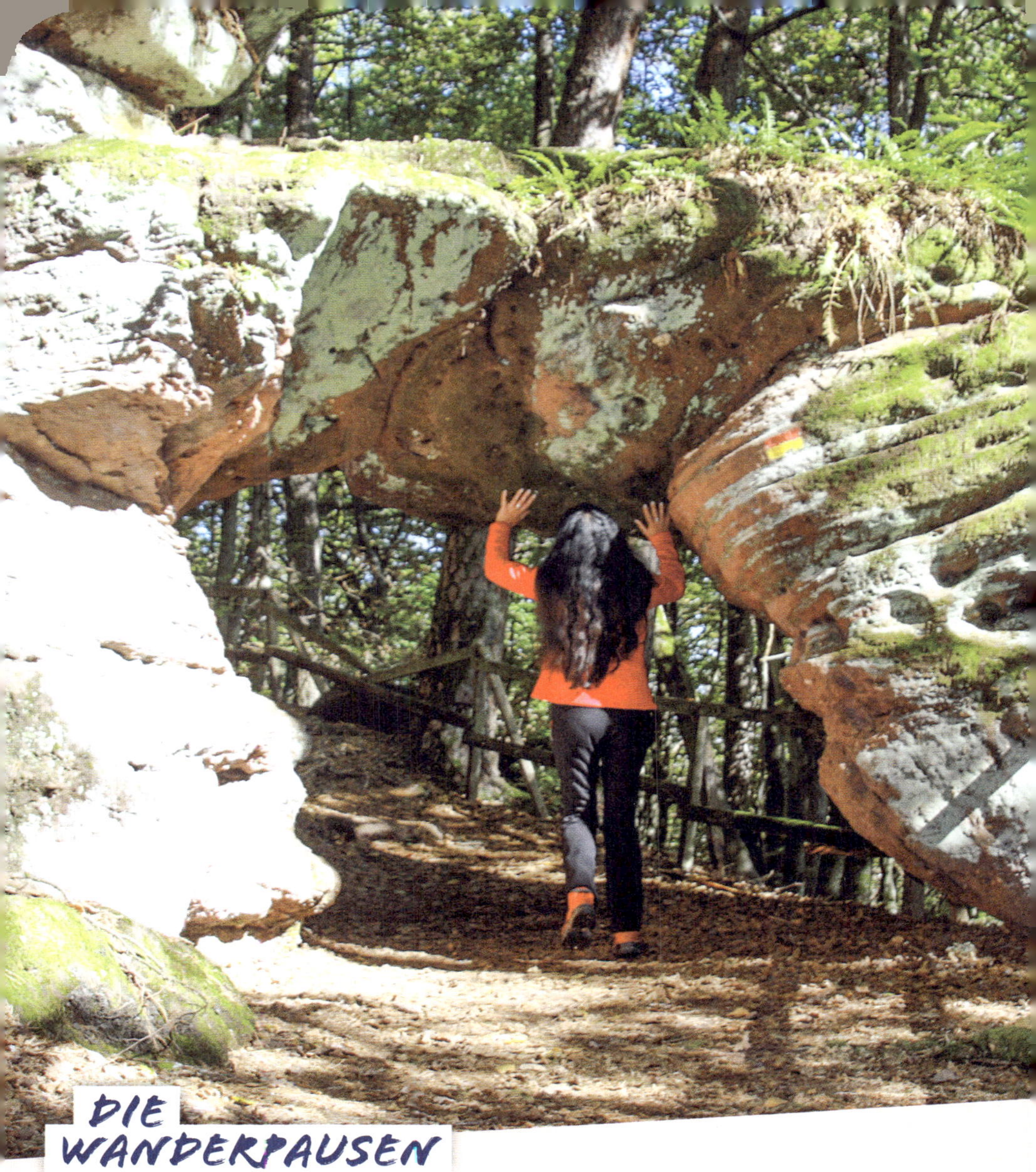

DIE WANDERPAUSEN

»START
Forsthaus Beckenhof, Parkplatz

KM 1
1 Felsentor
Marketing-Gags? Macht bei uns die Erosion!

KM 4
2 Gebrochener Felsen
Wer hat hier zugeschlagen?

KM 8

Kugelfelsen
Wünsch dir was!

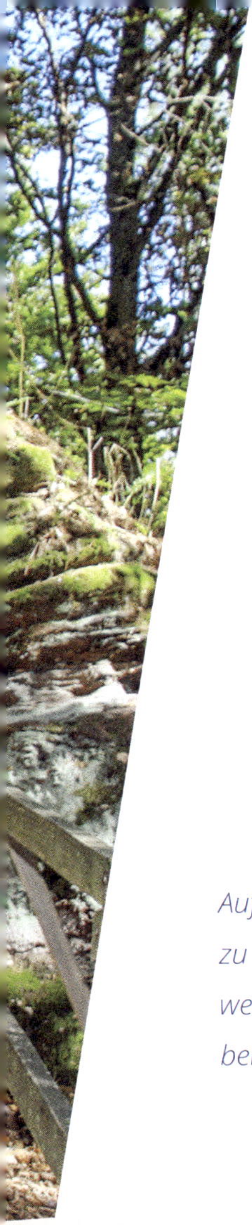

5 WUNDER DER EROSION

Im Pirmasenser Felsenwald

Auf verschlungenen Waldpfaden inmitten zauberhafter Mischwälder zu bizarren Felsgestalten, die die Fantasie beflügeln und den Spieltrieb wecken. Durch ein weltabgeschiedenes Tälchen streifen und es sich in beliebten Waldgaststätten gut gehen lassen.

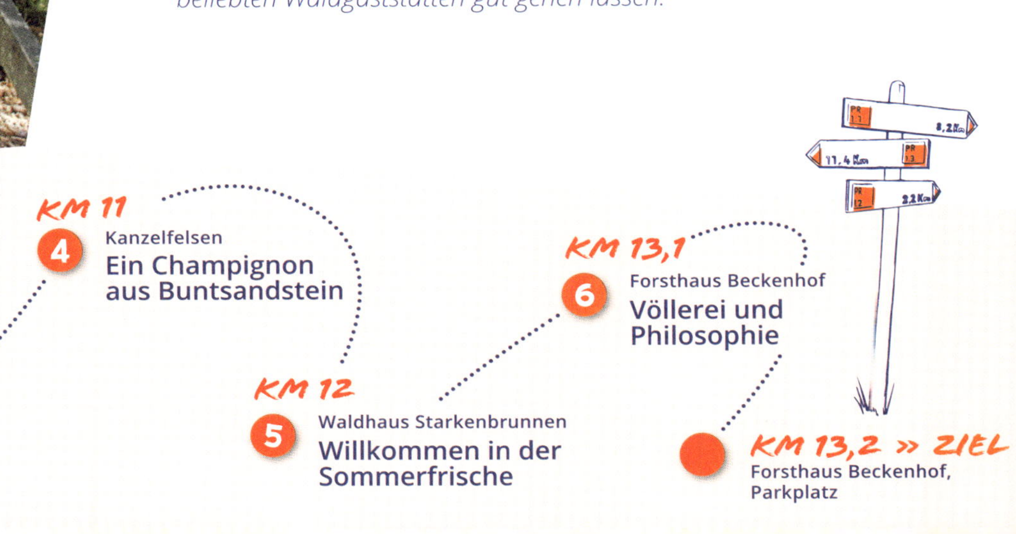

KM 11

4 Kanzelfelsen
Ein Champignon aus Buntsandstein

KM 12

5 Waldhaus Starkenbrunnen
Willkommen in der Sommerfrische

KM 13,1

6 Forsthaus Beckenhof
Völlerei und Philosophie

KM 13,2 » ZIEL

Forsthaus Beckenhof, Parkplatz

WIE VIELE TAUSEND FORMEN ...

... des Buntsandsteins gibt es in diesen Wäldern vor den Toren der früheren Schuhmetropole Pirmasens zu bestaunen! Den Wandernde-Triumphbogen am Felsentor, das Felsdach der Schillerwand, die Türmchen und Durchblicklöcher am Kugelfelsen. Das wie von einer Riesenfaust zertrümmerte Blockwerk des Gebrochenen Felsens, die wie mit einem Riesenmesser abgeschnittene Felsplatte am Gebetbuch, den Kanzelfels, der wie ein versteinerter Riesenchampignon wirkt.

Geprägt hat diese Wunderwerke der Natur die Erosion. Sie formte in fortwährender Kleinarbeit den Buntsandstein, der sich im Gebiet der heutigen Pfalz vor mehr als 200 Millionen Jahren als Sandwüste abgelagert hatte. Gewaltige Unwetter ließen später reißende Flüsse entstehen, die aus einer 500-Meter-mächtigen Schicht Berge und Täler herausmodellierten. Dann sorgten Wind und Regen, Schnee und Eis dafür, dass das Gestein in Gestalt bizarrer Felsen zutage trat. Auch die Chemie trug das ihre dazu bei: Die zwischen Gelbbraun, Rostrot und Graubraun changierende Farbe der Felsen ist einem hohen Anteil an Eisenoxid zu verdanken – Rost also.

WENN ES NACH EINEM REGENGUSS IM FELSENWALD NACH NÄSSE KLINGT UND DUFTET

Die Felsenwaldtour, einer von rund 20 Premiumwegen in der Südwestpfalz, erschließt die Felsenwunder bei Pirmasens in einem wenig anstrengenden Auf und Ab. Fast der gesamte Weg verläuft auf jenen samtweichen Waldpfaden, die Wandernde im Pfälzerwald so sehr schätzen. Da geht es mal hinunter in ein verwunschenes Tälchen, mal auf einem gewundenen Hangpfad durch einen Märchenwald, mal durch prächtigen Buchenwald hinauf zum nächsten Felsen, dann wieder hinab in eine waldige Talsenke.

Und immer wieder sind es auch die kleinen Wunder, die in Erinnerung bleiben werden: der verrottende Baumstumpf, die verkrüppelte Kiefer, die vielen Farbschattierungen von Moosen, Flechten und Farnen. Am Ende des Rundwanderweges liegen zwei stilecht rustikale Einkehrstationen, das **Waldhaus Starkenbrunnen** und das ehemalige **Forsthaus Beckenhof.**

«

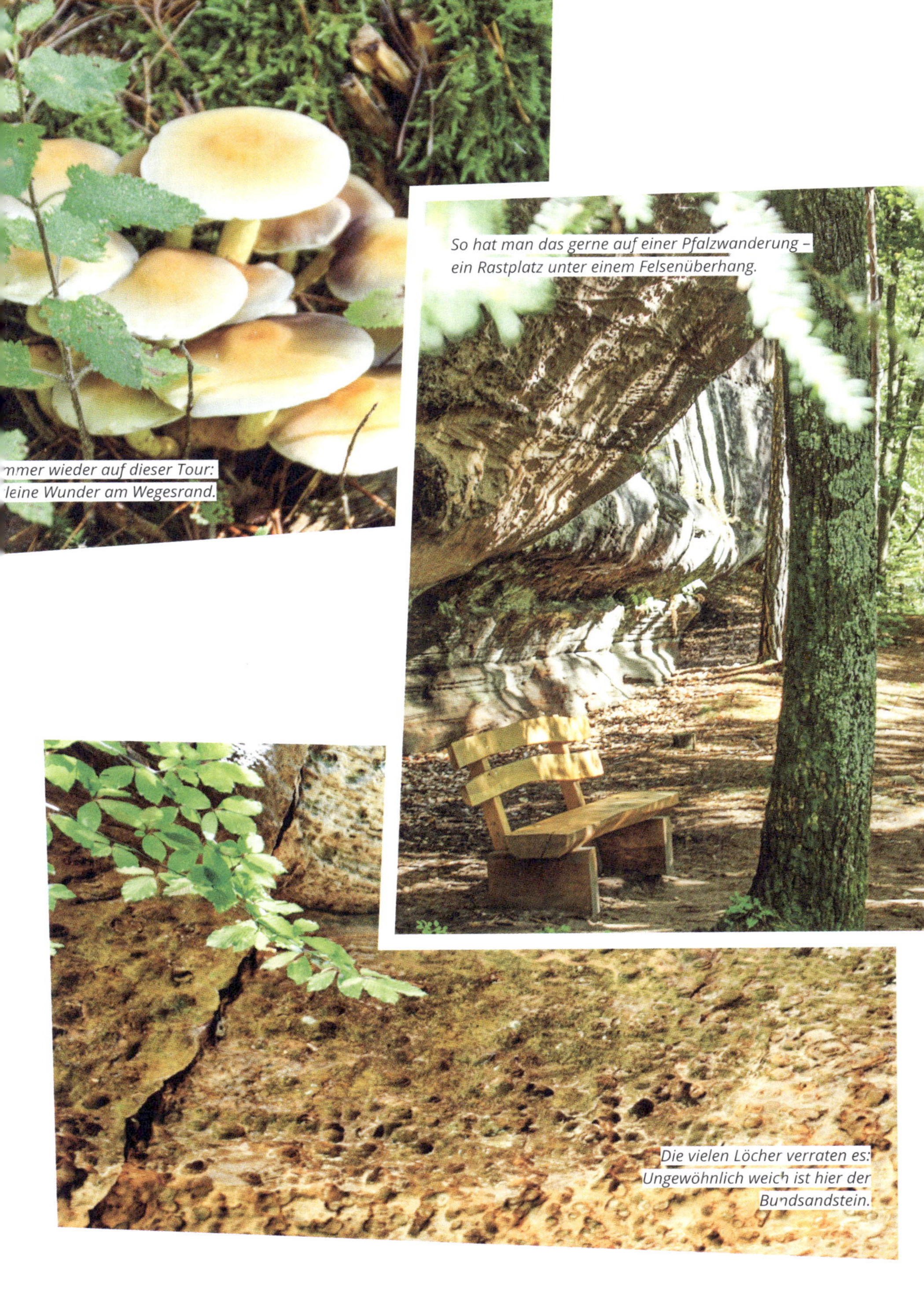

mmer wieder auf dieser Tour:
leine Wunder am Wegesrand.

So hat man das gerne auf einer Pfalzwanderung – ein Rastplatz unter einem Felsenüberhang.

Die vielen Löcher verraten es: Ungewöhnlich weich ist hier der Bundsandstein.

WANDERN & GENIESSEN

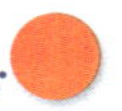

»STAR**T**

Forsthaus Beckenhof, Parkplatz

Rechts des Haupteingangs zur Waldgaststätte beginnt der komplett durchmarkierte Premiumweg Felsenwaldtour. Sein Logo zeigt das Pirmasenser Felsentor.

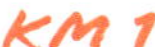

KM 1

Felsentor

Marketing-Gags? Macht bei uns die Erosion!

Was Wind, Wetter und Wasser hier geschaffen haben, hätten sich die Strategen des Tourismus-Marketings nicht besser ausdenken können: das Pirmasenser Felsentor, ein natürlicher Torbogen, der den Auftakt des Felsenwald-Premiumweges markiert und so ein unverwechselbares Willkommenszeichen setzt. Gerade so hoch, dass Wandernde bequem darunter durchgehen können, breit genug für zwei. Wie viele Schulklassen und Familien, Wandergruppen und Einzelwandernde wohl im Lauf der Generationen hier schon hindurchgeschlüpft sind?

Weiter auf der Felsenwaldtour, ins Glastal und an der Schillerwand vorbei zum Gebrochenen Felsen.

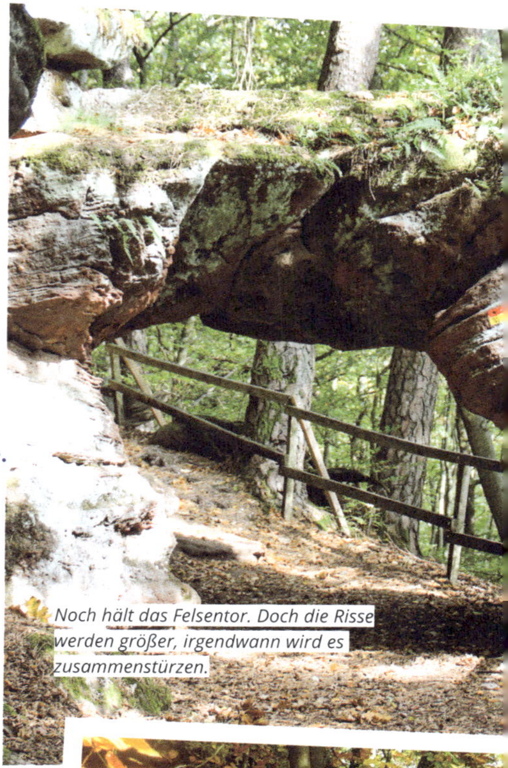

Noch hält das Felsentor. Doch die Risse werden größer, irgendwann wird es zusammenstürzen.

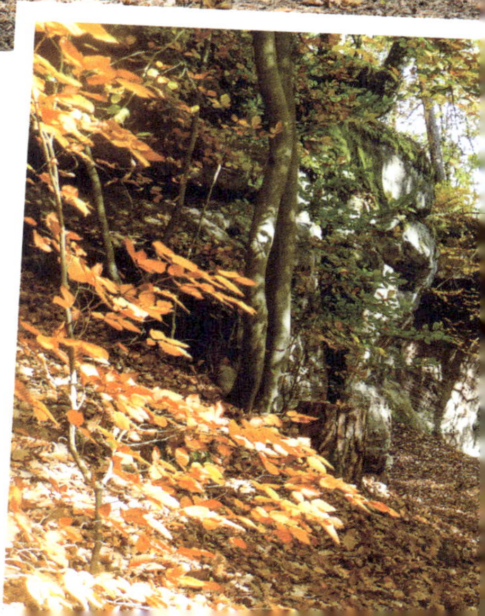

KM 4

2 Gebrochener Felsen
Wer hat hier zugeschlagen?

War es der Teufel wie an manchen anderen Plätzen des Pfälzerwaldes, der an diesem Hang oberhalb des weltabgeschiedenen Glastals den Fels zertrümmert hat? Oder ganz unromantisch das Regenwasser, welches in die Felsritzen eingedrungen war und – zu Eis gefroren – den Fels auseinandersprengte, und das gleich mehrmals? Die Fantasie mag sich das ihre zusammenreimen beim Anblick der überdimensionalen Blöcke am Gebrochenen Felsen. Inspizieren kann man die Felsspalten, Höhlen und Überhänge meist ungestört – falls nicht gerade Joggende mit kurzem Gruß vorbeihuschen.

Auf der Route der Felsenwaldtour am Hang des Glasberges entlang, hinunter in ein »Gründell« genanntes Tälchen und weiter zum Kugelfelsen.

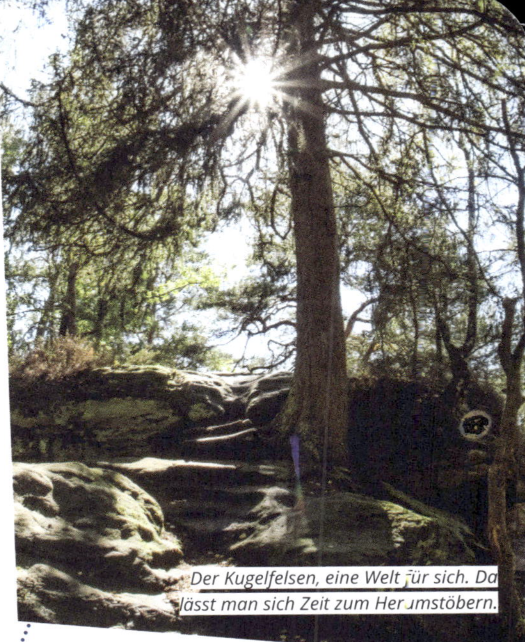

Der Kugelfelsen, eine Welt für sich. Da lässt man sich Zeit zum Herumstöbern.

HOTSPOT FÜR SCHNAPPSCHÜSSE

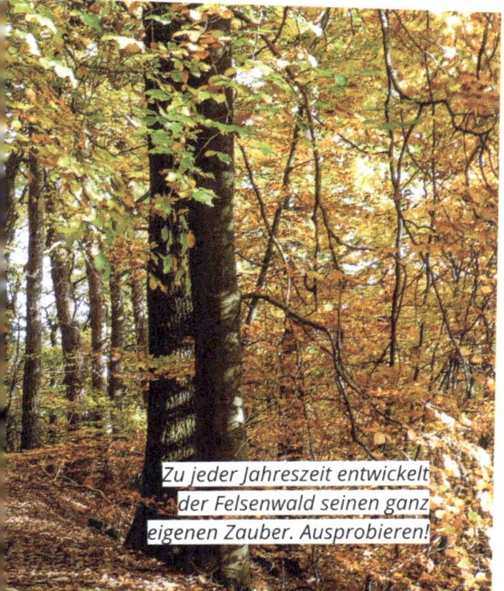

Zu jeder Jahreszeit entwickelt der Felsenwald seinen ganz eigenen Zauber. Ausprobieren!

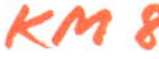

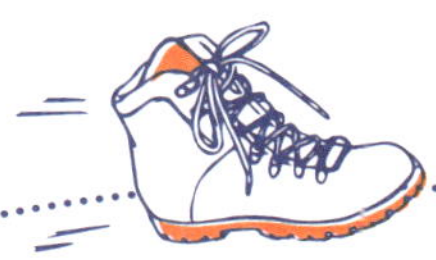

KM 8

3 Kugelfelsen
Wünsch dir was!

Ein Abenteuerspielplatz, dieser Kugelfelsen! Auf dem Hauptfels sitzen einige durchlöcherte kleine Felsköpfe. Durchkrabbeln, Verstecken spielen, runterhüpfen! Aber mit Vorsicht, die Fallhöhe von der ungesicherten obersten Etage ist beträchtlich. Ganz unten sind an einem Überhang faustgroße Kugeln im Fels zu entdecken, teilweise von der Erosion schon weit herausgelöst. Wer eine frisch heruntergefallene Steinkugel findet, bekommt einem alten Volksglauben zufolge einen großen Wunsch erfüllt. Nur Geduld, alle paar hundert Jahre ist es soweit!

Weiter auf der Felsenwaldtour, am Eisweiher vorbei zum Amboßfelsen und durch eine weite Senke zum Kanzelfels.

KM 11

4

Kanzelfelsen

Ein Champignon aus Buntsandstein

Auf einer Wanderung wie dieser, mit ihren vielen großen und kleinen Wundern, wird man irgendwann ins Philosophieren über die in der Natur wirkenden Kräfte kommen. Über den ewigen Kreislauf von Schöpfung und Zerstörung, den kein Naturphänomen so anschaulich demonstriert wie die Erosion. Erschafft sie doch in einem Jahrmillionen dauernden Prozess zunächst die Geländeformen, die sie dann selbst wieder abträgt. Bestens zu besichtigen ist das am Kanzelfels, einem acht Meter hohen pilzförmigen Gebilde mit schmalem Sockel und ausladendem Oberteil. Mißtrauen in die Statik? Noch hält er.

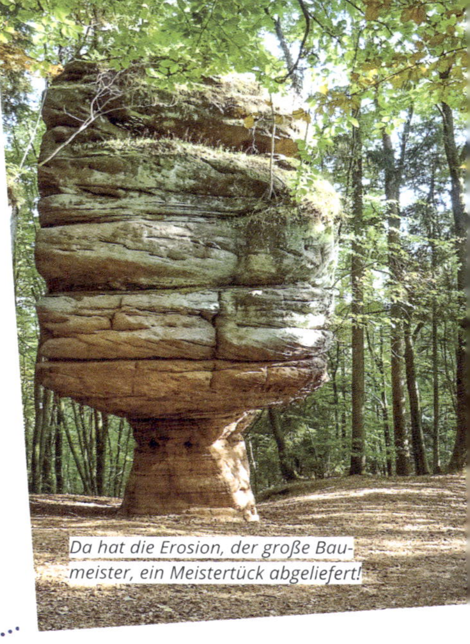

Da hat die Erosion, der große Baumeister, ein Meistertück abgeliefert!

Die Felsenwaldtour führt jetzt hinunter zum Waldhaus Starkenbrunnen.

KM 12

5

Waldhaus Starkenbrunnen

Willkommen in der Sommerfrische

Sommerfrische – was für ein schönes Wort! Ein Musterexemplar dieser Gattung ist das Waldhaus Starkenbrunnen, ein traditionsreiches Ausflugsziel vor den Toren von Pirmasens (de-de.facebook.com/Starkenbrunnen, Dienstag bis Sonntag geöffnet). Hier trifft man sich, genießt den Plausch im Freien, den Schatten, die erfrischende Brise, pfälzische Traditionsküche und kühle Getränke. Nur der Starkenbrunnen, der will nicht mehr so recht. Bis zum Beginn dieses Jahrtausends schoss ein armdicker Strahl aus der in Stein gefassten Quelle hervor. Dann verkümmerte der Brunnen zum Rinnsal, bevor er schließlich ganz versiegte. Das Wasser hat sich wohl neue Wege durch den Sandstein gesucht.

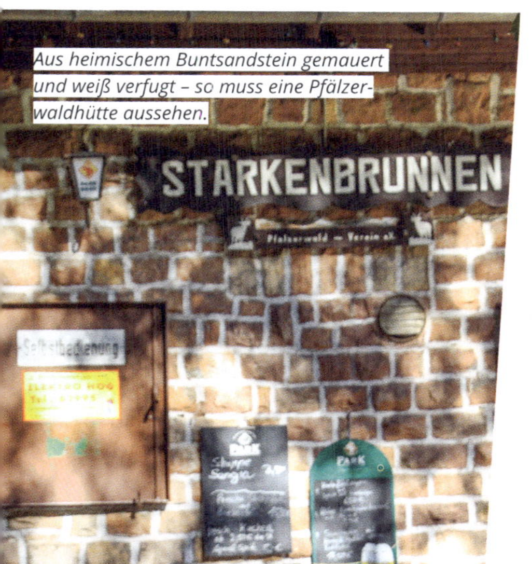

Aus heimischem Buntsandstein gemauert und weiß verfugt – so muss eine Pfälzerwaldhütte aussehen.

Ein letzter kleiner Anstieg führt zum Ausgangspunkt der Tour – wie gehabt mit dem Logo des Premiumweges.

KM 13,1

6 Forsthaus Beckenhof
Völlerei und Philosophie

Dies ist zunächst einmal eine Waldwirtschaft, in der man sich den Bauch vollschlägt (www.beckenhof.de, Mittwoch bis Sonntag geöffnet). Doch im Forsthaus Beckenhof steckt mehr. Im Herbst herrscht hier Oktoberfest-Trubel – gehörte die Pfalz doch einst politisch zu Bayern. Aber auch für Ernsthaftes steht der Beckenhof: Erbaut wurde er von Vorfahren des Generalobersten Ludwig Beck, der im militärischen Widerstand gegen Hitler mitwirkte; an ihn erinnert ein Denkmal neben dem Parkplatz. Philosophieren kann man hier auch, etwa über einen Satz des in Pirmasens geborenen Dadaisten Hugo Ball: »Wenn man das Unglück hat, in der Pfalz geboren zu werden, dann muss man immer im Wald herumlaufen, das ist die einzige Rettung.«

Nach wenigen Metern ist der Parkplatz erreicht.

EXTRA INFOS:

Ungewöhnlich für eine Hütte des Pfälzerwald-Vereins, kann das ● **Waldhaus Starkenbrunnen** auch für Übernachtungen mit Minimalkomfort gebucht werden (pwv-starkenbrunnen@t-online.de). Ebenfalls zünftig mitten im Wald nächtigen kann man im ● **Forsthaus Beckenhof** (www.beckenhof.de).

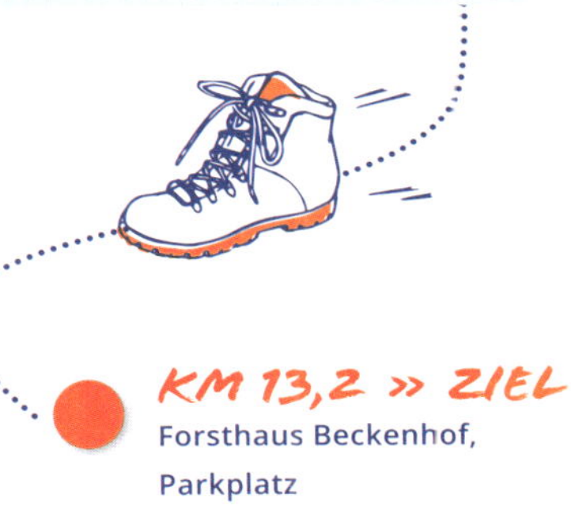

KM 13,2 » ZIEL

Forsthaus Beckenhof, Parkplatz

SCHATTIGES PLÄTZCHEN

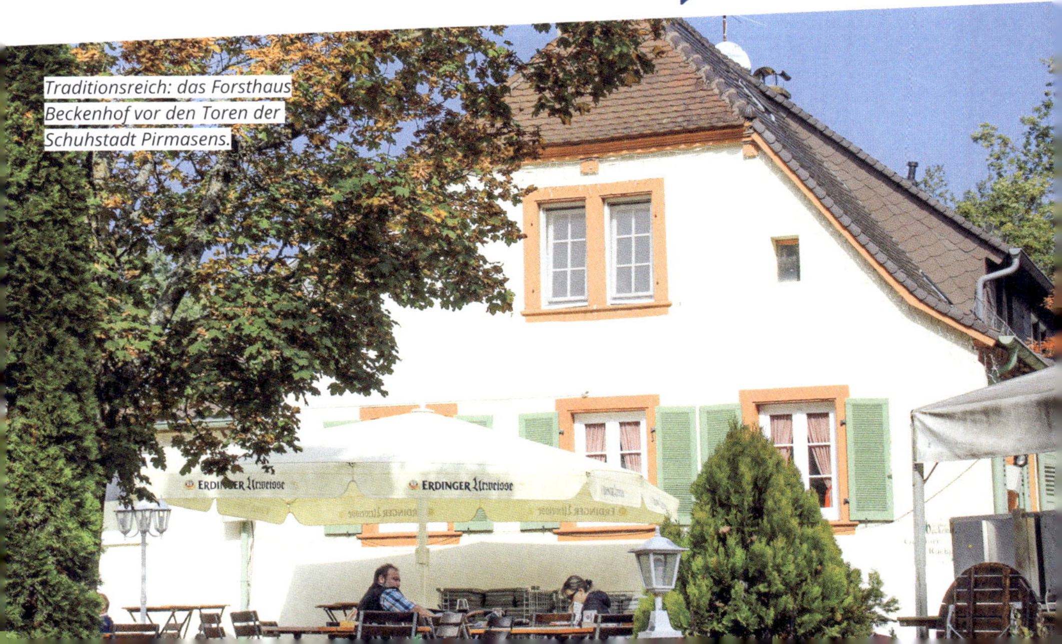

Traditionsreich: das Forsthaus Beckenhof vor den Toren der Schuhstadt Pirmasens.

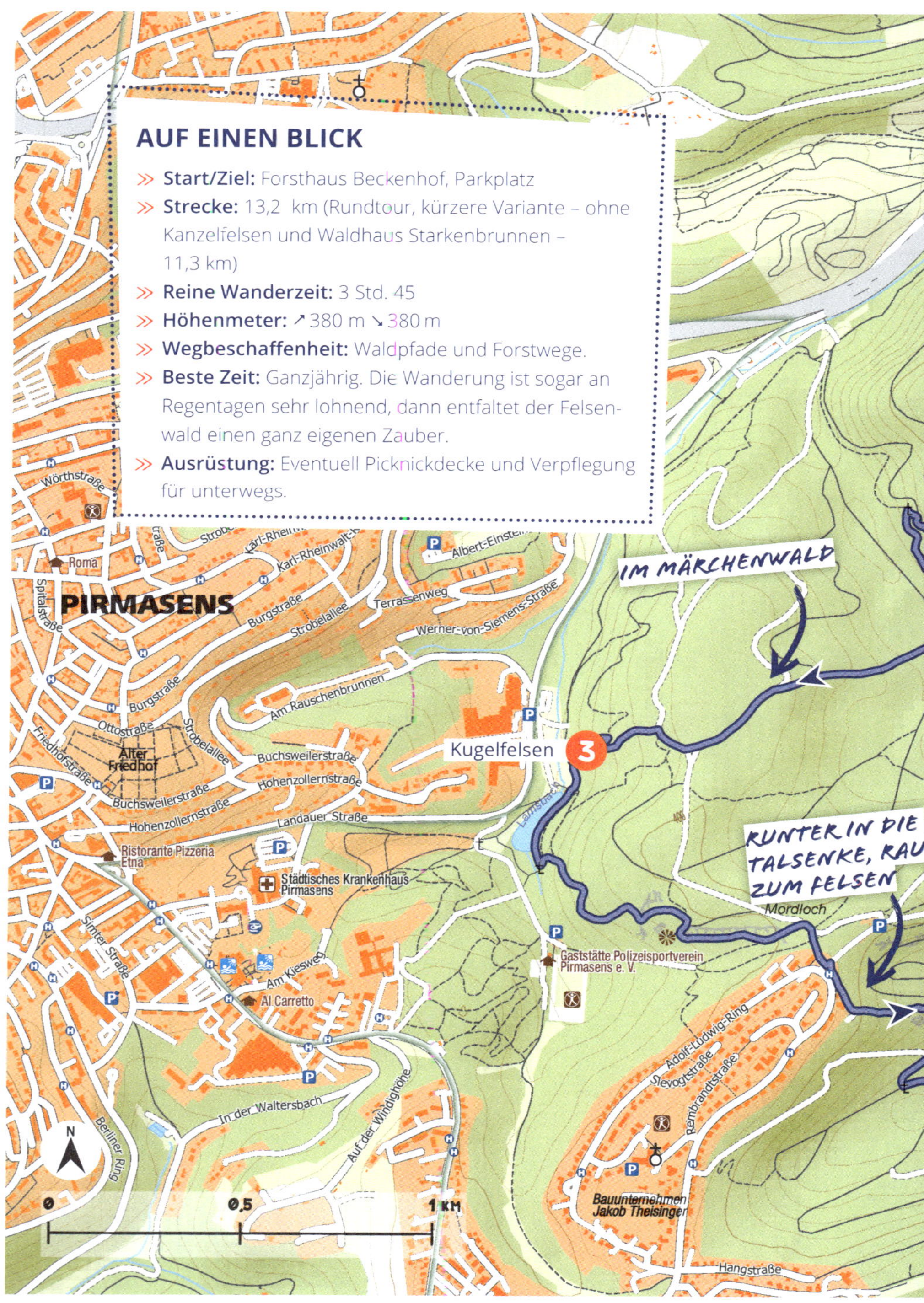

AUF EINEN BLICK

- **Start/Ziel:** Forsthaus Beckenhof, Parkplatz
- **Strecke:** 13,2 km (Rundtour, kürzere Variante – ohne Kanzelfelsen und Waldhaus Starkenbrunnen – 11,3 km)
- **Reine Wanderzeit:** 3 Std. 45
- **Höhenmeter:** ↗ 380 m ↘ 380 m
- **Wegbeschaffenheit:** Waldpfade und Forstwege.
- **Beste Zeit:** Ganzjährig. Die Wanderung ist sogar an Regentagen sehr lohnend, dann entfaltet der Felsenwald einen ganz eigenen Zauber.
- **Ausrüstung:** Eventuell Picknickdecke und Verpflegung für unterwegs.

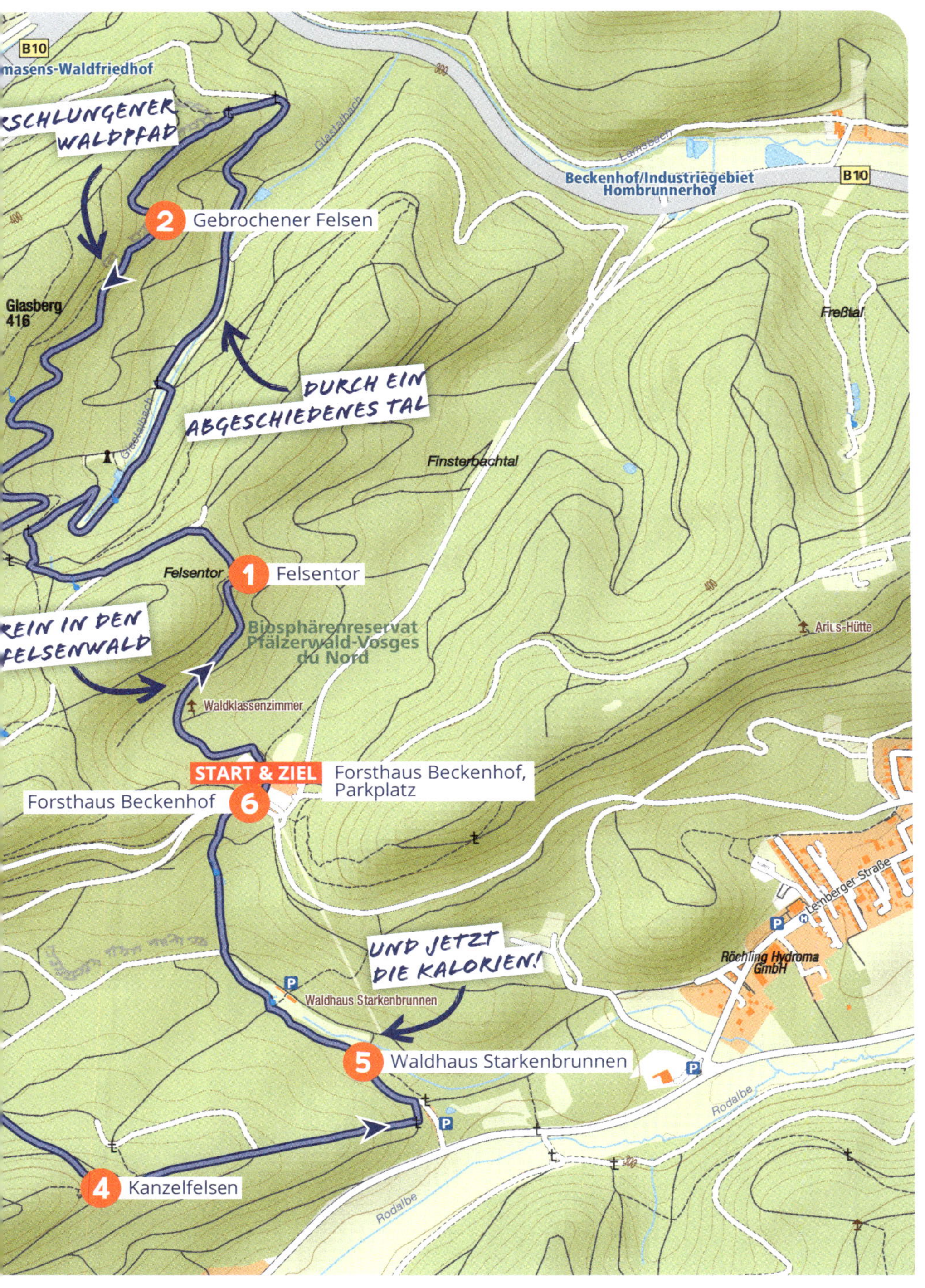

B10
masens-Waldfriedhof
SCHLUNGENER WALDPFAD
2 Gebrochener Felsen
Glasberg 416
Glastalbach
Beckenhof/Industriegebiet Hombrunnerhof
B10
Freßtal
DURCH EIN ABGESCHIEDENES TAL
Finsterbachtal
Felsentor
1 Felsentor
REIN IN DEN FELSENWALD
Biosphärenreservat Pfälzerwald-Vosges du Nord
Waldklassenzimmer
Arius-Hütte
START & ZIEL
Forsthaus Beckenhof, Parkplatz
Forsthaus Beckenhof
6
Lemberger Straße
Röchling Hydroma GmbH
UND JETZT DIE KALORIEN!
Waldhaus Starkenbrunnen
5 Waldhaus Starkenbrunnen
Rodalbe
4 Kanzelfelsen

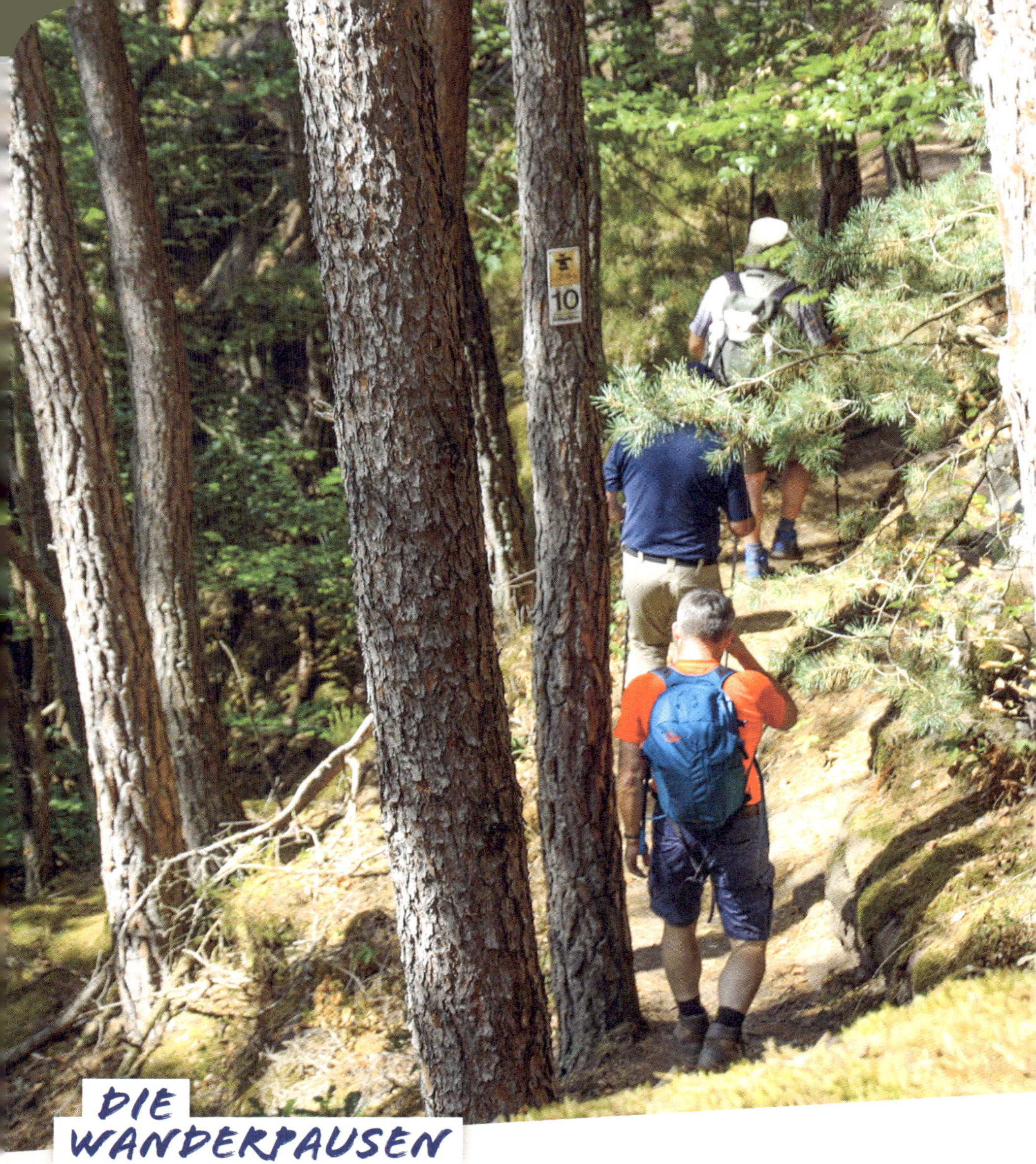

DIE WANDERPAUSEN

» START
Parkplatz Neudahner Weiher

KM 3
1 Wolfsfelsen
Da ist er wieder

KM 4
2 Seerosenteiche im Moosbachtal
Natur pur – menschengemacht

KM 5
3 Dahner Hütte
Kulturerbe mitten im Wald

6 VERSCHLUNGENE PFADE

Rund um die Dahner Hütte

Eine Kombination aus allem, was das Dahner Felsenland ausmacht. Man nehme: eine Felsenburg, bizarre Felsgestalten, eine zünftige Hütte, Zauberwald, Seerosenteiche. Und eine Prise Wandertrubel.

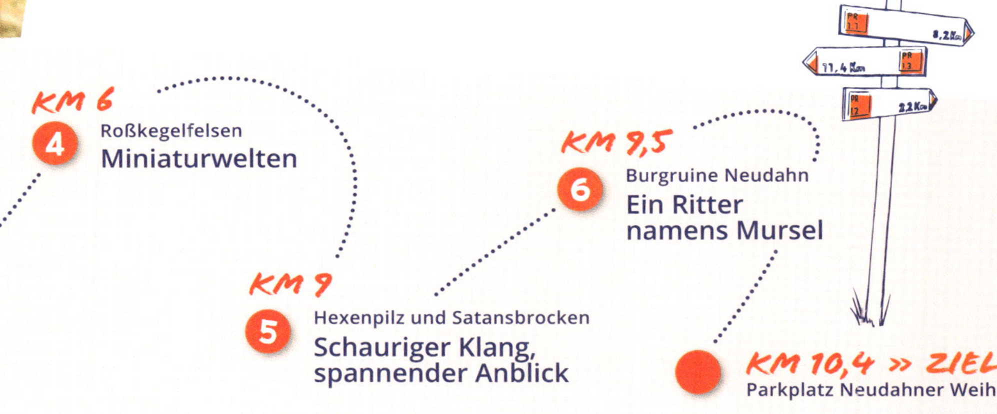

WOLF, LUCHS, SCHLANGEN, ...

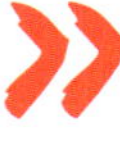

... die Hexe, der Satan – an aufregenden Namen mangelt es auf dieser Wanderung wahrlich nicht. Aber keine Angst! Man hat sich eben etwas einfallen lassen beim Bezeichnen von Felsen und bei der Auswahl von Wegthemen.

Dabei spricht die Landschaft eigentlich für sich. Auf dem Weg vom **Neudahner Weiher,** einem von Dauercampenden in Beschlag genommenen Woog am Eingang des Naturschutzgebiets **Moosbachtal,** zur Dahner Hütte lernt man zunächst den zauberhaften Mischwald des Felsenlandes kennen, dann ebenso wunderbare Feuchtauen und Seerosenteiche. Dass die Route – mit Schautafeln ausgestattet – als Wolfs-Tour vermarktet wird und man kurz auch auf dem Luchs-Pfad unterwegs ist, kann als fantasievolle Schöpfung durchgehen.

DER ÜBERGANG VON EINEM SPANNENDEN FELSENZIRKUS IN DIE STILLE WELT DER MOOSE UND FARNE

Dann wird es belebt, die **Dahner Hütte** zählt zu den meist frequentierten der Pfalz. Ebenfalls nicht allein ist man auf der nächsten Passage, die auf der Route des Premiumweges Dahner Felsenpfad verläuft. Hier kommt abermals ein Angsttier ins Spiel, denn es geht am Schlangenfelsen vorbei. Wie wär's mit Barfußwandern zwischendurch? Wurzeln und Kiefernnadeln, Sand und Steine spüren? Der gewundene Pfad ist wie geschaffen dafür – sofern man den Gedanken an Schlangen verdrängen kann.

Am **Roßkegelfelsen** liegt das Schauerpotential im Tiefblick von der Felskante und einem etwas ausgesetzten, aber nicht wirklich gefährlichen Quergang. Harmlos-lieblich wird es, wenn es durch einen moosigen Märchenwald auf die **Burgruine Neudahn** zugeht. Unterwegs noch einmal Kopfkino: **Hexenfelsen und Satansbrocken** heißen die Herausforderungen jetzt. Ein abschließendes Gruselchen lässt sich mit etwas gutem Willen in den dunklen Felsenkammern der Burgruine herbeizaubern. Die Steinmännchen an einem Felsentor kurz vor dem Ende der Rundwanderung werden einem dann gewiss keinen Schrecken mehr einjagen. «

WANDERN & GENIESSEN

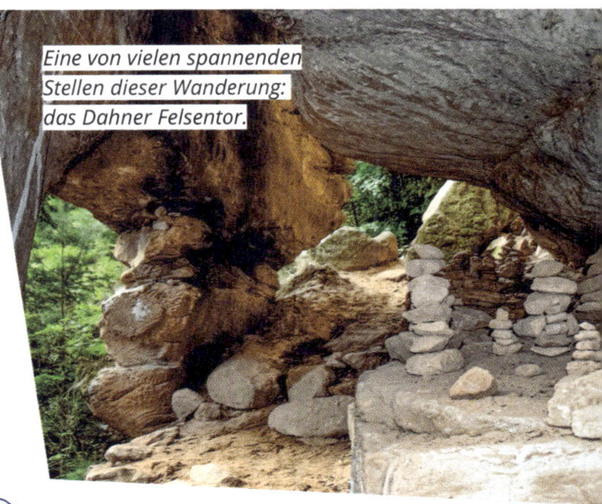

Eine von vielen spannenden Stellen dieser Wanderung: das Dahner Felsentor.

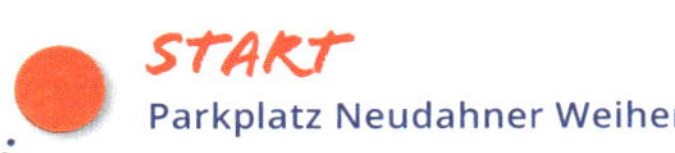

START

Parkplatz Neudahner Weiher

Auf einem Sträßchen wenige Meter mit dem Weiher zur Linken talaufwärts zum Einstieg in die Wolfs-Tour. Dem Logo dieses Rundweges folgen.

KM 3

1 Wolfsfelsen

Da ist er wieder

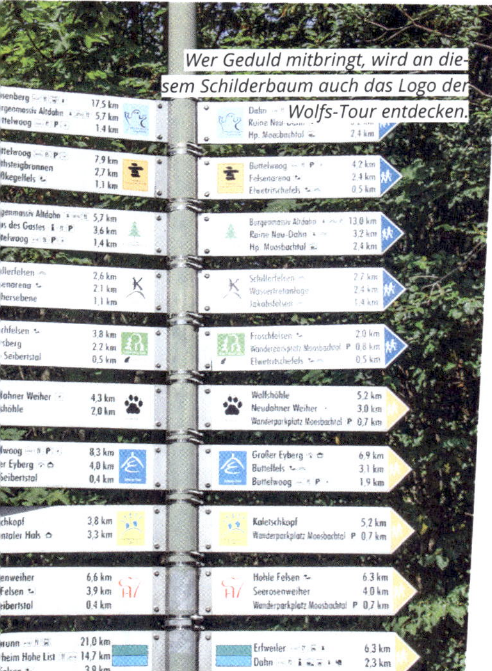

Wer Geduld mitbringt, wird an diesem Schilderbaum auch das Logo der Wolfs-Tour entdecken.

Niemand weiß heute noch, wie dieser unscheinbare, im tiefen Wald gelegene Felsen zu seinem Namen kam. War es die kleine Höhle, die man sich gut als Wolfs-Schlafplatz vorstellen kann? Die benachbarte Senke namens Wolfsdell? Für die Touristikleute des Dahner Felsenlandes jedenfalls war die Bezeichnung »Wolfsfelsen« ein willkommener Anstoß, einen Rundweg als Wolfs-Tour auszuweisen und mit Schautafeln zum Thema Wolf auszustatten. Gut 150 Jahre galt der Wolf in Deutschland als ausgerottet. Seit er allerdings wieder aufgetaucht ist – mehr als 20 Rudel sind bekannt, einzelne Tiere haben auch schon die Pfalz durchstreift –, ist der Wolf in aller Munde und erregt die Gemüter. Davon abgesehen bietet der Weg vom Neudahner Weiher zum Wolfsfelsen einen stillen Waldgenuss.

Weiter der Wolfs-Tour folgen. Diese verlassen, sobald die Weiher erreicht sind. Dann an diesen entlang geradeaus weiter.

KM 4

2 Seerosenteiche im Moosbachtal

Natur pur – menschengemacht

Libellen surren, Wasserläufer huschen über die moorig-dunkle Wasseroberfläche, Enten ziehen ihre Kreise, dann und wann hüpft ein Fisch aus dem Wasser. Ein unschuldig-ursprüngliches Naturerlebnis, könnte man meinen, wenn man das stille Treiben an einem der Wooge im Moosbachtal beobachtet. Doch nein, alle diese Teiche in den Tälern rund um Dahn sind künstlich aufgestaut, die meisten wurden schon im Mittelalter für die Fischzucht angelegt. Menschengemachte Natur – sei's drum. Besonders schön ist es an solchen Woogen im Hochsommer, wenn gelb, weiß und rosa blühende Seerosen ihr Farbschauspiel aufführen.

Am Wanderparkplatz am Ende des Weihers geradeaus weiter auf die andere Talseite und rechts auf einem Wanderweg zur Dahner Hütte.

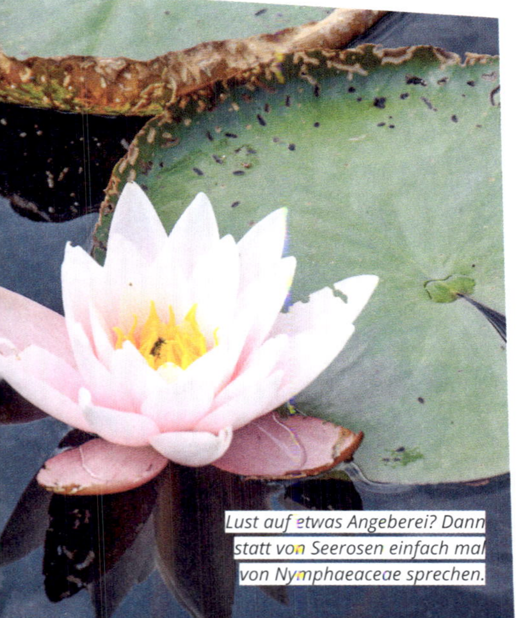

Lust auf etwas Angeberei? Dann statt von Seerosen einfach mal von Nymphaeaceae sprechen.

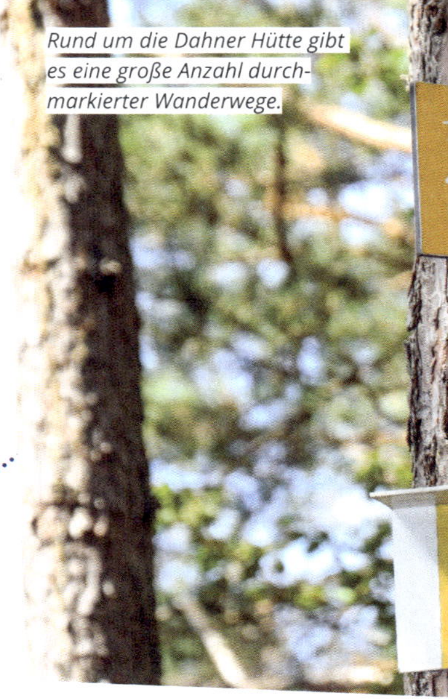

Rund um die Dahner Hütte gibt es eine große Anzahl durchmarkierter Wanderwege.

KM 5

3 Dahner Hütte

Kulturerbe mitten im Wald

Mitten im Naturschutzgebiet liegt die ob ihrer Gemütlichkeit gepriesene Dahner Hütte. Da man sie auch mit dem Auto anfahren kann, ist sie am Wochenende oft rappelvoll, ein gut eingespieltes Hüttenteam sorgt aber für erträgliche Wartezeiten (pwv-dahn.de, Mittwoch bis Sonntag geöffnet). Wie die anderen Häuser des Pfälzerwald-Vereins zählt die Dahner Hütte seit 2021 mit UNESCO-Segen zum Immateriellen Kulturerbe Deutschlands – Anerkennung für die Pfälzer Hüttenkultur. Viele interessante, gut ausgeschilderte Wanderwege laufen hier zusammen. Mit der Folge, dass es im Umkreis einige rekordverdächtige Schilderbäume gibt, Spitzenreiter ist ein Exemplar mit 60 Einzelinfos. Schildabäume, sagen Spötter.

Wieder etwas zurück und der Radbeschilderung Richtung Wissembourg nach rechts folgen – so erspart man sich das Schilderchaos der Wanderwege. Nach 300 m dem Logo des Dahner Felsenpfades links hinauf folgen.

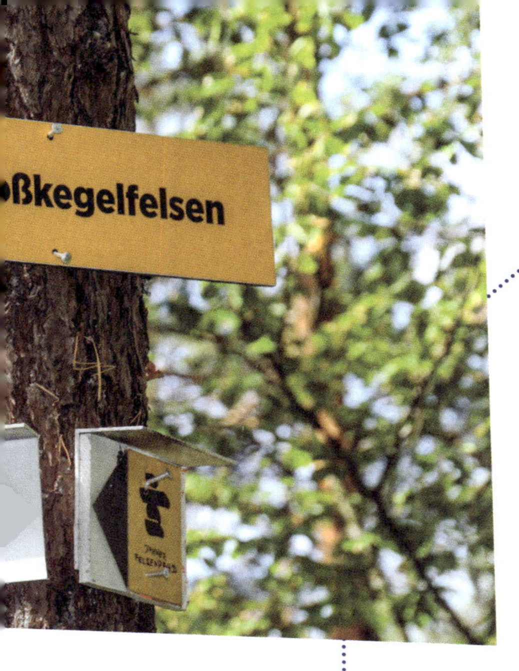

KM 6

4 Roßkegelfelsen
Miniaturwelten

Nicht weit von der Dahner Hütte entfernt nutzt diese Wanderung ein Teilstück des preisgekrönten Premiumweges Dahner Felsenpfad. Klar, dass da einige andere Menschen unterwegs sind, vor allem am Wochenende. Aus dem Seibertstal schlängelt sich der Pfad am Hirsch- und am Schlangenfelsen vorbei zu einem der Höhepunkte des Premiumweges, dem Roßkegelfelsen. Der präsentiert den Buntsandstein als Miniaturwelt: Löcher, Höhlungen, Überhänge, Simse – das alles ist hier im Kleinstformat zu besichtigen. Vorsicht, der Fels ist nicht gesichert.

Weiter auf dem Dahner Felsenpfad. Nach einem Aufstieg an der Wegspinne Steinhohl links Richtung Weihersebene. Nach 300 m trifft man wieder auf den Felsenpfad und folgt ihm bis zu einer Abzweigung kurz vor dem Elwetritschefels. Geradeaus weiter, Richtung »Hexenpilz und Satansbrocken«.

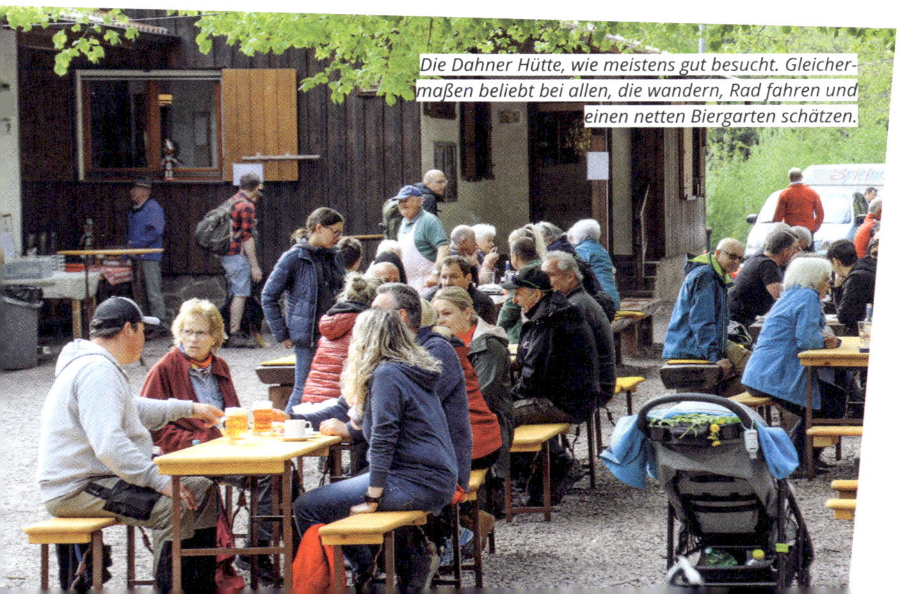

Die Dahner Hütte, wie meistens gut besucht. Gleichermaßen beliebt bei allen, die wandern, Rad fahren und einen netten Biergarten schätzen.

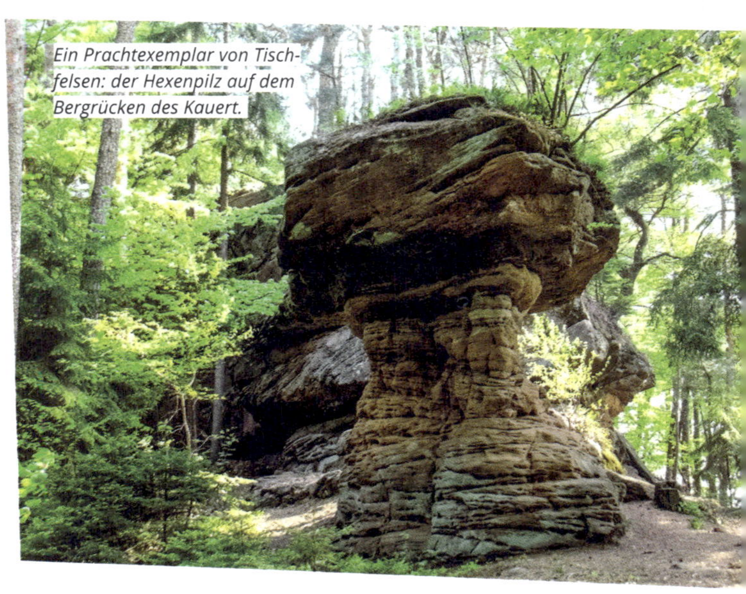
Ein Prachtexemplar von Tischfelsen: der Hexenpilz auf dem Bergrücken des Kauert.

KM 9

5

Hexenpilz und Satansbrocken

Schauriger Klang, spannender Anblick

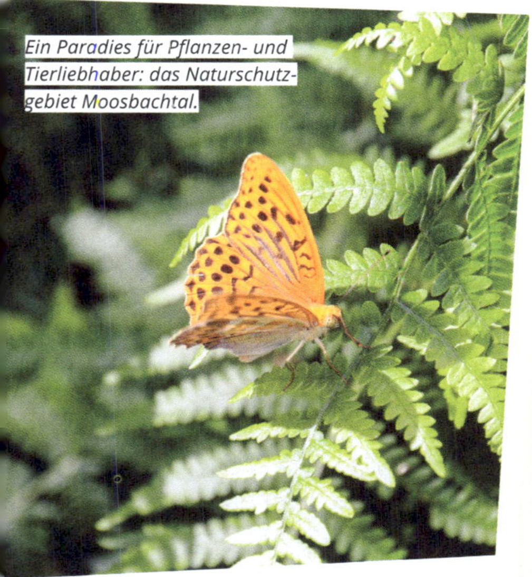
Ein Paradies für Pflanzen- und Tierliebhaber: das Naturschutzgebiet Moosbachtal.

Von der Wegspinne Großtaler Hals – »Hals« heißen im Dahner Felsenland jene Stellen, die anderswo als Sattel, Joch, Pass oder Furka bezeichnet werden – führt ein Pfädchen hinauf zu zwei bizarren Felsgestalten, dem Hexenpilz und dem Satansbrocken. Nicht schlecht gewählt, die Bezeichnungen, die sich die Altvorderen da ausgedacht haben. Wie der kleine Bruder des berühmten Teufelstisches bei Hinterweidenthal wirkt der Hexenpilz. Anders als dort, wo vom Rastplatz des Teufels nur der Tisch zurückgeblieben ist, hat man hier die Speise des Satans, den Satansbrocken, gleich daneben platziert.

In der gleichen Richtung weiter bis zur Burgruine.

EXTRA INFOS:

Als eine der wenigen Hütten des Pfälzerwald-Vereins bietet die ● **Dahner Hütte** nicht nur die übliche Saumagen-Bratwurst-Leberknödel-Küche an, sondern auch Unterkunft (pwv-dahn.de). Tipp: Vcr allem für Wochenenden lange vorher anmelden!

KM 9,5

6 Burgruine Neudahn
Ein Ritter namens Mursel

Auch wenn diese Anlage weitaus weniger bekannt ist als die vier Kilometer entfernte Burgruine Altdahn, hat sie alles, was eine pfälzische Felsenburg ausmacht: den obligatorischen Burgfelsen, Ober- und Unterburg, Batterietürme mit Schießscharten, Reste einer starken Wehrmauer. Über eine etwas unsensibel aus Beton gefertigte Wendeltreppe gelangt man auf die höchste Plattform, die einen interessanten Blick nach Norden und Osten bietet. Erster Lehensherr war übrigens um das Jahr 1240 ein kaiserlicher Dienstmann mit dem schönen Namen Heinrich Mursel von Kropsberg.

Mit dem roten Logo der Burg-Neudahn-Tour hinunter zu einem Felsentor und auf dem Lautertal-Radweg nach links zum Ausgangspunkt.

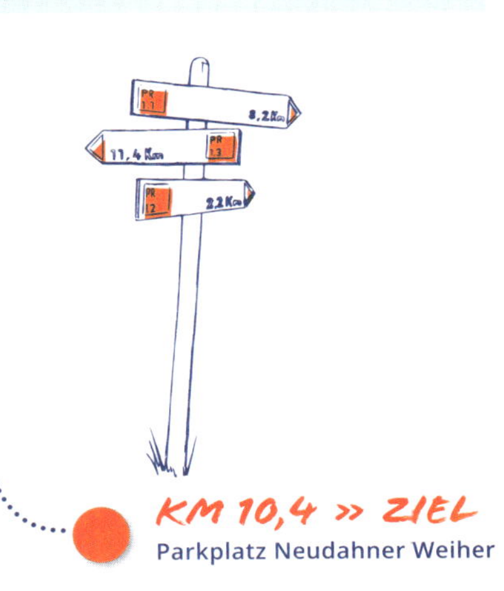

KM 10,4 » ZIEL

Parkplatz Neudahner Weiher

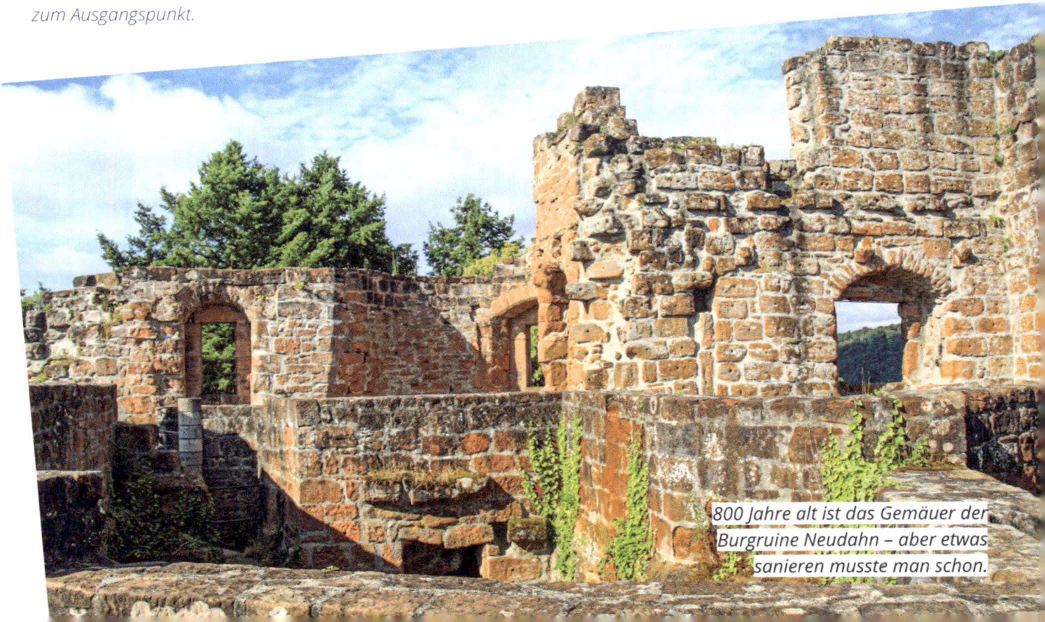

800 Jahre alt ist das Gemäuer der Burgruine Neudahn – aber etwas sanieren musste man schon.

AUF EINEN BLICK

- **Start/Ziel:** Parkplatz Neudahner Weiher (beschilderte Abzweigung zwischen Hinterweidenthal und Dahn)
- **Strecke:** 10,4 km (Rundtour)
- **Reine Wanderzeit:** 3 Std.
- **Höhenmeter:** ↗ 173 m ↘ 173 m
- **Wegbeschaffenheit:** Wanderwege und Pfade.
- **Beste Zeit:** Ganzjährig, besonders schön, wenn im Hochsommer die Seerosen blühen.
- **Ausrüstung:** Zur Abwechslung mal gar nichts, Speis und Trank gibt es auf halbem Weg in der Dahner Hütte.

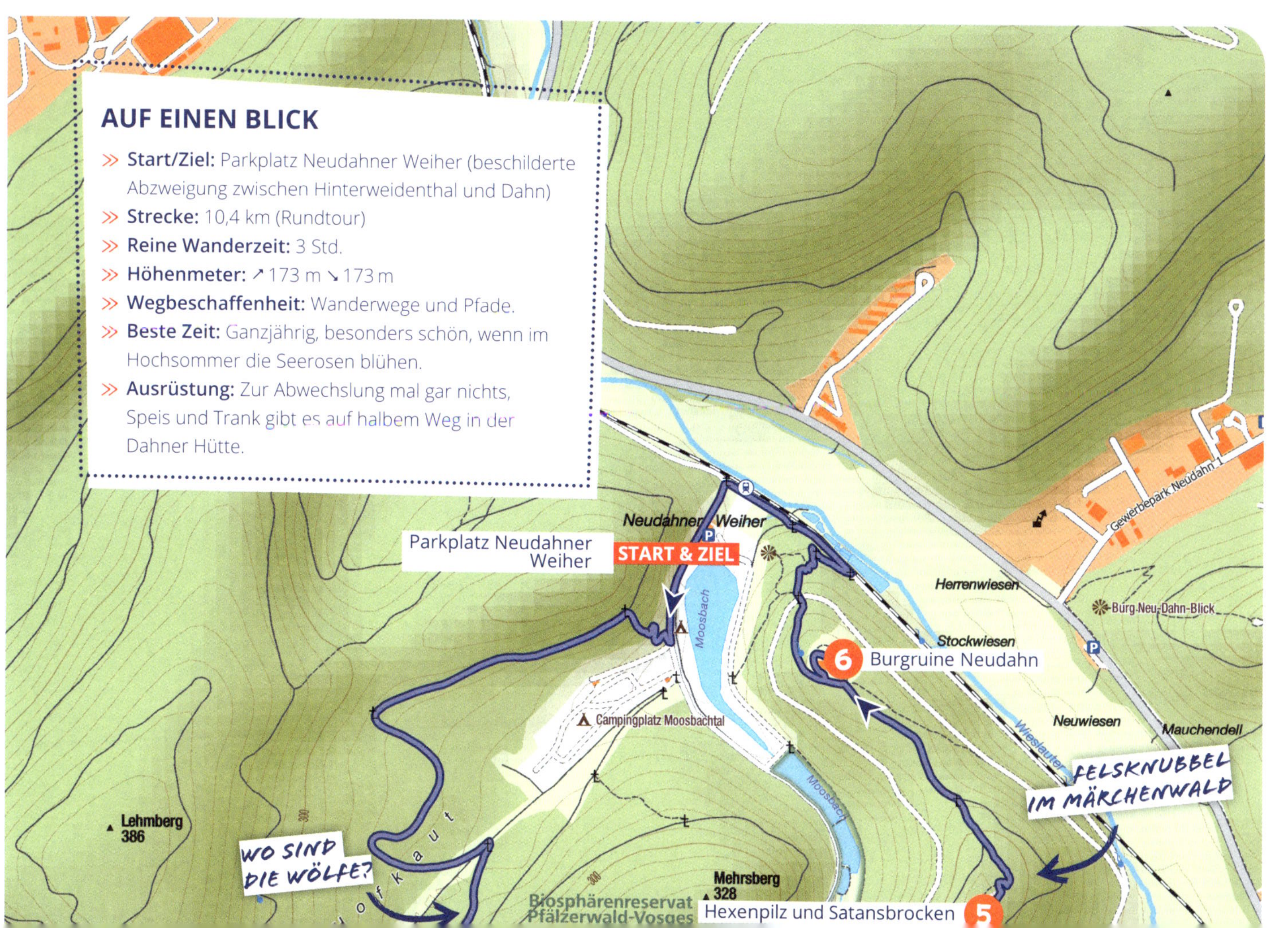

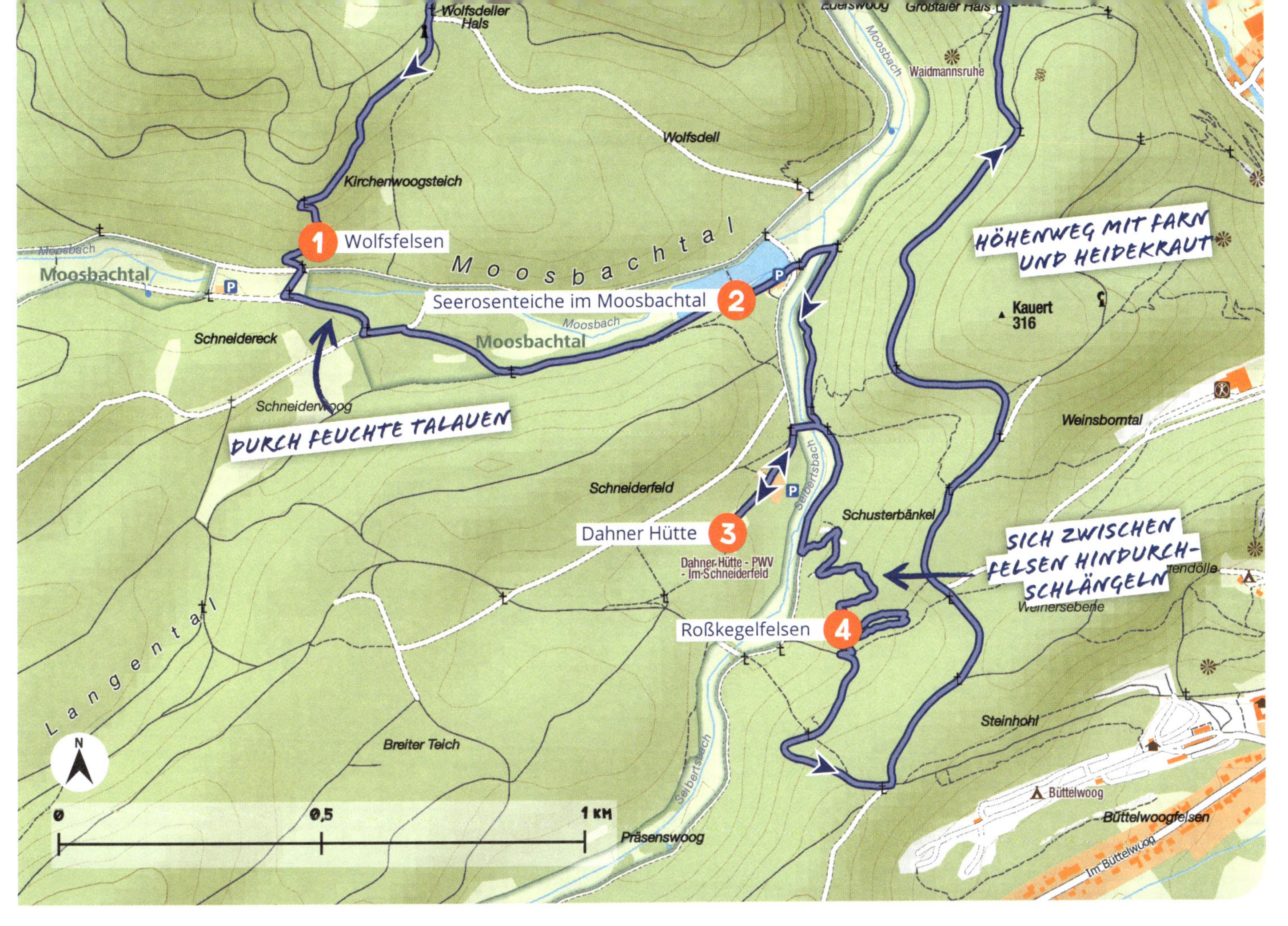
Wolfsdeller Hals
Großtaler Hals
Waidmannsruhe
Moosbach
Wolfsdell
Kirchenwoogsteich
1 Wolfsfelsen
Moosbachtal
Moosbachtal
2 Seerosenteiche im Moosbachtal
Moosbachtal
HÖHENWEG MIT FARN UND HEIDEKRAUT
Kauert 316
Schneidereck
Schneiderwoog
DURCH FEUCHTE TALAUEN
Weinsborntal
Schneiderfeld
Selbertsbach
Schusterbänkel
3 Dahner Hütte
Dahner-Hütte - PWV - Im-Schneiderfeld
SICH ZWISCHEN FELSEN HINDURCH-SCHLÄNGELN
Weinersebene
4 Roßkegelfelsen
Langental
Steinhohl
Breiter Teich
Büttelwoog
Büttelwoogfelsen
Im Büttelwoog
Präsenswoog
Selbertsbach
0
0,5
1 KM
N

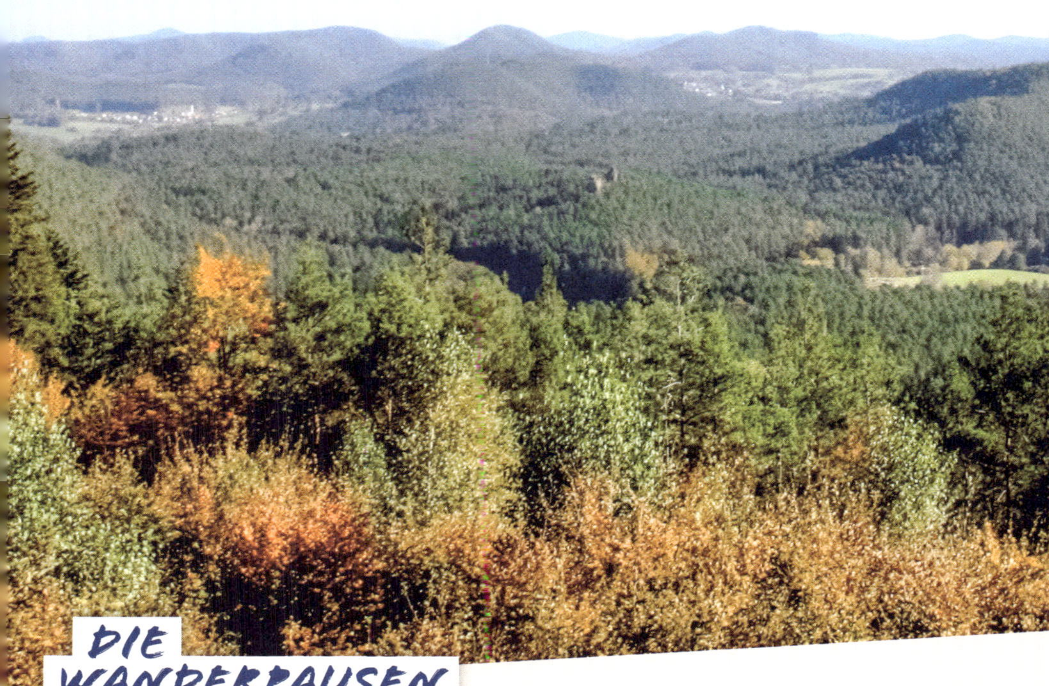

DIE WANDERPAUSEN

» START
Dahn, Wanderparkplatz Sportzentrum Büttelwoog

KM 1
1 Ungeheuerfelsen
Buntsandstein im Kleinen

KM 2
2 Rothsteigbrunnen
Köstlich: frisches Quellwasser

KM 4
3 Eyberg-Aussichtspunkt
Lernen mit Spaß

7

SCHAU INS LAND!

Wasgau-Impressionen am Großen Eyberg

Auf Augenhöhe mit Bussarden und Wanderfalken ganz entspannt auf einem Bergsporn sitzen. Zeit, den Inhalt des Rucksacks für ein leckeres Picknick zu plündern und dabei Felsen und Burgen, Berge und Täler auf sich wirken zu lassen.

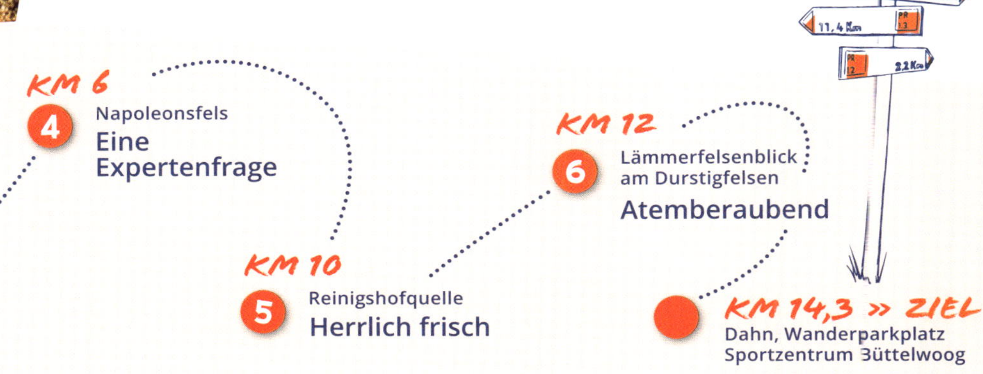

VERTRÄUMTE TALGRÜNDE, WILDE KLETTERWÄNDE, …

… üppige Mischwälder, ein wunderbar gelegener Rastplatz, interessante Pfade: Spannung und Abwechslung sind garantiert auf dieser Wanderung in einem der ruhigeren Winkel des Dahner Felsenlandes. Gleichermaßen Ziel und Kulisse ist der seine Umgebung weit überragende Große Eyberg.

Schon beim Aufbruch am **Büttelwoog,** einem Dahner Ortsteil, ist man mitten in einer der spektakulären Buntsandstein-Kulissen des Dahner Felsenlandes unterwegs. Wenige Minuten später streift man an einer kleinen, aber formenreichen Felsgruppe vorbei, den **Ungeheuerfelsen.** Dann folgt ein langer, aber nicht sonderlich anstrengender Aufstieg durch wunderschönen Buchenwald zur Gipfelzone des **Großen Eyberges.**

AN EINEM BRUNNEN AM WEG DEN DURST MIT KÖSTLICH FRISCHEM, REINEM QUELLWASSER LÖSCHEN

Ein Paukenschlag, wenn sich dort an einer Wegkehre plötzlich der Blick in den südlichen Wasgau öffnet. Was lässt sich da nicht alles entdecken! Die Burg Trifels, die Burgruine Drachenfels, Felskolosse von den Kletterfelsen am Bärenbrunnerhof bis zu den Bundenthaler Fladensteinen und zum Napoleonsfelsen. Unten im Tal breiten sich die Wiesen des Reinigshofes aus, dahinter erkennt man die Dürrensteine, ein auch als Maria und Friedrich bezeichnetes Massiv. Lange verweilen lässt sich's hier, der Platz ist mit Tisch, Bänken und Sitzbalken bestens für das Schau-ins-Land-Publikum ausgestattet.

Abermals ein Paukenschlag, wenn eine halbe Gehstunde später urplötzlich die Felsnadel des **Napoleonsfelsens** direkt vor der Nase aufragt. Ein dritter Paukenschlag, wenn man gegen Ende der Tour unter der furchterregenden Nordwand des **Durstigfelsens** steht und gebannt hinüberschaut zum wohl aufregendsten Felsmassiv der Pfalz, dem **Lämmerfelsen.**

Dazwischen aber schieben sich Erlebnisse, die zur Kategorie »romantisch« und »lieblich« gehören: die beiden Brunnen am Weg, die Waldlichtung an der Bruchweiler Hütte, das weitläufige, vom Eyberg eingerahmte Wiesenrund des Reinigshofes, der nach Moos und Farn duftende Waldboden auf dem Rückweg. «

inkpause! Mit frischen Quell-
asser vom Rothsteigbrunnen.

Lichte Mischwälder mit moosigen Böden und jungen Trieben sind typisch für das Dahner Felsenland.

Die kleinen und die r icht ganz so kleinen Dinge am Wegesrand – eine Ameisenstadt auf dem Weg zum Eyberg.

WANDERN & GENIESSEN

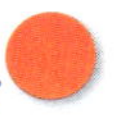

» START

Dahn, Wanderparkplatz Sportzentrum Büttelwoog

Ohne Beschilderung zwischen einer Tennishalle und einem Biergarten hindurch. Auf einem grasigen Pfad ein Wiesengelände durchqueren. Dann mit dem Wegzeichen des Dahner Felsenpfades rechtshaltend weiter.

KM 1

Ungeheuerfelsen

Buntsandstein im Kleinen

Ein zunächst unscheinbares, fast bescheidenes Massiv. Und doch: Was lässt sich am Ungeheuerfelsen nicht alles studieren an Felsformen! Da gibt es Löcher, Höhlungen, Simse, feine Risse, Dächer und Vorsprünge, vielfarbige Flechten und duftendes Moos. Es lohnt sich, die Ungeheuerfelsen einmal ganz zu umrunden. Ein Kinderspiel, denn auch an der verborgenen Südseite schlängelt sich ein Pfad entlang. Zeitgeistler picken sich die besten Fotomotive heraus, um die zu Hause Gebliebenen unverzüglich via Smartphone neidisch zu machen.

Weiter mit dem Logo des Dahner Felsenpfades.

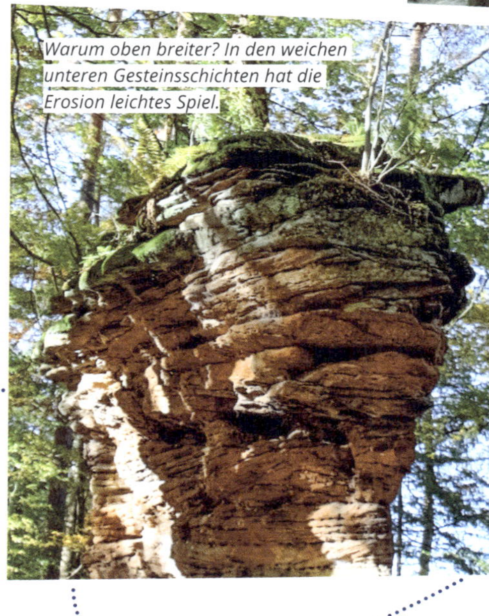

Warum oben breiter? In den weichen unteren Gesteinsschichten hat die Erosion leichtes Spiel.

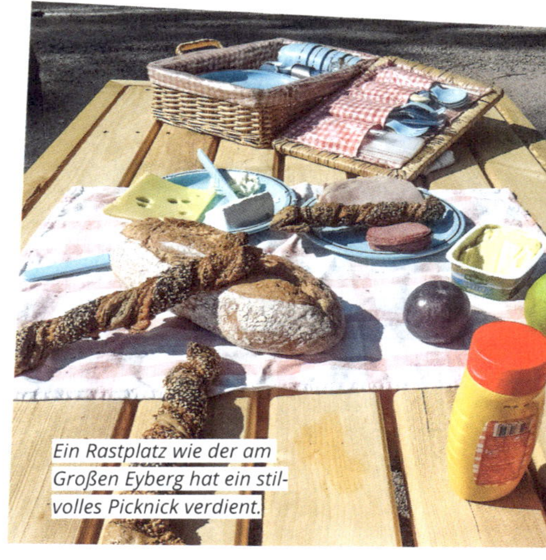

Ein Rastplatz wie der am Großen Eyberg hat ein stilvolles Picknick verdient.

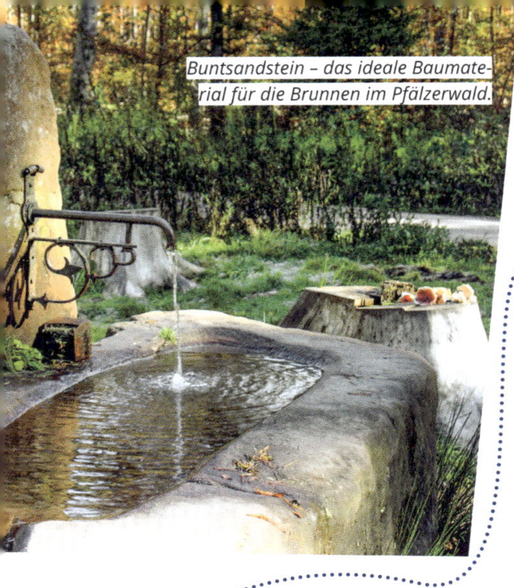
Buntsandstein – das ideale Baumaterial für die Brunnen im Pfälzerwald.

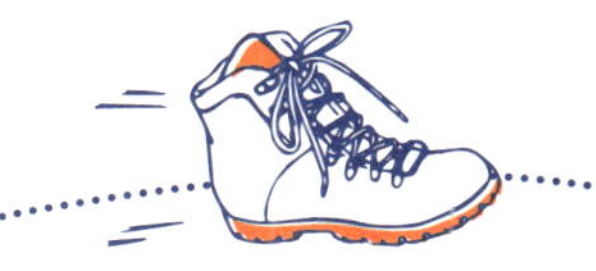

KM 4

3 Eyberg-Aussichtspunkt
Lernen mit Spaß

Ein wenig schade, dass man diesem Aussichtspunkt an einer Wegbiegung des Eyberg-Schottersträßchens die blasse Bezeichnung »Schöne Aussicht« verpasst hat, offeriert er doch eines der interessantesten Wasgau-Panoramen überhaupt. Eine vorzügliche Infotafel zeigt die wichtigsten Berge, Dörfer, Burgen und Felsen. Da macht Lernen Spaß! Der Aussichtspunkt ist einer von mehreren Plätzen in der Südwestpfalz, die für Menschen mit Handicap angelegt wurden. Deshalb die fehlende Bank auf einer Seite des Picknicktisches, damit auch Menschen im Rollstuhl problemlos an der Tafel Platz nehmen können.

Weiter auf der Piste zur Schutzhütte Am Hundel. Jetzt ohne Beschilderung weiter: Mit dem Rücken zur Schutzhütte längs über einen Sattel laufen und an seinem Ende den breiten Weg nehmen, der leicht abfallend halblinks hinunterzieht.

KM 2

2 Rothsteigbrunnen
Köstlich: frisches Quellwasser

Dieser wunderschöne Rastplatz am Rothsteigbrunnen kommt nach einer halben Wanderstunde eindeutig zu früh. Würdigen sollte man ihn dennoch, denn die Wasserqualität im Pfälzerwald ist wegen der Buntsandsteinschicht meist hervorragend. Also gleich ein paar Schlucke am Brunnen trinken, dann die Limo in der Trinkflasche durch Quellwasser ersetzen. Auf der Ruhebank Platz nehmen und dankbar sein dafür, dass dieser Brunnen noch so kräftig sprudelt. Viele andere im Pfälzerwald nämlich schwächeln infolge der gestiegenen Temperaturen oder sind ganz versiegt.

Auf einem geschotterten Forstweg in der bisherigen Richtung leicht bergab. Im Talgrund kurz vor dem Schindlwoog linkshaltend dem blauen Logo der Eyberg-Tour folgen und hinauf zum Eyberg-Waldsträßchen. Auf einem Sattel die Route der Eyberg-Tour verlassen und auf einer Schotterpiste weiter.

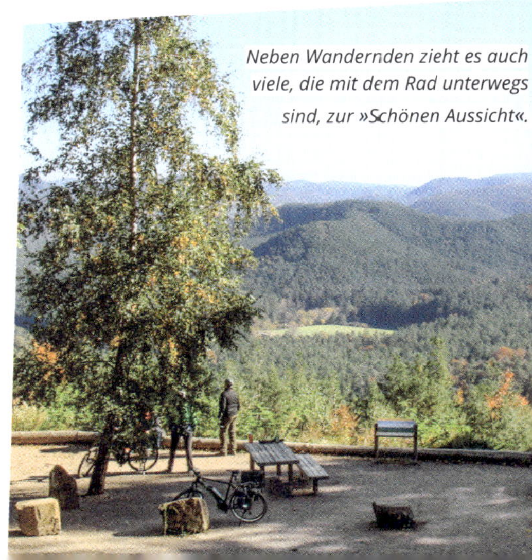
Neben Wandernden zieht es auch viele, die mit dem Rad unterwegs sind, zur »Schönen Aussicht«.

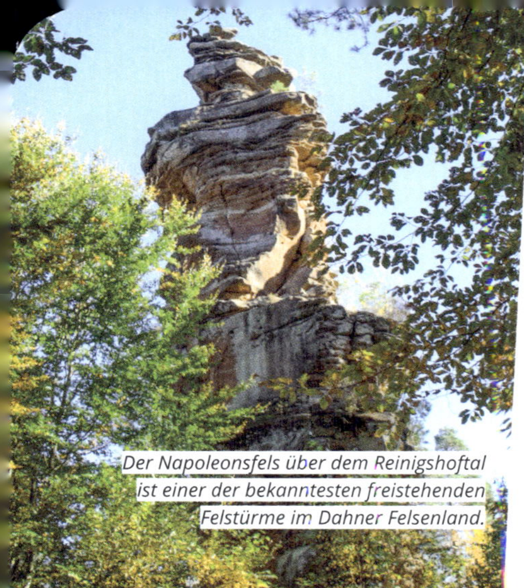
Der Napoleonsfels über dem Reinigshoftal ist einer der bekanntesten freistehenden Felstürme im Dahner Felsenland.

KM 10

5 Reinigshofquelle

Herrlich frisch

An der malerisch im Talgrund gelegenen Reinigshofquelle sieht man sie fast vor sich, die früheren Bewohner des Reinigshofes, wie sie ihre Tonkrüge mit Wasser füllten und zum Hof hinaufschleppten. Das abgelegene Anwesen, früher ein Bauerngehöft, ist seit den 1970er-Jahren ein Schauplatz des alternativ-ökologischen Lebensstils. Die ursprüngliche Selbstversorger-Kommune wurde 2012 vom Verein Biotopia abgelöst, die Bewohner gehen regulären Beschäftigungen nach und engagieren sich ehrenamtlich auf dem Hof. Gäste können auf einem Natur-Zeltplatz unterkommen, dazu gibt es Veranstaltungen, Seminare, Physiotherapie und Massagen.

Weiter auf dem Napoleonsteig zum Waldrand. Eventuell einen Abstecher nach links zum Reinigshof machen. Wieder zurück und an einer großen Weggabelung mit der Markierung Gelber Punkt rechtshaltend auf einem Forstweg weiter. Nach etwa einer Viertelstunde am wuchtigen Ludwigshafener Turm einen Pfad-Abstecher zur Nordwand des Durstigfelsens machen.

KM 6

4 Napoleonsfelsen

Eine Expertenfrage

Diese 23 Meter hohe, völlig isoliert auf einer kleinen Kuppe thronende Felsnadel gibt Rätsel auf. Hat der markante Turm seinen Namen von einem ehedem dort lagerndn Soldatentrupp des Kaisers? Oder doch daher, dass er aus dem Tal gesehen dem Profil des Korsen ähnelt? Ein alter Streit mit offenem Ausgang. Unumstritten allerdings ist, dass der Napoleonsfelsen einen Ehrenplatz in der Reihe der pfälzischen Felstürme hat. Rasten kann man direkt am Felsfuß. Wer es etwas bequemer liebt, nimmt eine hölzerne Sitzgruppe einige Meter unterhalb des Felsens.

Mit dem Logo der Kaiser-Tour rechts am Napoleonsfelsen vorbei. An einer Wegkreuzung scharf rechts hinunter zur Bruchweiler Hütte. Auf dem Hütten-Fahrweg talabwärts zum Sträßchen, das von Bruchweiler zum Reinigshof führt, und links einem Wanderweg ins Reinigshoftal folgen. Dort weiter mit dem Logo des Napoleonsteiges.

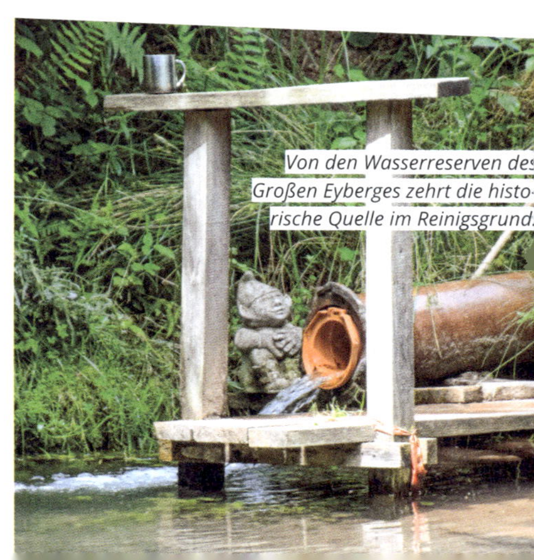
Von den Wasserreserven des Großen Eyberges zehrt die historische Quelle im Reinigsgrund.

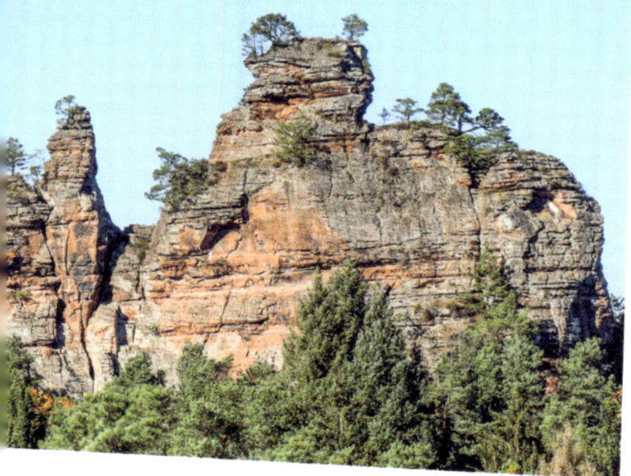

Der filigrane Theoturm und der wuchtige Bockturm: Hier wurde Pfälzer Klettergeschichte geschrieben.

KM 12

6 Lämmerfelsenblick am Durstigfelsen
Atemberaubend

Am etwas abseits der Hauptwanderrouten gelegenen Durstigfelsen sollte man nicht einfach vorbeilaufen! Auf einer schmalen Pfadspur kommt man schnell zum Felsfuß. Dort schaut man zunächst gebannt hinüber zu den Lämmerfelsen mit ihren fingerigen Türmen und wilden Wandfluchten. Und holt sich dann ein steifes Genick, wenn man die 40 Meter hohe, senkrecht in den Himmel ragende Nordwand des Durstigfelsens studiert. Dem Hauptmassiv des Durstigfelsens vorgelagert ist der wuchtige Ludwigshafener Turm, der 1909 mittels eines Seilüberwurfs erstbestiegen wurde. Damals, in der Frühzeit des pfälzischen Klettersports, galt es, die freistehenden Türme zu »bezwingen«. Die Wände knöpfte man sich erst nach dem Zweiten Weltkrieg vor.

Zurück zur Hauptroute. Der Weg – nach wie vor mit dem Gelben Punkt markiert – zweigt hinter einer Rechtskurve etwas unvermittelt links ab und es geht auf einem Waldpfad über eine Kuppe in ein Tälchen und linkshaltend weiter zum Lämmerteich, einer Senke zwischen Lämmerfelsen und Büttelfelsen. Dort rechtshaltend weiter.

EXTRA INFOS:

Falls es wegen der eingeschränkten Öffnungszeiten nichts wird mit der Einkehr in der ● **Bruchweiler Hütte** (pwv-ogbruchweiler.de): Am Ende der Wanderung kann man bei einer »Pizza Eyberg« im ● **Restaurant Sportpark Dahn** die Tour Revue passieren lassen (www.sportpark-dahn.de, täglich geöffnet außer Dienstag). Keine 300 m entfernt gibt es auch eine Pizzeria im einzigartig zwischen Felsen gelegenen ● **Camping Büttelwoog** (www.camping-buettelwoog.de, täglich geöffnet).

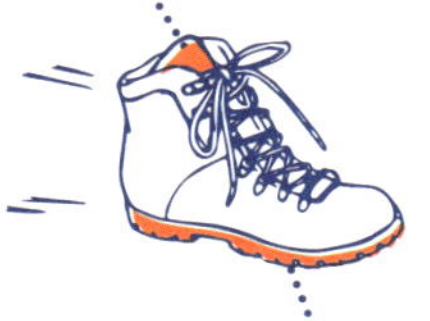

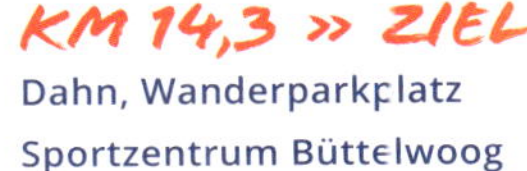

KM 14,3 » ZIEL

Dahn, Wanderparkplatz Sportzentrum Büttelwoog

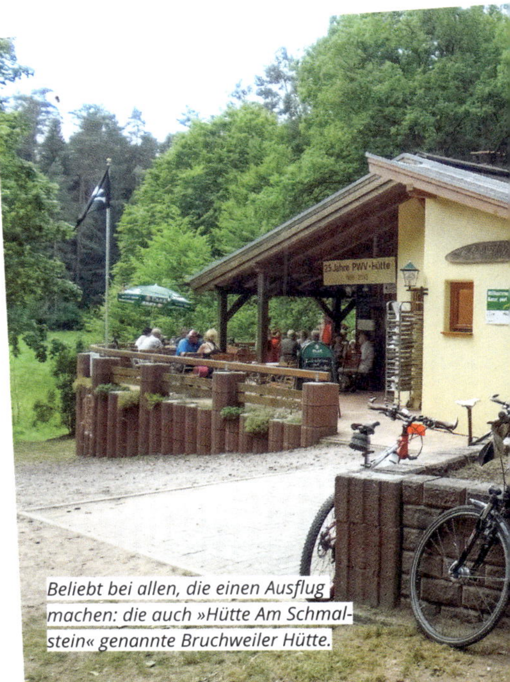

Beliebt bei allen, die einen Ausflug machen: die auch »Hütte Am Schmalstein« genannte Bruchweiler Hütte.

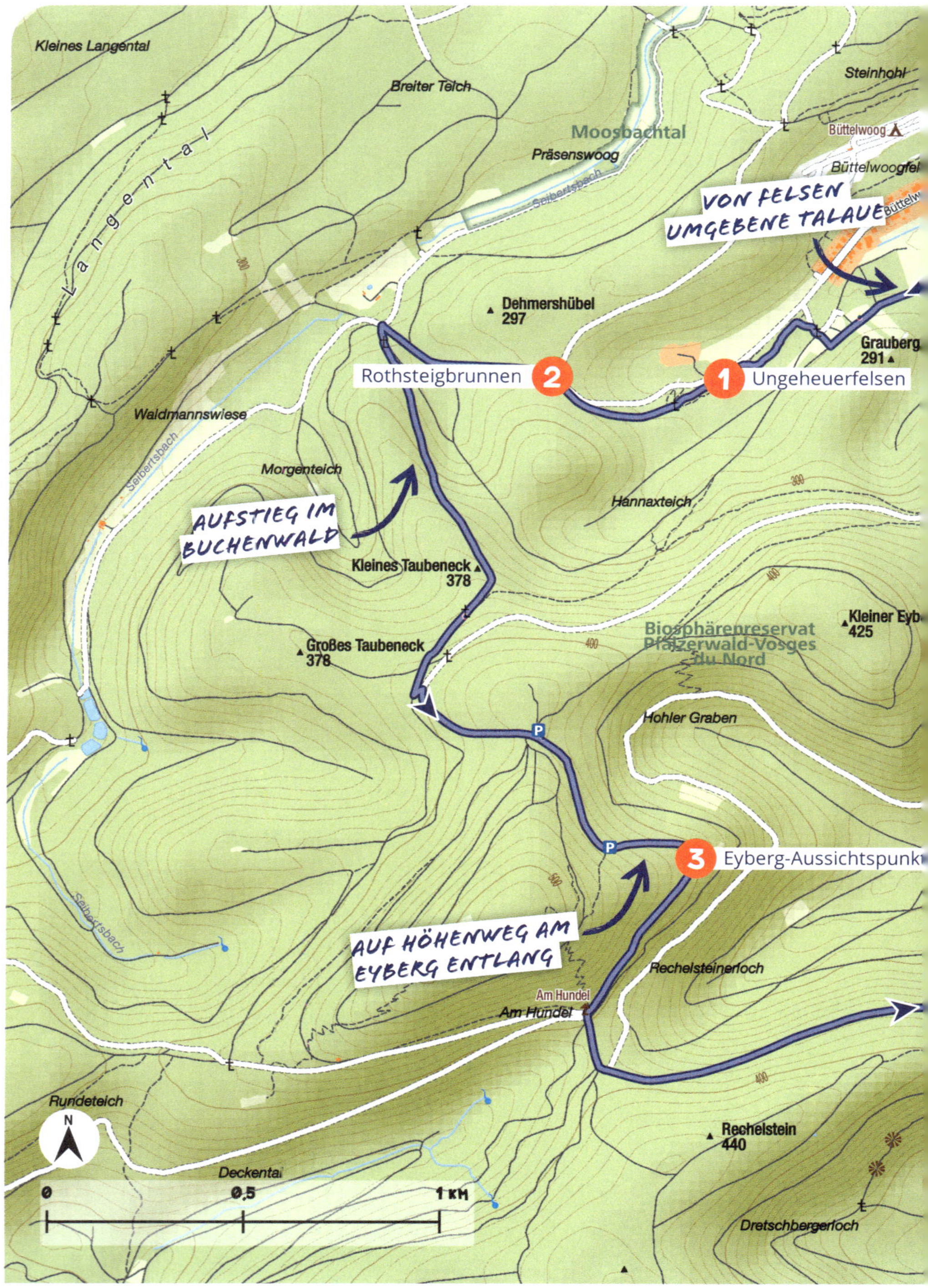
Kleines Langental
Breiter Teich
Moosbachtal
Präsenswoog
Steinhohl
Büttelwoog
Büttelwoogfel
Langental
VON FELSEN UMGEBENE TALAUE
Dehmershübel 297
Rothsteigbrunnen
2
1
Ungeheuerfelsen
Grauberg 291
Waldmannswiese
Seibertsbach
Morgenteich
AUFSTIEG IM BUCHENWALD
Hannaxteich
Kleines Taubeneck 378
Großes Taubeneck 378
Biosphärenreservat Pfälzerwald-Vosges du Nord
Kleiner Eyb 425
Hohler Graben
3
Eyberg-Aussichtspunkt
AUF HÖHENWEG AM EYBERG ENTLANG
Rechelsteinerloch
Am Hundel
Am Hundel
Rundeteich
Rechelstein 440
Deckental
Dretschbergerloch
N
0
0,5
1 KM

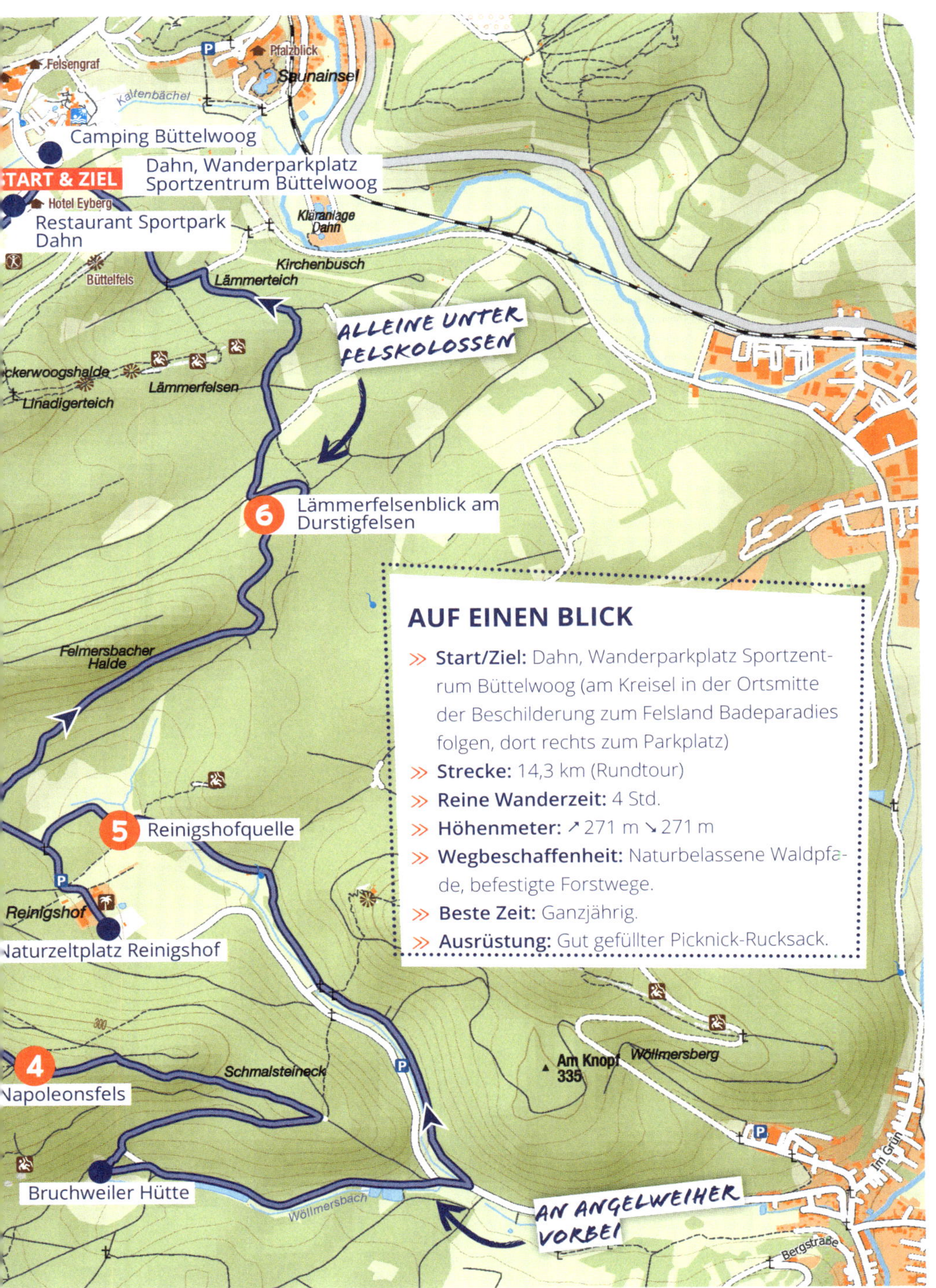

AUF EINEN BLICK

- **Start/Ziel:** Dahn, Wanderparkplatz Sportzentrum Büttelwoog (am Kreisel in der Ortsmitte der Beschilderung zum Felsland Badeparadies folgen, dort rechts zum Parkplatz)
- **Strecke:** 14,3 km (Rundtour)
- **Reine Wanderzeit:** 4 Std.
- **Höhenmeter:** ↗ 271 m ↘ 271 m
- **Wegbeschaffenheit:** Naturbelassene Waldpfade, befestigte Forstwege.
- **Beste Zeit:** Ganzjährig.
- **Ausrüstung:** Gut gefüllter Picknick-Rucksack.

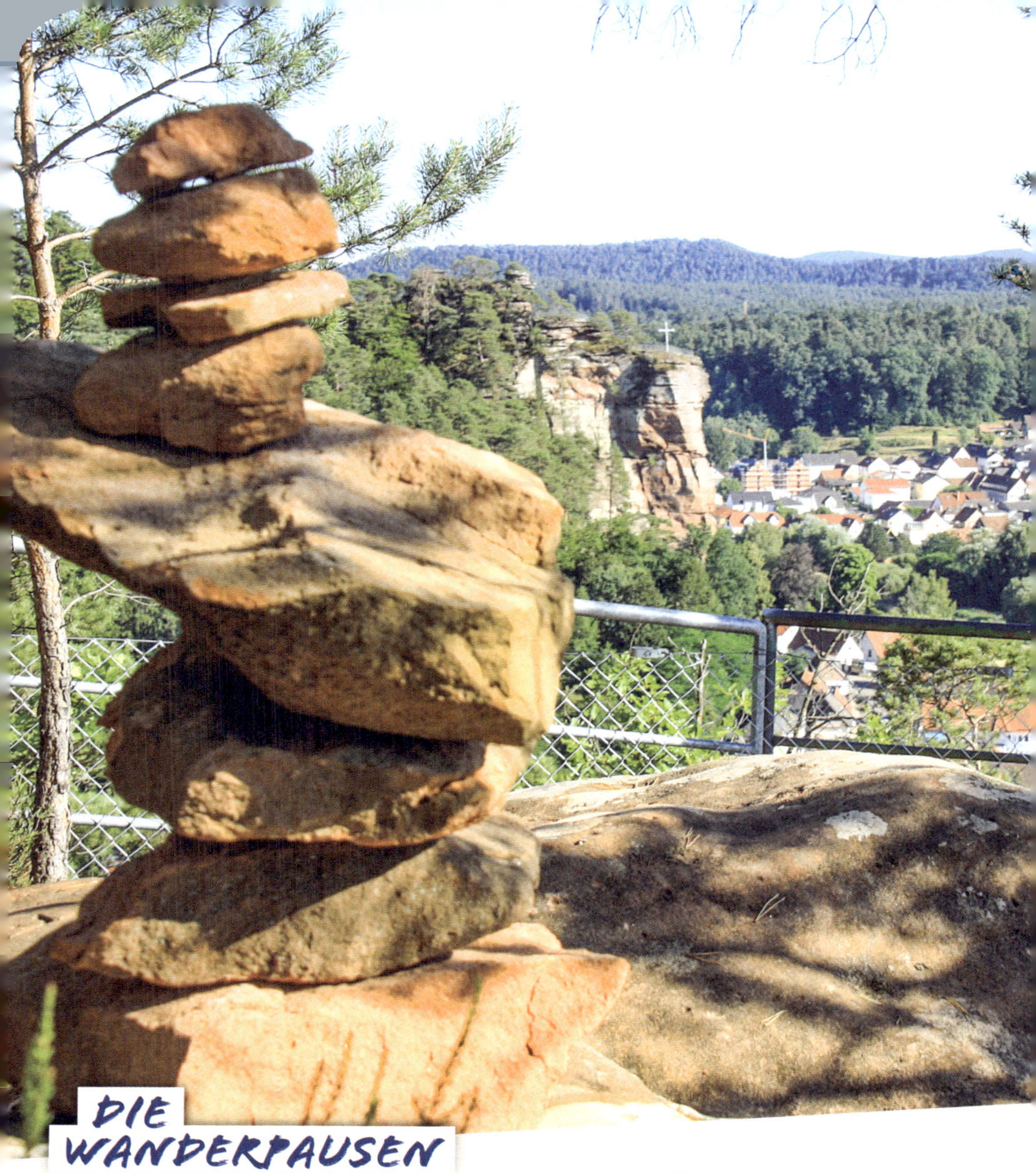

DIE WANDERPAUSEN

» START
Dahn, Bahnhof

KM 3

1 Römerfelsen
Ein eigenwilliger Versammlungsplatz

KM 4,5

2 Lachbergblick
Traumpfade und Burgenblicke

KM 6

3 Jungfernsprung
Gähnende Tiefe

8

FELSWUNDER IM STAKKATO

Luftige Abenteuer rund um Dahn

Grandiose Aussichtspunkte, etwas Nervenkitzel, weich-federnde Schlängelpfade und die bezaubernde Kiefern-Heidekraut-Szenerie der felsgekrönten Bergkämme des Dahner Felsenlandes. Als Kontrast ein Bummel durch das hübsche Städtchen Dahn.

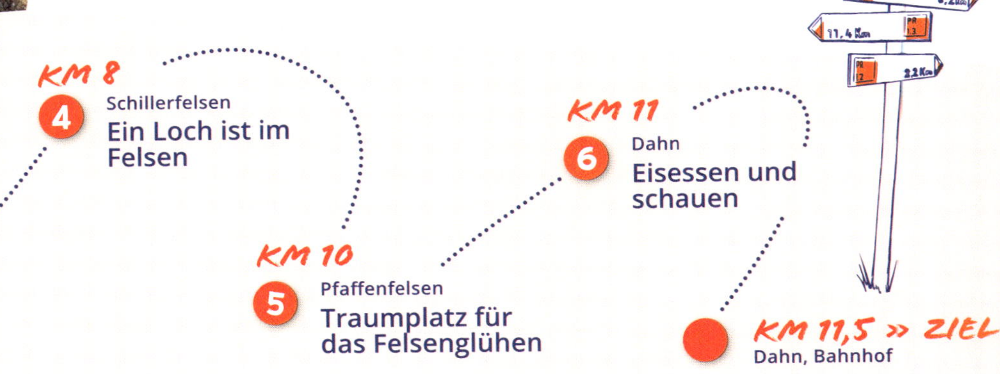

AN EINER SENKRECHTEN FELSENWAND …

… auf einer Eisentreppe hinaufsteigen. Kurze Verschnaufpause, dann gilt es, noch eine schwindelerregende Leiter zu überwinden. Schon steht man auf der höchsten Zinne des Römerfelsens, blickt betont gelassen in die Tiefe, lässt sich den Wind um die Nase wehen und versucht geduldig, den weiteren Wegverlauf dieser Rundwanderung zu identifizieren. Gar nicht so schwer, hat man hier doch einen großen Teil der Dahner Felsenszenerie nah vor Augen. Dann schweift der Blick in die Ferne, man entdeckt die Burgruinen Altdahn und Drachenfels, mit Adleraugen sogar die weit entfernte Wegelnburg.

Schon eine Viertelstunde nach dem Start kann man auf dem Bubenfelsen einige markante Wegpunkte erkennen: die nach gut der Hälfte der Wanderung zu überquerende Wieslauter, den Aussichtspunkt Schwalbenfelsen dahinter, im Süden den alles beherrschenden Jungfernsprung, das Wahrzeichen von Dahn. Bald wird man über einen langen Kiefernkamm bis zu der vordersten Spitze dieses fast 60 Meter hohen Felsenschiffs laufen und an seinen furchterregenden Steilwänden hinunterschauen. Ebenso der Kiefernkamm, über den man bis zur vordersten Spitze des Jungfernsprungs laufen wird. Was für ein Augenschmaus!

AUF EINEM SONNENGEWÄRMTEN FELSEN EIDECHSEN BEOBACHTEN UND INS WEITE FELSENRUND SCHAUEN

Für die Brotzeit unterwegs gibt es eine Menge exquisiter Rastplätze an und auf den Felsen. Die exponierten unter ihnen sind zwar lückenlos mit Geländern abgesichert, dennoch sind der **Römerfelsen** und der **Jungfernsprung** für höhensensible Wandernde eine echte Herausforderung.

Der Wegverlauf orientiert sich an drei Rundwanderwegen, die alle mit samtweichen Pfaden glänzen: dem Premiumwegen Dahner Rundwanderweg und Dahner Felsenpfad sowie dem Elwetritscheweg. Letzterer macht Pfalz-Neulinge an mehreren Stationen mit der Lebenswelt des seltsamen Pfälzer Sagentiers vertraut.

Wer viel Zeit mitbringt, kann die Tour leicht in zwei Wanderungen aufteilen. Einmal die Römerfels-Jungfernsprung-Runde östlich der Wieslauter, einmal die Schillerfels-Pfaffenfels-Runde westlich des Flüsschens.

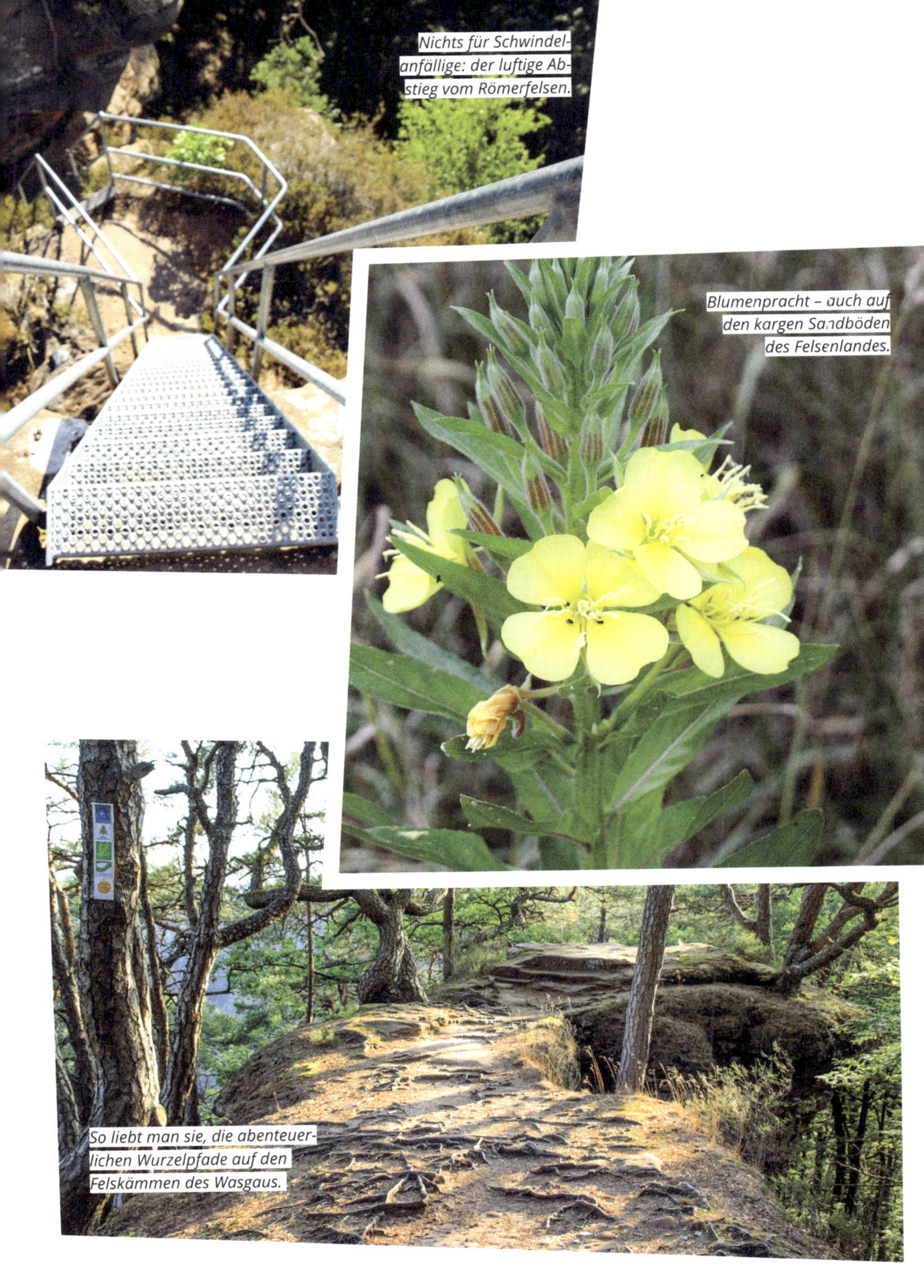

Nichts für Schwindelanfällige: der luftige Abstieg vom Römerfelsen.

Blumenpracht – auch auf den kargen Sandböden des Felsenlandes.

So liebt man sie, die abenteuerlichen Wurzelpfade auf den Felskämmen des Wasgaus.

WANDERN & GENIESSEN

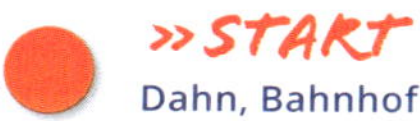

Dahn, Bahnhof

Über die Straße und gegenüber dem Feuerwehrhaus den Schildern zum Römerfelsen oder dem Logo des Elwetritscheweges folgen.

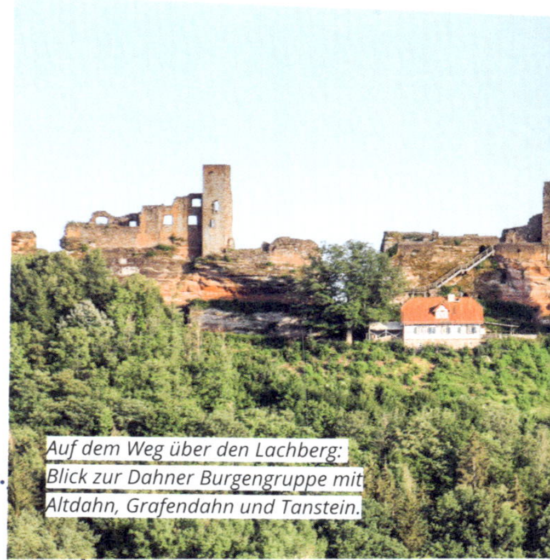

Auf dem Weg über den Lachberg: Blick zur Dahner Burgengruppe mit Altdahn, Grafendahn und Tanstein.

KM 3

1 Römerfelsen

Ein eigenwilliger Versammlungsplatz

Ganz schön eng ist es auf der luftigen Aussichtsplattform dieses 22 Meter hohen Felsturmes. Wenig zu stören scheint das die Elwetritsch, die *bestia palatinensis,* denn dort befindet sich – so man einem Messingschild glauben kann – ein Tritsche-Versammlungsplatz. Zeit für einen Elwetritsche-Grundkurs: In der Ahnenreihe dieses Pfälzer Sagenwesens gibt es neben allerlei Federvieh auch Kobolde und Elfen. Manche Exemplare des vogelähnlichen, mit riesigen Krallen und spitzen Ohren ausgestatteten Tieres tragen ein Geweih und üppige Brüste. Anders als andere Waldbewohner dürfen Elwetritsche ohne Einschränkungen gejagt werden. Doch nun zur Aussicht: Die reicht vom menschenleeren zentralen Pfälzerwald bis zum pfälzisch-elsässischen Grenzkamm. Eine kleine, aber lohnende Fleißaufgabe: Wer kann alle Burgen und Felsen bestimmen?

Weiter mit dem Logo des Dahner Rundwanderweges.

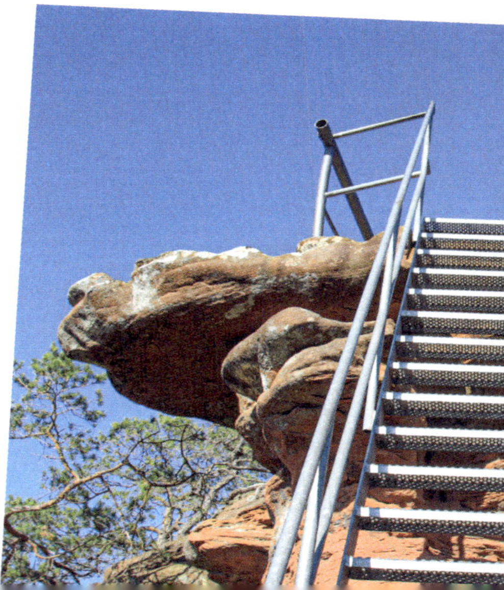

KM 4,5

2 Lachbergblick

Traumpfade und Burgenblicke

So wie hier auf dem Lachberg liebt man die Pfälzer Waldpfade – mit abwechslungsreichen Windungen, Heidekraut, federndem Boden, Wurzeln, Steinplatten und Hutzeln. Dazu ab und an ein Aussichtspunkt: Gleich am Beginn des Höhenzuges schaut man zur Burgruine Altdahn mit den Teilburgen Altdahn, Grafendahn und Tanstein. Auf dem Lachbergblick geht die Sicht dann über Dahn hinweg zum alles überragenden Großen Eyberg und zu den Felskolossen Hochstein, Durstig-, Lämmer- und Büttelfels. Am Ende des Kammes setzt der Kuckucksfelsen eine überraschende Pointe. An seiner Südwand machen sich häufig Sportkletterer zu schaffen – die lieben kurze Zustiege.

Weiter mit dem Logo des Dahner Rundwanderweges..

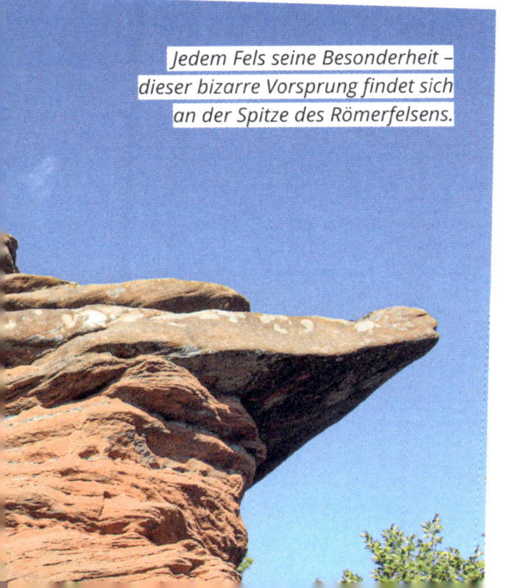

Jedem Fels seine Besonderheit – dieser bizarre Vorsprung findet sich an der Spitze des Römerfelsens.

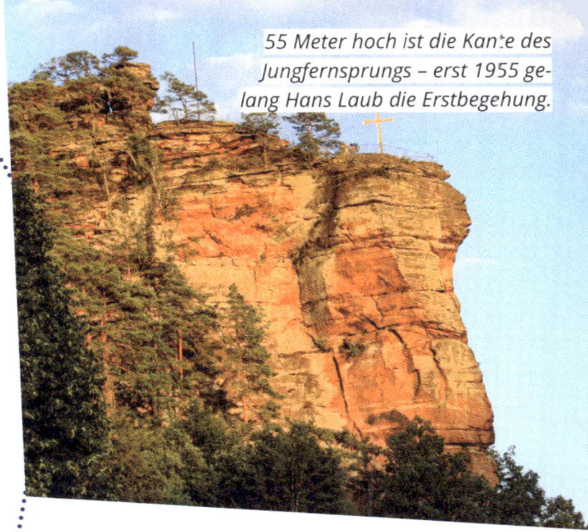

55 Meter hoch ist die Kante des Jungfernsprungs – erst 1955 gelang Hans Laub die Erstbegehung.

KM 6

3 Jungfernsprung

Gähnende Tiefe

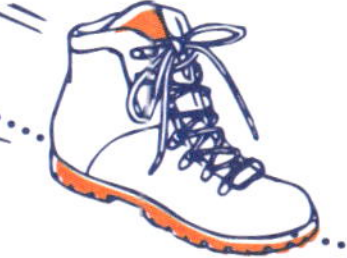

So etwas kennt man auch als erfahrener Bergwanderer kaum, einen Tiefblick wie den von der Kanzel des Jungfernsprungs. Keine Schande, hier trotz des sicheren Geländers weiche Knie zu bekommen. Um das Felsen-Unikum rankt sich natürlich auch eine Sage: Einst wurde auf dem Bergkamm eine holde Jungfrau von einem lüsternen Unhold verfolgt. Auf der Flucht kam das Mägdelein bis hierher und rettete seine Unschuld durch einen gottergebenen Sprung in die Tiefe. Die Röcke der tapferen Jungfrau bauschten sich dabei so weit auf, dass sie sanft hinabschwebte und wohlbehalten unten ankam, wo an der Aufsprungstelle alsbald ein Brünnelein zu fließen begann.

Kurz zurück bis zu einem markanten Felsen-Einschnitt und auf der Nordseite des Vogelsberges steil hinab. An der Durchgangsstraße kurz links, dem Schild »Rad- und Wanderwege Wieslautertal« nach rechts folgen, kurz rechts, dann links mit dem Logo des Dahner Rundwanderweges zwischen Häusern hindurch zur Wieslauter-Holzbrücke. Nun links bis zur Kneipp-Anlage am Schillerfelsen.

KM 8

4 Schillerfelsen
Ein Loch ist im Felsen

Instagrammable, dieser Schillerfelsen. Unter den Dahner-Felsen-Wahrzeichen steht er hinter dem Jungfernsprung an zweiter Stelle. Zu seinem Namen kam er erst 1905, als die Dahner dem Dichter zum 100. Todestag auf diese Weise ein Denkmal setzten. Zu Füßen des Felsens liegt ein Kneipp-Becken, von dem man hinaufgelangt. Der Pfad führt zwischen den Schillerfelsen-Türmen hindurch und schlängelt sich dann zu einem Spalt, durch den sich beleibte Wandernde nur mit Mühe hindurchzwängen können. Spannend!

Weiter auf dem Dahner Felsenpfad und über den Schwalbenfelsen zur Felsenarena. Dahinter nach 600 m von einem breiten Waldweg auf den ersten deutlich ausgeprägten, aber nicht beschilderten Pfad nach links abzweigen und linksherum am Hang entlang zu einem kleinen Sattel. Jetzt wieder auf dem Dahner Felsenpfad hinauf zum Pfaffenfelsen.

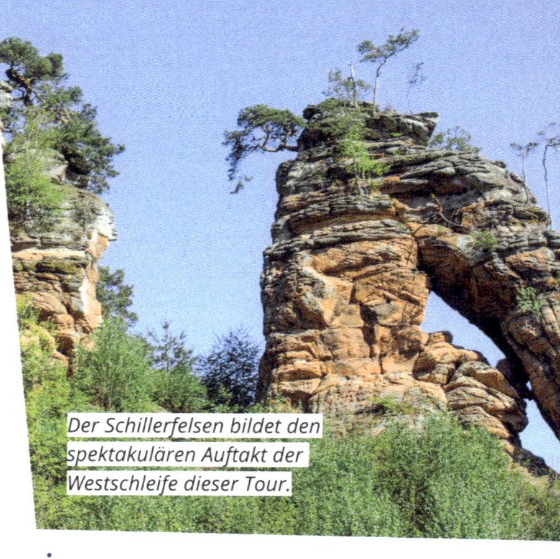

Der Schillerfelsen bildet den spektakulären Auftakt der Westschleife dieser Tour.

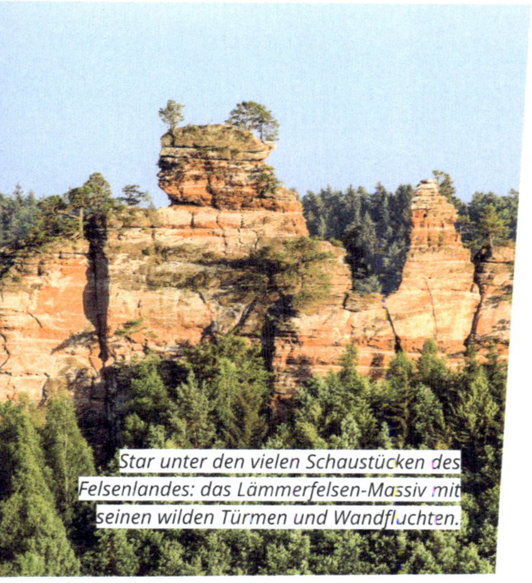

Star unter den vielen Schaustücken des Felsenlandes: das Lämmerfelsen-Massiv mit seinen wilden Türmen und Wandfluchten.

KM 10

5 Pfaffenfelsen
Traumplatz für das Felsenglühen

Für manche Wandernde stiehlt der Pfaffenfelsen, ein recht unscheinbares Exemplar am Rande des Dahner Ortsteils Büttelwoog, allen anderen Aussichtspunkten die Schau. Denn nirgendwo sonst hat man einen besseren Blick auf die wuchtigen Massive des Büttelfelsens und des Lämmerfelsens. Auch nicht übel: der Blick auf Braut und Bräutigam, zwei in inniger Eintracht aneinander gelehnte Felstürme. Diese Ehe hat gehalten! Besonders beeindruckend ist der Anblick der Fels-Szenerie kurz vor Sonnenuntergang, wenn an den Wänden und Türmen das Rostrot des Buntsandsteins erglüht. Falls man zu dieser Zeit hier ist: Keine Angst vor einem Abstieg in dunkler Nacht, das Abendlicht reicht locker für den zehnminütigen Abstieg nach Dahn.

Weiter auf dem Dahner Felsenpfad. An den ersten Häusern rechtshaltend zum Bahnübergang und an einem Verkehrskreisel links in die Ortsmitte.

KM 11

6 Dahn

Eisessen und schauen

Wohin man auch schaut in Dahn, dem Zentrum des Dahner Felsenlandes: Irgendwo ist immer der Buntsandstein im Spiel. Ob im Naturzustand wie an dem guten Dutzend Felsen, die man vom 4000-Seelen-Städtchen aus sehen kann, oder als Baumaterial wie an den beiden Kirchen, an Wohnhäusern und Gartenmauern. Auch das Kriegerdenkmal in der Ortsmitte ist ganz aus Sandstein gefertigt. Dort versammeln sich Einheimische wie Auswärtige, schlecken Eis in allen erdenklichen Formen und Geschmacksrichtungen und schauen den vorbeiziehenden Wandernde, Flanierende, Motorradfahrende und Radelnde zu.

Weiter auf der Durchgangsstraße und am Jungfernsprung vorbei zum Bahnhof.

EXTRA INFOS:

Ein kurzer Abstecher führt vom Sattel vor dem Pfaffenfelsen hinunter zu einer Pizzeria im wunderschön in einem Felsenkessel gelegenen ● **Camping Büttelwoog** (www.camping-buettelwoog.de, täglich geöffnet). Hier kommt nicht nur Pizza auf den Teller, sondern auch herzhafte Pfälzer Küche.

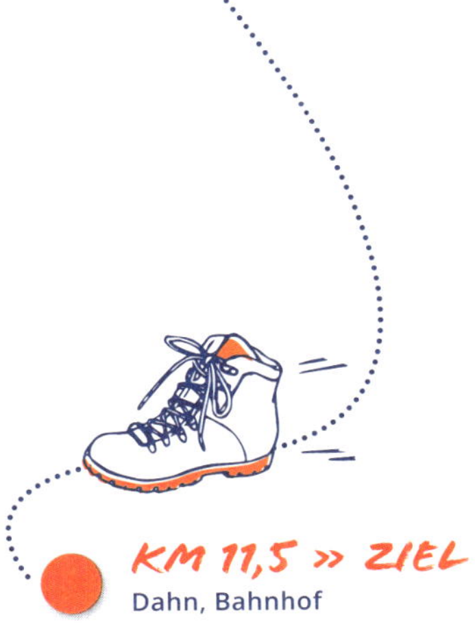

KM 11,5 » ZIEL

Dahn, Bahnhof

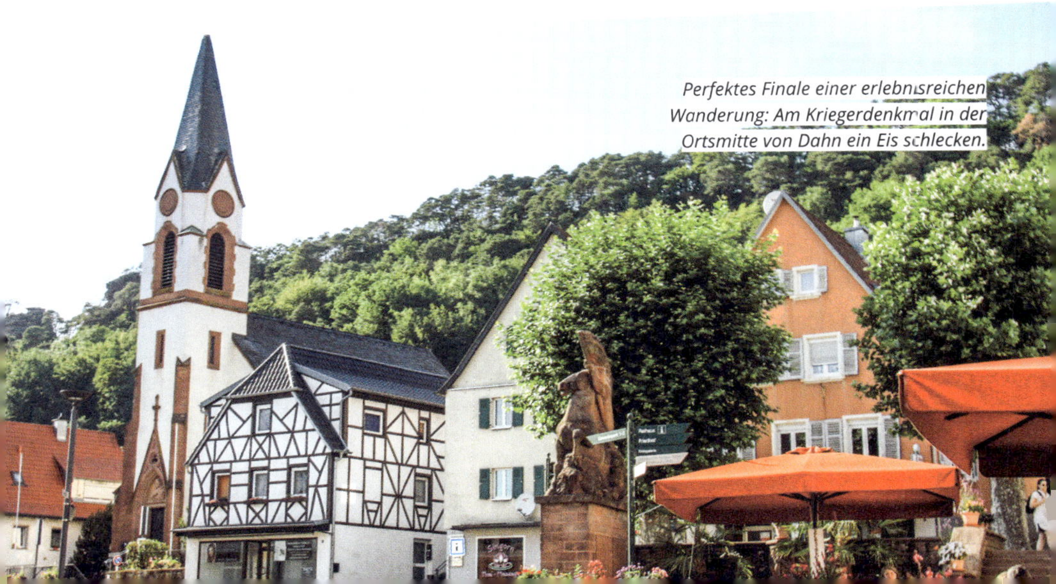

Perfektes Finale einer erlebnisreichen Wanderung: Am Kriegerdenkmal in der Ortsmitte von Dahn ein Eis schlecken.

AUF EINEN BLICK

- » **Start/Ziel:** Dahn Bahnhof
- » **Strecke:** 11,5 km (Rundtour)
- » **Reine Wanderzeit:** 3 Std. 30
- » **Höhenmeter:** ↗ 434 m ↘ 434 m
- » **Wegbeschaffenheit:** Naturbelassene Waldpfade, etwas Asphalt.
- » **Beste Zeit:** Ganzjährig, aber nicht bei Schnee- oder Eisglätte.
- » **Ausrüstung:** Proviant und etwas zum Anstoßen auf einem der Felsen-Rastplätze.

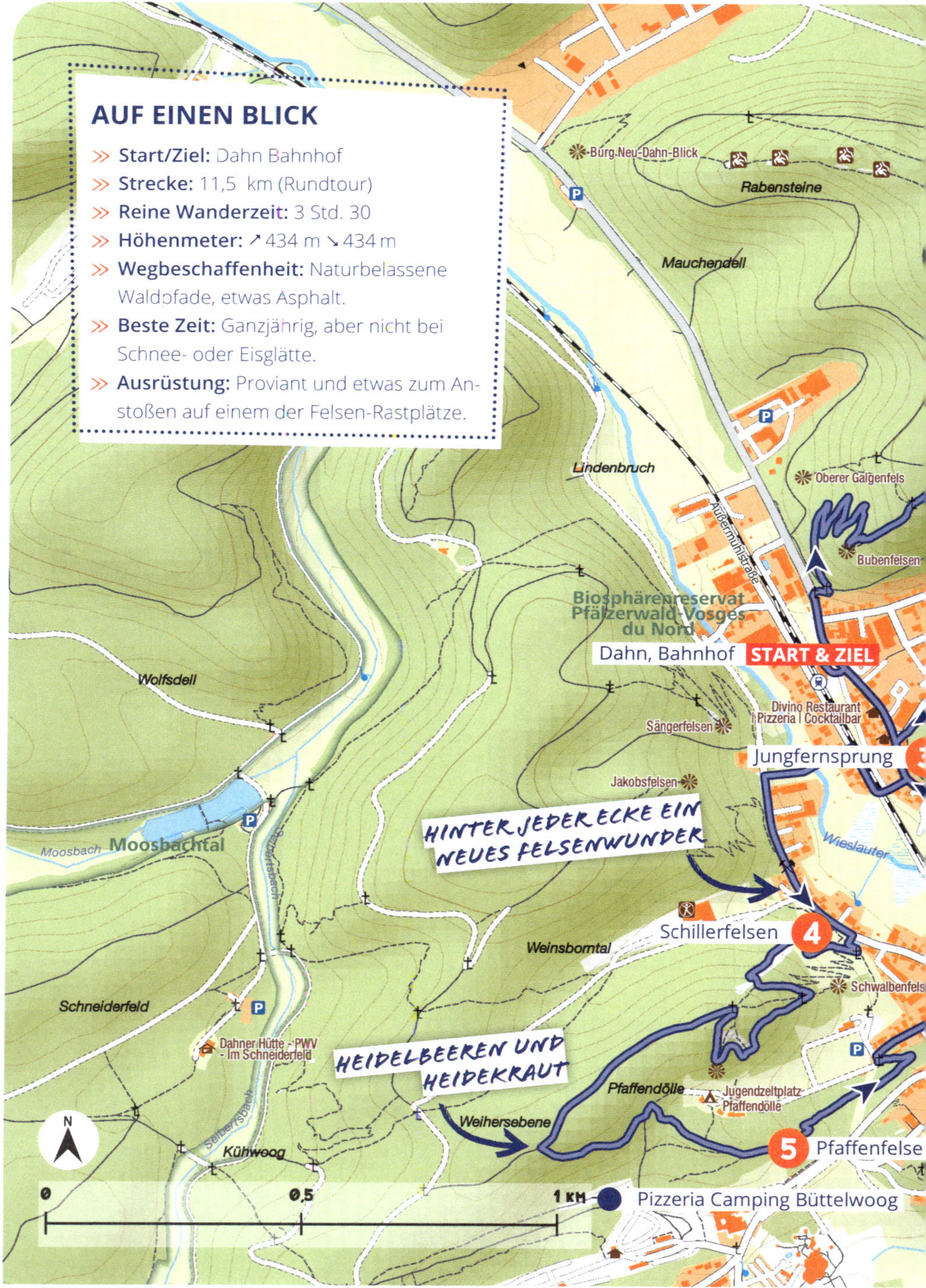

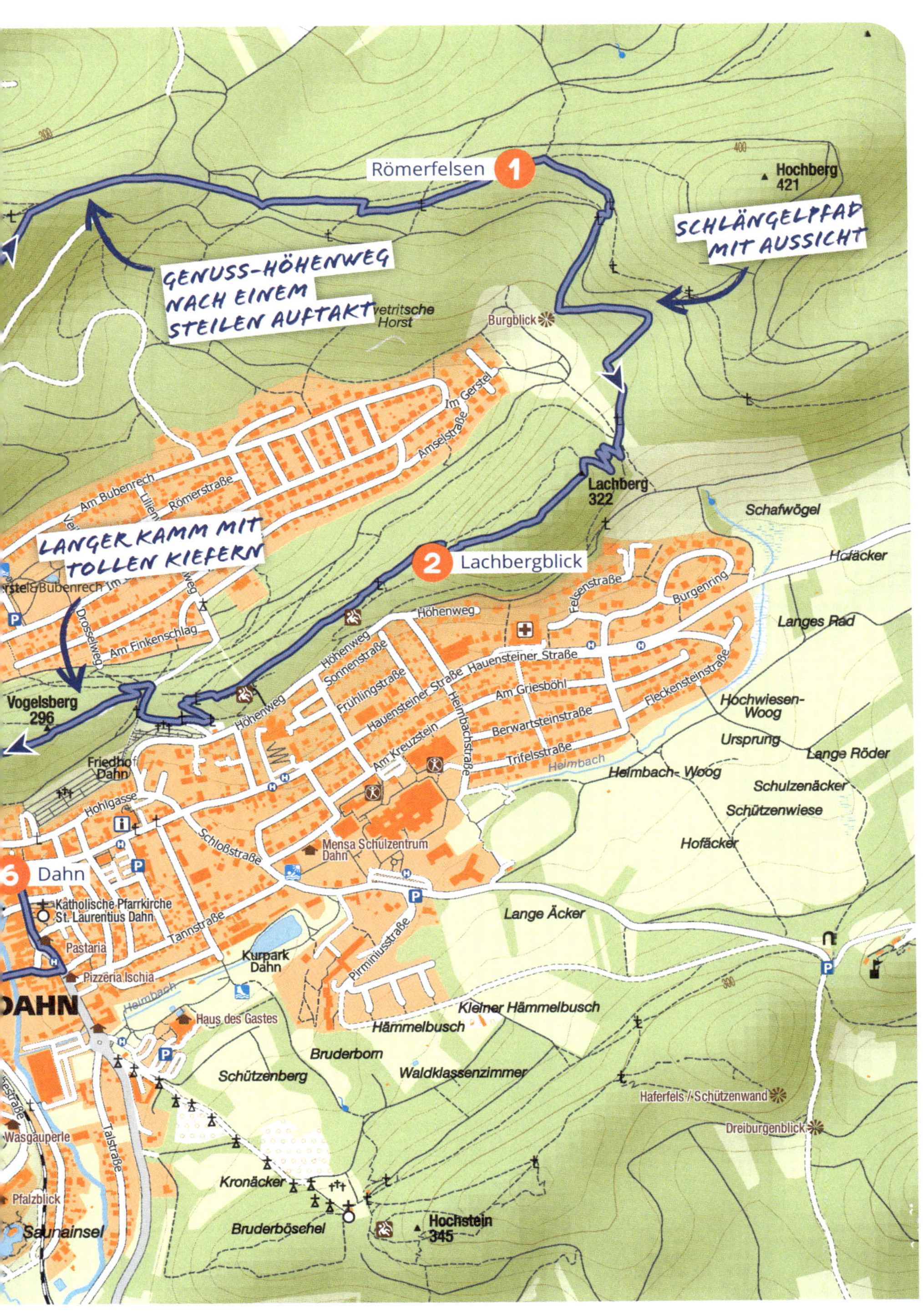

Römerfelsen
1
Hochberg 421
SCHLÄNGELPFAD MIT AUSSICHT
GENUSS-HÖHENWEG NACH EINEM STEILEN AUFTAKT
Burgblick
Lachberg 322
2 Lachbergblick
LANGER KAMM MIT TOLLEN KIEFERN
Vogelsberg 296
Schafwögel
Hofäcker
Langes Rad
Hochwiesen-Woog
Ursprung
Lange Röder
Heimbach-Woog
Schulzenäcker
Schützenwiese
Hofäcker
Friedhof Dahn
Mensa Schulzentrum Dahn
6 Dahn
Katholische Pfarrkirche St. Laurentius Dahn
Pastaria
Pizzeria Ischia
Kurpark Dahn
DAHN
Haus des Gastes
Lange Äcker
Kleiner Hämmelbusch
Hämmelbusch
Bruderborn
Schützenberg
Waldklassenzimmer
Haferfels / Schützenwand
Dreiburgenblick
Wasgauperle
Kronäcker
Pfalzblick
Saunainsel
Bruderbösehel
Hochstein 345

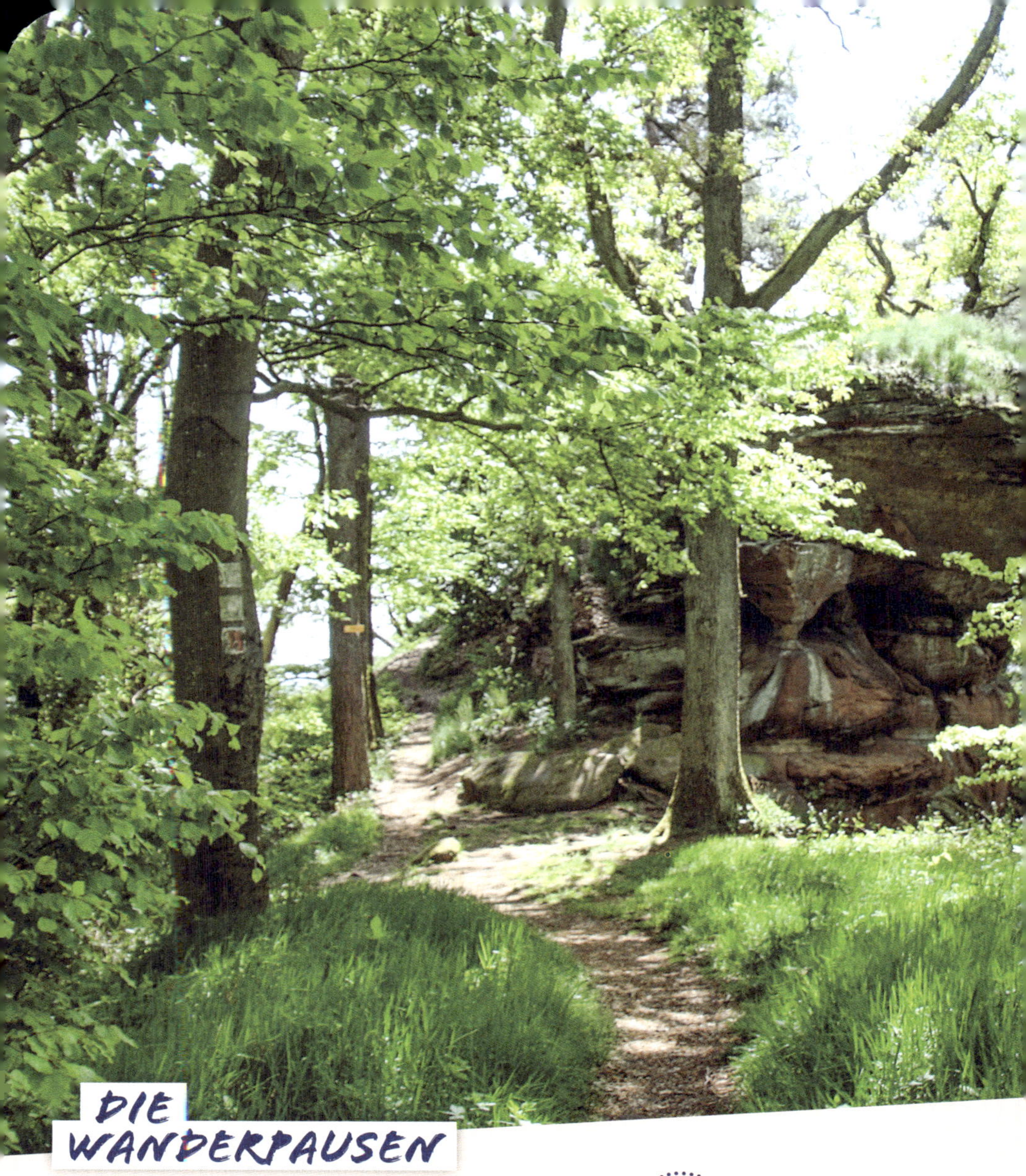

DIE WANDERPAUSEN

» START
Oberschlettenbach

KM 3
1 Wasgauhütte
Päuschen gefällig?

KM 4
2 Kühhungerfelsen
Wasgau-Studien

KM 8
3 Löffelsberg
Rätselhafte Steinmännchen

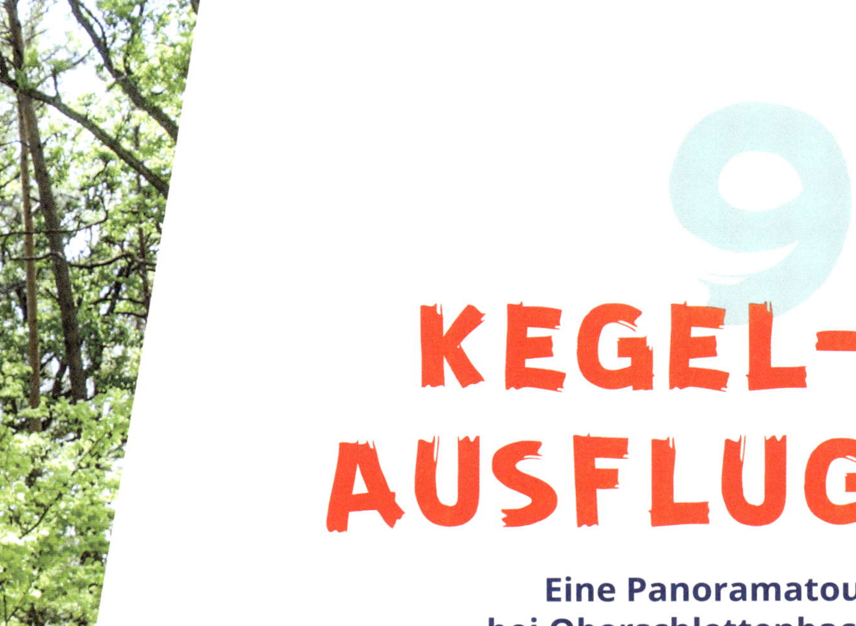

9

KEGEL-AUSFLUG

Eine Panoramatour bei Oberschlettenbach

Hinauf in die Höhe, um die Kegelberg-Landschaft des Wasgaus einmal von ganz oben zu erleben! Mehrere spektakuläre Aussichtspunkte wechseln mit einigen Skurrilitäten und natürlich Gelegenheiten zur Einkehr in Pfälzer Waldschänken.

KM 9

4 Löffelsbergfelsen
Tatort-besichtigung

KM 11

5 Buhlsteinpfeiler
Namen sind Schall und Rauch

KM 13

6 Bühlhofschänke
Perspektiv-wechsel

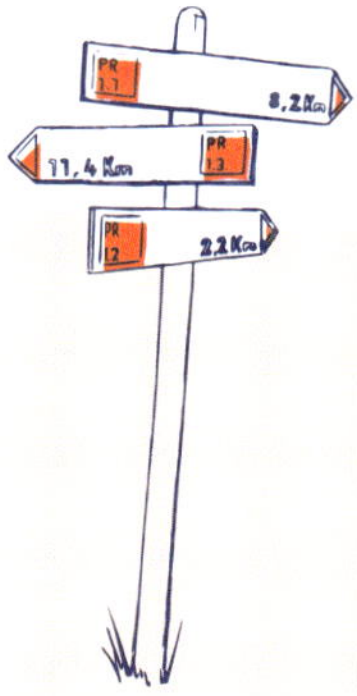

KM 14,3 » ZIEL
Oberschlettenbach

WAS FÜR EINE GANZ BESONDERE LANDSCHAFT ...

.. ist doch dieser Wasgau: mit Felsen und Burgen, üppigen Mischwäldern, malerischen Flusstälern und wiesenreichen Hochflächen. Hier spielen Sagen, Legenden und Mythen. Dazu passt, dass der keltische Waldgott Vosegus Namensgeber des vom südlichen Pfälzerwald bis nach Saverne im Elsass reichenden Gebiets ist.

Kegelberge prägen das Landschaftsbild des Wasgaus. Aus ihren Flanken ragen riesige Felsenschiffe heraus, auf den Gipfeln erheben sich bizarre Felstürme und -ketten. Viele dieser Berge sind ebenmäßig wie Pyramiden geformt, einige etwas in die Länge gezogen. Andernorts haben solche Bergformen oftmals vulkanischen Ursprung, hier sind sie das Werk der Erosion.

WENN HERBSTLICHE TALNEBEL DIE KONTUREN DER KEGELBERGE BETONEN

Schon aus den Tallagen sind die Kegelberge gut zu erkennen. Wer sie aber in ihrer ganzen Pracht erleben möchte, steigt hinauf auf die Wasgauhöhen und schaut sie sich von oben an. Zum Beispiel auf einer Wanderung wie dieser im Herzen des Wasgaus, die über drei Gipfel zu fünf Felsen-Aussichtspunkten und zwei Waldschänken führt.

Gleich nach dem Aufbruch im verschlafenen Walddörfchen **Oberschlettenbach** sieht man bereits typische Exemplare der Gattung Kegelberg – rechts über dem Erlenbachtal den Schlossberg mit der Burgruine Lindelbrunn, voraus den vom gleichnamigen Felsen gekrönten Haselstein.

Um ganz andere Kegel geht es dann – nach dem Fernblick vom **Kühhungerfelsen** und einer entspannten Kammwanderung – auf dem **Löffelsberg.** Denn der ist übersät mit von Menschen aufgeschichteten riesigen Steinmännchen.

Stolz, fast ein wenig eingebildet, präsentieren sich die Bergkegel vom **Buhlstein,** dem spektakulärsten Aussichtspunkt der Tour. Weit dahinter ragen lange Höhenzüge in den Himmel, degradiert zur Kulisse, welche die Kegelberge des Wasgaus nur noch intensiver in Szene setzt. «

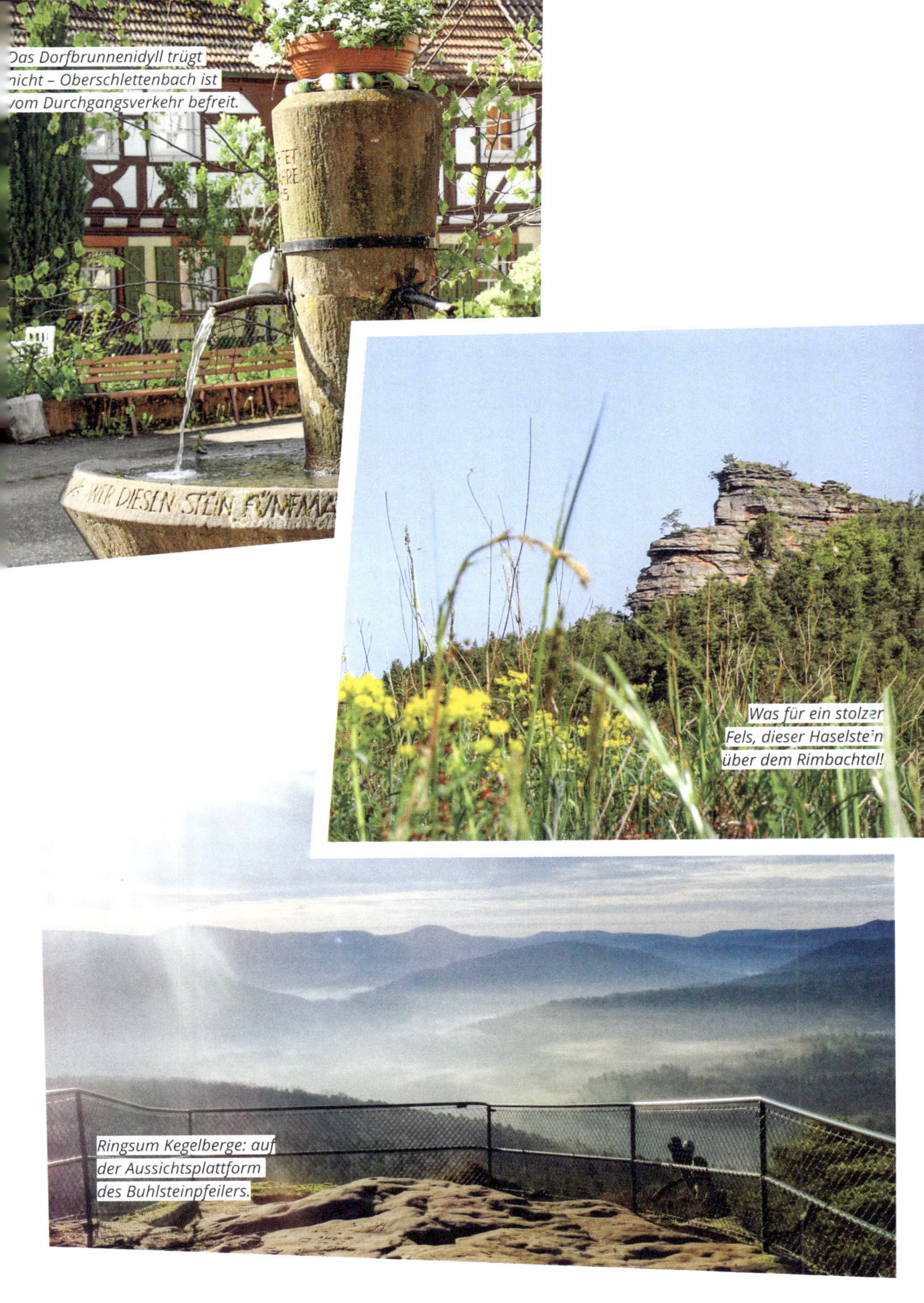

Das Dorfbrunnenidyll trügt nicht – Oberschlettenbach ist vom Durchgangsverkehr befreit.

Was für ein stolzer Fels, dieser Haselstein über dem Rimbachtal!

Ringsum Kegelberge: auf der Aussichtsplattform des Buhlsteinpfeilers.

WANDERN & GENIEßEN

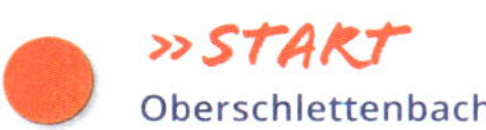

»START
Oberschlettenbach

Nahe am Ortseingang von Oberschlettenbach beginnt ein mit diversen Wegelogos beschilderter Waschbetonweg, der bald in einen Feldweg übergeht. Für die ersten beiden Gehstunden hält man sich an den Oberschlettenbacher Höhenweg.

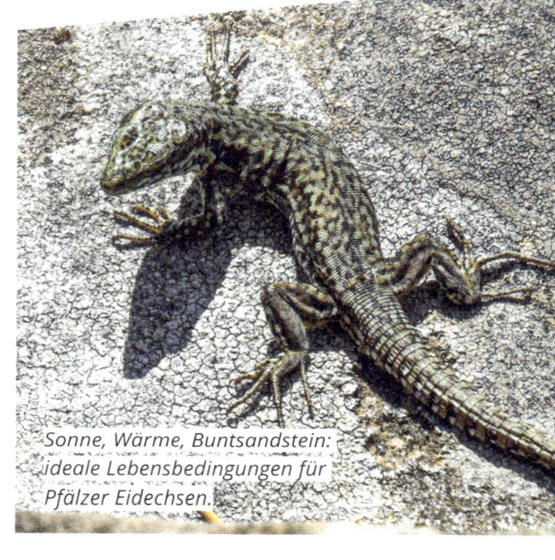

Sonne, Wärme, Buntsandstein: ideale Lebensbedingungen für Pfälzer Eidechsen.

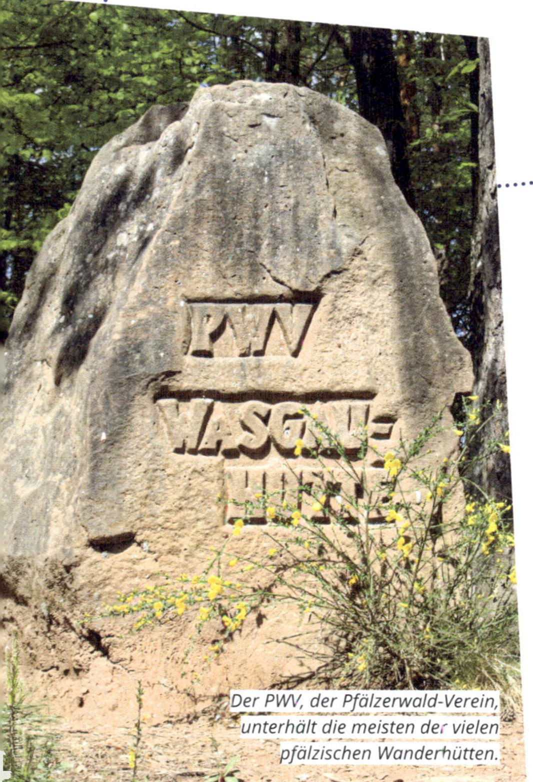

Der PWV, der Pfälzerwald-Verein, unterhält die meisten der vielen pfälzischen Wanderhütten.

KM 3

1 Wasgauhütte

Päuschen gefällig?

An der auch Schwanheimer Hütte genannten Wasgauhütte des Pfälzerwald-Vereins vorbeizugehen, ohne einen Imbiss einzunehmen – ein befremdlicher Gedanke. Gemütliche Innenräume, Freisitzplätze mit Blick auf den Haselstein, traditionelle Pfälzer Küche (Mittwoch, Samstag, Sonntag und an Feiertagen geöffnet). Da man die Hütte von Schwanheim her mit dem Auto anfahren kann, ist sie ein beliebter Ausgangspunkt für Wanderungen zu den benachbarten Waldgaststätten, dem Wanderheim Dicke Eiche bei Hauenstein, der Bühlhofschänke, dem Bärenbrunnerhof oder – wenn es etwas weiter sein darf – dem Cramerhaus Lindelbrunn.

Weiter mit dem Logo des Oberschlettenbacher Höhenweges. Nach einem kräftigen Anstieg weist auf einem Höhenrücken ein Holzschild nach links zum Kühhungerfelsen.

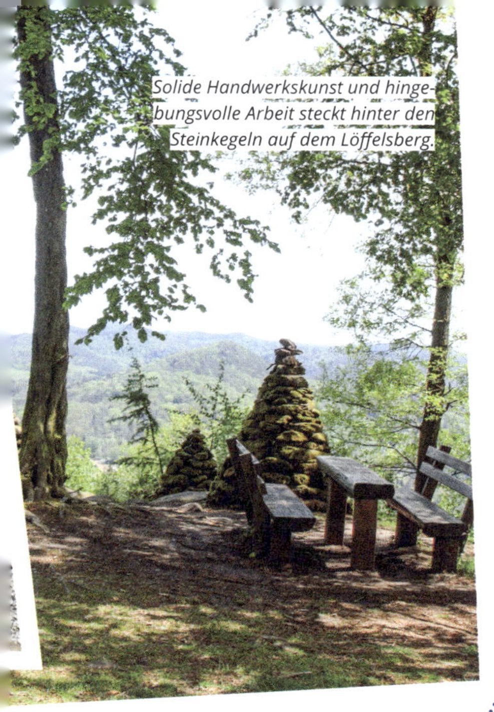

Solide Handwerkskunst und hingebungsvolle Arbeit steckt hinter den Steinkegeln auf dem Löffelsberg.

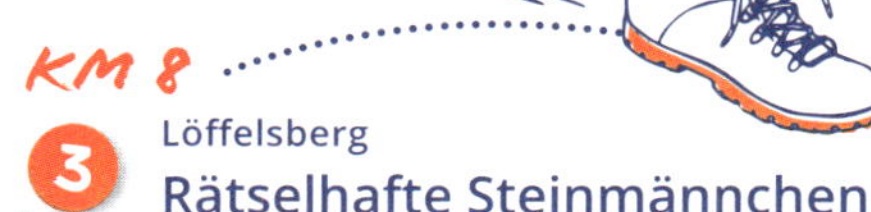

KM 8

3 Löffelsberg

Rätselhafte Steinmännchen

Es muss in den Nuller Jahren gewesen sein, als vorwiegend junge Einheimische – warum auch immer – damit begannen, auf dem Löffelsberg Steine kunstvoll zu Pyramiden aufzuschichten. Im Laufe der Jahre entstand so auf dem Gipfelkamm des zwischen Busenberg und Oberschlettenbach gelegenen Berges ein regelrechter Steinmännchen-Park, mit Weibchen und Kindchen, versteht sich. An der Bedeutung dieser Figuren werden sich in einer fernen Zukunft Archäologen die Zähne ausbeißen. Zeugnisse eines religiösen Kultes? Orientierungsmarken für Außerirdische? Verschlüsselte militärische Informationen?

Mit dem Logo des Busenberger Holzschuhpfades zum Löffelsbergfelsen am Westende des Löffelsberg-Gipfelkammes.

KM 4

2 Kühhungerfelsen

Wasgau-Studien

Rucksack runter, hinsetzen und Schuhe ausziehen. Dieser Aussichtsplatz hat Muße verdient! Die in sechs Reihen gestaffelten Kegelberge und Höhenzüge des Wasgaus auf sich wirken lassen. Mithilfe einer Wanderkarte die Fixpunkte in der Nähe identifizieren: den keck auf einer Kuppe thronenden Haselstein, die Burgruine Lindelbrunn, weiter rechts die Felsbastion des Rödelsteins. Am Horizont recken sich: Abtskopf, Hohe Derst, Bobenthaler Knopf, elsässisches Hochwaldmassiv.

Auf dem gleichen Weg zurück bis zur Abzweigung, kurz an einer Stromtrasse entlang, an einem Strommast links und mit der Markierung Blau-Gelb Richtung Bühlhof. Nach einem längeren Abstieg an einem Wegedreieck dem Logo des Busenberger Holzschuhpfades zum Löffelsberg folgen.

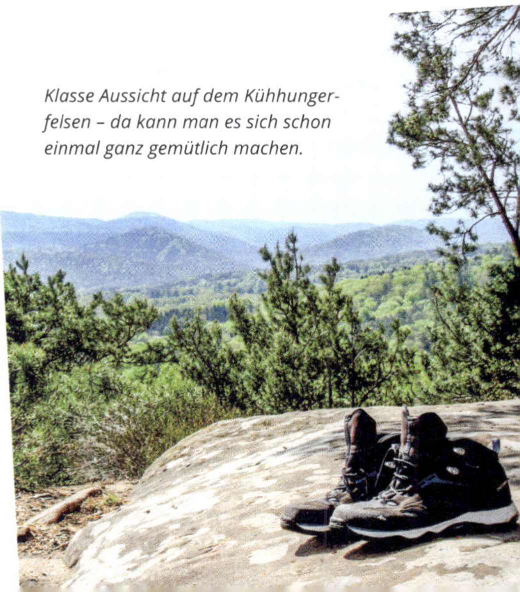

Klasse Aussicht auf dem Kühhungerfelsen – da kann man es sich schon einmal ganz gemütlich machen.

Während der Woche hat man die Plattform auf dem Buhlstein oft ganz für sich.

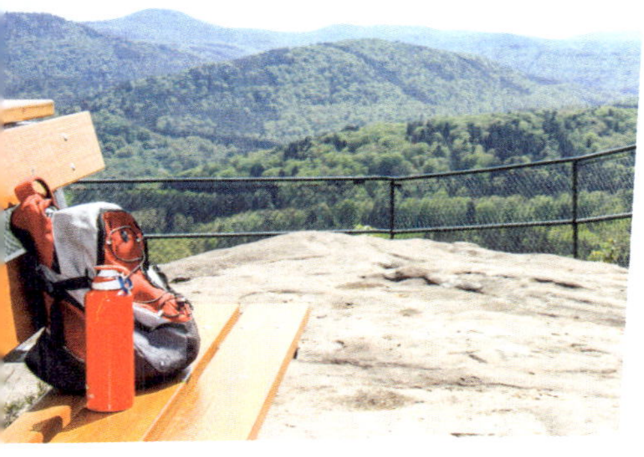

KM 9

4 Löffelsbergfelsen

Tatortbesichtigung

Abermals ein Wasgaublick mit kapitalen Felsen, üppigen Wäldern und wohlgeformten Bergen. Soweit normal. Gäbe es da nicht diese denkwürdige Missetat, die sich in Schindhard, dem Dörfchen zu Füßen des Felsens, ereignete. Als eine Hochzeitsgesellschaft dort frohgemut einige Salutschüsse in die Luft feuerte, dachte wohl niemand daran, dass die Kugeln auch irgendwo runterkommen würden. Und so kam es, dass ein Wandersmann an der fast drei Kilometer entfernten Hauensteiner Hütte von einer Schrotkugel in den Oberschenkel getroffen wurde. Die Polizei tappte jahrelang im Dunkeln, konnte weder Tatverdächtige, Tatwaffe noch Motiv ermitteln. Bis sich der Fall mit einigen Jahren Verspätung zu aller Überraschung doch noch aufklärte.

Jetzt gut aufpassen, um dem Busenberger Holzschuhpfad in die richtige Richtung zu folgen: Direkt am Fels führt ein steiler Pfad hinunter und durch ein Felsentor auf die Südseite des Massivs. Auf dem Holzschuhpfad weiter zu den Buhlsteinen

KM 11

5 Buhlsteinpfeiler

Namen sind Schall und Rauch

Buhlsteine, Puhlsteine, Budelsteine – auf Wanderkarten wie Wegweisern herrscht bei dieser Felsgruppe ein Namens-Tohuwabohu. Einig ist man sich allerdings darin, dass der etwas vom Hauptmassiv abgesetzte, weit aus dem Hang herausragende Buhlsteinpfeiler mit seiner Lage und seinen 55 Metern Wandhöhe einer der spektakulärsten Aussichtsplätze des Pfälzerwaldes ist. Wer viel Geduld hat, möge die Berggipfel zählen. Weniger ambitionierte Besucher geben sich mit dem Wissen zufrieden, dass es sich bei der Burg dort unten um den Berwartstein handelt, auf dem einst der streitbare Ritter Hans Trapp hauste. Und dass die Felsenburg weiter rechts der Drachenfels ist.

Auf dem Holzschuhpfad steil bergab und linkshaltend den Schildern zum Bühlhof folgen

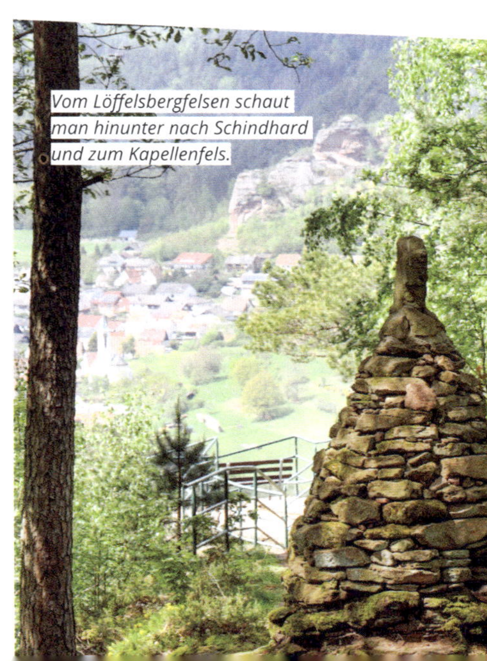

Vom Löffelsbergfelsen schaut man hinunter nach Schindhard und zum Kapellenfels.

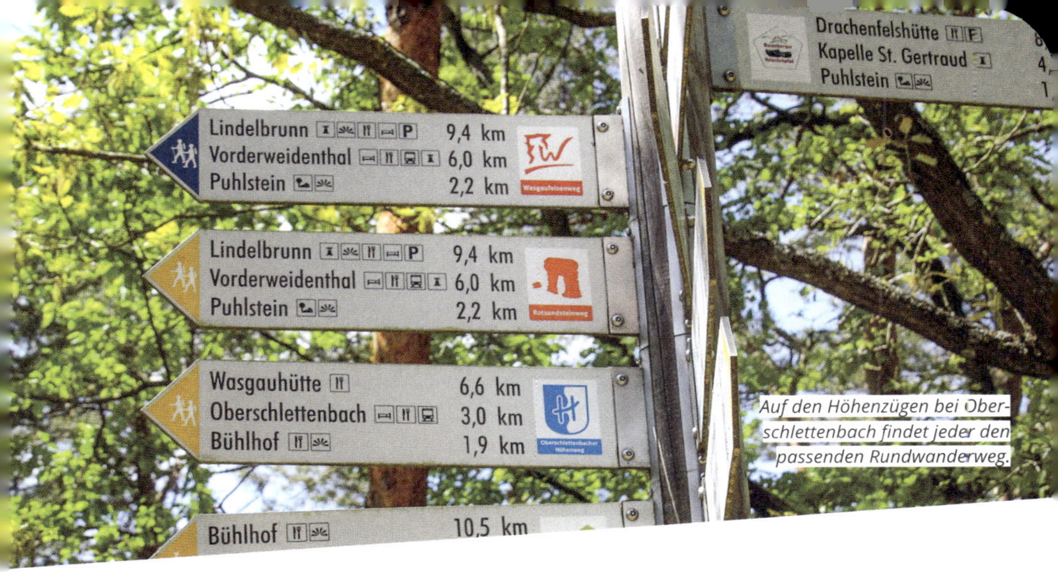

Auf den Höhenzügen bei Oberschlettenbach findet jeder den passenden Rundwanderweg.

KM 13

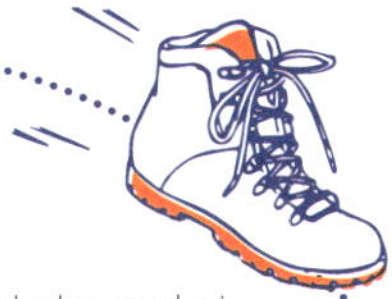

6

Bühlhofschänke

Perspektivwechsel

Zehn Kilometer nach der letzten Einkehr und einigen Auf-und-Abs kommt die Bühlhofschänke gerade recht. Sie ist Teil eines auf einer freien Anhöhe gelegenen Gehöfts. Auf der Terrasse der Ausflugsgaststätte schaut man, anders als sonst auf dieser Tour, einmal nicht von oben auf die Welt, sondern aufwärts zur Burgruine Lindelbrunn, die jenseits des Erlenbachtals auf einem ebenmäßigen Bergkegel thront. Der Bühlhof gehört zu Oberschlettenbach, dem vom Durchgangsverkehr verschonten Ausgangspunkt dieser Wanderung (www.buehlhof.de, Mittwoch, Samstag, Sonntag und an Feiertagen geöffnet).

Auf einem Waschbetonweg hinunter nach Oberschlettenbach.

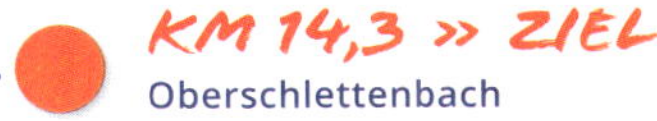

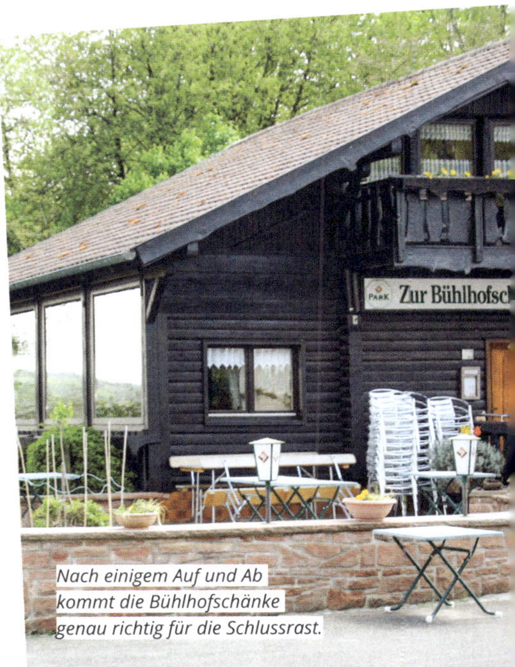

Nach einigem Auf und Ab kommt die Bühlhofschänke genau richtig für die Schlussrast.

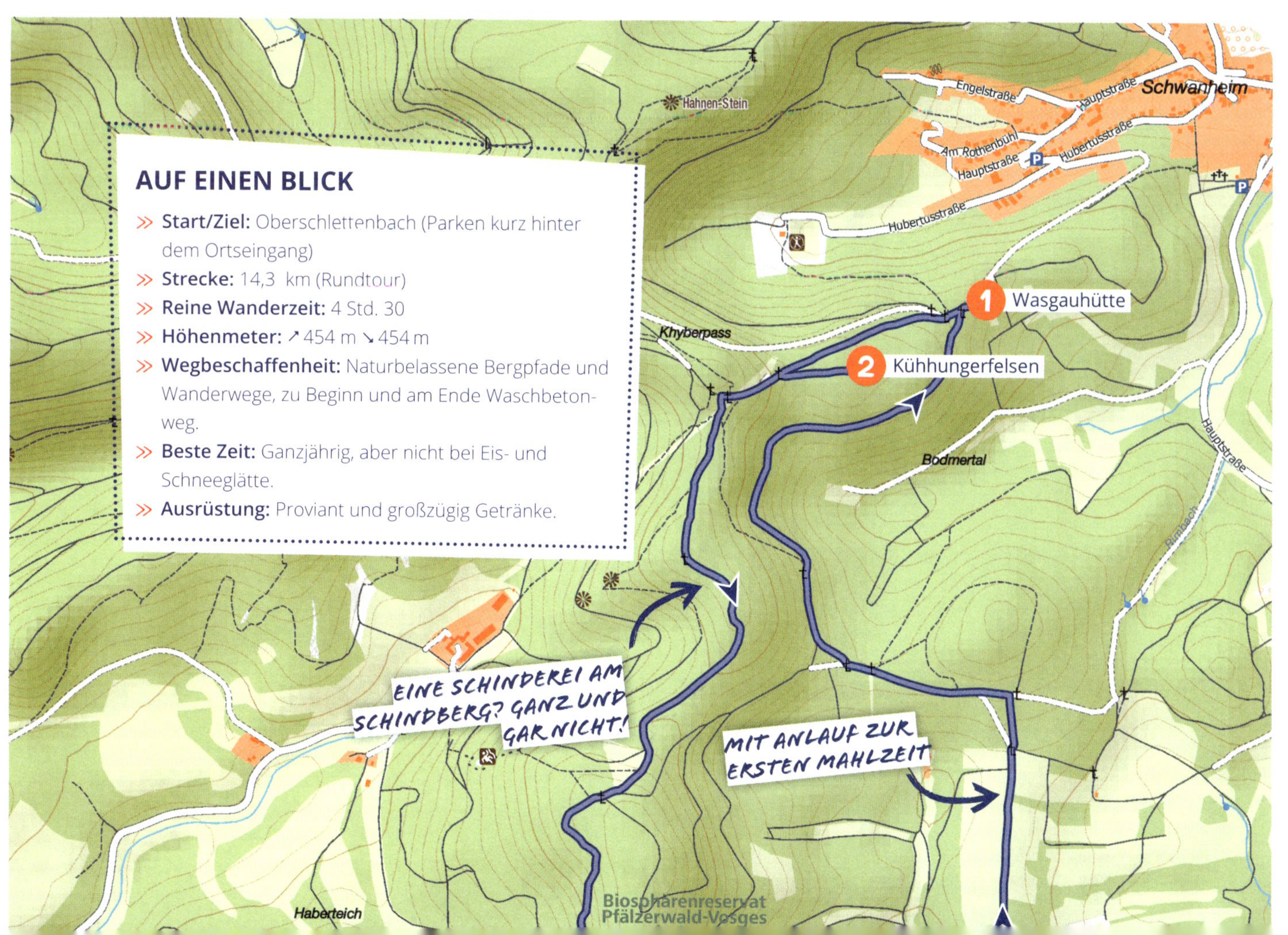

AUF EINEN BLICK

- **Start/Ziel:** Oberschlettenbach (Parken kurz hinter dem Ortseingang)
- **Strecke:** 14,3 km (Rundtour)
- **Reine Wanderzeit:** 4 Std. 30
- **Höhenmeter:** ↗ 454 m ↘ 454 m
- **Wegbeschaffenheit:** Naturbelassene Bergpfade und Wanderwege, zu Beginn und am Ende Waschbeton-weg.
- **Beste Zeit:** Ganzjährig, aber nicht bei Eis- und Schneeglätte.
- **Ausrüstung:** Proviant und großzügig Getränke.

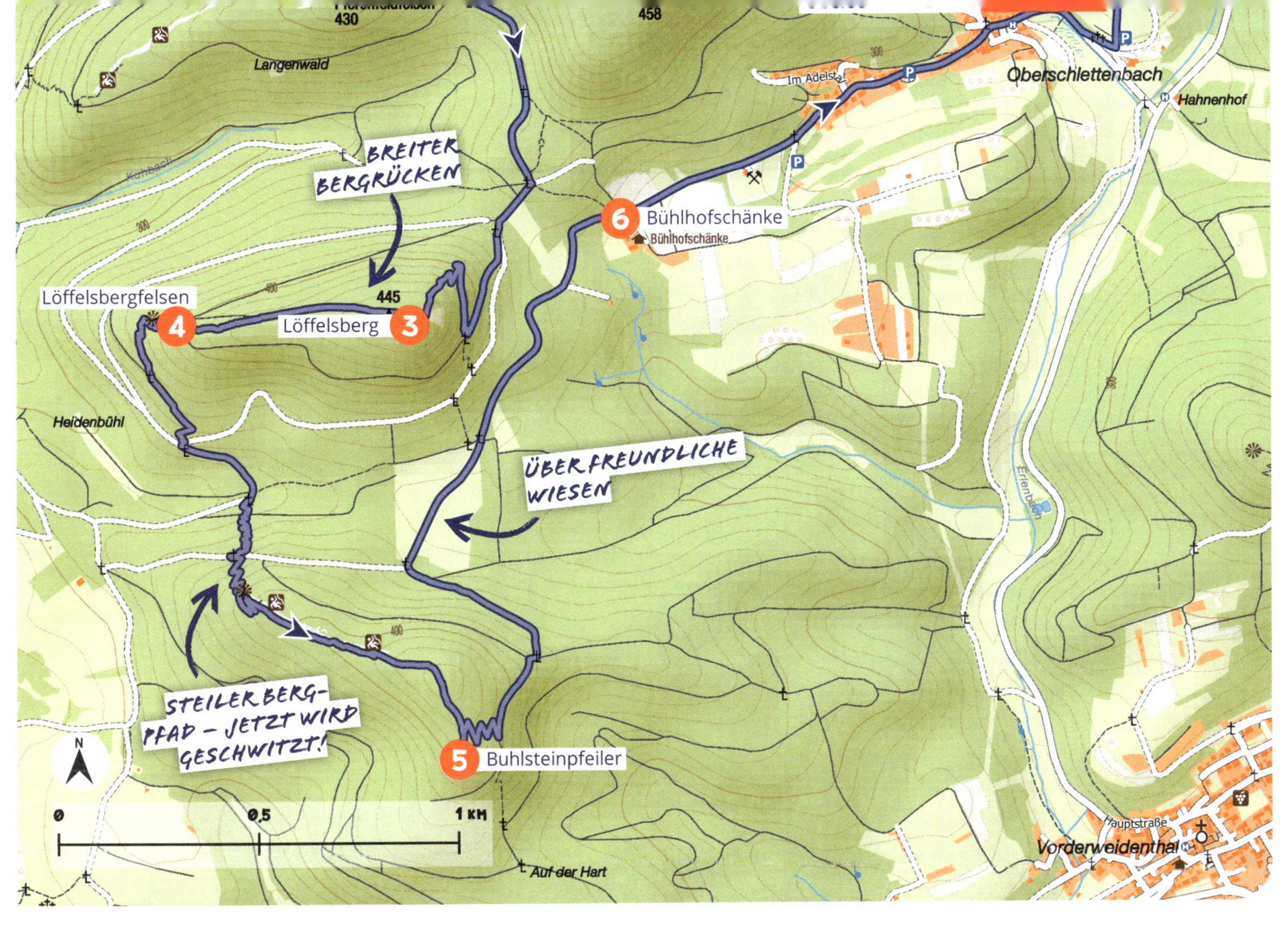

430
458
Langenwald
Oberschlettenbach
Hahnenhof
Im Adelstal
Kohlbach
BREITER BERGRÜCKEN
6 Bühlhofschänke
Bühlhofschänke
300
400
445
Löffelsbergfelsen
4
Löffelsberg
3
Heidenbühl
ÜBER FREUNDLICHE WIESEN
Erlenbach
STEILER BERG-PFAD – JETZT WIRD GESCHWITZT!
5 Buhlsteinpfeiler
N
0
0,5
1 KM
Auf der Hart
Hauptstraße
Vorderweidenthal

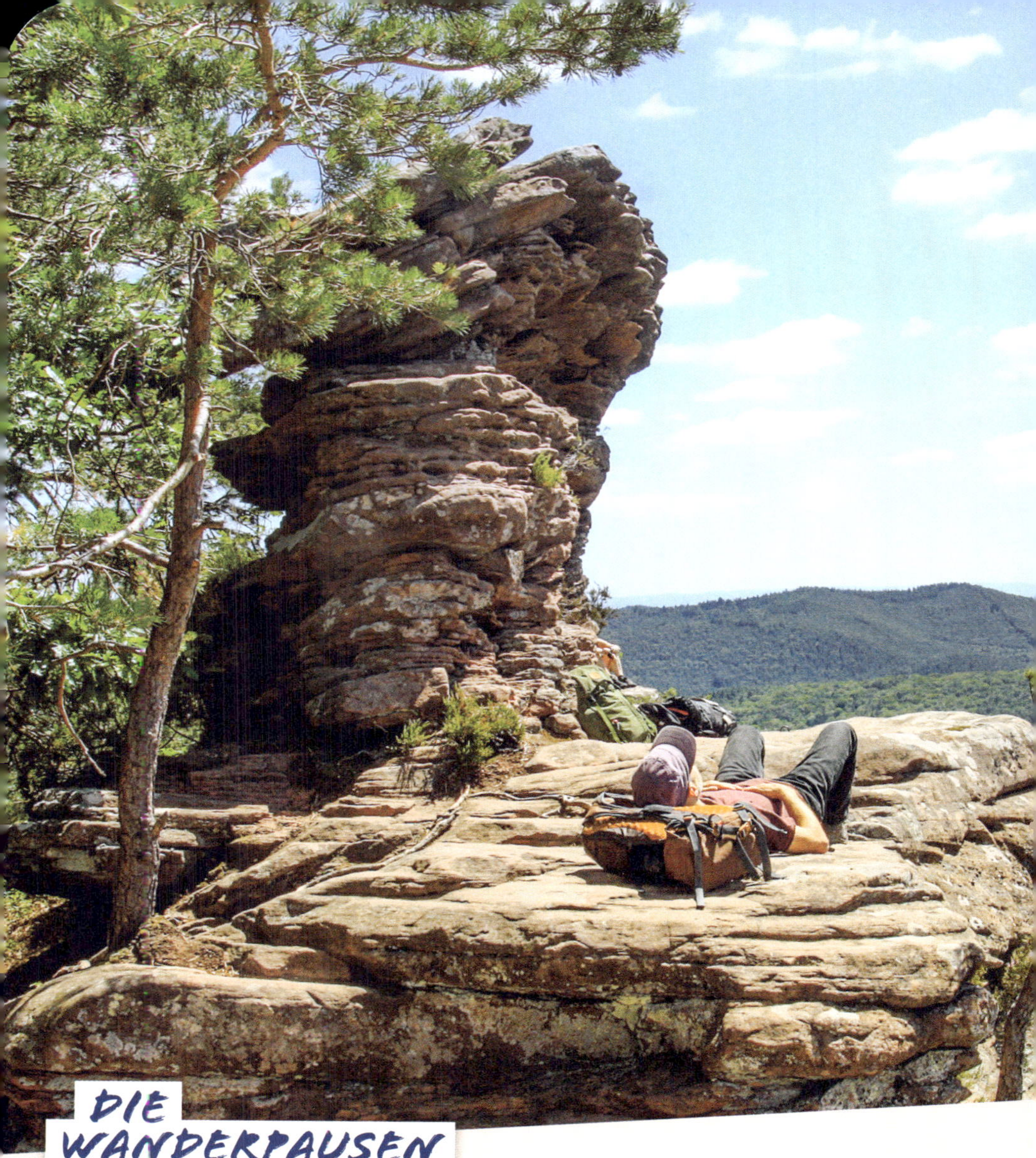

DIE WANDERPAUSEN

»START
Parkplatz am Silzer See

KM 2
1 Schweinsfels
Auf der Himmelsleiter

KM 4
2 Cramerhaus Lindelbrunn
Unter den Linden

KM 5
3 Burgruine Lindelbrunn
360-Grad – mehr Wasgau geht nicht

10

TIEFEN-ENTSPANNT

Über die Burgruine Lindelbrunn zum Rötzenfels

Auf dieser Tour ist alles drin: luftige Felsen mit grandioser Aussicht, eine exponierte Felsenburg mit Rundum-Panorama, ein freundliches Wiesental und ein Bad im See. Und dazwischen natürlich etwas Leckeres in einem traditionsreichen Ausflugslokal.

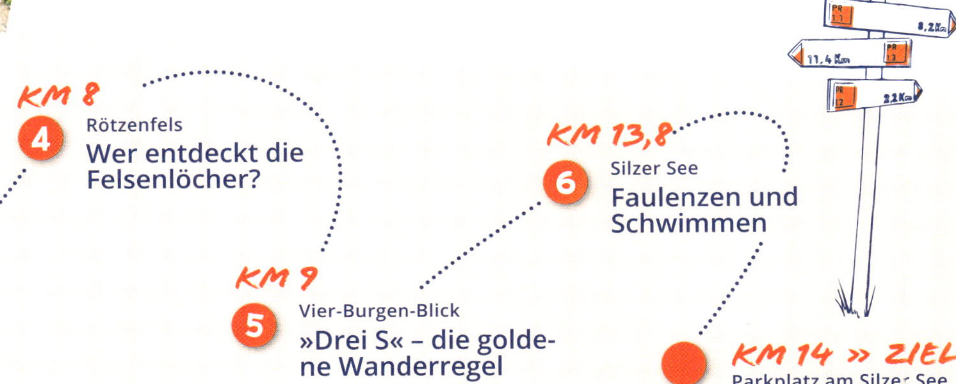

NOCH STEHT DIE SONNE …

… hoch am Himmel, der Buntstein wirft seine Wärme zurück, durch die Zwergkiefern streicht ein mildes Lüftchen. An die schaurigen Abstürze direkt vor der Nase hat man sich etwas gewöhnt – Schutzgeländer gibt es auf dem **Rötzenfels** keine. Langsam beruhigt sich der vom Aufstieg erhöhte Pulsschlag. Tiefenentspannung macht sich breit, wie sie sich nur beim Blick in die Ferne einstellt. Der fällt auf die bis in die Nordvogesen reichenden blaugrünen Hügelketten des Wasgaus und bis zur Höhenlinie des Schwarzwaldes am südöstlichen Horizont. Augenblick verweile doch, du bist so schön!

Lust auf Nervenkitzel zwischendurch? Dann auf einem ausgesetzten Pfad bis zur vordersten Spitze der weit aus dem Rötzenfels ragenden Felsrampe und noch ein paar Meter zum Gipfelkreuz hinaufkraxeln. Vorsichtig zur Aussichtsplattform zurückkehren, um noch einmal den seligen Zustand der Tiefenentspannung herbeizuzaubern.

AUF DEM SONNENGEWÄRMTEN FELSPLATEAU LIEGEN UND IN ALLER RUHE DIE HÜGELKETTEN DES WASGAUS STUDIEREN

Auch wer nicht der Esoterik zuneigt, spürt, dass dieser Rötzenfels ein Kraftplatz ist. Es sei denn, man gehört zu jener bemitleidenswerten Spezies, die schon nach drei schnellen Insta-Schnappschüssen zum nächsten Selfie-Spot weiterhetzt. Solche Plätze werden im Pfälzerwald *nowadays* tatsächlich immer häufiger per Hinweisschild ausgewiesen.

Irgendwann wird man sich dann doch losreißen vom Rötzenfels. Vielleicht, weil man sich am Ende der Wanderung noch ein Bad im **Silzer See** gönnen möchte. Vielleicht auch, weil auf der anderen Seite des Rötzenfelses ein weiterer Aussichtspunkt wartet. Mal schauen, ob dieser **Vier-Burgen-Blick** hält, was sein Name verspricht.

Keine zwei Stunden zuvor hatte man sich nach dem Aufstieg zur **Burgruine Lindelbrunn** an deftiger Kost im **Cramerhaus** gelabt, war mit gutgelaunten Tischnachbarn ins Gespräch gekommen, hatte Lebensweisheiten und Wandertipps ausgetauscht. Hatte von der Himmelsleiter am **Schweinsfels** erzählt, dem ersten Höhepunkt dieser Tour, und von der phänomenalen Rundschau auf der Burgruine Lindelbrunn. «

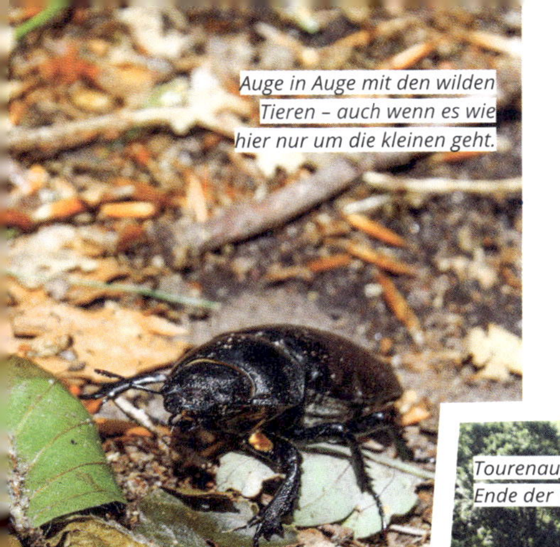

Auge in Auge mit den wilden Tieren – auch wenn es wie hier nur um die kleinen geht.

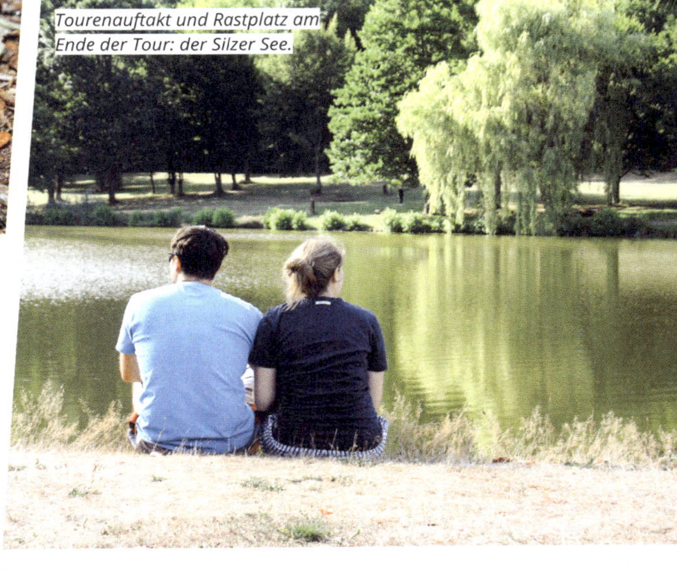

Tourenauftakt und Rastplatz am Ende der Tour: der Silzer See.

Über den Wasgau bis zu den elsässischen Nordvogesen reicht der Blick von der Burgruine Lindelbrunn.

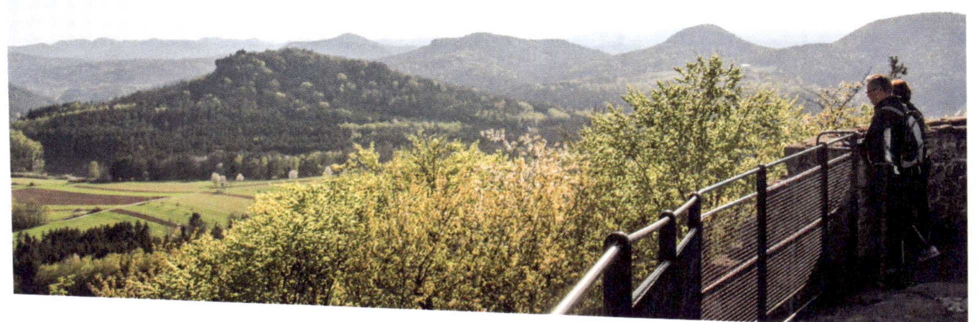

WANDERN & GENIEßEN

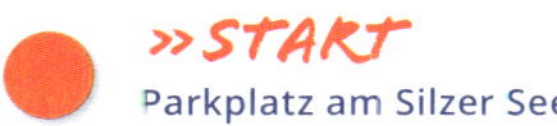

Parkplatz am Silzer See

Auf einer nach Gossersweiler-Stein führenden Kirschbaumallee am südlichen Ufer des Sees entlang. Kurz hinter einer Schranke an einer Weggabelung mit der örtlichen Nummer 26 scharf links hinauf Richtung Schweinsfels. Oben auf dem Bergrücken den Holzschildern folgen.

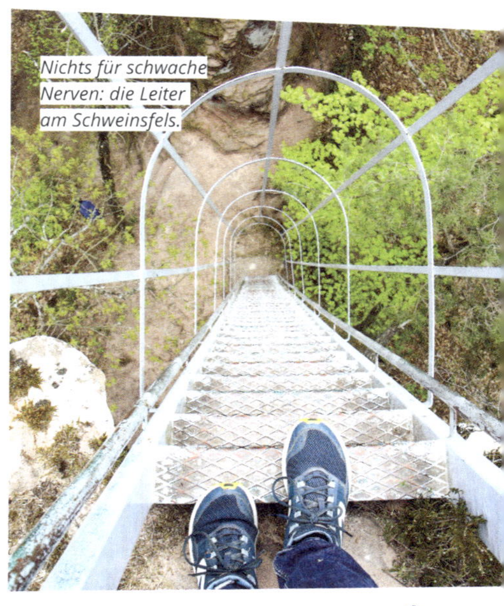

Nichts für schwache Nerven: die Leiter am Schweinsfels.

KM 2

1 Schweinsfels

Auf der Himmelsleiter

Das hätten sich die Sauhirten, die früher am Schweinsfels zu rasten pflegten, nicht träumen lassen: eine Eisenleiter, über die man auf den 24 Meter hohen Felsturm hinaufklettern kann. Nicht jedermanns Sache, diese luftige Himmelsleiter! Wandernde ohne Höhenangst aber können auf der geländergesicherten Aussichtsplattform ein ergiebiges 280-Grad-Panorama genießen. Fünf Burgen lassen sich dort identifizieren: Lindelbrunn, Neu-Scharfeneck, Trifels, Madenburg und Landeck. Dazu kommen die vielen Felsmassive des Trifelslandes, unter denen besonders der Rötzenfels mit seiner mächtigen Rampe beeindruckt.

Weiter mit der Nummer 26 auf einem Kammpfad zum Kellerfels. Schilder weisen nun zum Lindelbrunn.

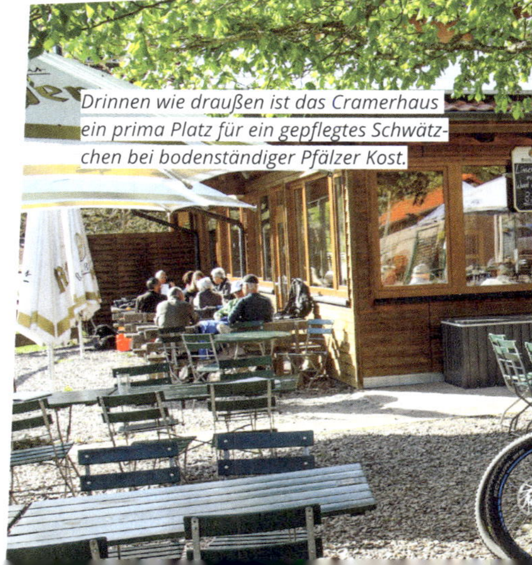

Drinnen wie draußen ist das Cramerhaus ein prima Platz für ein gepflegtes Schwätzchen bei bodenständiger Pfälzer Kost.

Hier stand einst der Palas der Burgruine Lindelbrunn, erbaut aus Sandstein und Holz.

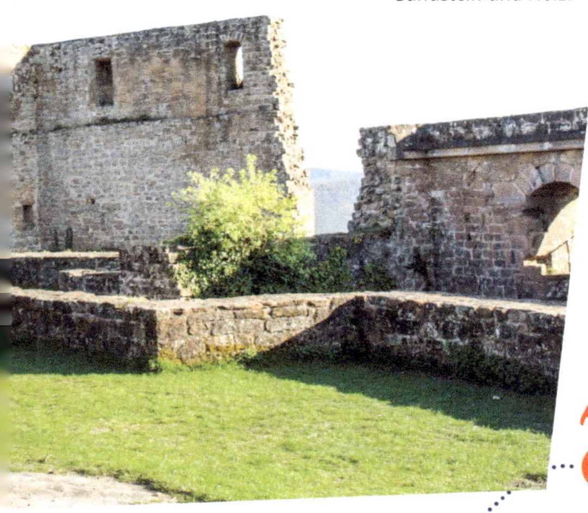

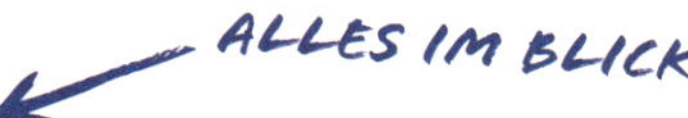

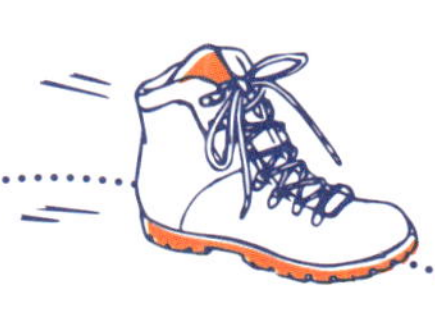

KM 4

2 Cramerhaus Lindelbrunn

Unter den Linden

Zuerst hinauf auf die Burgruine Lindelbrunn und dann schmausen oder umgekehrt? Gar nicht so einfach, sich jetzt noch zu einem Aufstieg durchzuringen, wenn man den einladenden Biergarten des Cramerhauses mit seinen alten Linden erst einmal gesehen hat und den Geruch von Bratwurst und Sauerkraut nicht mehr aus der Nase bekommt. Dank seiner zentralen Lage mitten in der Sagenlandschaft des Wasgaus zieht das nach einem Forstwissenschaftler benannte Ausflugslokal (www.cramerhaus.de, Mittwoch bis Sonntag und an Feiertagen geöffnet) seit langem Wandernde und Gäste, die mit dem Rad oder motorisiert gekommen sind, an. Neben dem Cramerhaus steht ein ehemaliges Forsthaus, vor einem Bauernhaus der Brunnen, welcher der auf einer Anhöhe gelegenen Streusiedlung Lindelbrunn ihren Namen gab.

Weiter zu einem Wanderparkplatz und in zehn Minuten hinauf zur Burgruine.

KM 5

3 Burgruine Lindelbrunn

360-Grad – mehr Wasgau geht nicht

Wer den umfassenden Rundblick über den Wasgau sucht, ist hier richtig. Als hätten die Erbauer der Burg schon im 12. Jahrhundert geahnt, dass sich viele Generationen später die Menschen an spektakulären Fernblicken ergötzen würden, haben sie den Gipfelfelsen eines exponierten Kegelberges als Standort ausgewählt. Kein Nachbargipfel schränkt hier die Sicht ein. So kann man im Detail fast den gesamten Wasgau überblicken – vielleicht findet sich ein Ortskenner, der einem die wichtigsten Punkte erklärt. Doch auch die Burg selbst hat ihren Reiz. Selbst Burgen-Neulinge werden leicht den Kamin, den Aborterker, Reste der Heizungsanlage und die Fundamente der ehemaligen Nikolaus-Kapelle ausmachen. Prunkstück ist die teilrestaurierte zweistöckige Mauer des Palas.

Hinunter zum Wanderparkplatz und mit der Markierung Blauer Balken Richtung Völkersweiler. Nach 2 km an einer Schutzhütte mit dem Logo des Dimbacher Buntsandstein Höhenweges nach rechts.

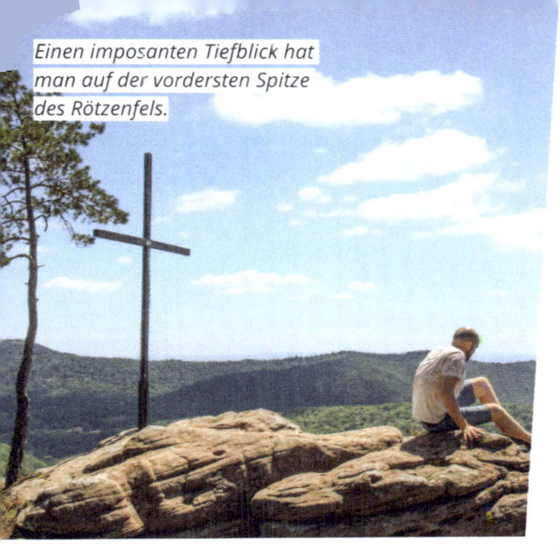

Einen imposanten Tiefblick hat man auf der vordersten Spitze des Rötzenfels.

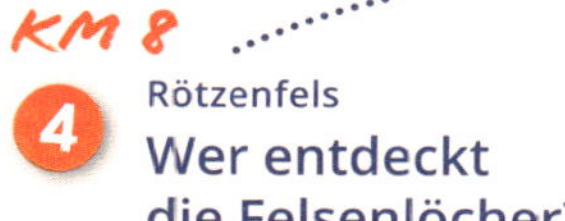

Rötzenfels

Wer entdeckt die Felsenlöcher?

Auf dem Schweinsfels wie auf der Burgruine Lindelbrunn zieht dieses kolossale Felsenschiff die Aufmerksamkeit auf sich. Ein Ziel natürlich für Kletterer, die an der 45 Meter hohen Südwand und am Ostpfeiler herausfordernde Routen finden. Wandernde haben es da leichter, denn aus drei Himmelsrichtungen führen gut ausgeschilderte Pfade auf das Felsplateau. Alle, die einmal auf dem Rötzenfels waren, sind sich einig: Dies ist einer der magischsten Plätze des Pfälzerwaldes. Ein Tipp für alle, die originelle Fotomotive suchen: Irgendwo dort oben lassen sich einige interessante Felsenlöcher entdecken – mehr sei nicht verraten.

Auf dem Dimbacher Buntsandstein Höhenweg in wenigen Minuten zum Gipfel des Rötzenberges und beschildert rechts hinab zum Vier-Burgen-Blick.

KM 9

5

Vier-Burgen-Blick

»Drei S« – die goldene Wanderregel

Am Osthang des Rötzenberges liegt der letzte Aussichtspunkt dieser Wanderung, der Vier-Burgen-Blick. Mit den formschönen Kegelbergen des Trifelslandes vor Augen mag einem die goldene Wanderregel der »drei S« in den Sinn kommen: sitzen, schweigen, staunen. Oder war das sitzen, schwätzen, staunen? Vielleicht doch schwätzen, um im Gespräch die vier Burgen zu klären. Kleiner Hinweis: Es handelt sich um Trifels, Ramburg, Madenburg und Neu-Scharfeneck. Jetzt nur noch richtig zuordnen! Das Dorf unten übrigens ist Gossersweiler-Stein, korrekt ausgesprochen als »Gooousch«, mit spitzem Maul und weit vorgestrecktem Kinn – nur so bekommt man den richtigen Sound hin.

Weiter auf Pfad rechtshaltend bergab, auf dem zweiten Forstweg nach links, an einer Weggabelung rechts und nach 400 m noch einmal rechts zum Ortsrand von Gossersweiler. Dort gleich scharf rechts in die Straße »Im Frontal« und auf einem Feldweg immer talabwärts bis kurz vor den Silzer See. Dort links über ein Holzbrückchen zum Nordufer.

Vom Vier-Burgen-Blick ist auch im Dunst der Trifels zu erkennen.

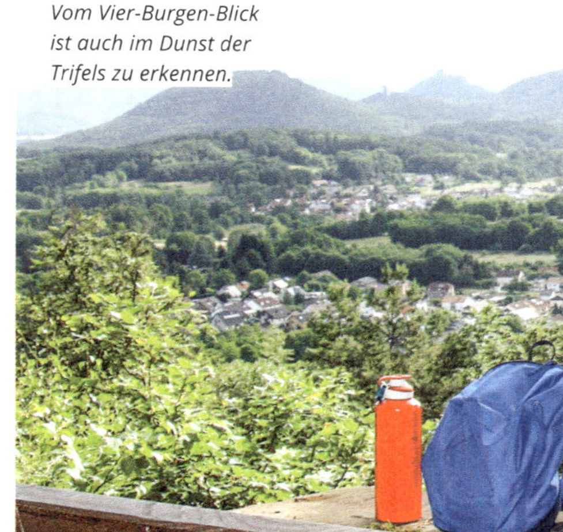

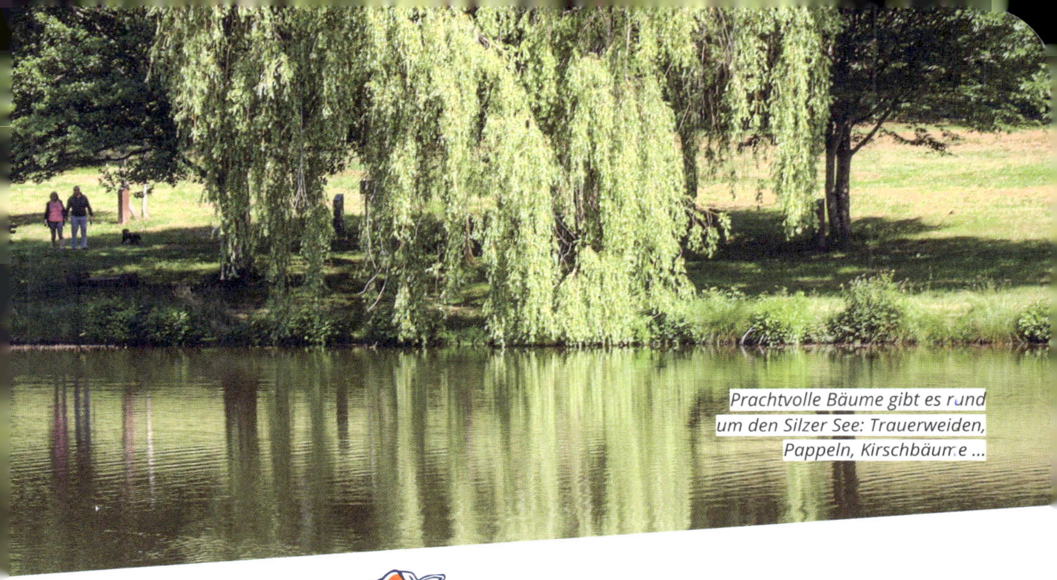

Prachtvolle Bäume gibt es rund um den Silzer See: Trauerweiden, Pappeln, Kirschbäume …

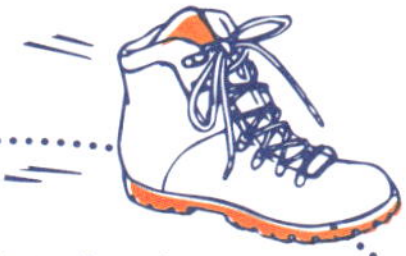

KM 13,8

6 Silzer See

Faulenzen und Schwimmen

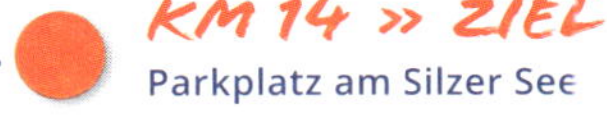

Erst 1982 wurde dieser See am Ortsrand von Silz aufgestaut. Damit ist er eines der jüngsten pfälzischen Gewässer. Gespeist wird er vom Klingbach, der unweit der Burgruine Lindelbrunn seinen Ursprung hat. Der obere Teil des etwa 300 Meter langen Sees mit seinem schilfbewachsenen Ufer gehört den Anglern, im unteren tummeln sich auf Liegewiesen Badefreunde und Sonnenanbeter. Vorm Baden wird auf Schildern gewarnt – wegen »geringer Sichttiefe«. Darum schert sich allerdings niemand. Trubelig wird es am Silzer See auch im Hochsommer nicht. Ein idealer Platz also, um sich am Ende der Tour beim Faulenzen und Schwimmen noch einmal eine ordentliche Portion Entspannung abzuholen.

Über den Weiherdamm kommt man direkt zum Ausgangspunkt.

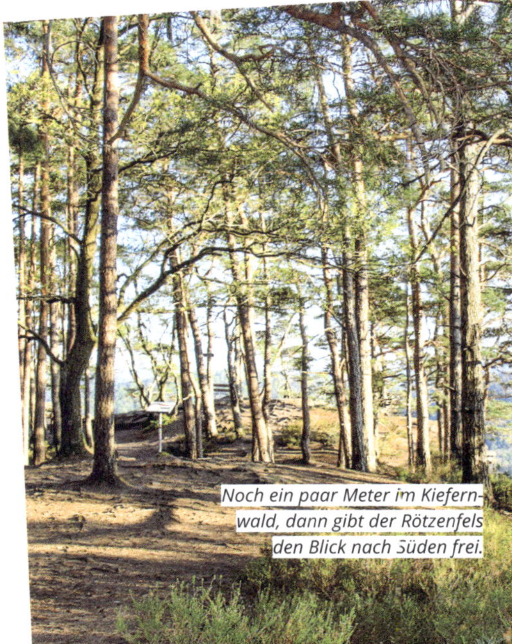

Noch ein paar Meter im Kiefernwald, dann gibt der Rötzenfels den Blick nach Süden frei.

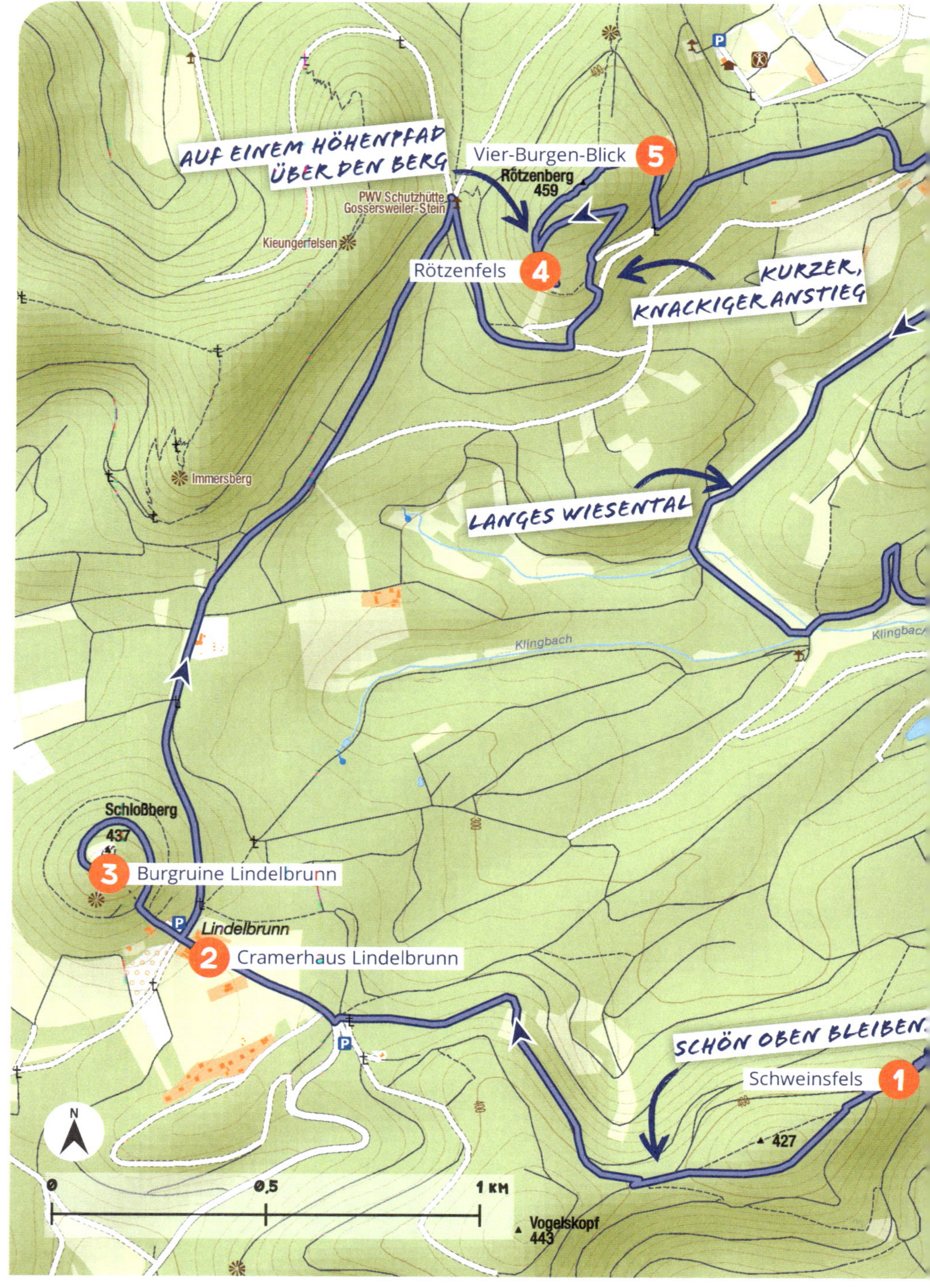

AUF EINEM HÖHENPFAD ÜBER DEN BERG
Vier-Burgen-Blick
5
Rötzenberg
459
PWV Schutzhütte Gossersweiler-Stein
Kieungerfelsen
Rötzenfels
4
KURZER, KNACKIGER ANSTIEG
Immersberg
LANGES WIESENTAL
Klingbach
Klingbach
300
Schloßberg
437
3
Burgruine Lindelbrunn
Lindelbrunn
2
Cramerhaus Lindelbrunn
SCHÖN OBEN BLEIBEN!
Schweinsfels
1
400
427
0
0,5
1 KM
Vogelskopf
443
N

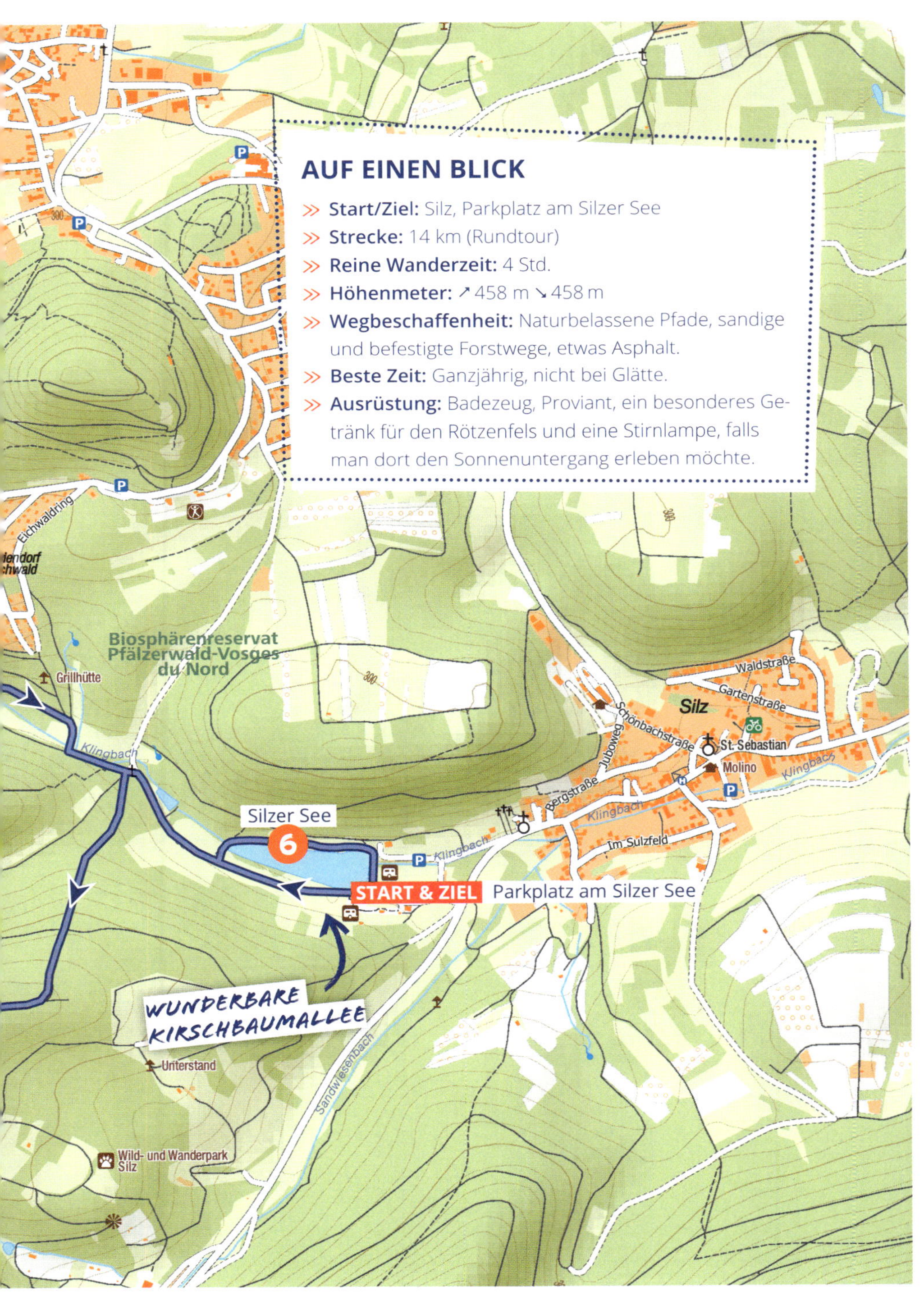

AUF EINEN BLICK

- **Start/Ziel:** Silz, Parkplatz am Silzer See
- **Strecke:** 14 km (Rundtour)
- **Reine Wanderzeit:** 4 Std.
- **Höhenmeter:** ↗ 458 m ↘ 458 m
- **Wegbeschaffenheit:** Naturbelassene Pfade, sandige und befestigte Forstwege, etwas Asphalt.
- **Beste Zeit:** Ganzjährig, nicht bei Glätte.
- **Ausrüstung:** Badezeug, Proviant, ein besonderes Getränk für den Rötzenfels und eine Stirnlampe, falls man dort den Sonnenuntergang erleben möchte.

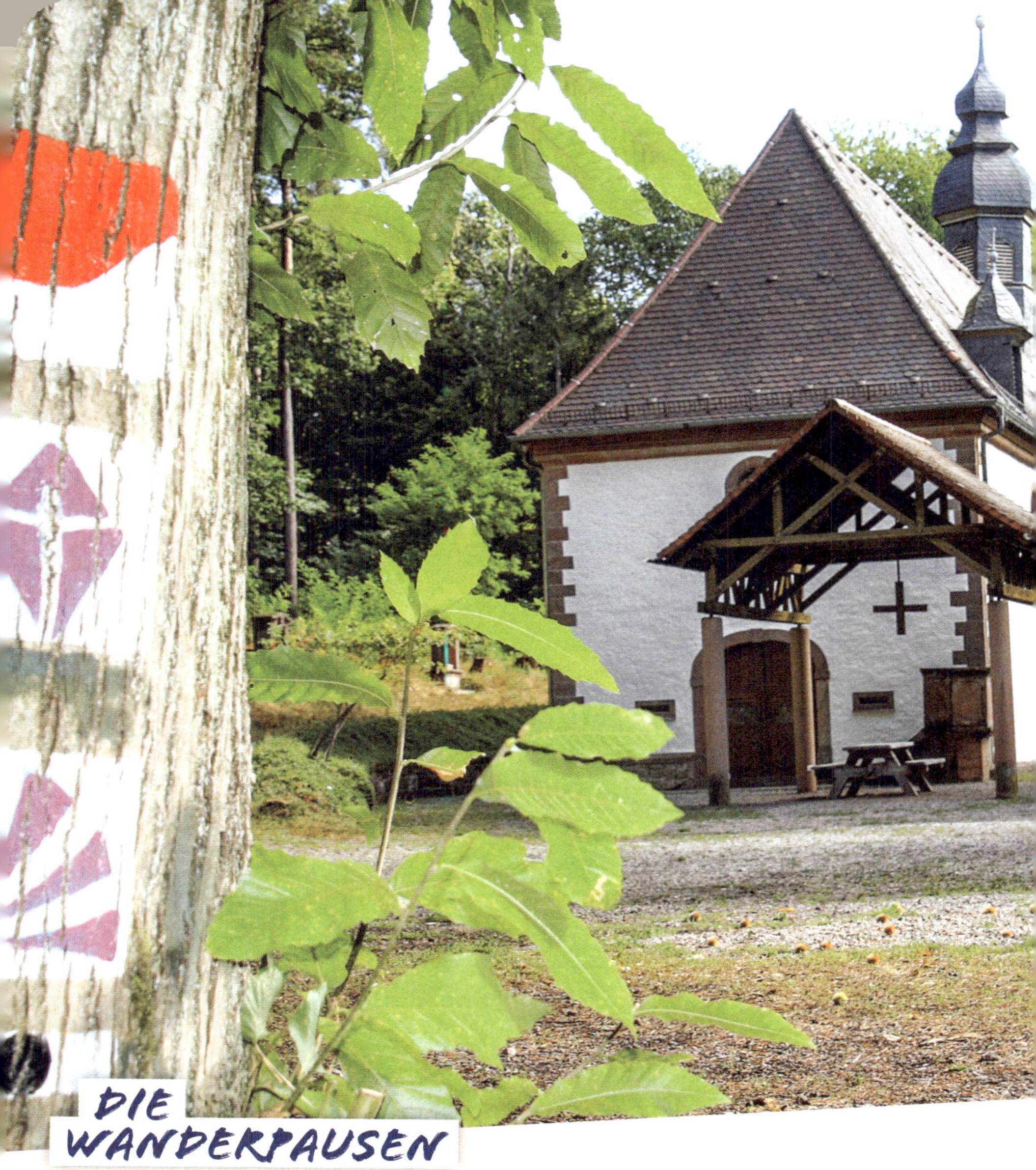

DIE WANDERPAUSEN

»START
Bad Bergzabern, Wanderparkplatz Kneippstraße

KM 4
1 Wegspinne Neues Bild
Sterntalermädchen

KM 4,5
2 Stäffelsbergturm
Sich schwindelig wendeln

KM 7
3 Kolmerkapelle
Weg mit den Sünden!

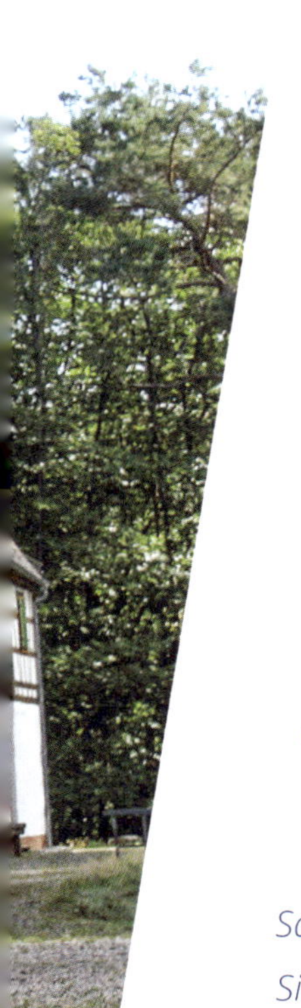

11 ZURÜCK IN DIE KINDHEIT

Von Bad Bergzabern auf den Stäffelsberg

Sanfter Aufstieg zu einen Aussichtsturm und vorbei an – im wahrsten Sinne des Wortes – märchenhaften Wegstationen und einer Wallfahrtskapelle zu einem der schönsten Dörfer der Pfalz. Und zum Abschluss: ein gemütlicher Altstadtbummel.

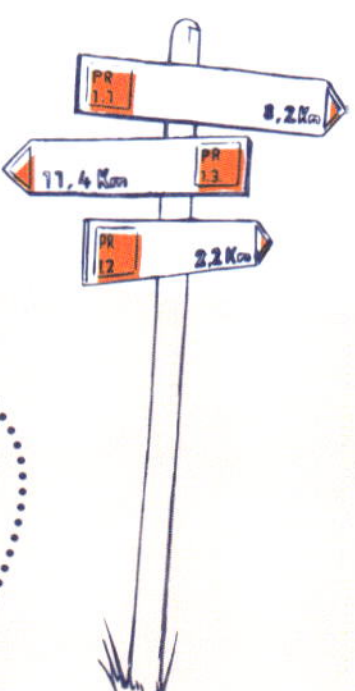

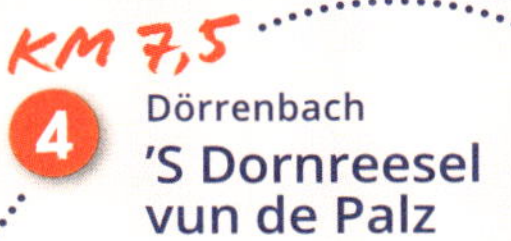

KM 7,5
4 Dörrenbach
'S Dornreesel vun de Palz

KM 11,5
5 Bad Bergzabern
Ein ganz relaxter Ausklang

KM 12,9 » ZIEL
Bad Bergzabern, Wanderparkplatz Kneippstraße

EINE ZEITREISE …

… in die eigene Kindheit, das ist diese Wanderung über den Stäffelsberg. Im Kastanien- und Kiefernwald rings um den Gipfel begegnet man Figuren aus alten Volksmärchen, gestaltet von Künstlern aus der Region. Längst vergangene Erinnerungen an Vorlesestunden und erste Leseversuche werden wach. Wie viel man doch vergessen hat! Warum eigentlich regnete es Sterne in den Schoß des Sterntalermädchens? Womit wollte die böse Stiefmutter Schneewittchen vergiften? Warum sollte Rapunzel ihr Haar herunterlassen? Antworten geben die liebevoll gestalteten Bildtafeln der Märchenstationen.

Was aber haben die Märchen mit dieser Gegend zu tun? Dörrenbach, das wegen seiner abgeschiedenen Lage als »Dornröschen der Pfalz« bezeichnete Dörfchen am Fuß des Stäffelsberges, hat in den Volksmärchen sein naheliegendes touristisches Thema gefunden.

WENN SICH AUF DEM WEG ZUR KOLMERKAPELLE DER DUFT VON KASTANIEN MIT DEM GERUCH VON WILDSCHWEINEN VERBINDET

Also hat man zwei Themenwege angelegt, den Gebrüder-Grimm-Märchenweg und den Dornröschen-Rundwanderweg. Beide bilden auch das Gerüst dieser Wanderung. Für echte Märchenkenner und -kennerinnen unter den Wandernden sind – sofern sie nicht Kinder oder Enkel dabei haben – die Märchenstationen Beigabe. Da ist man vor allem gespannt auf die Aussicht vom **Stäffelsbergturm,** der als einer der großen Fernblickplätze der Pfalz gilt. Da zieht man auch mal die historische Brille auf, inspiziert die Überbleibsel von Schützengräben und Schanzen – der Stäffelsberg und sein Nachbargipfel Hohe Derst waren im Zweiten Weltkrieg hart umkämpft – und schaut sich die **Kolmerkapelle** mit ihrem Kreuzweg genauer an. Da staunt man in **Dörrenbach** darüber, wie die Zeit anscheinend stehen bleiben kann. Und da folgt man zum Abschluss noch dem Ruf des Kurstädtchens **Bad Bergzabern** mit seiner hübschen Altstadt, dem Stadtschloss und den verlockenden Cafés, Restaurants und Weinstuben. So wird aus einer nicht sehr langen Wanderung unversehens eine tagesfüllende Unternehmung. Ach ja, im Herbst kommt noch das obligatorische Kastaniensammeln hinzu. «

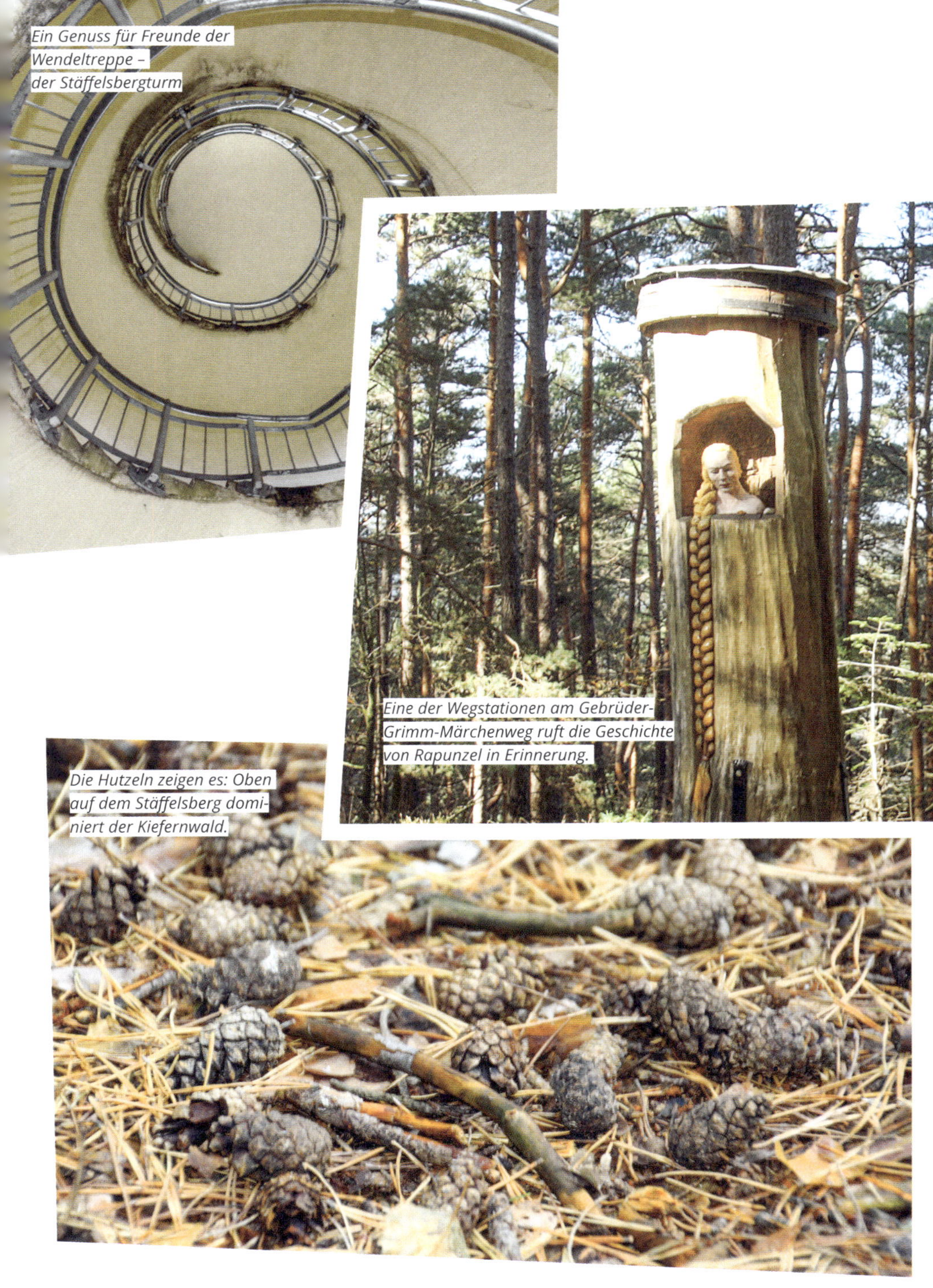

Ein Genuss für Freunde der Wendeltreppe – der Stäffelsbergturm

Eine der Wegstationen am Gebrüder-Grimm-Märchenweg ruft die Geschichte von Rapunzel in Erinnerung.

Die Hutzeln zeigen es: Oben auf dem Stäffelsberg dominiert der Kiefernwald.

WANDERN & GENIESSEN

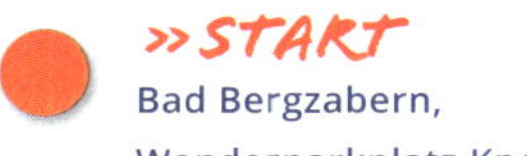

Bad Bergzabern, Wanderparkplatz Kneippstraße

Mit der Markierung Weißes Dreieck Richtung Stäffelsbergturm.

KM 4

1 Wegspinne Neues Bild

Sterntalermädchen

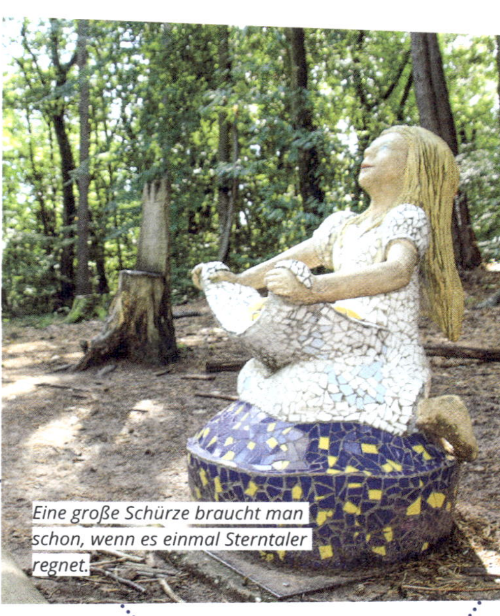

Eine große Schürze braucht man schon, wenn es einmal Sterntaler regnet.

Nicht weniger als acht Wege kreuzen sich an der Wegspinne Neues Bild auf einer Passhöhe am Stäffelsberg. Eine aus heimischem Buntsandstein gefertigte Bildstocksäule symbolisiert die Bedeutung dieses uralten Verkehrsknotenpunktes. Wo früher Waldarbeiter, Jäger, Bauern und Handwerker eine Rast einlegten, treffen sich heute Wandernde, Familien und Schulklassen, die auf den Dörrenbacher Märchen-Themenwegen unterwegs sind. Auch Menschen auf Trekkingtour mit schweren Rucksäcken sieht man öfter hier, sie haben sich einen der Prädikats-Fernwanderwege, Kapellen-Pilgerweg oder Pfälzer Weinsteig, vorgeknöpft. An Neues Bild liegt die erste Märchenstation dieser Wanderung, gewidmet dem Sterntalermädchen. Hänsel und Gretel, Tischlein-deck-dich, Rapunzel und Schneewittchen werden folgen.

Beschildert, mit einem kurzen Anstieg zum Stäffelsbergturm.

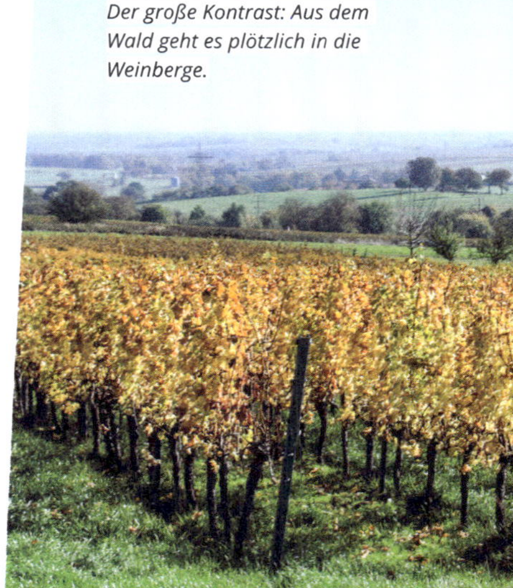

Der große Kontrast: Aus dem Wald geht es plötzlich in die Weinberge.

KM 4,5

2 Stäffelsbergturm
Sich schwindelig wendeln

Schweißtreibend, dieser Wendeltreppen-Aufstieg auf den 481 Meter hoch gelegenen Stäffelsbergturm mit seinen 120 Stufen! Früher ein charmefreies Beton-Ungetüm, wirkt der 1964 erbaute Turm heute mit seinem gelben Anstrich durchaus freundlich, sogar einige Röschen-Ornamente hat man außen angebracht. Die Aussicht übertrifft alle Erwartungen. Als fast schon normal kann der Blick von den Nordvogesen über den Pfälzerwald bis in die Kalmit-Region gelten. Dass man aber im Winter über die Rheinebene auf die Skipisten an der Schwarzwald-Hochstraße schauen und an besonders klaren Tagen sogar das Straßburger Münster sehen kann, ist außergewöhnlich.

Den Schildern Richtung Ruine Guttenberg folgen. An der Märchenstation »Rapunzel« vorbei und an der nächsten Kreuzung scharf links zur Wegspinne Altes Bild. Linkshaltend hinauf zur bereits bekannten Wegspinne Neues Bild und beschildert zur Kolmerkapelle.

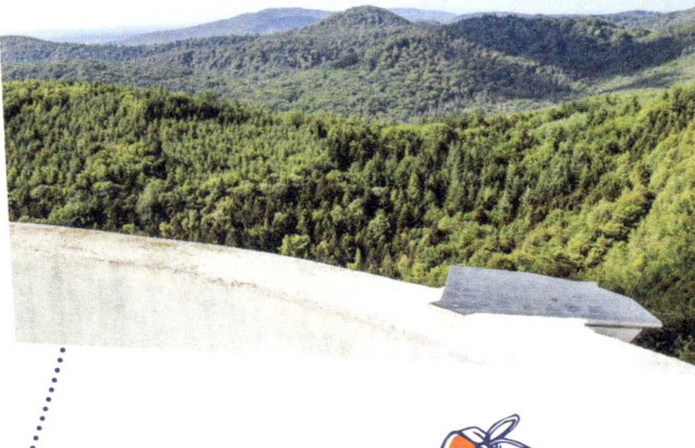

Vom Stäffelsbergturm blickt man südwärts in den Mundatwald.

KM 7

3 Kolmerkapelle
Weg mit den Sünden!

Etwa 100 Meter über Dörrenbach liegt mitten im Kastanienwald die Kolmerkapelle. Um genau zu sein: die Kapelle »Unsere Liebe Frau vom Kolmerberg«. In ihrer über 500-jährigen Geschichte war sie nicht nur Wallfahrtskapelle, sondern auch Eremitenklause. Von Dörrenbach führt ein Kreuzweg herauf, auf dem Weg hinab in das stille Dörfchen kann man sich also bequem seiner Sünden entledigen. Vielleicht! Denn ob das auch funktioniert, wenn man einen Kreuzweg nur bergab geht, ist noch nicht ausgemacht. Ein Versuch wird nicht schaden.

Beschildert hinunter nach Dörrenbach.

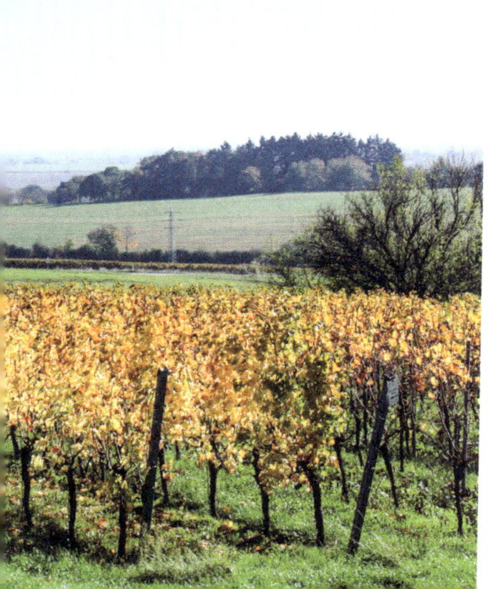

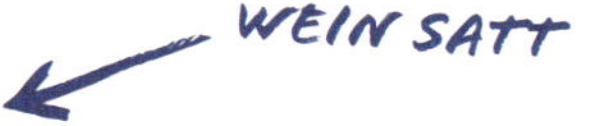

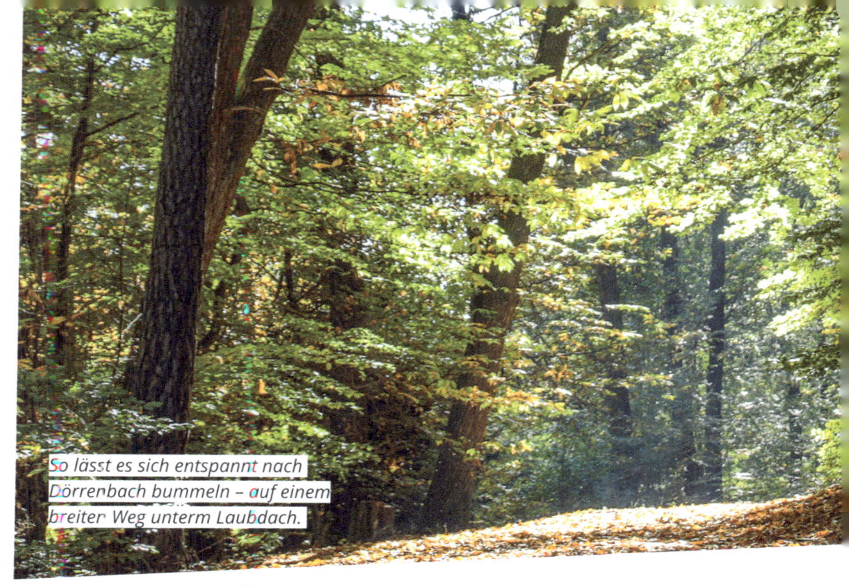
So lässt es sich entspannt nach Dörrenbach bummeln – auf einem breiten Weg unterm Laubdach.

KM 7,5

4 Dörrenbach

'S Dornreesel vun de Palz

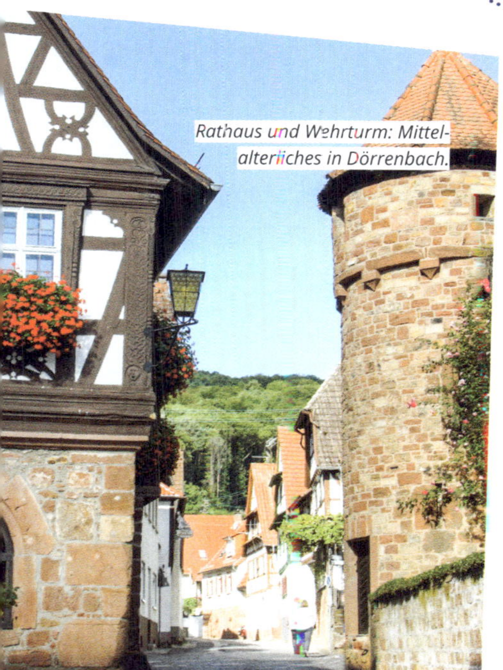
Rathaus und Wehrturm: Mittelalterliches in Dörrenbach.

Keine Angst vor dem Pfälzer Dialekt – der lässt sich erlernen, zumindest wenn es ums Verstehen geht. Indem man zum Beispiel im Netz der Netze statt »Dörrenbach« den Suchbegriff »Derrebach« eingibt und dann Folgendes erfährt: »Derrebach is e glennes Dorf in Näh vun Bärschzawere un iwwa dausend Joa ald … 'S liechd imme Dal, wod nimmie weiderfahre kannschd … Man saachd aach es wär 's Dornreesel vun de Palz.« Gut eingestimmt? Dann auf zu einem Bummel durch den malerischen Ortskern mit seinen blumengeschmückten Fachwerkhäusern, dem Renaissance-Rathaus und der mittelalterlichen Wehrkirche. Anschließend gibt es Pfälzer oder Elsässer Küche in der Weinstube Unter der Linde, deren Ambiente alles hält, was der Name verspricht (www.weinstubeunterderlinde.de, Mittwoch bis Sonntag geöffnet).

Von der Hauptstraße in die Wiesenstraße abzweigen und mit der Markierung Gelber Balken dem Weg nach Bad Bergzabern folgen. Vom Kurpark rechtshaltend zur Altstadt.

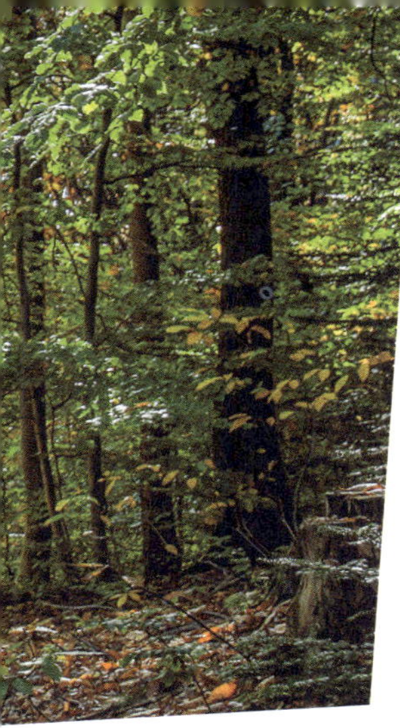

EXTRA INFOS:

Picknickplätze gibt es unterwegs am Stäffelsbergturm, an der Rapunzel-Märchenstation, der Wegspinne Altes Bild und der Kolmerkapelle.

Ganz exquisit übernachten kann man in der ehemaligen ● **Eremitenwohnung der Kolmerkapelle** – es gibt nur ein Doppelzimmer und ein Einzelzimmer. Nachts könnte es aber eventuell laut werden, denn nebenan liegt noch ein Gemeinschafts-Schlafraum mit 18 Betten (Info unter Tel. 063 43 82 67).

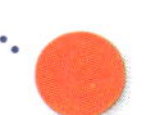

KM 11,5

5 **Bad Bergzabern**

Ein ganz relaxter Ausklang

Kontrastprogramm: ein abschließender Streifzug durch Bad Bergzabern. Wahrzeichen des Kurstädtchens ist das im spätgotischen Stil erbaute Schloss. Ausnehmend freundlich und lebensfroh wirkt dieses Gebäude, mit seiner in Bayrisch-gelb gehaltenen Fassade und den dunkelgrünen Fensterläden. Zum Einkehren findet sich in der Nähe leicht etwas: Direkt neben dem Schloss liegt Beck's Brasserie im Schlosshotel (www.becks-brasserie.de, täglich geöffnet), schräg gegenüber die urige Weinstube Zur Reblaus (www.zurreblaus-gander-bza.de, Montag bis Freitag geöffnet). Wer aus dieser Wanderung einen ganzen Relax-Tag machen möchte, besucht auf dem Weg zum Wanderparkplatz noch die Südpfalz-Therme, entspannt Muskeln und Geist im Thermalbecken, der Sauna und der Salzgrotte (www.suedpfalz-therme.de).

Zurück zum Kurpark und geradeaus zum Wanderparkplatz.

KM 12,9 » ZIEL

Bad Bergzabern, Wanderparkplatz Kneippstraße

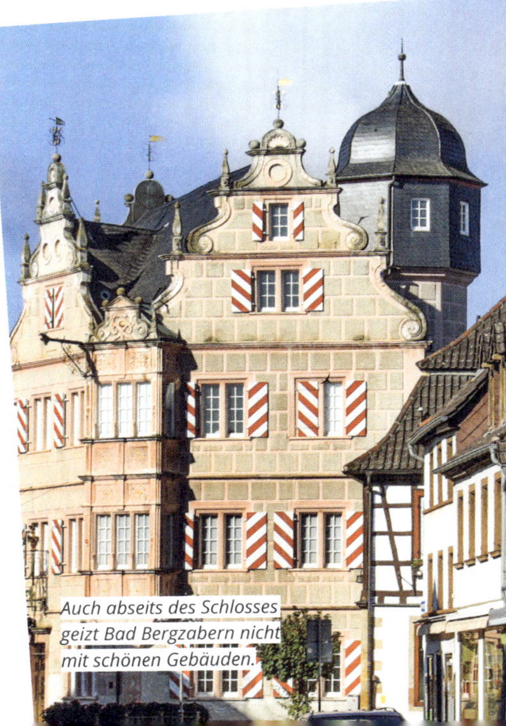

Auch abseits des Schlosses geizt Bad Bergzabern nicht mit schönen Gebäuden.

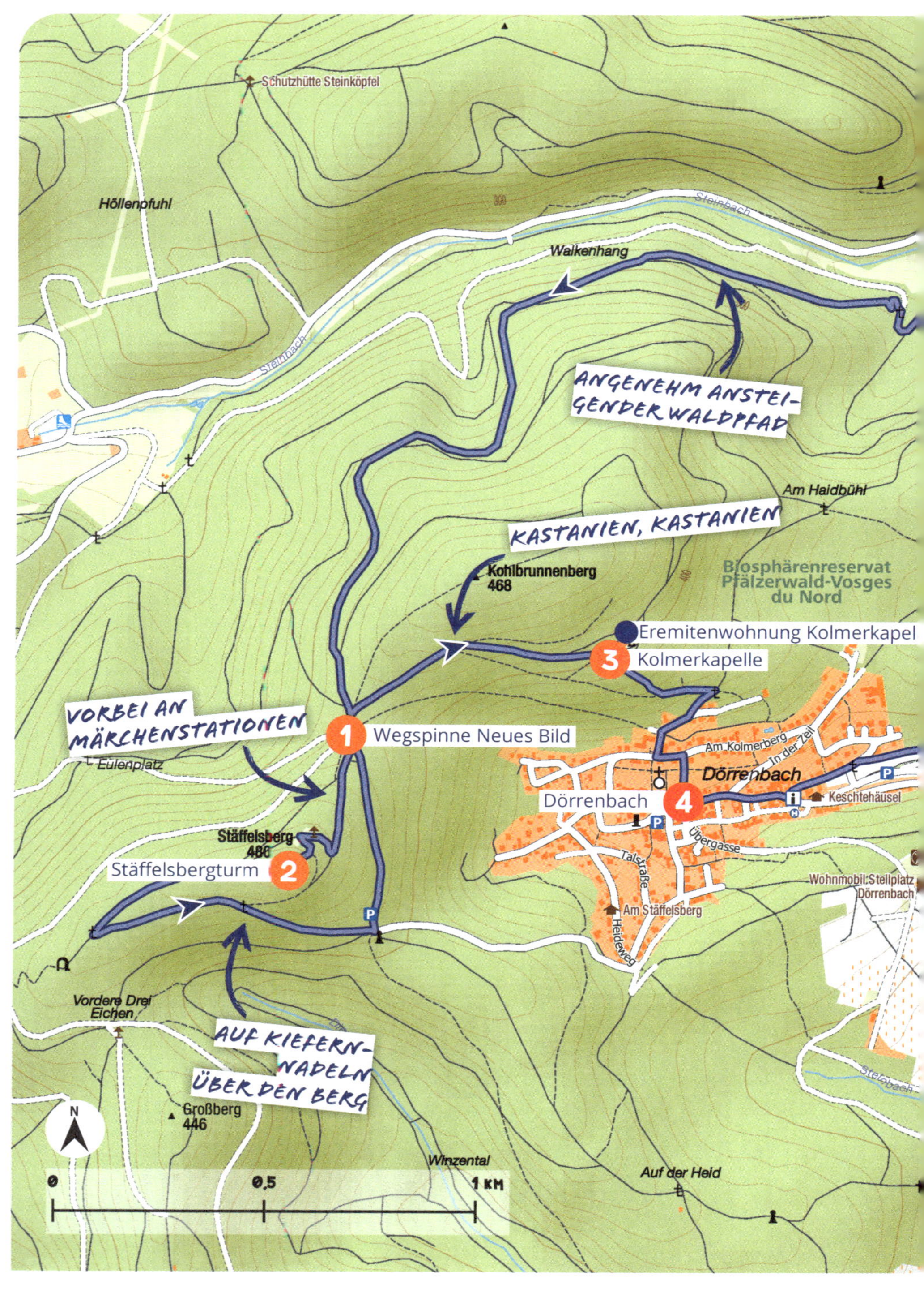

Schutzhütte Steinköpfel
Höllenpfuhl
Steinbach
Walkenhang
ANGENEHM ANSTEIGENDER WALDPFAD
Am Haidbühl
KASTANIEN, KASTANIEN
Kohlbrunnenberg
468
Biosphärenreservat Pfälzerwald-Vosges du Nord
Eremitenwohnung Kolmerkapel
3 Kolmerkapelle
VORBEI AN MÄRCHENSTATIONEN
1 Wegspinne Neues Bild
Eulenplatz
Am Kolmerberg
In der Zeil
Dörrenbach
Dörrenbach
4
Keschtehäusel
Stäffelsberg
486
2 Stäffelsbergturm
Übergasse
Talstraße
Wohnmobil-Stellplatz Dörrenbach
Am Stäffelsberg
Heideweg
Vordere Drei Eichen
AUF KIEFERNNADELN ÜBER DEN BERG
Großberg
446
Winzental
Auf der Heid
0
0,5
1 KM

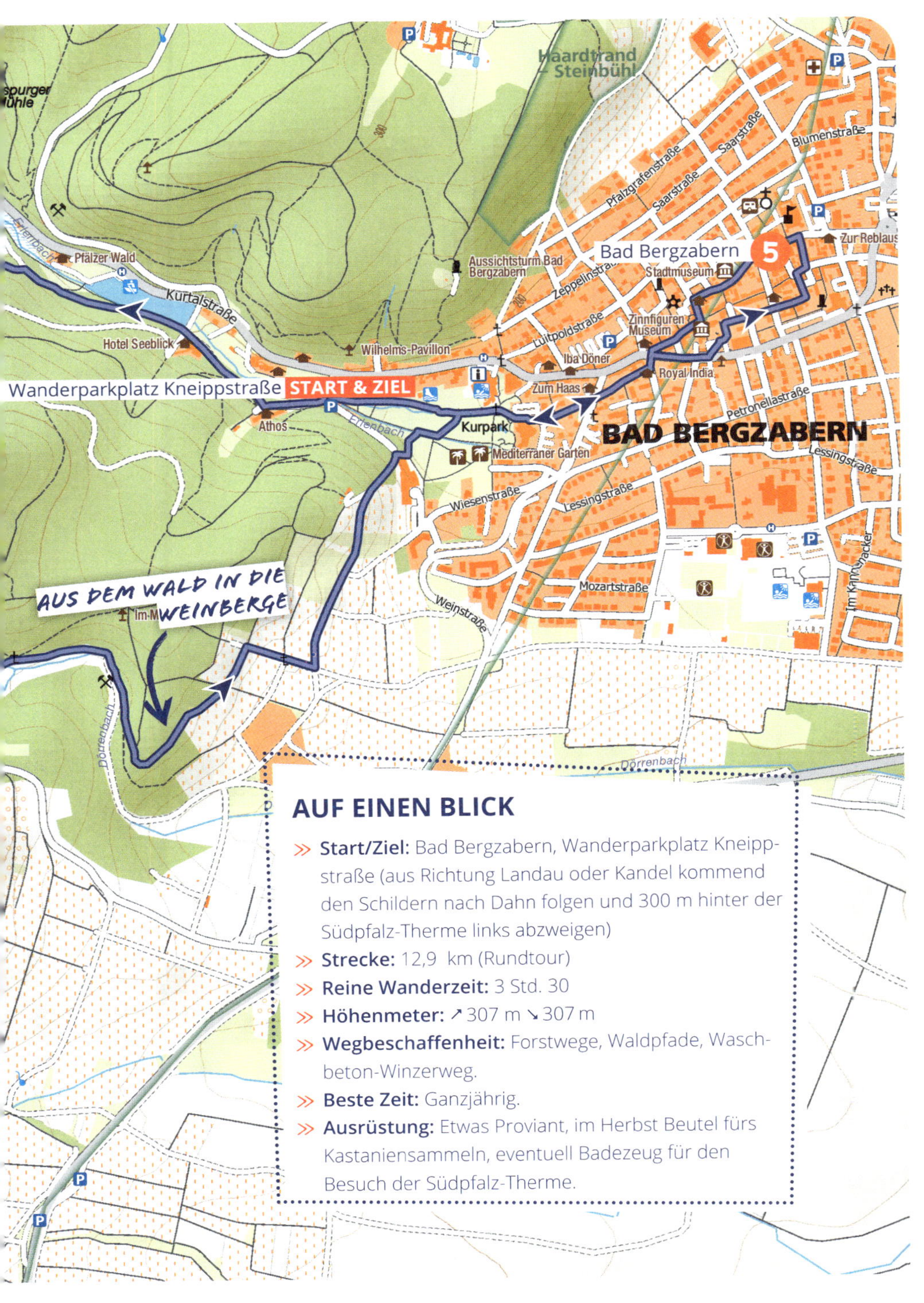

AUF EINEN BLICK

- **Start/Ziel:** Bad Bergzabern, Wanderparkplatz Kneippstraße (aus Richtung Landau oder Kandel kommend den Schildern nach Dahn folgen und 300 m hinter der Südpfalz-Therme links abzweigen)
- **Strecke:** 12,9 km (Rundtour)
- **Reine Wanderzeit:** 3 Std. 30
- **Höhenmeter:** ↗ 307 m ↘ 307 m
- **Wegbeschaffenheit:** Forstwege, Waldpfade, Waschbeton-Winzerweg.
- **Beste Zeit:** Ganzjährig.
- **Ausrüstung:** Etwas Proviant, im Herbst Beutel fürs Kastaniensammeln, eventuell Badezeug für den Besuch der Südpfalz-Therme.

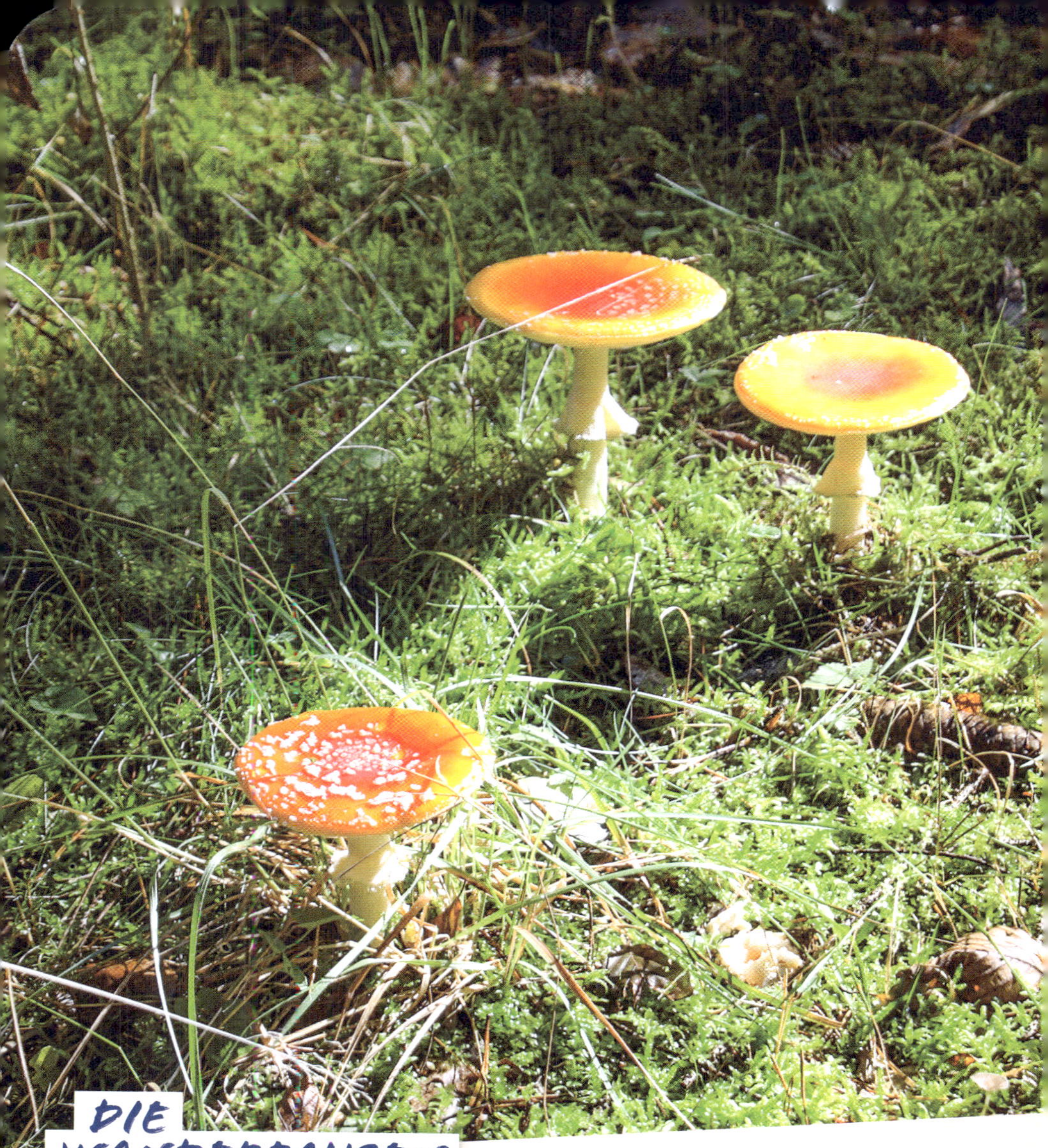

DIE WANDERPAUSEN

» START
Wanderparkplatz Hundsweihersägemühle

KM 2
1 Mühlbrunnen
Brunnengeschichten

KM 4
2 Naturfreundehaus Heltersberg
Sozialgeschichte im Pfälzerwald

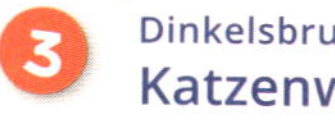

KM 7
3 Dinkelsbrunnen
Katzenwäsche

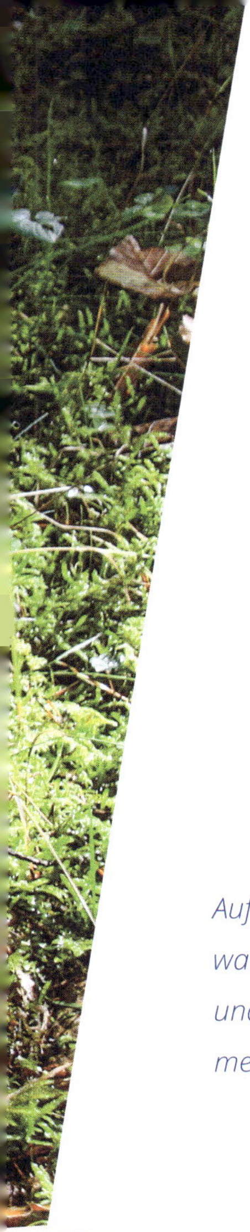

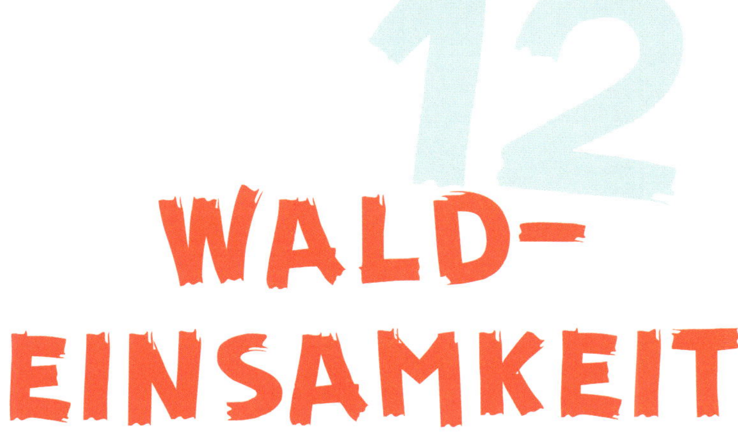

12 WALD-EINSAMKEIT

Zwei-Täler-Tour im Waldfischbacher Holzland

Auf dieser abwechslungsreichen Runde geht es tief hinein in den Pfälzerwald. Idyllische Waldtäler, ein wildes Felsmassiv, romantische Brunnen und eine stilechte Einkehr in einem Naturfreundehaus – was braucht's mehr?

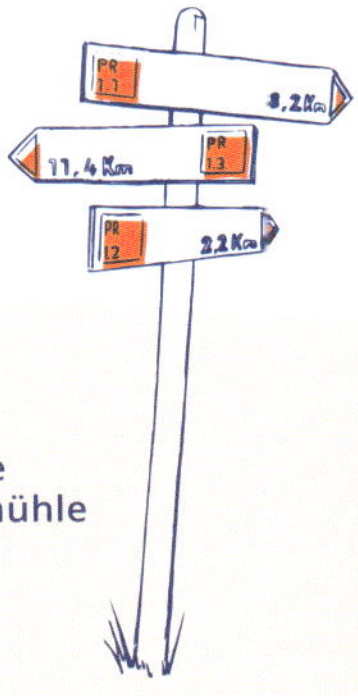

KM 8

4 Wolfsschlucht

Doch ein wenig unheimlich

KM 9

5 Seelenfelsen

Ja was denn nun?

KM 11,6

6 Camping-Gaststätte Hundsweihersägemühle

Ausklang am Karpfenteich

KM 12 » ZIEL

Wanderparkplatz Hundsweihersägemühle

VERLAUFEN MÖCHTE MAN SICH HIER NICHT, …

… in diesen weitläufigen Wäldern am westlichen Rand des Pfälzerwaldes. Aber keine Angst, die Wege sind gut ausgeschildert. Doch in der Tat: Sehr weltfern und ein wenig abenteuerlich wirkt das Gelände. Genau die richtige Ecke also für alle, die sich am Wochenende überfüllte Parkplätze und weinselige Horden von Hüttenwandernden ersparen möchten.

Schauplatz ist das Holzland, eine abseits der touristischen Hauptrouten gelegene Gegend zwischen Waldfischbach und der Höhensiedlung Johanniskreuz. Ein treffender Name, floriert hier doch seit Jahrhunderten die Holzwirtschaft, dank prächtiger Mischwälder und reichlich Wasser für das Lagern und Triften des wertvollen Rohstoffes. Als Orientierungslinien der Wanderung dienen das Hundsbächeltal und das Dinkelsbachtal, zwei wildromantische Seitentäler des Schwarzbachtals, durch das die Holzlandwasser zur Mosel hin abfließen.

SICH AM DINKELSBRUNNEN MIT FRISCHEM QUELLWASSER ABKÜHLEN

Kaum ins Hundsbächeltal hineingewandert, lässt man den Alltag schon hinter sich und wendet sich schönen Dingen zu: dem Gluckern des Bächleins, dem hochgestimmten Vogelgezwitscher und dem märchenhaften Zauber steiler Felstrümmer-Bergflanken. Während der Woche ist man hier meist allein, auch am Wochenende begegnet man nur selten anderen Menschen. Wer hier unterwegs ist, wandert oder ist zumeist mit dem Mountainbike unterwegs – aus dem nahen Höhendorf Heltersberg kommen übrigens die Radbrüder Hartmut und Udo Bölts.

Etwas belebter wird es, wenn man an einer Rinderweide vorbei zum **Naturfreundehaus Heltersberg** hinaufsteigt. Nach der Einkehr taucht man bald wieder in die Waldeinsamkeit ein, bummelt talabwärts durchs Dinkelsbachtal und knöpft sich dann den zweiten Anstieg der Tour vor, denn die **Seelenfelsen** sollte man unbedingt noch mitnehmen. So etwas würde man im Holzland, wo spektakuläre Felsen rar sind, nicht vermuten: ein 500 Meter langes Massiv, nicht sehr hoch, aber doch mit interessanten Formationen, mit Kaminen, Überhängen und Platten. «

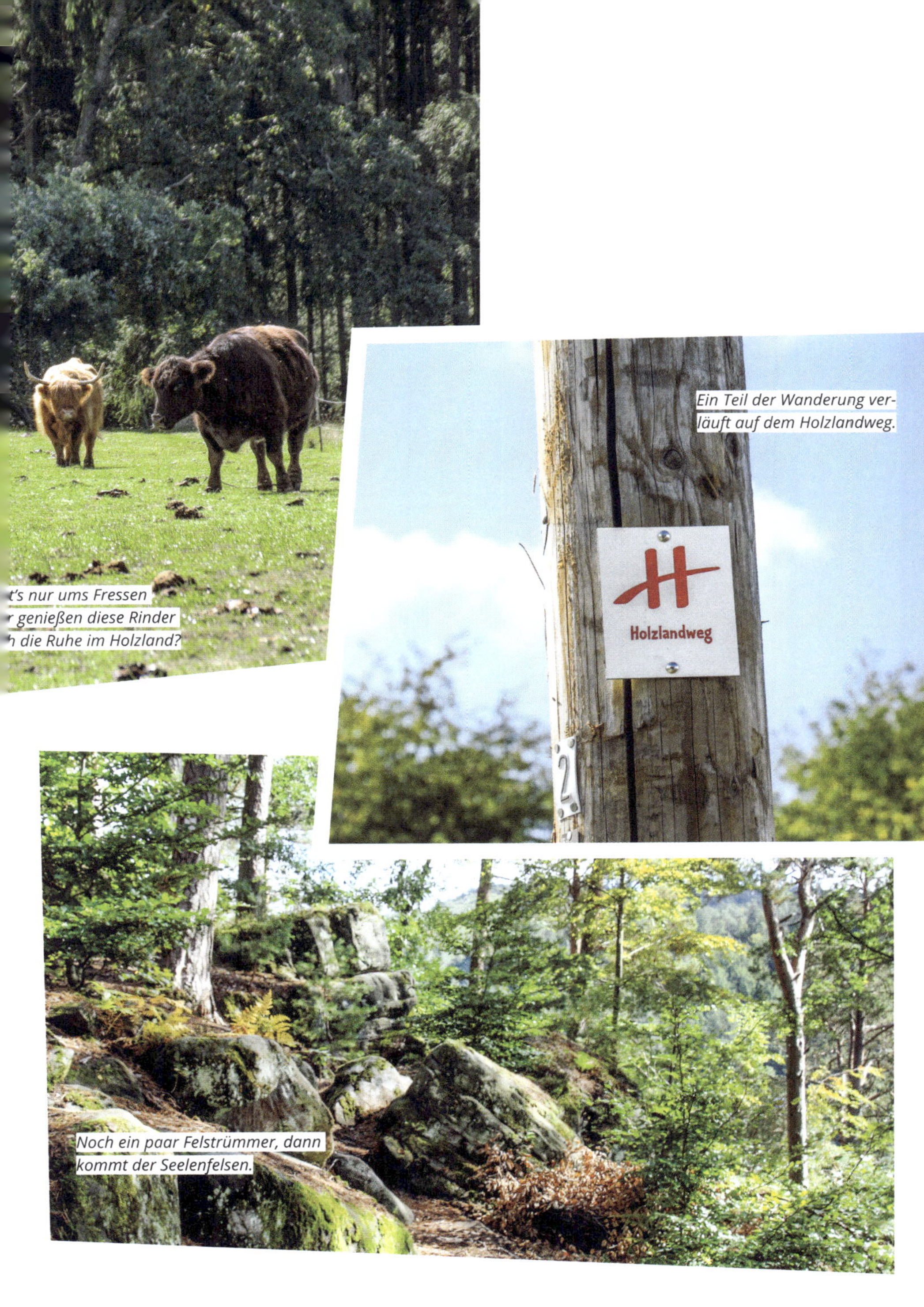

t's nur ums Fressen
r genießen diese Rinder
h die Ruhe im Holzland?

Ein Teil der Wanderung verläuft auf dem Holzlandweg.

Noch ein paar Felstrümmer, dann kommt der Seelenfelsen.

WANDERN & GENIEßEN

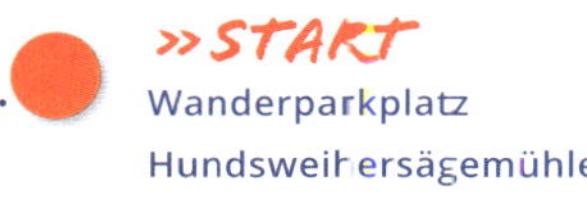

»START

Wanderparkplatz Hundsweihersägemühle

Mit dem roten Logo des Heltersberger Brunnenwanderweges talaufwärts. Nach 1.7 km auf einem Treppchen links hinab zum Mühlbrunnen.

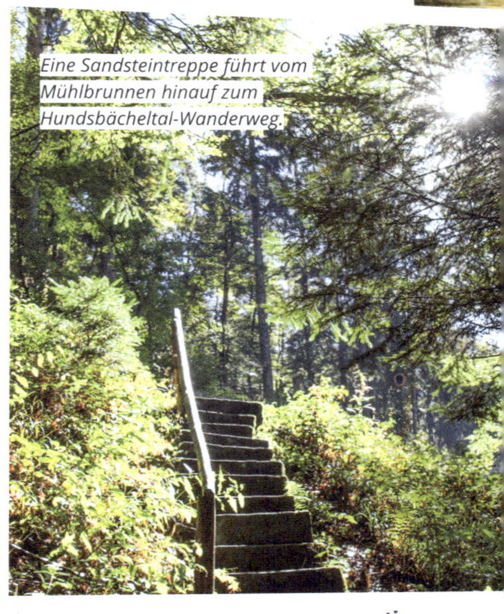

Eine Sandsteintreppe führt vom Mühlbrunnen hinauf zum Hundsbächeltal-Wanderweg.

KM 2

1 Mühlbrunnen

Brunnengeschichten

Der Mühlbrunnen im Hundsbächeltal verdankt seinen Namen einer uralten Mühle, die schon im 16. Jahrhundert aufgegeben wurde. Einige karge Mauerreste zeugen heute noch davon. Dem Brunnen gegenüber liegt der Binsborner Fels, weshalb den meisten älteren Bewohnern des drei Kilometer entfernten Höhendorfes Heltersberg der Mühlbrunnen nur als der »untere Binsborn« bekannt ist. Er ist der zweite Brunnen auf dem Weg durch das Hundsbächeltal, unterwegs war man schon am Korbmacherbrunnen vorbeigekommen, der noch heute die Hundsweihersägemühle mit Trinkwasser versorgt. Vermutlich nutzten die Heltersberger Korbmacher den Brunnen, um Weidengerten vor dem Korbflechten einzuweichen.

Weiter auf dem Talweg. An einer Weggabelung am Zigeunerfelsen nicht rechts mit dem Brunnenwanderweg weiter, sondern linkshaltend weiter talaufwärts und mit dem grün-weißen Logo des Pfälzer Waldpfades hinauf zum Naturfreundehaus.

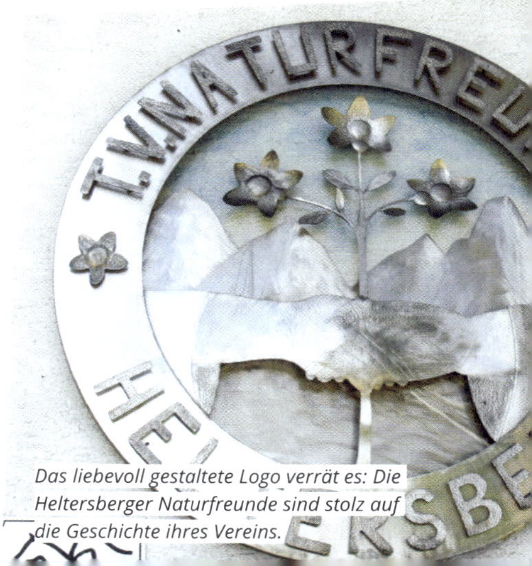

Das liebevoll gestaltete Logo verrät es: Die Heltersberger Naturfreunde sind stolz auf die Geschichte ihres Vereins.

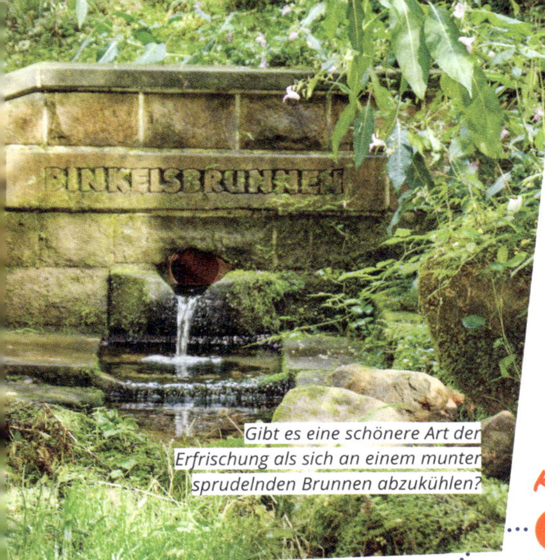

Gibt es eine schönere Art der Erfrischung als sich an einem munter sprudelnden Brunnen abzukühlen?

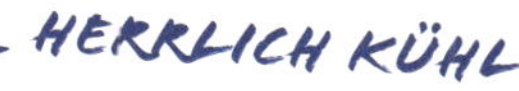

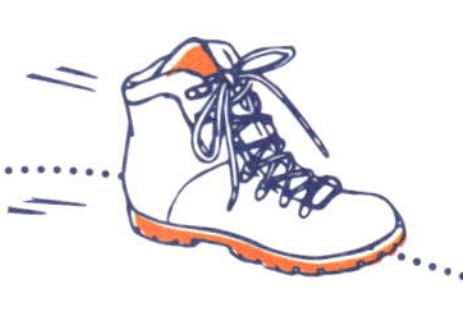

KM 4

Naturfreundehaus Heltersberg

Sozialgeschichte im Pfälzerwald

Wenn man sich gerade Leberknödel munden lässt, hat man anderes im Sinn als Sozialgeschichte. Und doch: Bei der Einkehr in einem der 14 Naturfreundehäuser schwingt Historie mit. Ende des 19. Jahrhunderts, als jedermann das Betreten des Waldes offiziell gestattet wurde, legten die neugegründeten Vereine Wege und Stützpunkte an. Untereinander standen sie in harter Konkurrenz, denn während sich der Pfälzerwald-Verein vorwiegend aus dem bürgerlich-konservativen Lager rekrutierte, organisierte sich bei den Naturfreunden die klassenbewusste Arbeiterschaft. Die Leberknödel schmecken bei den einen so gut wie bei den anderen (www.naturfreunde-heltersberg.de, bei Redaktionsschluss geschlossen).

Zum Ortsrand von Heltersberg und scharf links in die Schwarzbachstraße. Mit dem Logo des Pfälzer Waldpfades geradeaus, an einem Gehöft vorbei zu einer Weggabelung. Dort mit der gelben Markierung der Brunnenwanderweg-Varianten auf einem Pfad hinunter ins Dinkelsbächeltal.

KM 7

3 Dinkelsbrunnen

Katzenwäsche

Kühles Wasser ins Gesicht, in den Nacken, an die Unterarme. Und noch einmal das gleiche Programm. Die Wander-Katzenwäsche am Dinkelsbrunnen tut jetzt gut. Wieso aber Dinkelsbrunnen? Dem benachbarten Dinkelsberg verdankt er seinen Namen, dessen Bezeichnung sich wahrscheinlich von der Dinkelpflanze herleitet. Fast 30 solcher Brunnen und Quellen, meist in Sandstein gefasst, finden sich rund um Heltersberg. Viele schienen dem Verfall preisgegeben, doch dann besannen sich Heltersberger Bürger auf ihre Tradition, legten marode Brunnen frei, säuberten sie und richteten sie möglichst originalgetreu wieder her.

Mit dem roten Logo des Brunnenwanderweges weiter talabwärts. Hinter einer Linkskurve zweigt etwas überraschend links ein beschilderter Bergpfad zur Wolfschlucht und zu den Seelenfelsen ab.

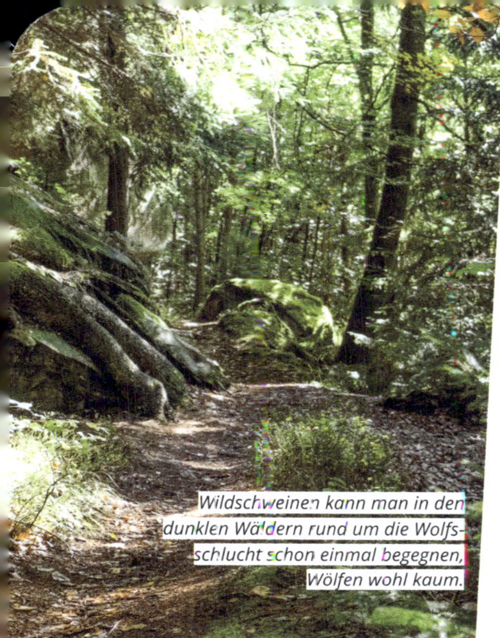

Wildschweinen kann man in den dunklen Wäldern rund um die Wolfsschlucht schon einmal begegnen, Wölfen wohl kaum.

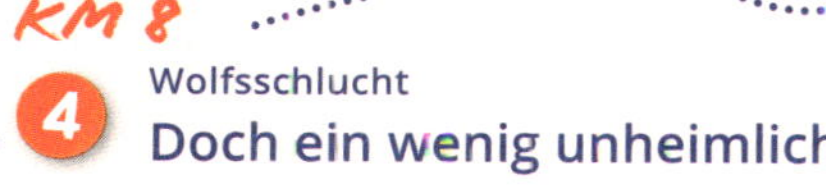

KM 8

4 Wolfsschlucht
Doch ein wenig unheimlich

Wolfsschlucht – das weckt Erwartungen, die dieser Platz am Hang des Dinkelsberges nicht erfüllen kann, denn Wölfe waren hier seit 150 Jahren nicht mehr zu sehen. Aber was nicht ist, kann ja noch werden, denn in den letzten Jahren mehren sich die Hinweise auf einzelne Wölfe in der Pfalz. Rudel scheint es allerdings noch keine zu geben. Von einer wirklichen Schlucht kann bei der Wolfsschlucht auch keine Rede sein. Was aber dann? Ein verwunschener Pfad, der an einem wie von Urgewalten zerschmetterten Trümmerfelsen entlang zieht – irgendwie doch etwas unheimlich, wenn man durch den Namen dieses Platzes auf etwas Schauriges eingestimmt ist.

Weiter auf dem Pfälzer Waldpfad den Schildern zu den Seelenfelsen folgen.

KM 9

5 Seelenfelsen
Ja was denn nun?

Woher der Name dieser beeindruckenden Felsgruppe rührt? Da scheiden sich die Geister. Die langweiligere Erklärung: Ein lange verstorbener Forstbeamter namens Seel sei hier einmal abgestürzt, jedoch nicht zu Tode gekommen. Wesentlich fantasievoller diese Variante: Ein Mann aus dem benachbarten Clausen habe auf dem nächtlichen Rückweg von der Heltersberger Kerwe einen Durchgang durch die Felsen verpasst und sei tödlich abgestürzt. Sein fünfjähriger Sohn, der ihn begleitete, sei auf der Suche nach dem Nachhauseweg einem schwachen Lichtlein gefolgt und habe so in stockdunkler Nacht sicher sein Heimatdorf erreicht. Das schwache Licht, so der Volksglaube, sei die Seele des Vaters gewesen.

Vom Rastplatz am Ende der Felsen auf dem Pfälzer Waldpfad bis zu einem geschotterten Forstweg, dem Schild zur Hundsweihersägemühle folgen und nach 300 m mit dem gelb-grünen Logo der Pfälzer-Waldpfad-Zubringerwege rechts hinunter zur Hundsweihersägemühle. Die Campingplatz-Gaststätte liegt auf der anderen Straßenseite.

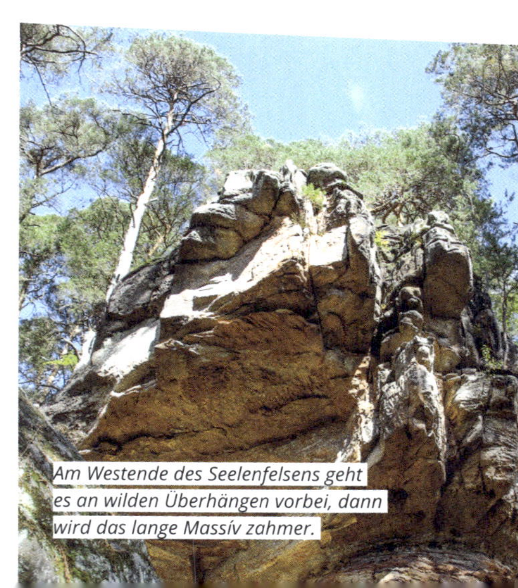

Am Westende des Seelenfelsens geht es an wilden Überhängen vorbei, dann wird das lange Massív zahmer.

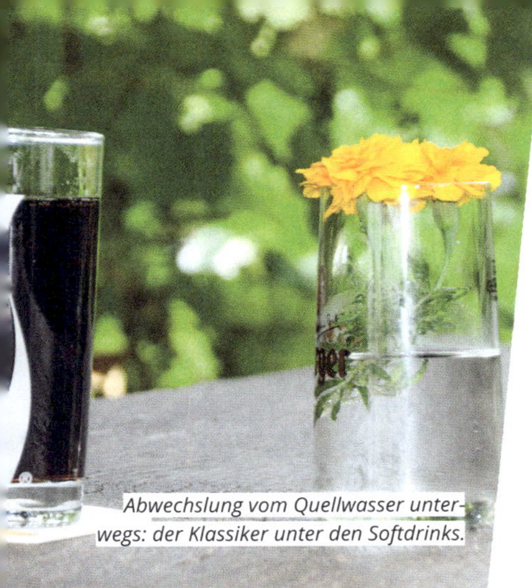
Abwechslung vom Quellwasser unterwegs: der Klassiker unter den Softdrinks.

EXTRA INFOS:

Eine Alternative zur Einkehr in der Camping-Gaststätte ist das kleine ● **Gasthaus Zur Heidelsburg** an der Hundsweihersägemühle. Keine hundert Meter vom Startpunkt entfernt gibt's hier traditionelle Schnitzelküche (Samstag und Sonntag geöffnet).

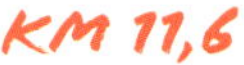

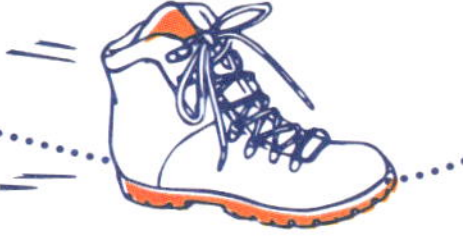

KM 12 » ZIEL
Wanderparkplatz Hundsweihersägemühle

6 **Camping-Gaststätte Hundsweihersägemühle**

Ausklang am Karpfenteich

Gourmettempel erwartet man im kaum besiedelten oberen Schwarzbachtal sicher nicht, aber immerhin gibt es an der Hundsweihersägemühle eine Campingplatz-Gaststätte (www.hunds weiher-saegemuehle.de, Mittwoch bis Sonntag geöffnet). Dort setzt man sich auf die Terrasse, gönnt sich etwas Kräftiges, einen leichten Salat oder eine Pizza und betrachtet in aller Ruhe das träge Treiben im Karpfenteich. Kein schlechter Tourenausklang!

Über die Straße zu den wenigen Häusern der Hundsweihersägemühle und auf der rechten Talseite des Hundsbächeltals zum Ausgangspunkt.

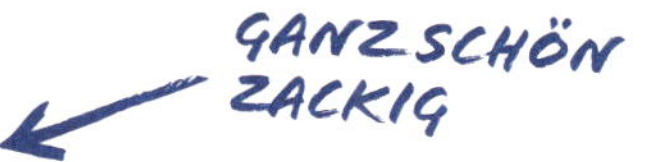

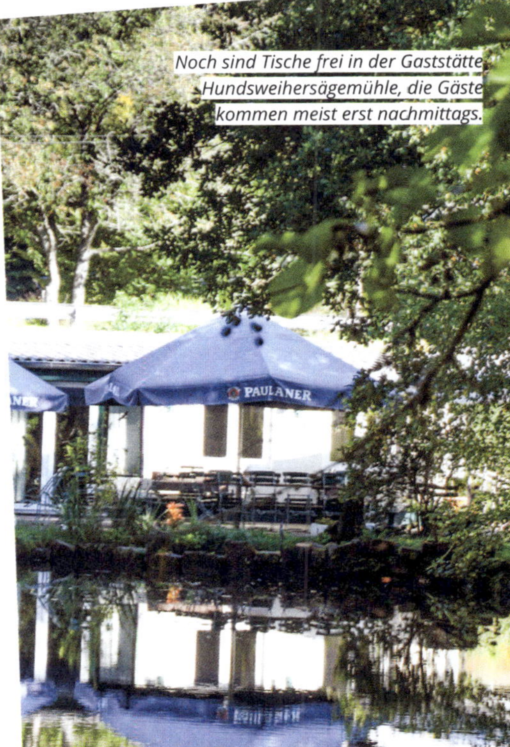

Noch sind Tische frei in der Gaststätte Hundsweihersägemühle, die Gäste kommen meist erst nachmittags.

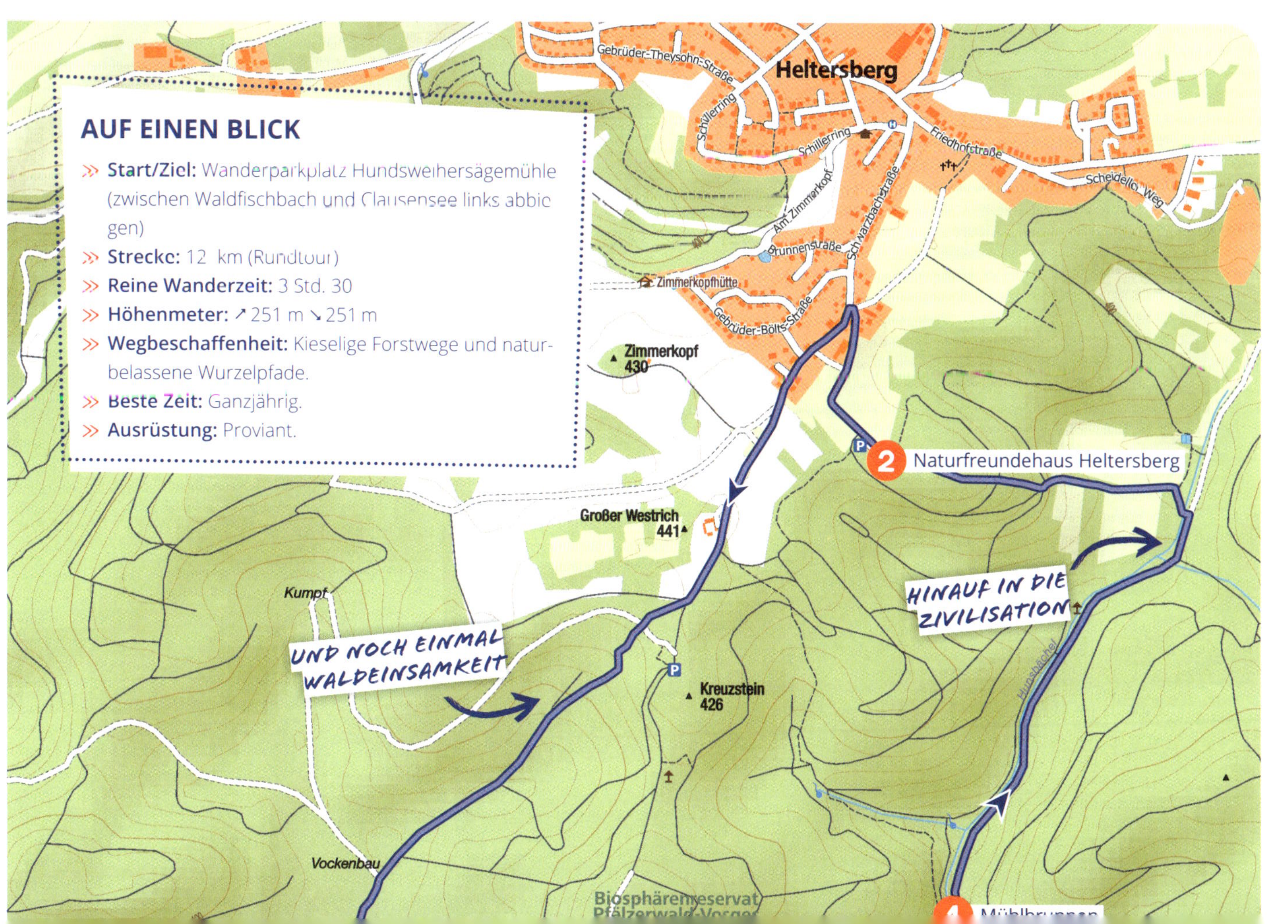

AUF EINEN BLICK

- » **Start/Ziel:** Wanderparkplatz Hundsweihersägemühle (zwischen Waldfischbach und Clausensee links abbiegen)
- » **Strecke:** 12 km (Rundtour)
- » **Reine Wanderzeit:** 3 Std. 30
- » **Höhenmeter:** ↗ 251 m ↘ 251 m
- » **Wegbeschaffenheit:** Kieselige Forstwege und naturbelassene Wurzelpfade.
- » **Beste Zeit:** Ganzjährig.
- » **Ausrüstung:** Proviant.

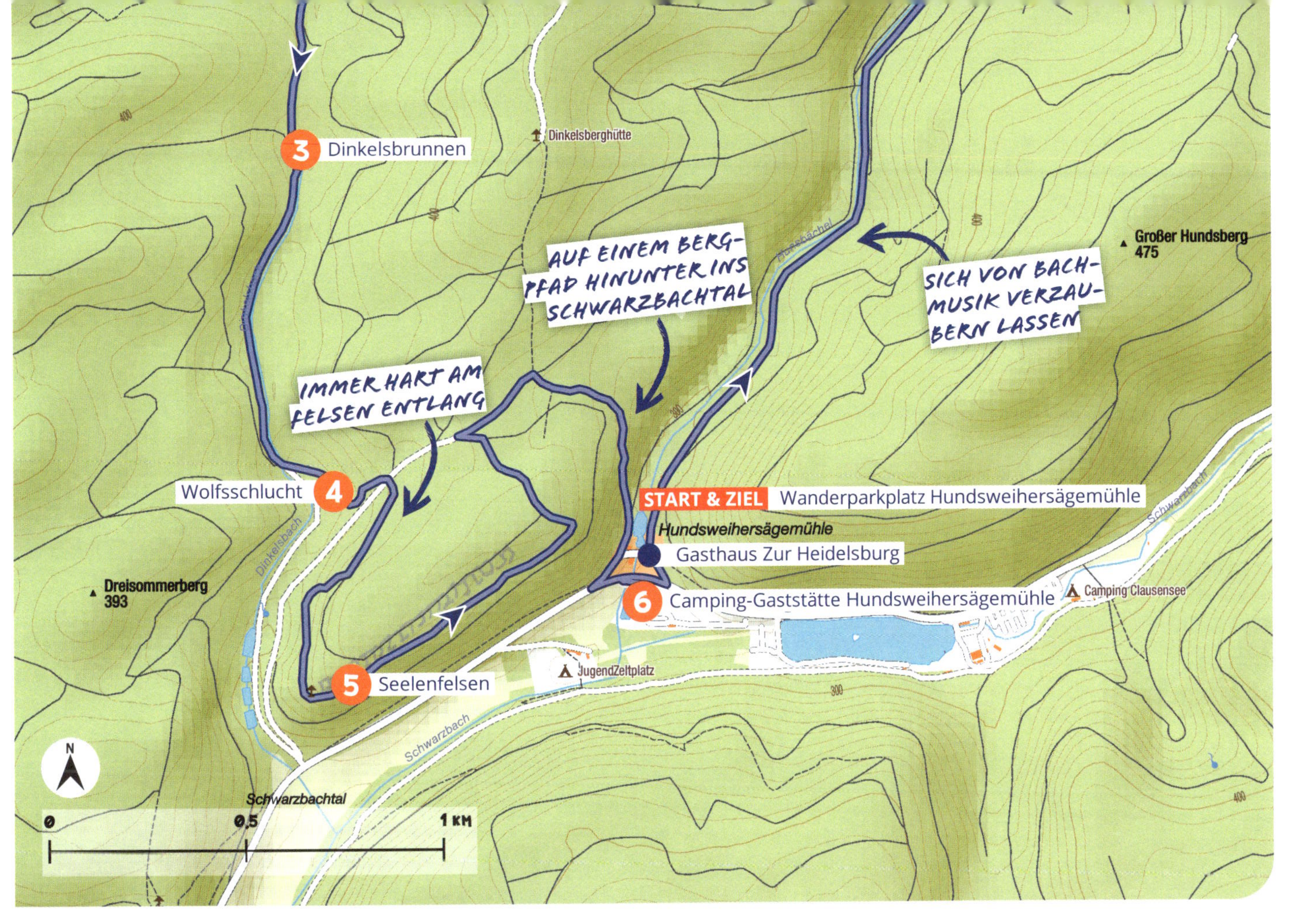
3 Dinkelsbrunnen
Dinkelsberghütte
AUF EINEM BERGPFAD HINUNTER INS SCHWARZBACHTAL
SICH VON BACHMUSIK VERZAUBERN LASSEN
Großer Hundsberg 475
IMMER HART AM FELSEN ENTLANG
4 Wolfsschlucht
START & ZIEL Wanderparkplatz Hundsweihersägemühle
Hundsweihersägemühle
Gasthaus Zur Heidelsburg
6 Camping-Gaststätte Hundsweihersägemühle
Camping Clausensee
Dreisommerberg 393
Dinkelsbach
JugendZeltplatz
5 Seelenfelsen
Schwarzbach
Schwarzbachtal
0
0,5
1 KM
N

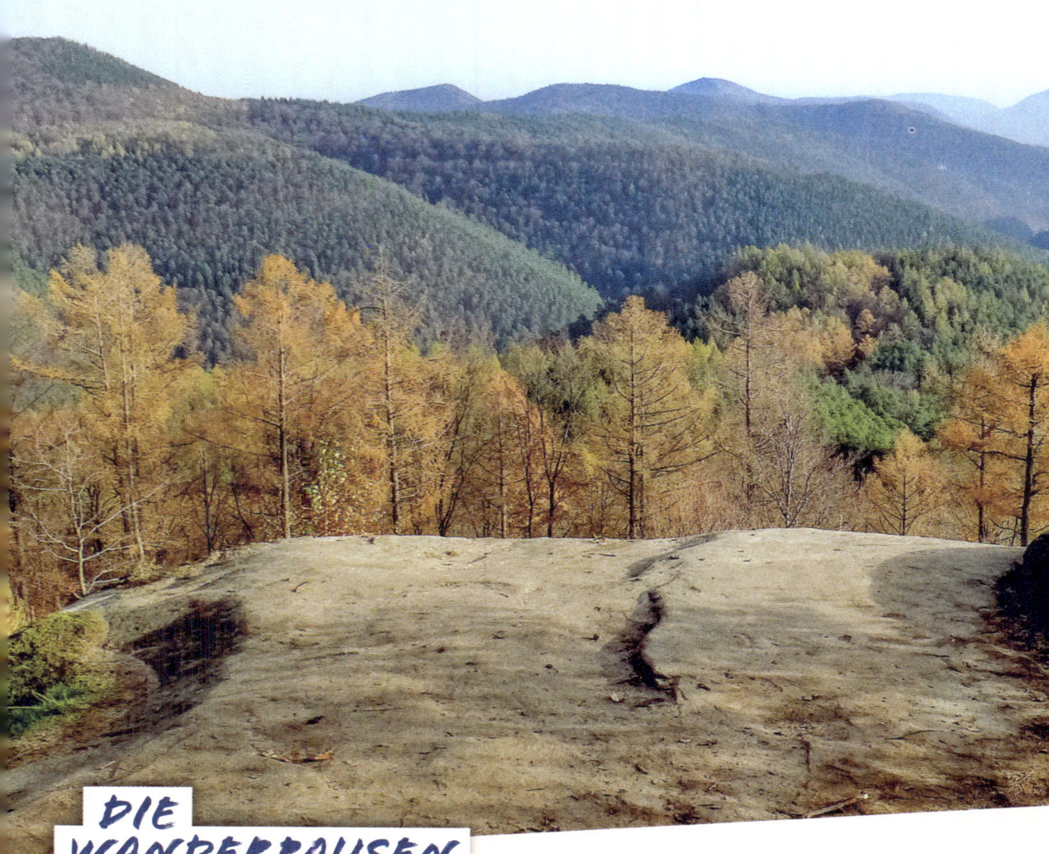

DIE WANDERPAUSEN

» START
Wanderparkplatz Zwiesel

KM 2

1 Kirschfelsen
Hinter dem Trifelsland der Schwarzwald

KM 3

2 Langplatte
Mitten durchs Schlaraffenland

KM 4

3 Annweiler Forsthaus
Viel Feng, viel Shui

13

EICHEN FÜR DIE WELT

Triftbäche und Trifelsblicke am Annweiler Forsthaus

Weit geht der Blick über tief gestaffelte Bergketten. An einer schönen Lichtung, umstanden von üppigen Eichenwäldern, lädt eine urige Waldgaststätte zur Rast ein. Ganz nebenbei lässt sich auf der Tour eine Holztriftanlage besichtigen.

KM 6,5

4 Triftanlage Annweiler Woog

Gewusst wie

KM 7

5 Pritschelplatz am Kaltenbach

Ohne Hemmungen Kind sein

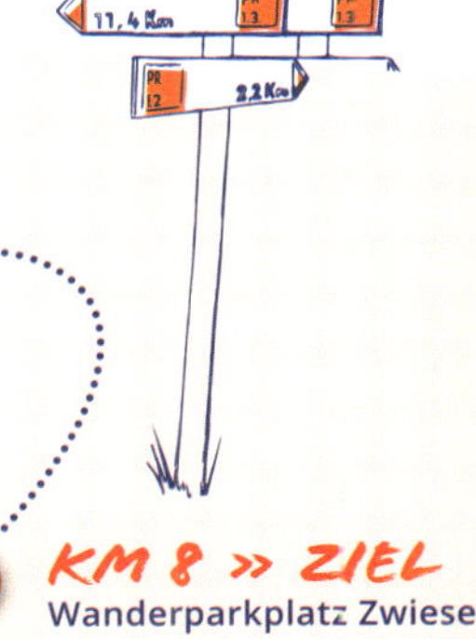

KM 8 » ZIEL

Wanderparkplatz Zwiesel

WIE KOMMEN SCHIFFSPLANKEN …

… aus pfälzischem Holz an indonesische Gestade? Und was hat das mit dieser Wanderung zu tun? Die Antwort findet sich auf den Bergkämmen rund um das Annweiler Forsthaus, wo auffallend prächtige Eichen gedeihen. Sie müssen sich dort gegen den strengen Westwind behaupten, der häufig über die Höhen pfeift, und wachsen deshalb langsamer als anderswo. So entsteht besonders hochwertiges Holz. Die Holländer wussten, warum sie sich das Rohmaterial für den Bau ihrer Kolonialflotte bevorzugt aus dem zentralen Pfälzerwald liefern ließen. Und so landeten die pfälzischen Planken untergegangener Schiffe an fernen Stränden.

Bestens inspizieren lässt sich die Eichenpracht auf einem Höhenweg, der vom Aussichtspunkt **Kirschfels** zu einer der schönsten Waldgaststätten der Pfalz führt, dem idyllisch gelegenen **Annweiler Forsthaus.** Aber erst einmal muss man hinauf! »Darf man hinauf« wäre passender, denn der im Wellbachtal beginnende Bergpfad erweist sich als Geschenk für Wandernde, die gerne – ohne sich zu verausgaben – zügig an Höhe gewinnen und weichen Waldboden lieben.

AUS DEM WALD IN DIE FREUNDLICHE WALDLICHTUNG AM ANNWEILER FORSTHAUS HINAUSTRETEN

Ein angenehmer Schock, wenn man nach einer knappen Dreiviertelstunde plötzlich aus dem Wald heraustritt und vom Kirschfels südwärts über die Wasgauberge schaut. Auch dort das Gold des Waldes: Buchen, Kiefern, Fichten, soweit das Auge reicht. Beim anschließenden Höhenspaziergang sieht man dann auch hinüber nach Westen, zum Weißenberg mit dem Luitpoldturm. Dort hat man einen Gedenkstein errichtet, den Holländerklotz. Aha!

Nach der Einkehr im Annweiler Forsthaus geht es nur noch bergab. Einen tollen Fernblick erlebt, Eichen bewundert, gut gespeist – was will man mehr? Doch da kommt noch was, eine gut erhaltene **Triftanlage** tief unten im Tal. Die wurde nicht für den Holztransport nach Holland eingerichtet, sondern um Brennholz hinunter in die Rheinebene zu bugsieren. An plätschernden Wassern entlang geht es zurück zum Ausgangspunkt an der kurvigen, unter Motorradfahrern berüchtigten Wellbachtalstraße.

«

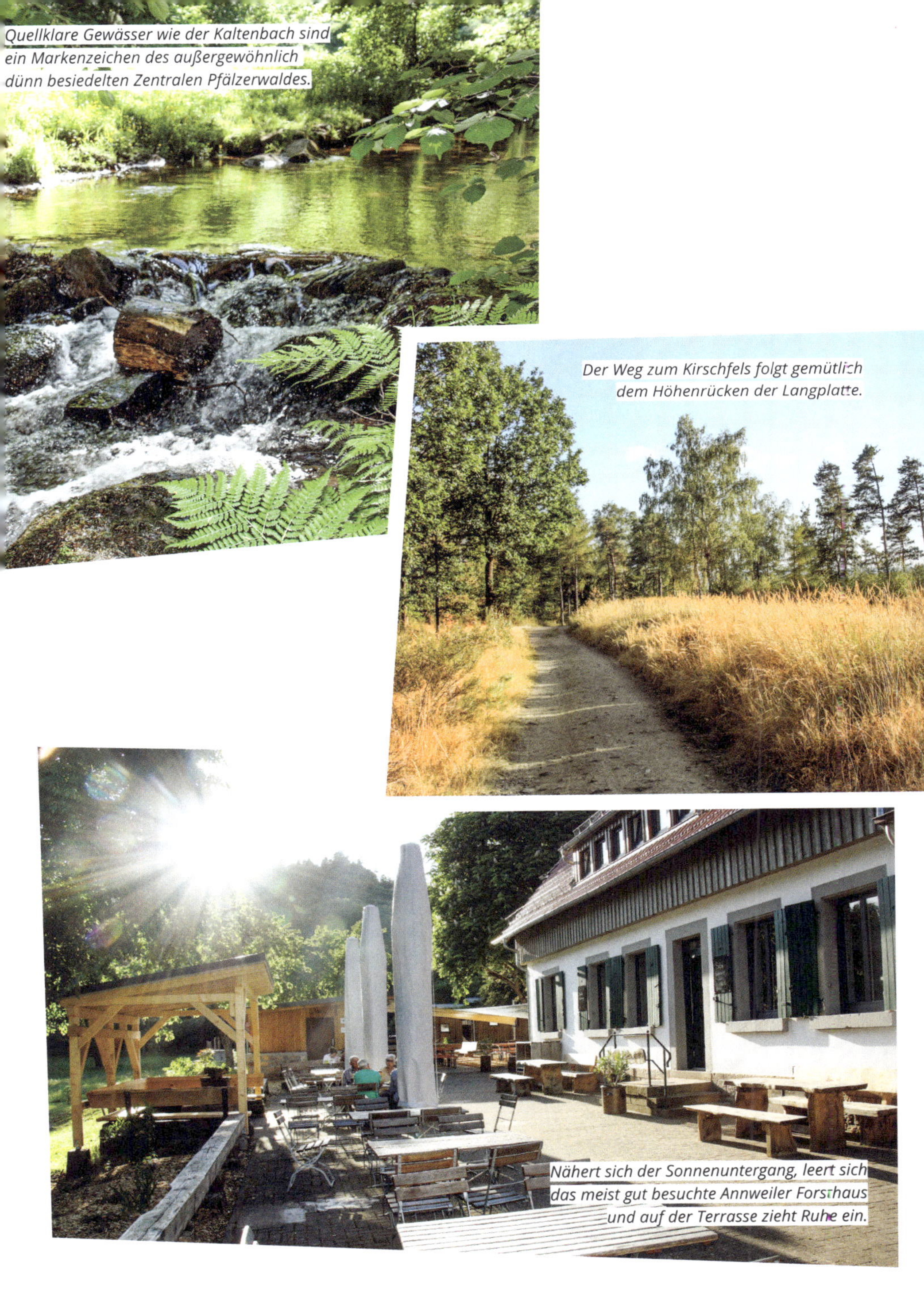

Quellklare Gewässer wie der Kaltenbach sind ein Markenzeichen des außergewöhnlich dünn besiedelten Zentralen Pfälzerwaldes.

Der Weg zum Kirschfels folgt gemütlich dem Höhenrücken der Langplatte.

Nähert sich der Sonnenuntergang, leert sich das meist gut besuchte Annweiler Forsthaus und auf der Terrasse zieht Ruhe ein.

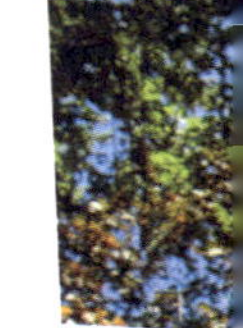

WANDERN & GENIESSEN

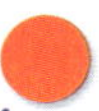

» START

Wanderparkplatz Zwiesel

Am Hang neben dem Wanderparkplatz beginnt der beschilderte Aufstieg zum Kirschfelsen.

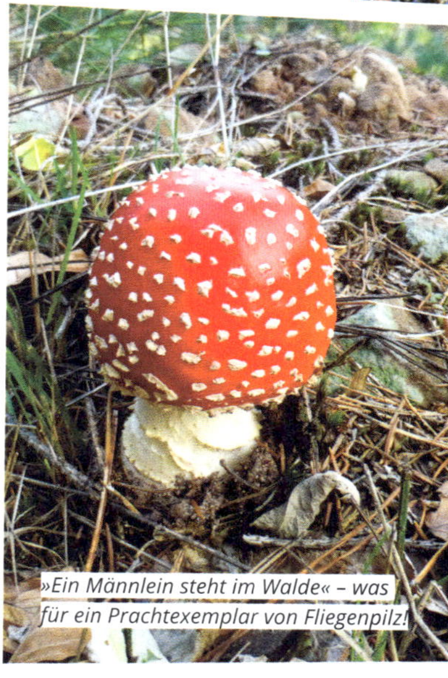

»Ein Männlein steht im Walde« – was für ein Prachtexemplar von Fliegenpilz!

KM 2

Kirschfelsen

Hinter dem Trifelsland der Schwarzwald

Er hat einiges mitgemacht, dieser Aussichtspunkt auf dem Kirschfelsen. Lange Jahre befand sich auf dem weltfernen Felsplateau ein Holzturm. Nachdem er wegen Altersschwäche aufgegeben werden musste, wurde 2010 eine Holztribüne mit mehreren Rängen erbaut – ein einzigartiges Aussichtserlebnis. Schon 2019 war der Traum allerdings vorbei, da die Tribüne nach Ansicht der Baubehörde nicht den Vorschriften entsprach und in einer Nacht- und Nebel-Aktion abgerissen wurde. Die benachbarte Schutzhütte durfte immerhin stehen bleiben. Heute erinnern noch die Sockel des Bauwerks an die Glanzzeit des Kirschfelsens. Die Aussicht indessen blieb unverändert – ein unvergessliches 240-Grad-Panorama, das von den Haardtgipfeln über das Trifelsland bis zum Schwarzwald und ins Elsass reicht.

Der Weiterweg zum Annweiler Forsthaus ist beschildert.

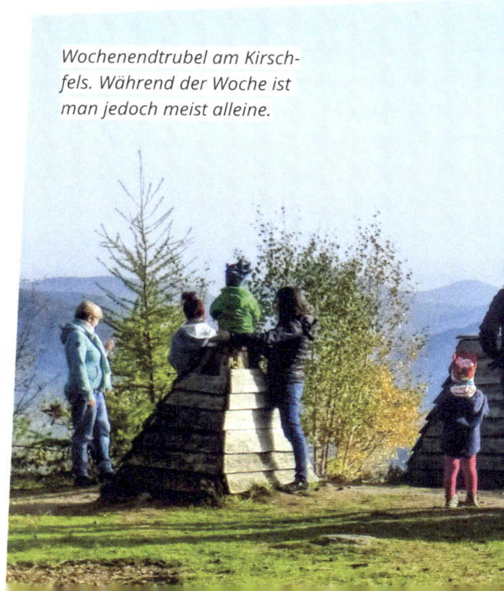

Wochenendtrubel am Kirschfels. Während der Woche ist man jedoch meist alleine.

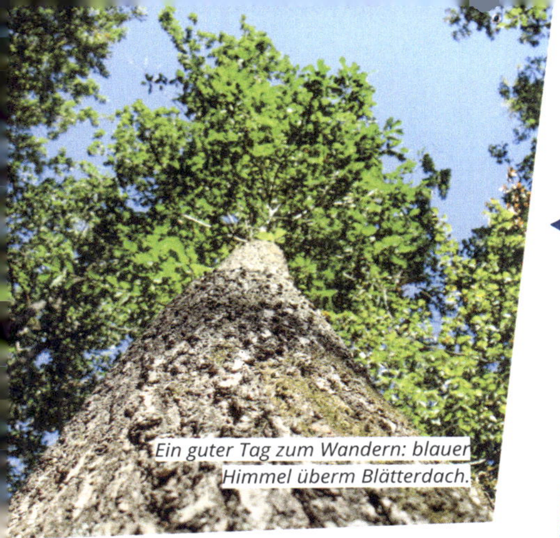

Ein guter Tag zum Wandern: blauer Himmel überm Blätterdach.

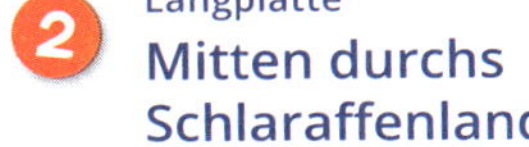

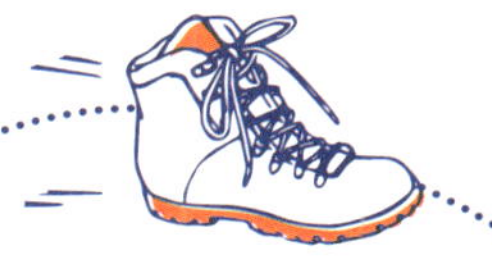

KM 3

2 Langplatte
Mitten durchs Schlaraffenland

Zwischen dem Kirschfels und dem Annweiler Forsthaus erstreckt sich ein breiter, fast ebener Bergrücken, die Langplatte. Dort stehen sie, die wertvollen pfälzischen Traubeneichen, die bis zu 40 Meter hoch und 500 bis 800 Jahre alt werden. Auch wenn es manchem esoterisch versponnen erscheinen mag – solche Baumriesen zu umarmen und am Stamm entlang hoch in die Baumkronen zu schauen, ist eine wertvolle Erfahrung. Ausprobieren! Aber auch am Boden gibt es einiges zu sehen: Überall auf der Langplatte sind frische Schwarzwildspuren zu entdecken – das reiche Angebot an Eicheln macht den Höhenzug zum Schlaraffenland für Wildschweine. Irgendwo in der Nähe stehen oder liegen sie, wittern und lauschen aufmerksam, ob die ungebetenen Besucherinnen und Besucher wieder verschwinden. Keine Bange! Zusammenstöße mit Wildschweinen sind äußerst selten.

Weiter den Schildern zum Annweiler Forsthaus folgen.

BÄUME UMARMEN

KM 4

3 Annweiler Forsthaus
Viel Feng, viel Shui

Bringt man bei gestandenen Pfälzerwald-Freunden das Gespräch auf das Annweiler Forsthaus, hört man immer wieder den Satz »Da geht mir das Herz auf.« Und in der Tat: Mit seiner Lage an einer Waldlichtung hoch über dem Tal schenkt einem dieser Platz das Gefühl, mit der Umgebung in Harmonie zu sein. Feng Shui im Pfälzerwald. Auch drinnen in der Waldgaststätte stellt sich dieses Gefühl ein, hat man sie doch passend zu den Wertholzwäldern ringsum hochwertig, aber auch schlicht renoviert. Dass die Gaststätte heute Schwarzer Fuchs heißt – daran haben sich die Stammgäste schon gewöhnt (www.schwarzer-fuchs.de, Mittwoch bis Sonntag geöffnet).

Auf dem Zufahrtssträßchen kurz bergab, dann mit der Markierung blau-gelber Balken rechts hinunter ins Kaltenbachtal. Dort zweigt ein Pfad nach rechts zur Triftanlage ab.

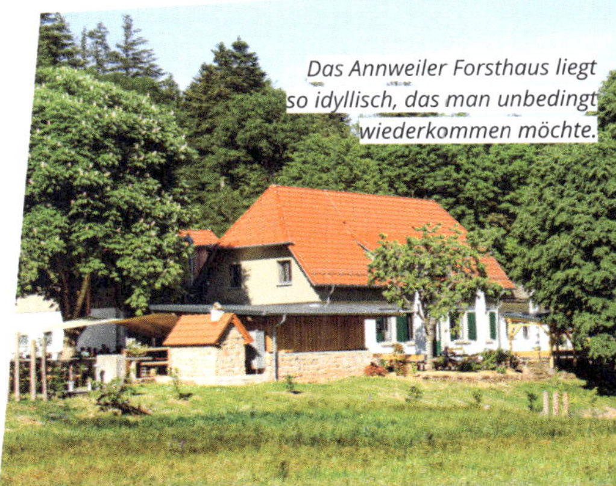

Das Annweiler Forsthaus liegt so idyllisch, das man unbedingt wiederkommen möchte.

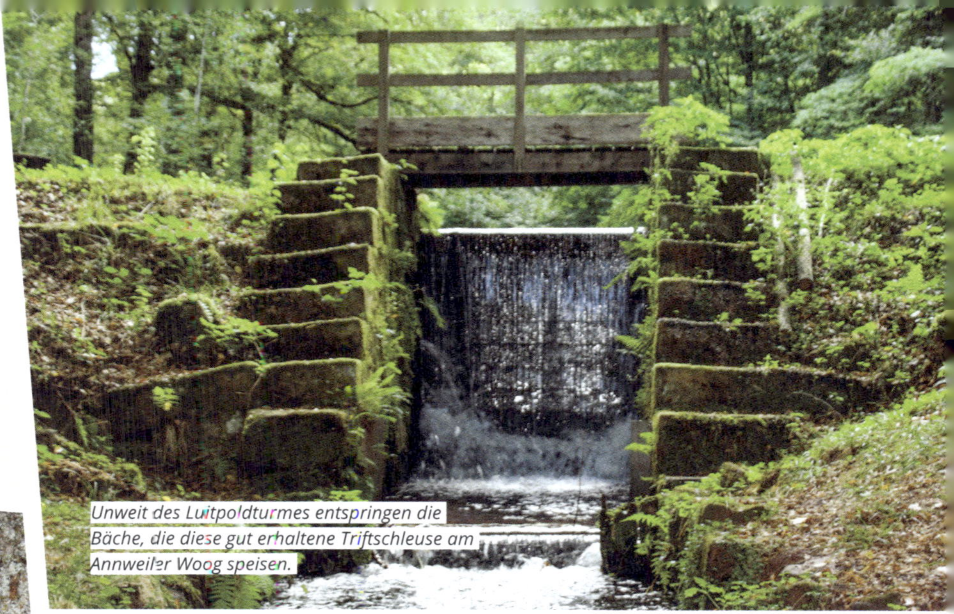

Unweit des Luitpoldturmes entspringen die Bäche, die diese gut erhaltene Triftschleuse am Annweiler Woog speisen.

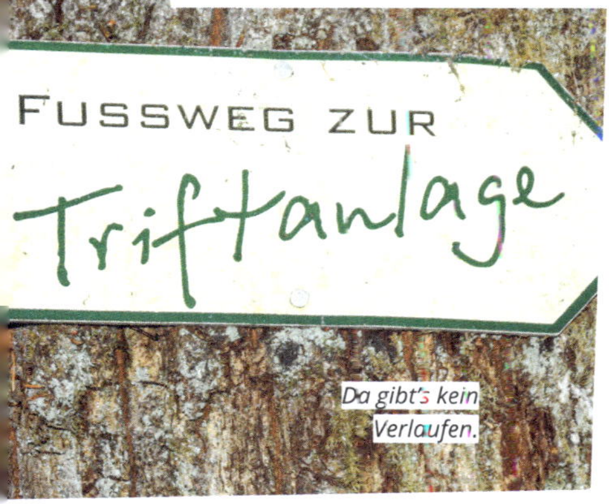

Da gibt's kein Verlaufen.

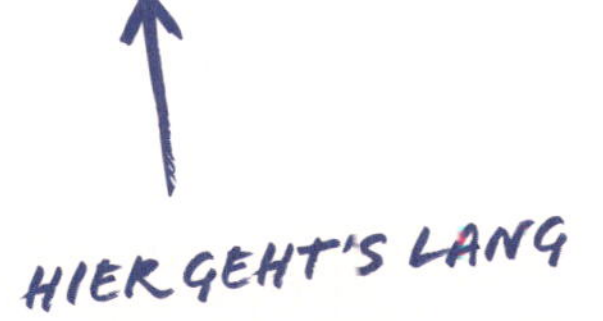

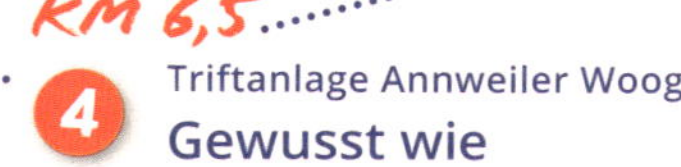

4 Triftanlage Annweiler Woog

Gewusst wie

Ein kleiner, zwischen steilen Berghängen eingezwängter Waldweiher: der Annweiler Woog, künstlich aufgestaut und mit einer Schleuse versehen, um den für die Holztrift nötigen Wasserschwall zu erzeugen. Wie die meisten pfälzischen Triftanlagen wurde auch diese im 19. Jahrhundert angelegt. Im Frühsommer findet hier ein Triftfest statt, auf dem Forstmitarbeitende zeigen, in welch mühevoller Arbeit das Holz früher zu den Abnehmern gebracht wurde. Auf einem Holzschlitten wurden die Bäume hinunter zum Wasser gezogen und klein gesägt. Die Holzstücke warf man in den Triftkanal und bugsierte sie mit Stangen zuerst zum Wellbach und dann auf der Queich nach Annweiler und Landau.

Am Triftbach entlang zur Einmündung des Modenbaches. Dort über eine Holzbrücke zum rechten Ufer und linkshaltend zu einer Wiese, wo es Pritschelplätze gibt.

KM 7

5 Pritschelplatz am Kaltenbach

Ohne Hemmungen Kind sein

Von der pfälzischen Wasserscheide zwischen der Höhensiedlung Hermersbergerhof und dem zentral gelegenen Luitpoldturm streben der Modenbach und der Kaltenbach dem Wellbach entgegen. An ihrem Zusammenfluss liegt, an einer freundlichen Wiese, einer der schönsten Pritschelplätze des Pfälzerwaldes. Quellklares Wasser, reiner Sandboden, geringe Fließgeschwindigkeit. Genau das, was man braucht, um genüsslich durch den kühlen Bach zu waten, zu plantschen oder mit Rindenstücken und Ästen eine Regatta zu veranstalten.

Am Bach entlang auf der Wiese weiter talabwärts und auf einem schmalen Pfad ganz hart am Bach entlang. Am Ende des Pfades auf einem Forstweg rechts des Baches weiter und dann links zum Wanderparkplatz.

EXTRA INFOS:

Lust auf eine Übernachtung fernab des Alltagstrubels? Dort, wo sich Wildschwein, Hase, Reh und Fuchs Gute Nacht sagen? Das ● **Annweiler Forsthaus** bietet dafür neun Gästezimmer: Zweibett- und Vierbett-Zimmer, darunter ein barrierefreies (www.schwarzer-fuchs.de). Hüttenatmosphäre garantiert!

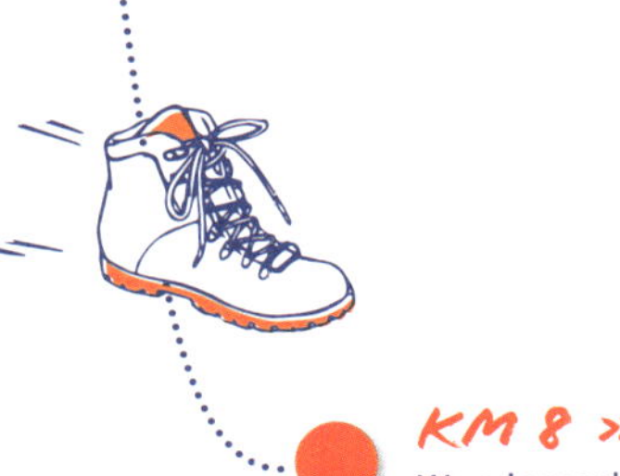

KM 8 » ZIEL

Wanderparkplatz Zwiesel

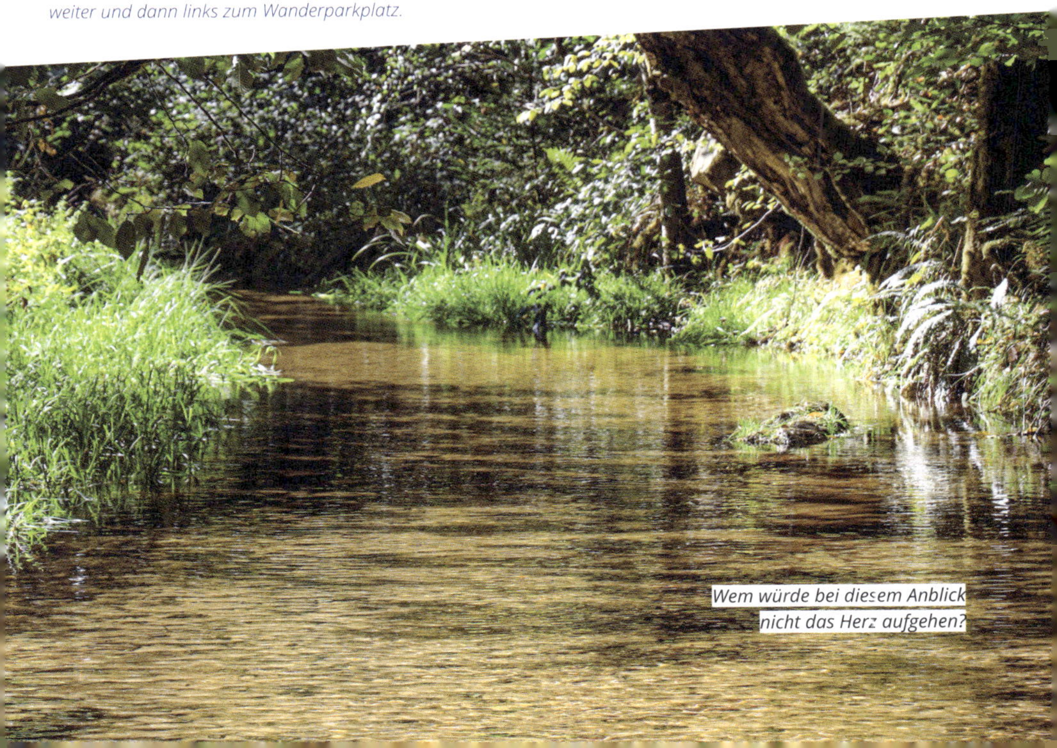

Wem würde bei diesem Anblick nicht das Herz aufgehen?

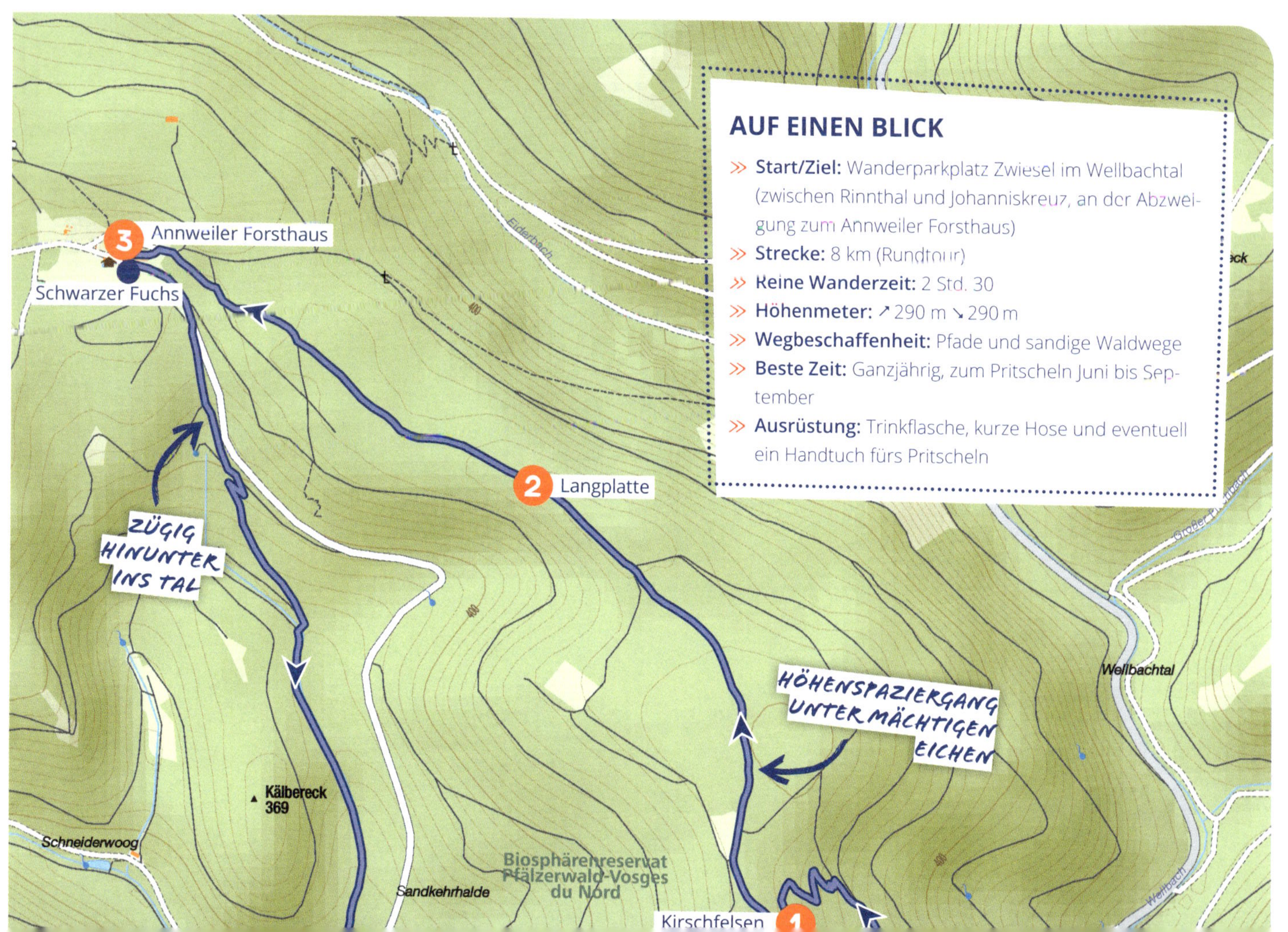
AUF EINEN BLICK
» Start/Ziel: Wanderparkplatz Zwiesel im Wellbachtal (zwischen Rinnthal und Johanniskreuz, an der Abzweigung zum Annweiler Forsthaus)
» Strecke: 8 km (Rundtour)
» Reine Wanderzeit: 2 Std. 30
» Höhenmeter: ↗ 290 m ↘ 290 m
» Wegbeschaffenheit: Pfade und sandige Waldwege
» Beste Zeit: Ganzjährig, zum Pritscheln Juni bis September
» Ausrüstung: Trinkflasche, kurze Hose und eventuell ein Handtuch fürs Pritscheln
3 Annweiler Forsthaus
Schwarzer Fuchs
2 Langplatte
1 Kirschfelsen
ZÜGIG HINUNTER INS TAL
HÖHENSPAZIERGANG UNTER MÄCHTIGEN EICHEN
Eiderbach
Kälbereck 369
Schneiderwoog
Sandkehrhalde
Biosphärenreservat Pfälzerwald-Vosges du Nord
Wellbachtal
Wellbach
400

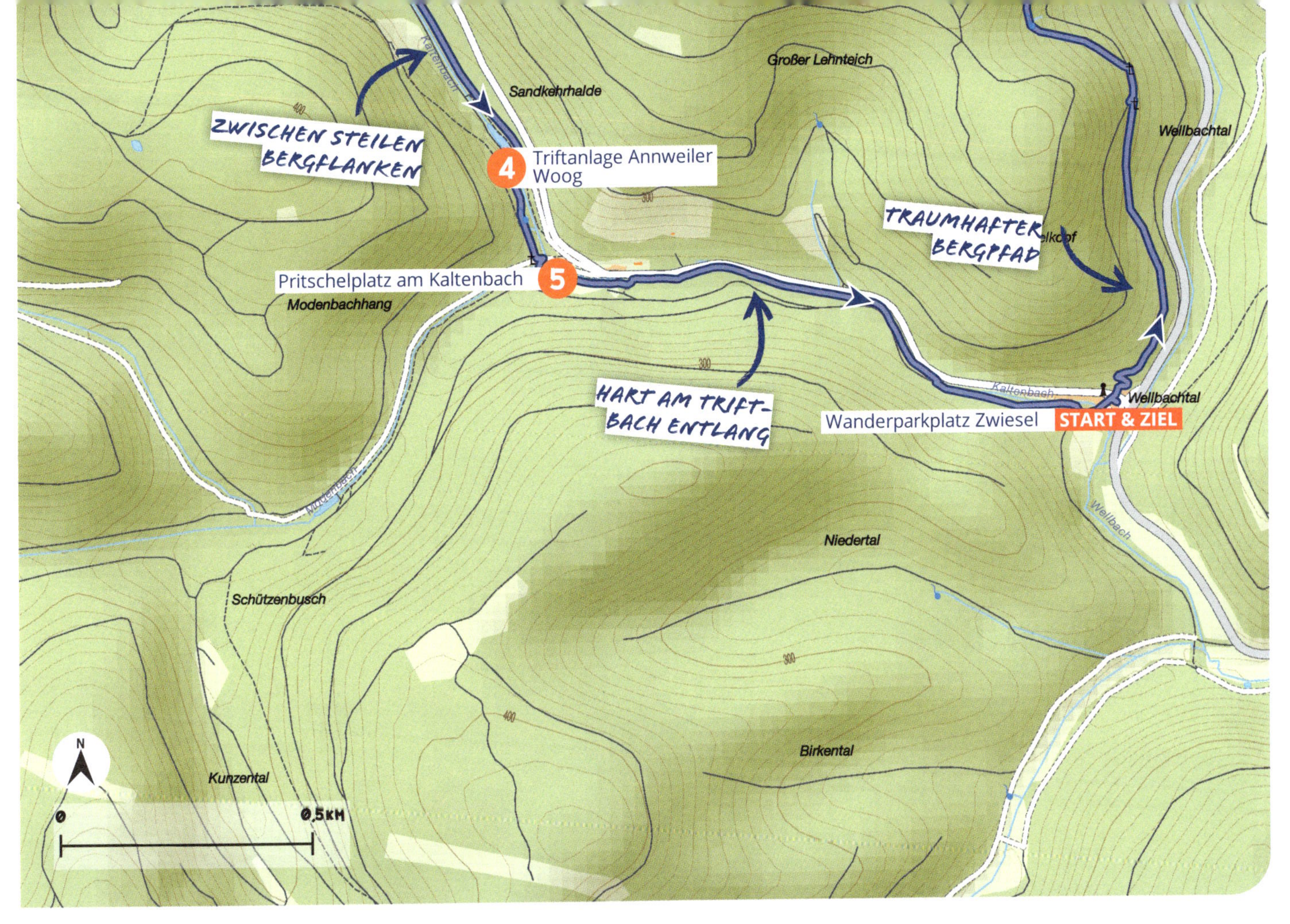
Großer Lehnteich
Sandkehrhalde
Wellbachtal
ZWISCHEN STEILEN BERGFLANKEN
4 Triftanlage Annweiler Woog
TRAUMHAFTER BERGPFAD
5 Pritschelplatz am Kaltenbach
Modenbachhang
HART AM TRIFT-BACH ENTLANG
Kaltenbach
Wellbachtal
Wanderparkplatz Zwiesel
START & ZIEL
Wellbach
Niedertal
Schützenbusch
Birkental
Kunzental
N
0
0,5KM

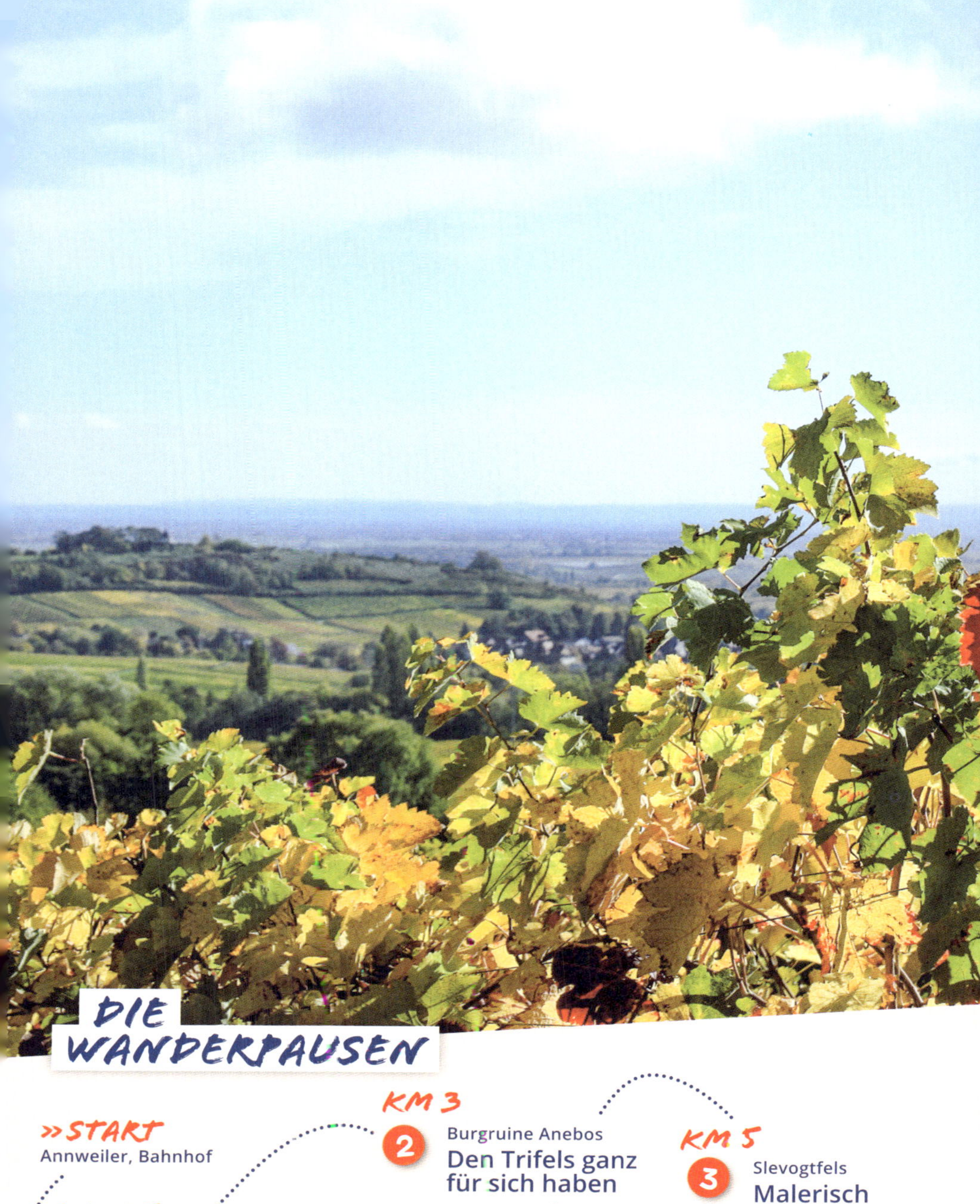

DIE WANDERPAUSEN

»START
Annweiler, Bahnhof

KM 0,5
1 Altstadt Annweiler
Sich locker machen

KM 3
2 Burgruine Anebos
Den Trifels ganz für sich haben

KM 5
3 Slevogtfels
Malerisch

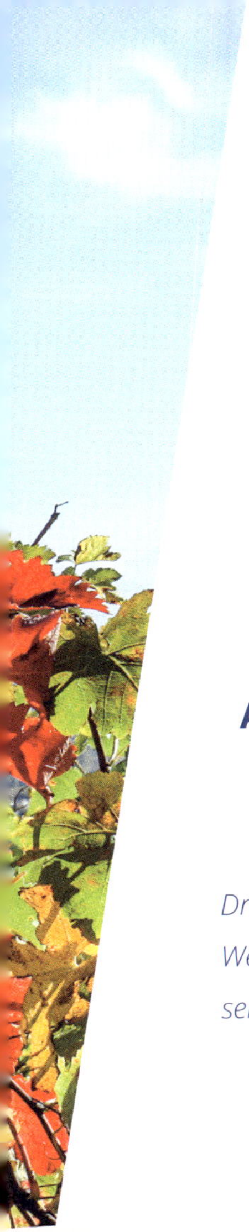

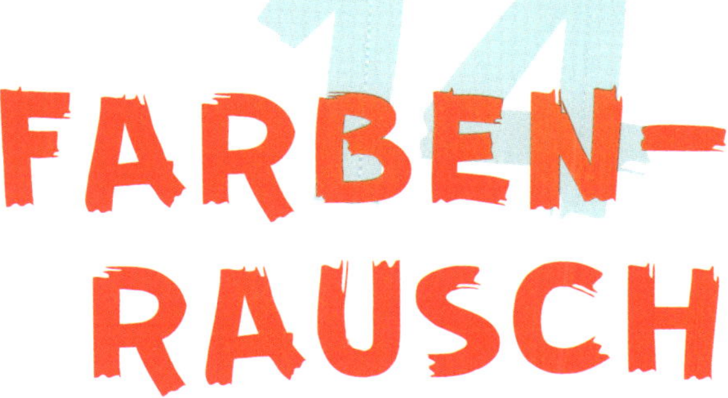

14 FARBEN-RAUSCH

Auf kunstvollen Wegen vom Trifelsland zur Weinstraße

Drei Burgruinen, traumhafte Aussichtsplätze, elegant geschwungene Weinberge und ein Schuss Kultur – Max Slevogt fand hier die Motive seiner impressionistischen Landschaftsbilder.

KM 6

4 Föhrlenberg-Aussichtspunkt
Duddefliecher?

KM 8

5 Burgruine Neukastel
Einfach großartig, dieser Ausblick!

KM 11

6 Picknickplatz am Keschdebusch
Sitzen oder lümmeln?

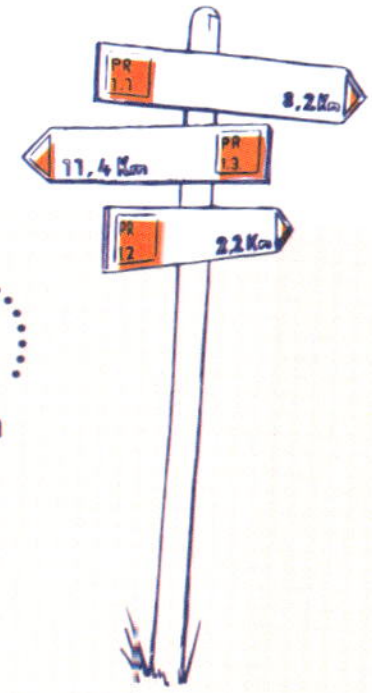

KM 13,9 » ZIEL
Siebeldingen, Bahnhof

EINE TOUR DER SUPERLATIVE …

… ist diese Höhenwanderung zwischen Annweiler am Trifels und dem Winzerdorf Birkweiler: Drei Gipfel, ebenso viele Burgen und einige wilde Kletterfelsen. Dazwischen Kunst im Wald – eine Hommage an den Maler Max Slevogt, der lange hier lebte. Am Ende wartet dann der große Kontrast, wenn der Weg in weiten Bögen durch die Rebhänge der Südlichen Weinstraße führt.

Besonders schön ist diese Wanderung im Herbst, wenn die Weinberge bereits in vielen Gelb- und Rottönen eingefärbt sind und auch die Buchen und Eichen auf den Trifelsland-Bergen in den Farben des Indian Summer zu leuchten beginnen. Dann vergleiche man die Farbenpracht mit den Landschaftsgemälden von Max Slevogt, die auf einem Themenweg am Föhrlenberg zu sehen sind. Sie tragen Titel wie »Das Annweiler Tal«, »Blick auf die Münz« oder »Waldlandschaft Neukastel« – womit bereits einige Stationen der Tour benannt wären.

AM FÖHRLENBERG VON GANZ OBEN AUF DIE WEINBERGE HINUNTERSCHAUEN

Für ein solches Wandererlebnis wird man gerne etwas tun, denn hier gibt es einiges auf- und abzusteigen. Ganz beschaulich ist der Auftakt, ein Altstadt-Bummel im Trifelsstädtchen **Annweiler.** Dann aber werden beim Aufstieg zum Burgentrio Trifels–Anebos–Münz Höhenmeter gemacht. Die mächtige Reichsfeste Burg Trifels spart man sich für einen Extrabesuch auf und wandert gleich weiter zur **Burgruine Anebos.**

Die glänzt mit einem solch interessanten Blick zum Trifels und in den Pfälzerwald, dass man sich noch ergiebigere Aussichtsplätze kaum vorstellen kann. Doch tatsächlich – die gibt es. Das beginnt mit dem **Slevogtfels,** setzt sich auf dem **Föhrlenberg** fort und findet den Höhepunkt auf der **Burgruine Neukastel,** dem Aussichtsbalkon der Aussichtsbalkone über der Rheinebene.

Dann geht es hinunter in die Weinberge. Zügig – sollte man meinen. Aber da sind **im Herbst** die reifen Esskastanien, die unbedingt aufgelesen werden wollen … Ein Weinbergtraum: der abschließende Weg über die berühmte Weinlage Kastanienbusch. «

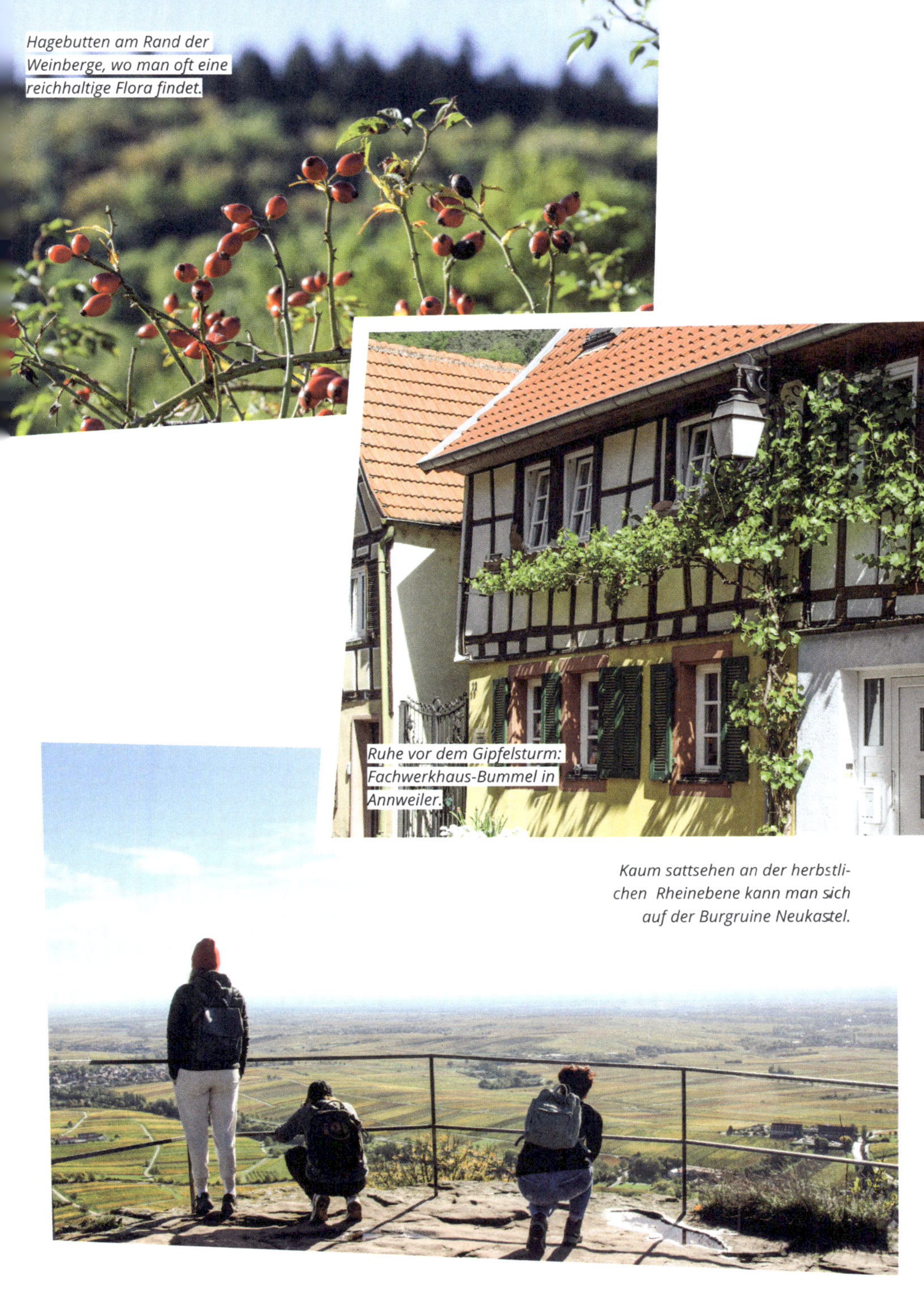

Hagebutten am Rand der Weinberge, wo man oft eine reichhaltige Flora findet.

Ruhe vor dem Gipfelsturm: Fachwerkhaus-Bummel in Annweiler.

Kaum sattsehen an der herbstlichen Rheinebene kann man sich auf der Burgruine Neukastel.

WANDERN & GENIESSEN

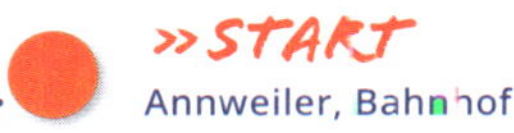

Annweiler, Bahnhof

Rechtshaltend die Ortsdurchgangsstraße überqueren und durch die Wassergasse entlang der Queich zum Marktplatz.

KM 0,5

1 Altstadt Annweiler

Sich locker machen

Das sieht nach Bergwandern aus, wenn man von Annweiler hinaufschaut zum Trifels und den Gipfeln drum herum. Also lässt man's erst einmal ruhig angehen, bummelt an Fachwerkhäusern und dem Flüsschen Queich entlang, wirft vielleicht zur Einstimmung noch einen Blick in das kleine Museum unterm Trifels (Mittwoch bis Sonntag geöffnet) und sucht sich dann rund um den Marktplatz die passende Einkehr. Gut, dass es in der hübschen Altstadt Kaffee, Kuchen und Eis gibt. Da verlieren die 300 Höhenmeter zur Burgruine Anebos doch gleich ihren Schrecken.

Der Straßenbeschilderung Richtung Annweiler-Bindersbach folgen. Am Kurpark mit dem blassgrünen Logo des Premiumweges Annweilerer Burgenweg links hinauf zum Parkplatz Schlossäcker unter dem Trifels. Auf dem Burgenweg geht es weiter zur Burgruine Anebos.

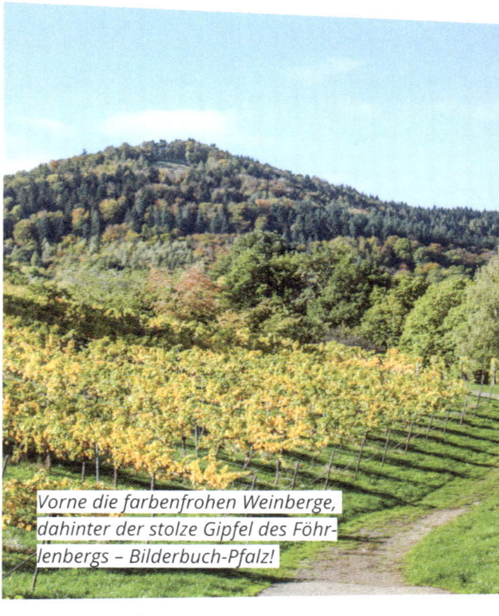

Vorne die farbenfrohen Weinberge, dahinter der stolze Gipfel des Föhrlenbergs – Bilderbuch-Pfalz!

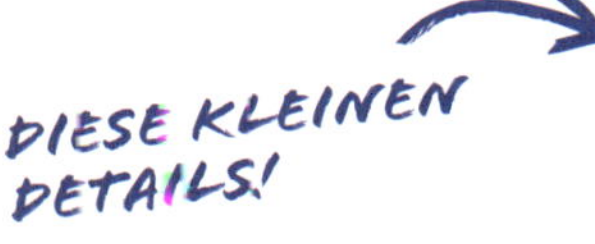

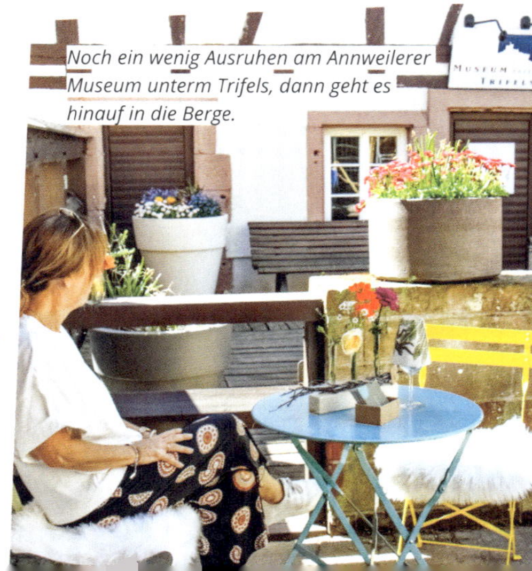

Noch ein wenig Ausruhen am Annweilerer Museum unterm Trifels, dann geht es hinauf in die Berge.

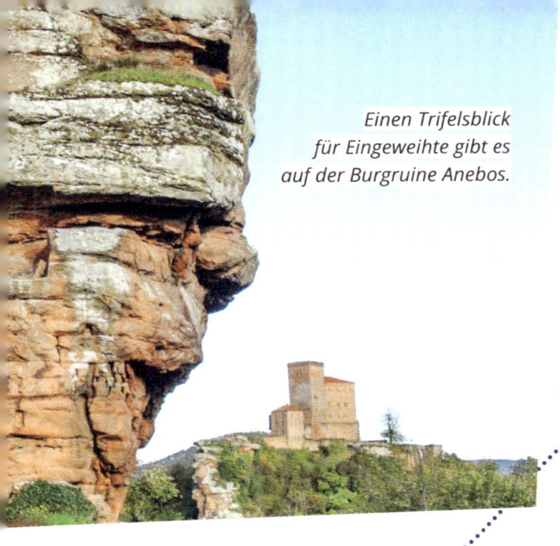

Einen Trifelsblick für Eingeweihte gibt es auf der Burgruine Anebos.

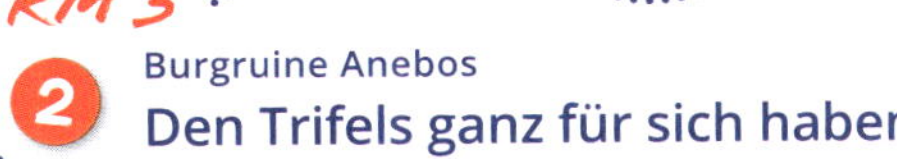

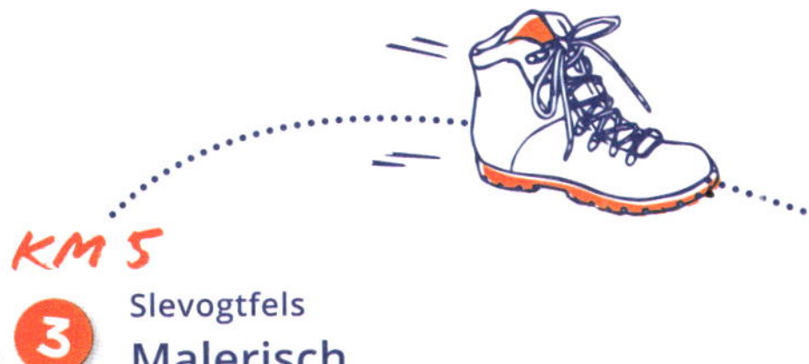

KM 3

2 Burgruine Anebos
Den Trifels ganz für sich haben

Drüben an der Reichsfeste Burg Trifels: Scharen von Besuchern, die mit dem Auto, dem Linien- oder dem Reisebus zum Trifelsparkplatz heraufkommen und dann den steilen Burgberg hinaufkeuchen. Hier an der Burgruine Anebos dagegen ist man alleine oder teilt sich mit zwei, drei anderen Wandernden den Blick zum Trifels. Wie die Münz diente auch die Anebos, die kleinste Anlage des Annweiler Burgentrios, dem Schutz der Reichsfeste. Der strategische Blick über das Trifelsland beeindruckt heute noch, denn im Norden sind auch die Ramburg und die Burgruine Neu-Scharfeneck zu sehen, die ebenfalls zu den um den Trifels errichteten Wehrburgen gehörten.

Auf dem Annweilerer Burgenweg rechts herum zum Sattel zwischen Anebos und Münz. Entgegen der Beschilderung unbedingt links an den Felsen entlang und dann wieder auf dem Burgenweg zur Burgruine Scharfenberg (Münz). In einem Linksbogen zur Ostseite des Berges und auf einem steilen Pfad hinunter zum Wanderparkplatz Ahlmühle. Dort kurz dem Logo des Pfälzer Weinsteiges folgen und hinter einer Schranke halblinks auf einem unbeschilderten Pfad steil hinauf zum Slevogtfels.

KM 5

3 Slevogtfels
Malerisch

Eine bequeme Bank, gegenüber der Trifels mit seinen Trabanten Anebos und Münz, daneben der stolze Rehberg – der Slevogtfels am Osthang des Föhrlenberges ist ein Rastplatz wie gemalt. Und tatsächlich: Benannt ist der Fels nach dem Impressionisten Max Slevogt, der rund um den Föhrlenberg Motive für seine Landschaftsbilder fand. Als Vertreter der Pleinair-Malerei stellte er seine Bilder nicht im Atelier fertig, sondern malte sie draußen. Viele Jahre seines Lebens verbrachte er auf einem heute nach ihm benannten Gutshof unterhalb der Ruine Neukastel. Dort starb der schon zu Lebzeiten hochangesehene Maler 1932. Sein Grabmal liegt etwa 100 Meter hinter dem Slevogthof. Mit einem kleinen Abstecher nach rechts kommt man von der Route dort hin.

Weiter bergauf und geradeaus über den Gipfel des Föhrlenberges zum Aussichtspunkt.

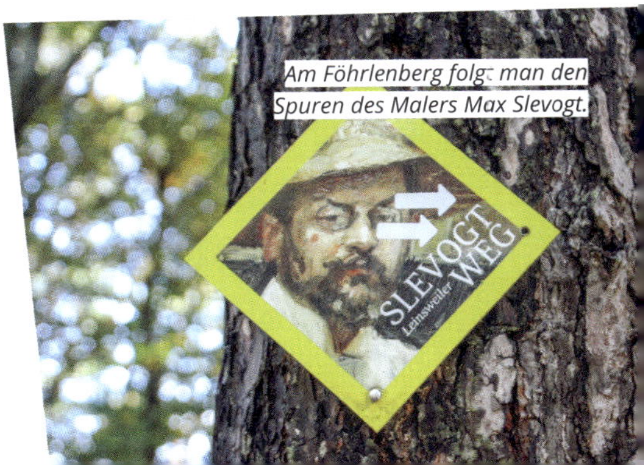

Am Föhrlenberg folgt man den Spuren des Malers Max Slevogt.

KM 6

4 Föhrlenberg-Aussichtspunkt
Duddefliecher?

Das Windfähnchen an der großen Schneise am Föhrlenberg verrät es: Wie die Nachbargipfel Hohenberg, Adelsberg, Orensberg und Blättersberg ist auch der 530 Meter hohe Föhrlenberg ein Startplatz für Gleitschirmflieger. Im Verein »Duddefliecher« haben sie sich hier organisiert. »Dudde« – Tüten – nennen sie lässig ihre Fluggeräte. Das Geschirr noch einmal überprüfen, ein paar Schritte Anlauf und schon geht es hoch in die Luft. Immer weiter kreiseln sie dann nach oben und schauen sich den Wasgau und die Weinberge aus der Vogelperspektive an. Ganz so hoch hinauf muss man nicht, der weite Blick vom Föhrlenberg begeistert auch so.

Auf einem Serpentinenpfad hinunter zur Wegspinne Hexentanzplatz (Förläcker) und beschildert zur Ruine Neukastel. .

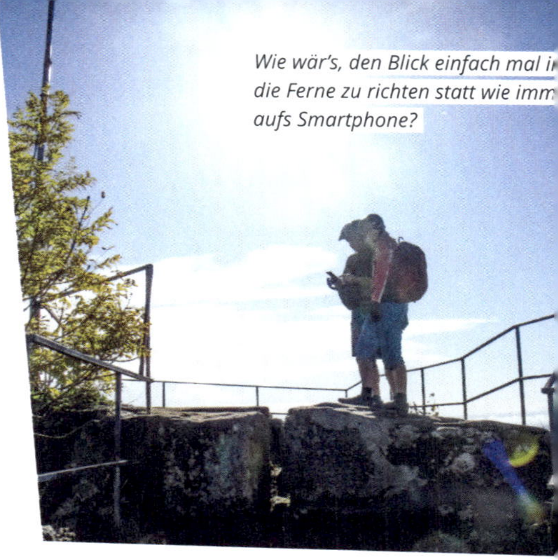

Wie wär's, den Blick einfach mal in die Ferne zu richten statt wie immer aufs Smartphone?

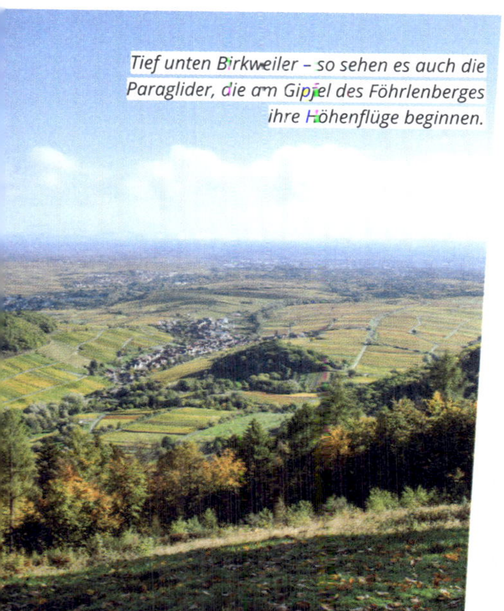

Tief unten Birkweiler – so sehen es auch die Paraglider, die am Gipfel des Föhrlenberges ihre Höhenflüge beginnen.

KM 8

5 Burgruine Neukastel
Einfach großartig, dieser Ausblick!

Unscheinbar wirkt die Burgruine Neukastel im Vergleich zu ihren Nachbarn Trifels, Madenburg und Landeck. Statt Burgmauern, Türmen und Zinnen nur ein klobiger Fels mit zwei in den Stein gehauenen Treppen, einer Felsenkammer und ein paar Balkenlöchern. Aber dann dieser Ausblick! Nirgendwo lässt sich der Kontrast zwischen Rheinebene und Pfälzerwald anschaulicher erleben als hier, denn die Burg liegt auf einem in die Ebene vorgeschobenen Bergsporn. Zudem kann man von der gesicherten Plattform den restlichen Weg der Wanderung einsehen, mit den Weinbergen bei Ranschbach und einem von hier aus bescheiden wirkenden Hügel mit dem verheißungsvollen Namen Kastanienbusch.

Auf dem Pfälzer Weinsteig hinunter zum Slevogthof. Links am Gebäude vorbei und auf dem Keschde-Erlebnisweg hinunter zu den Weinbergen. Dort dem Traubenklotz-Logo des Wanderweges Deutsche Weinstraße folgen.

KM 11

6

Picknickplatz am Keschdebusch

Sitzen oder lümmeln?

Kein Mensch würde hier Kastanienbusch sagen. »Keschdebusch« heißt dieser kleine Bergkegel zwischen Ranschbach und Birkweiler richtig, auch wenn Landkarten stur etwas anderes behaupten. Und »Keschdebuscher« heißt auch der dazugehörige Wein. Um festzustellen, dass diese sonnenverwöhnten Hänge eine bevorzugte Weinlage abgeben, muss man kein ausgewiesener Weinkenner sein. Der Beweis lässt sich in den Weinstuben von Birkweiler führen, wo auch die Weinlagen Mandelberg und Rosenberg ihren Auftritt bekommen. Doch zuvor wird man noch eine letzte Freiluftrast einlegen, an einer gemauerten Schutzhütte am Südosthang des Keschdebusches. Falls man sich nicht doch lieber in das zum Pfälzer Strandkorb ausgebaute Weinfass daneben lümmelt.

Weiter auf dem Wanderweg Deutsche Weinstraße bis Birkweiler. Durch den Ort hinab zum Ortsrand von Siebeldingen und links zum Bahnhof.

EXTRA INFOS:

Falls man doch die Burg Trifels mitnehmen sollte, kann man sich die Kalorien für den Weiterweg in Form einer Himmelstorte, eines Saumagens oder eines Flammkuchens im ● **Ausflugslokal Barbarossa** am Burgenparkplatz holen (www.barbarossa-trifels.de, Mittwoch bis Sonntag geöffnet). Am Ende der Tour nicht in Birkweiler einzukehren, wäre eine Sünde, gibt es dort doch das ● **Restaurant St. Laurentiushof** mit seinem lauschigen Innenhof (www.st-laurentiushof-birkweiler.de, Dienstag bis Samstag geöffnet) und den ● **Weinausschank Siener** direkt an den Rebhängen (www.weingutsiener.de, Mittwoch bis Sonntag geöffnet).

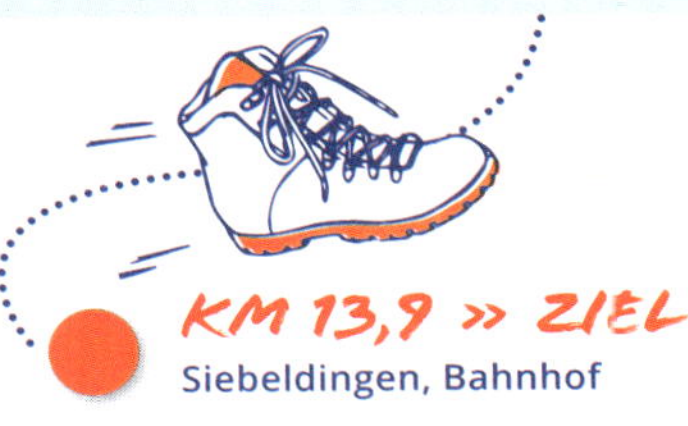

KM 13,9 » ZIEL

Siebeldingen, Bahnhof

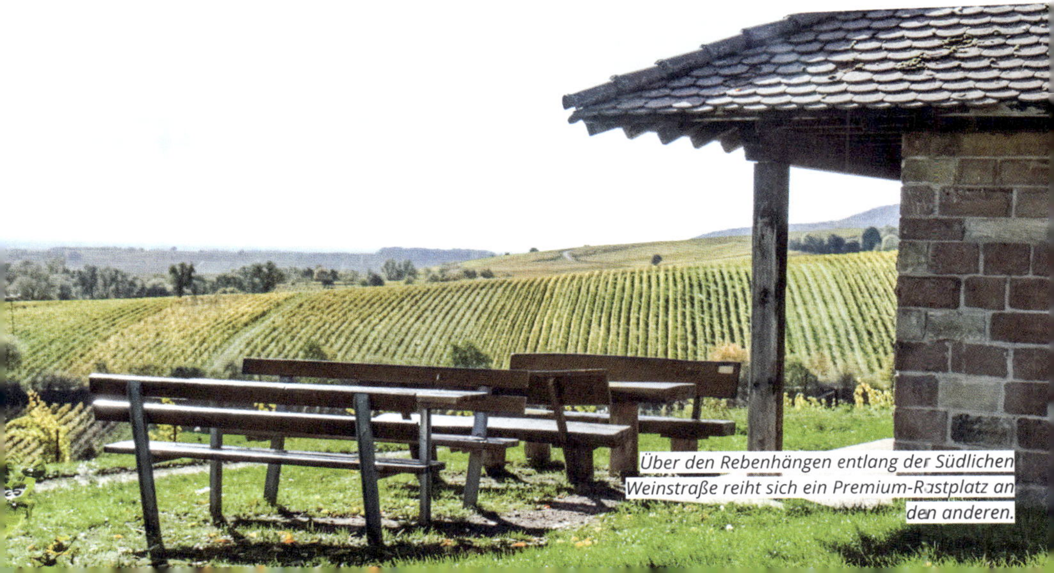

Über den Rebenhängen entlang der Südlichen Weinstraße reiht sich ein Premium-Rastplatz an den anderen.

AUF EINEN BLICK

- **Start:** Annweiler, Bahnhof
- **Ziel:** Siebeldingen, Bahnhof
- **Strecke:** 13,9 km (Streckentour)
- **Reine Wanderzeit:** 4 Std. 30
- **Höhenmeter:** ↗ 582 m ↘ 598 m
- **Wegbeschaffenheit:** Bergpfade, Waldwege und Waschbeton-Winzerwege.
- **Beste Zeit:** Im Herbst ist es wegen der Farbenpracht besonders schön.
- **Ausrüstung:** Fithaltende Getränke, reichlich Proviant, Beutel fürs Kastaniensammeln.

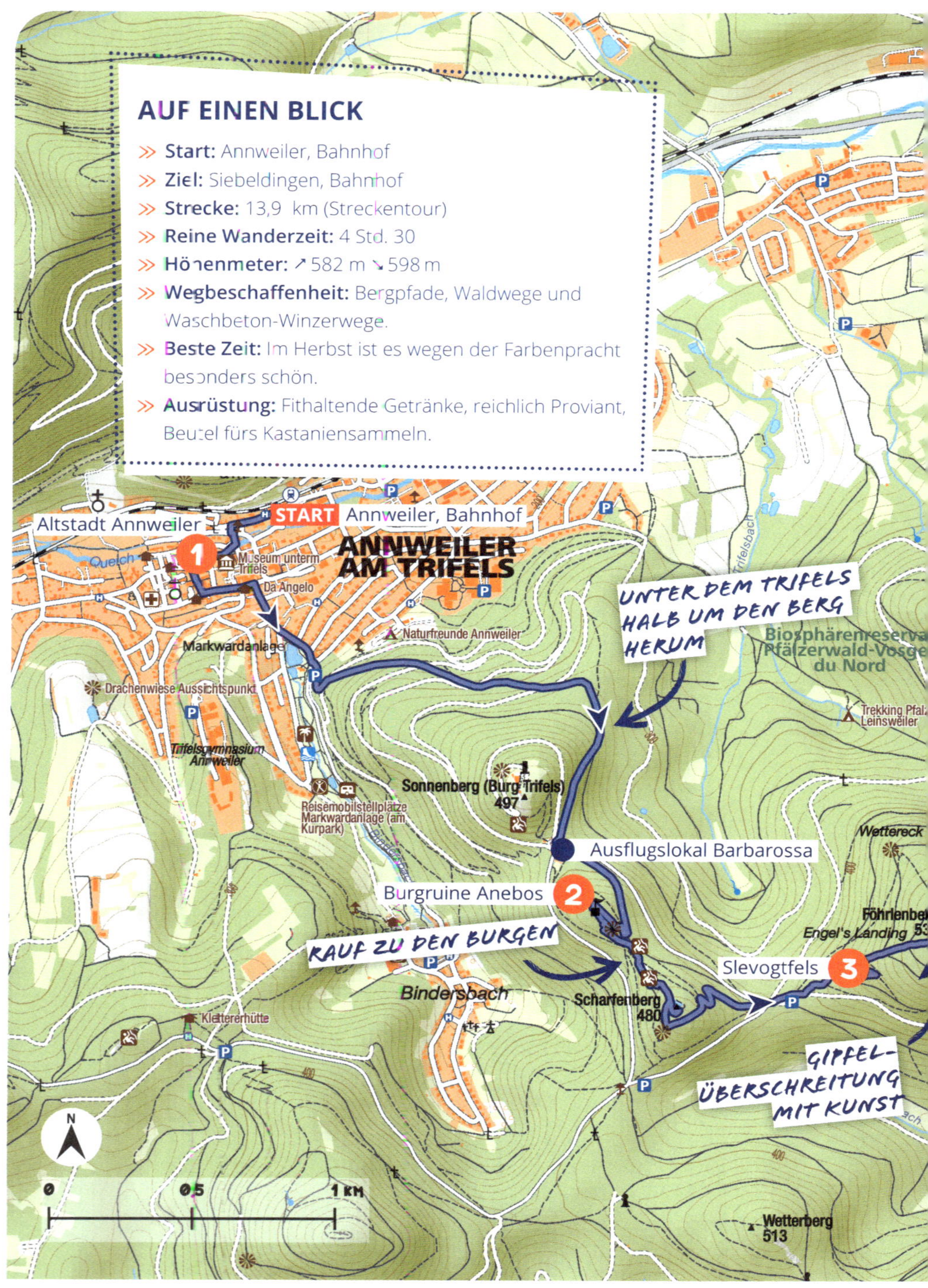

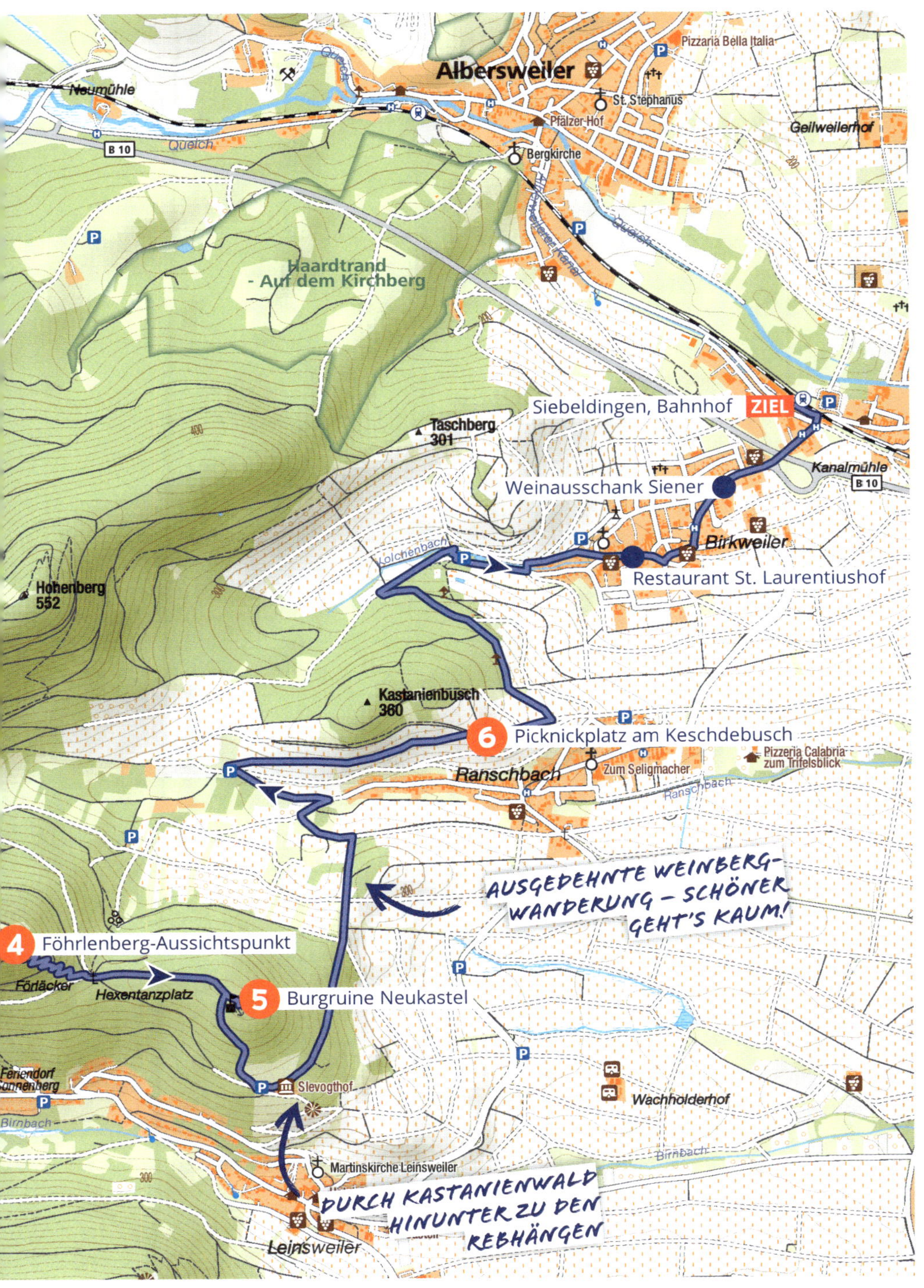

Albersweiler
Neumühle
Queich
B 10
Pizzaria Bella Italia
St. Stephanus
Pfälzer Hof
Bergkirche
Geilweilerhof
Haardtrand - Auf dem Kirchberg
Siebeldingen, Bahnhof
ZIEL
Taschberg 301
Kanalmühle
Weinausschank Siener
Birkweiler
Restaurant St. Laurentiushof
Hohenberg 552
Kastanienbusch 360
6
Picknickplatz am Keschdebusch
Ranschbach
Zum Seligmacher
Pizzeria Calabria zum Trifelsblick
Ausgedehnte Weinberg-Wanderung – schöner geht's kaum!
4
Föhrlenberg-Aussichtspunkt
Förläcker
Hexentanzplatz
5
Burgruine Neukastel
Slevogthof
Birnbach
Wachholderhof
Martinskirche Leinsweiler
Durch Kastanienwald hinunter zu den Rebhängen
Leinsweiler

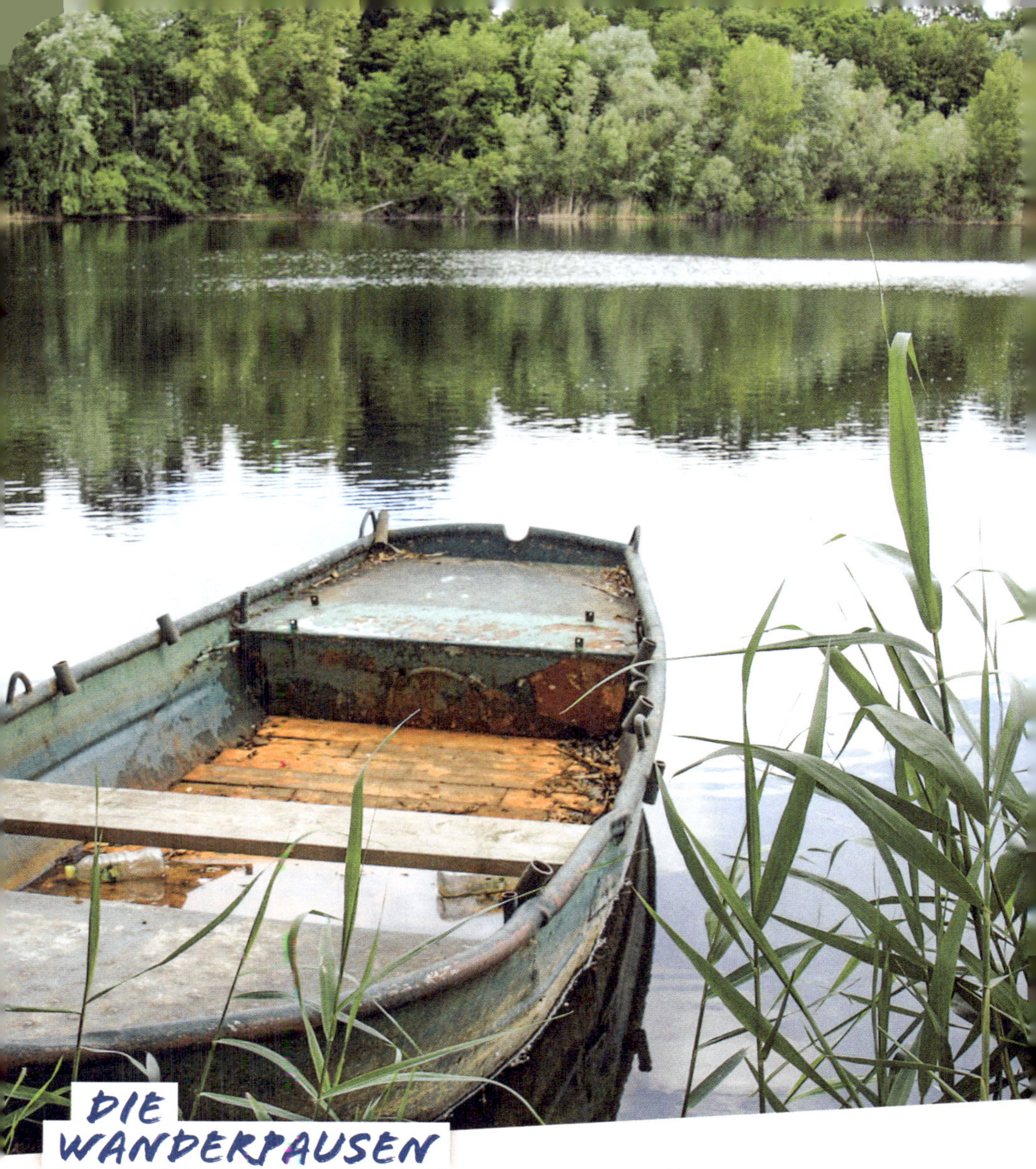

DIE WANDERPAUSEN

» START
Hördt, Kirchstraße

KM 0,1

1 Kirche St. Georg
Klostervergangenheit

KM 4

2 Auenwald am Michelsbach
Augen und Ohren auf!

KM 5

3 Schleuse Sondernheim-Süd
Die anderen sind auch schon da

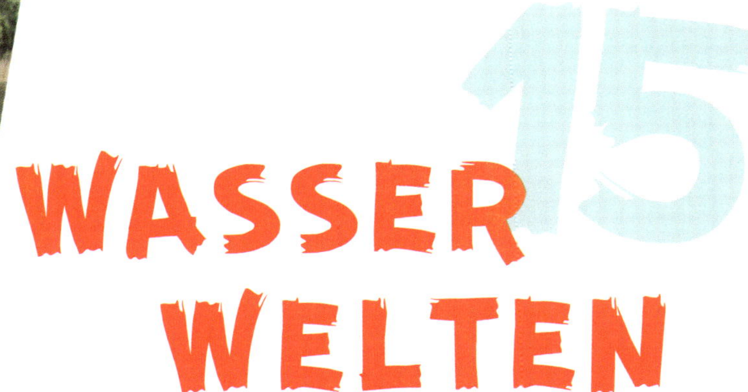

Von Hördt durch den Auenwald zum Rhein

Der Premiumweg »Auf den Spuren der Treidler« verbindet ursprüngliche Natur mit Menschengemachtem: lianenumrankte Baumriesen, eine exotische Vogelwelt, pralles Leben in Seen, Tümpeln und Bächen, dazu Schleusen, Dämme und ein Treidelpfad.

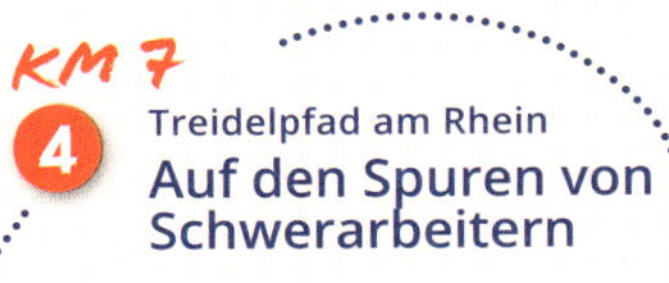

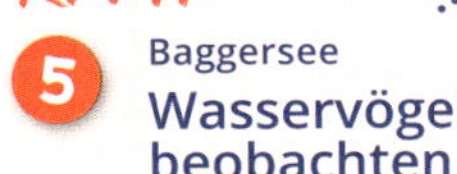

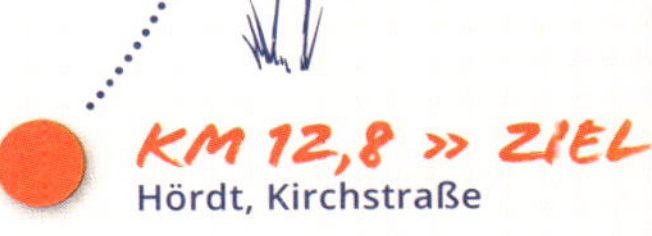

AUF WENIGER ALS 100 METERN MEERESHÖHE …

… eine Pfalzwanderung beginnen? Doch, das geht! Genau 99 Meter hoch nämlich liegt das Klosterdorf **Hördt,** der Ausgangspunkt dieser Rundwanderung durch geheimnisvolle Rheinauenwälder. Anstiege gibt es keine, der Premiumweg »Auf den Spuren der Treidler« macht die Orientierung leicht – eine einfache Tour also für Entdecker, Naturfreunde und Familien mit Kindern.

Schauplatz ist das Naturschutzgebiet Hördter Rheinaue. Auf Schritt und Tritt wird man hier daran erinnert, wie es einst im Oberrheintal aussah: Der Rhein mäanderte mit vielen Flussarmen durch ein zwei bis drei Kilometer breites Abflussgebiet voller Sümpfe, Inseln und Halbinseln. Nach 1840 aber wurde der Fluss nach Plänen des Karlsruher Ingenieurs Johann Gottfried Tulla begradigt – um den häufigen Überflutungen und dem Sumpffieber zu begegnen, den Rhein besser schiffbar zu machen und landwirtschaftlich nutzbares Gelände zu gewinnen. So wurde der Flusslauf auf 200 bis 300 Meter Breite eingeengt und mit Dämmen eingehegt.

DIE MEDITATIVE STIMMUNG, WENN SICH AUF DEM TREIDELPFAD SCHIFFS- UND URWALDGERÄUSCHE VERMISCHEN

Einige größere **Auenwälder** aber blieben bestehen. Dort tritt man in eine ganz eigene Welt ein, in der träges Fließgewässer, dunkle Tümpel und undurchdringliche Schilfsenken von mit Efeu und Lianen überwucherten Baumriesen umstanden sind und wo auf dem Sumpfboden Blumen und Kriechpflanzen gedeihen. Die akustische Kulisse bildet ein vielstimmiges Pfeifen, Singen und Zirpen.

Szenenwechsel am Rhein-Hochwasserdamm: menschengemacht wie der belebte Radweg, der am Damm entlang führt. Kurz darauf spaziert man am Hauptrhein – Neurhein wird er seltsamerweise nicht genannt. Das Gefühl, Zeuge europäischen Lebens zu sein, kommt auf, wenn internationale Lastkähne vorbeituckern und Wellen ans Ufer klatschen lassen. Für eine Dreiviertelstunde knirscht jetzt der Kies unter den Wanderschuhen, denn der Weg folgt einem historischen **Treidelpfad,** der nach der Rheinbegradigung für das Ziehen von Lastkähnen angelegt wurde. Dann geht es abermals in den Auenwald und zurück zu den Tabakfeldern von Hördt. «

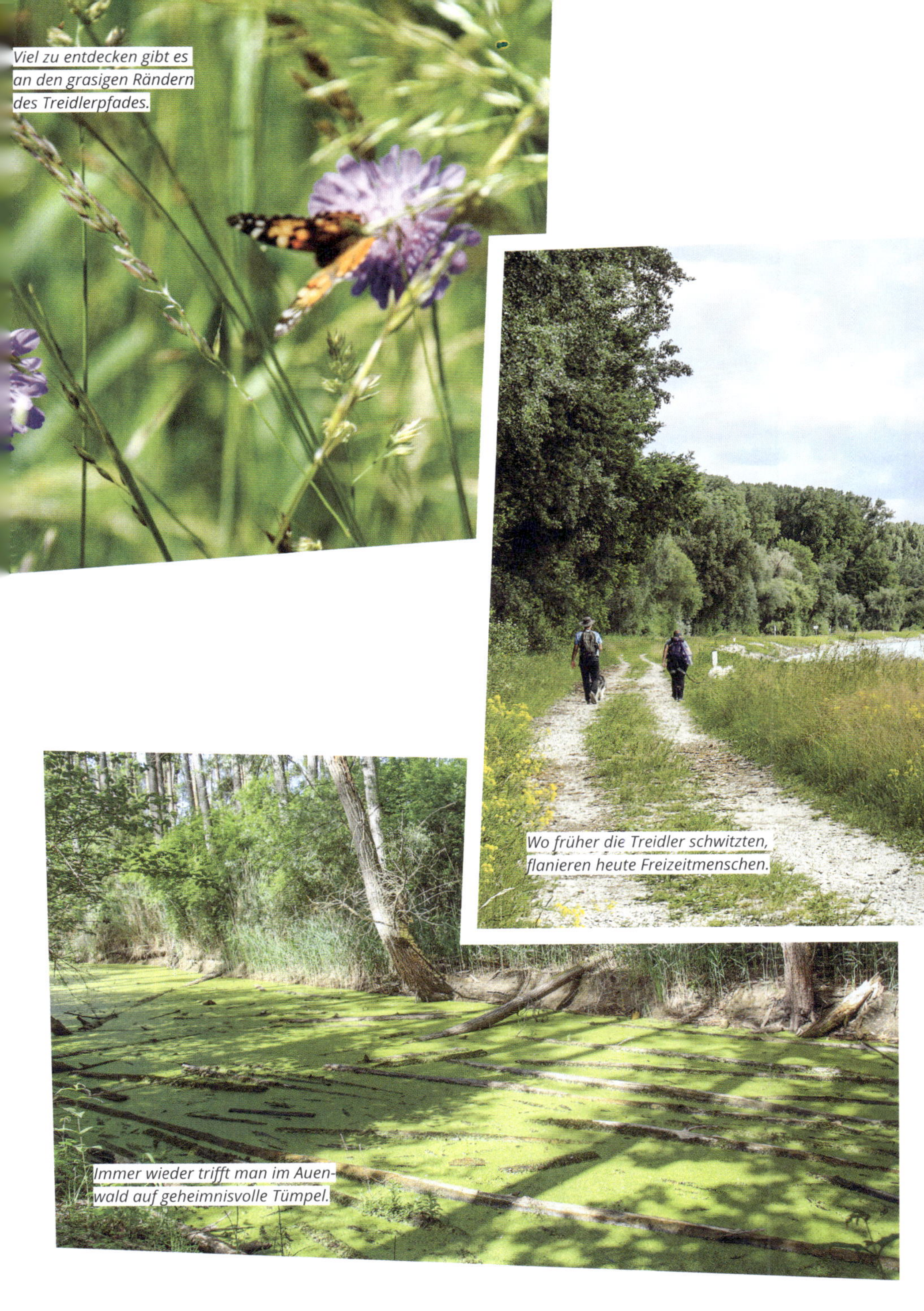

Viel zu entdecken gibt es an den grasigen Rändern des Treidlerpfades.

Wo früher die Treidler schwitzten, flanieren heute Freizeitmenschen.

Immer wieder trifft man im Auenwald auf geheimnisvolle Tümpel.

WANDERN & GENIESSEN

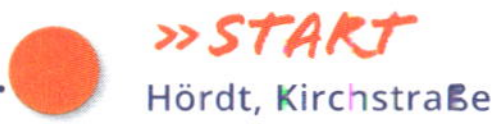

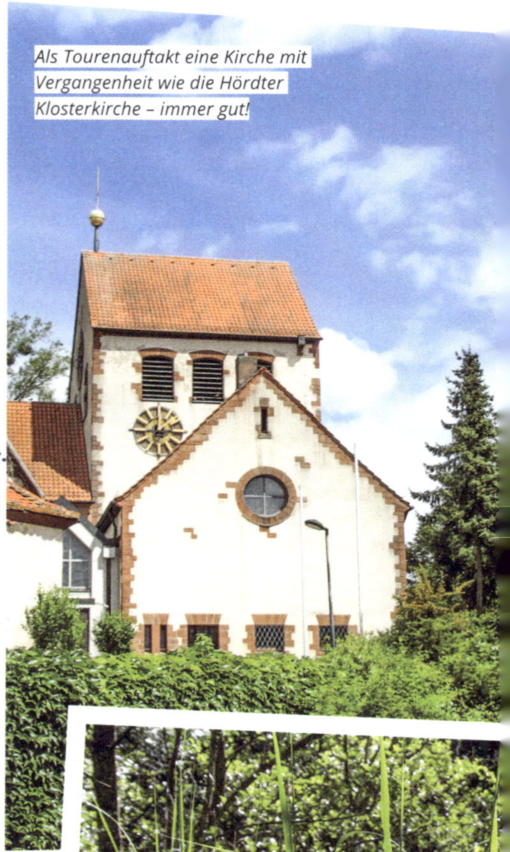

Hördt, Kirchstraße

Durch die Kirchstraße laufen in Richtung Wanderparkplatz Treidlerweg.

KM 0,1

1 Kirche St. Georg

Klostervergangenheit

Wenn man schon einmal hier ist, kann man vor dem Naturerlebnis auch noch ein wenig in die Geschichte von Hördt eintauchen. Was ist das eigentlich für eine Kirche, die auf einer Anhöhe das Ortsbild des Dorfes prägt? Also ein paar Schritte hinauf, um zu erfahren, dass die katholische Kirche St. Georg Bestandteil eines Klosters war, welches vom 12. bis ins 17. Jahrhundert existierte. Darauf ist Hördt erkennbar stolz und lässt sich gerne Klosterdorf nennen. Auch wenn von der Klostervergangenheit nur noch ein 15 Meter langes Mauerstück übrig ist, der Rest wurde nach der Französischen Revolution versteigert. Da wäre man gerne dabei gewesen!

Durch die Kirchstraße weiter zum Wanderparkplatz Treidlerweg. Jetzt immer dem weißen Wegzeichen des kurz »Treidlerweg« genannten Premiumweges folgen.

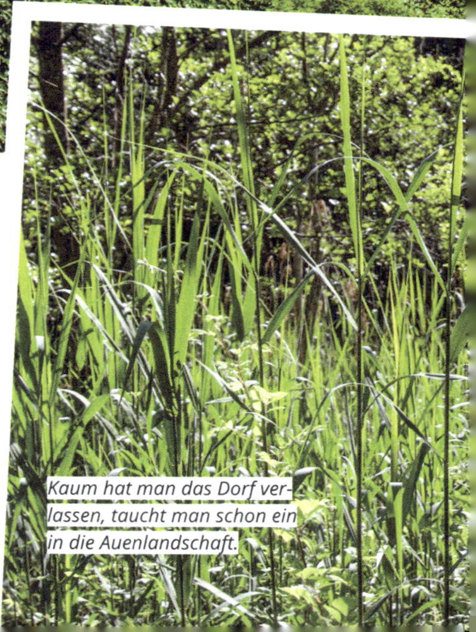

Als Tourenauftakt eine Kirche mit Vergangenheit wie die Hördter Klosterkirche – immer gut!

Kaum hat man das Dorf verlassen, taucht man schon ein in die Auenlandschaft.

KM 4

2 Auenwald am Michelsbach
Augen und Ohren auf!

Beim Betreten des Auenwaldes gilt die Aufmerksamkeit zunächst den mächtigen Eschen, Eichen und Bergahornen, die in der feuchten Hartholzaue gedeihen. Doch dann wird gelauscht, denn die Baumriesen und das Totholz am Boden bieten ideale Lebensbedingungen für viele Vogelarten. Da gurren die Wildtauben, da pfeift der Pirol, da klopft der Specht. Würde man in den Wald vordringen – Achtung, Naturschutzgebiet! – könnte man zudem Molche, Frösche, Schildkröten und Ringelnattern entdecken. Den aufgestauten Michelsbach daneben scheint ein Deich vor neugierigen Blicken schützen zu wollen. Also hinaufkrabbeln und einen Blick auf das träge Gewässer mit seinen vielen Wasservögeln werfen. Mühelos zu sehen sind dagegen die vielen Fischteiche, die mitten im Auenwald angelegt wurden.

Weiter auf dem »Treidlerweg". An der Schleuse führt ein kleiner Abstecher nach links zur Hütte.

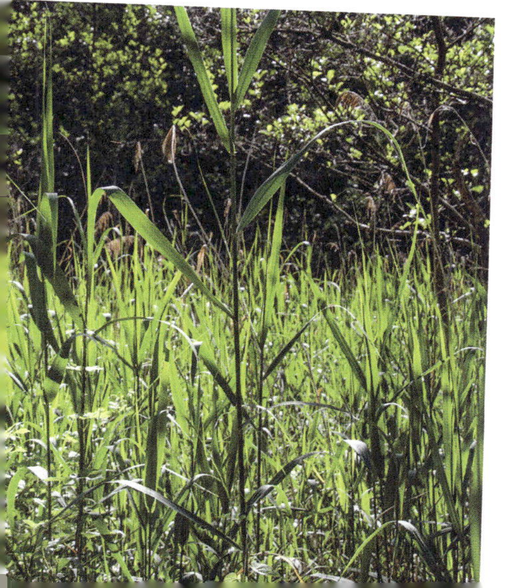

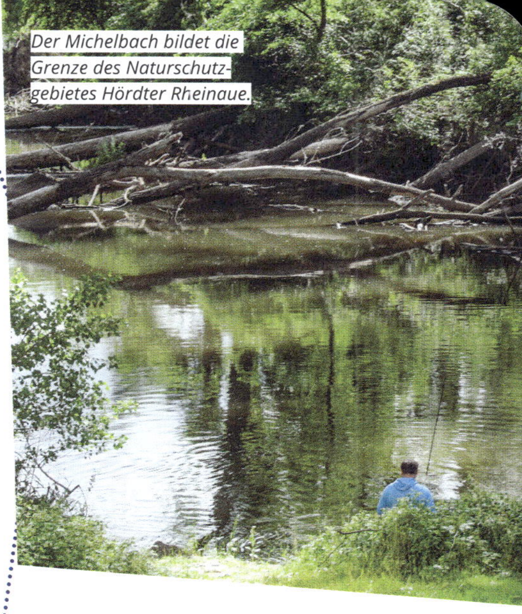

Der Michelbach bildet die Grenze des Naturschutzgebietes Hördter Rheinaue.

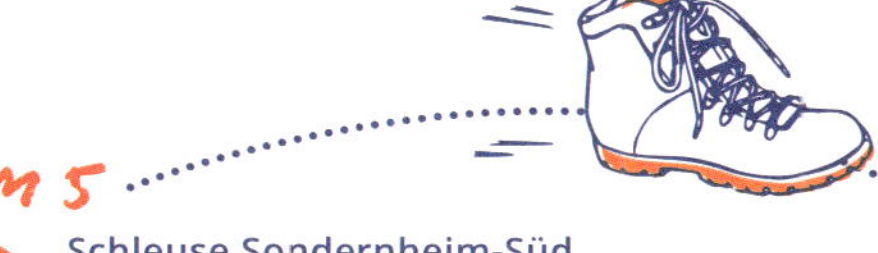

KM 5

3 Schleuse Sondernheim-Süd
Die anderen sind auch schon da

Wenn es auf dieser Wanderung irgendwo buntes Treiben gibt, dann hier – an der großen Schleuse, die den Michelsbach vom Sondernheimer Altrhein trennt und den Auenwald vor starker Überflutung schützt. Da treffen sich Treidlerweg-Wandernde mit Menschen, die angeln oder auf dem Rhein-Radweg unterwegs sind. Die meisten von ihnen kehren in der Gaststätte Schleusenhaus ein – sofern die Öffnungszeit gerade passt. Nebenbei: Eine Hütte des Pfälzerwald-Vereins, die weiter vom Pfälzerwald entfernt ist wie diese, dürfte schwerlich zu finden sein (www.pwv-sondernheim.de, Mittwoch und Sonntag geöffnet).

Zurück auf der Hauptroute dem Premiumweg zum Rhein folgen.

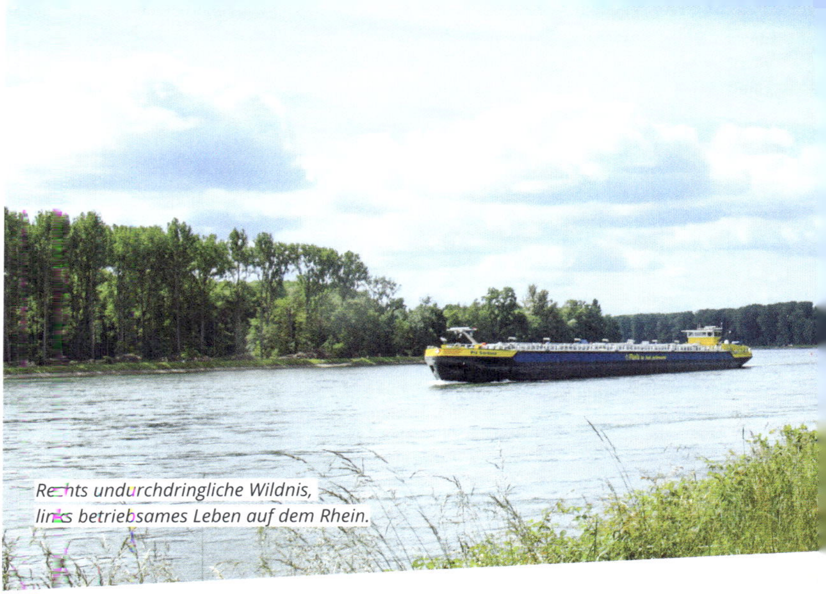

Rechts undurchdringliche Wildnis, links betriebsames Leben auf dem Rhein.

KM 7

4 Treidelpfad am Rhein

Auf den Spuren von Schwerarbeitern

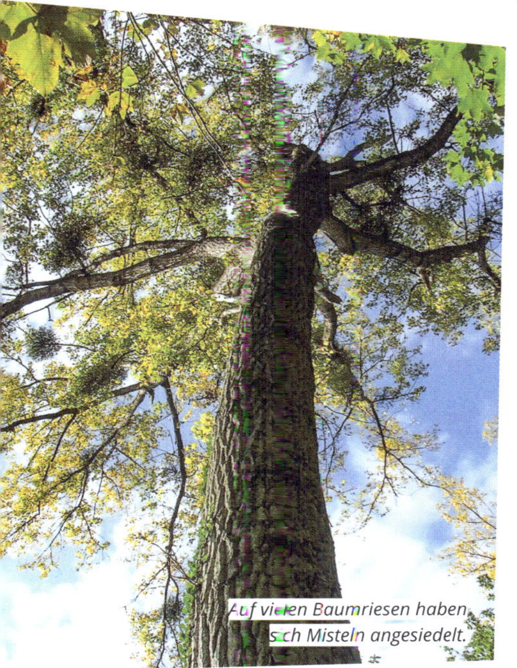

Auf vielen Baumriesen haben sich Misteln angesiedelt.

Schon die Römer – wie oft beginnt ein Blick in die Vergangenheit mit diesen Worten! Aber wenn es nun einmal stimmt. Also: Schon die Römer setzten am Rhein die Technik des Treidelns ein, um schwere Lasten zu befördern. Dazu brauchte man einen Lastkahn mit wenig Tiefgang und Treidelknechte mit Kraft, Willen und Erfahrung. Die zogen an langen Seilen, die am Vordermast befestigt waren, die Schiffe flussaufwärts. Später wurden auch Pferde, seltener Ochsen eingesetzt. Ein gut befestigter Uferweg, ein Treidelpfad, erleichterte die schwere Arbeit erheblich; mancherorts musste aber auch durch Flachwasser gewatet werden. Der Rhein war damals noch nicht begradigt, in seinen Windungen floss das Wasser träge dahin – mit der heutigen Strömung wäre Treideln an vielen Stellen kaum möglich gewesen.

Nach 2,5 km auf dem Treidelpfad verlässt der Premiumweg den Rhein und durchquert den Auenwald.

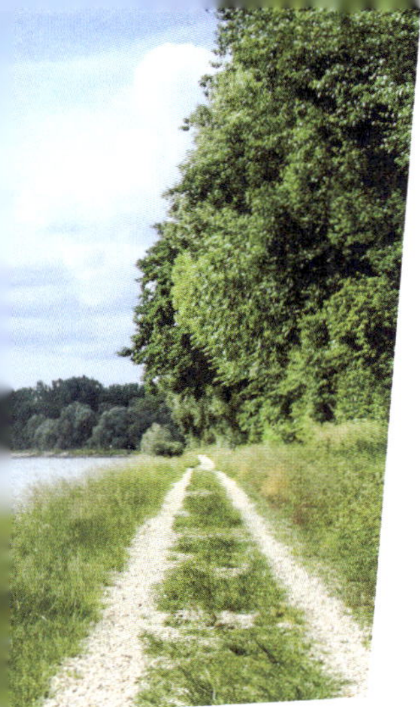

EXTRA INFOS:

Nach der Tour kann man in der Nähe des Wanderparkplatzes in der ● **Gaststätte Zum Schützenhaus** im Freien sitzen (www.sc-hoerdt.de, Mittwoch bis Sonntag geöffnet). Ganz pfiffig, diese Speisekarte!

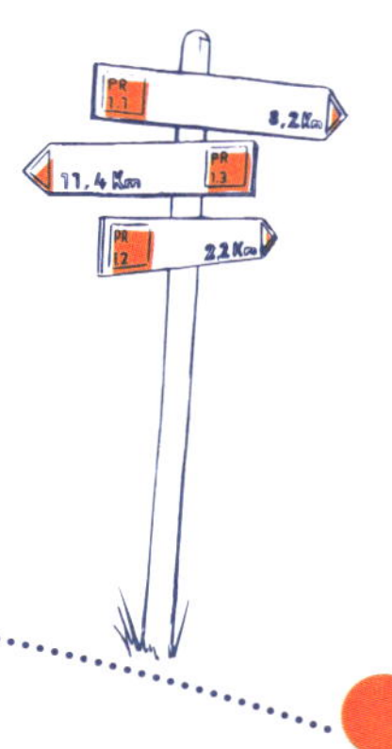

KM 11

5 Baggersee

Wasservögel beobachten

Etwas verborgen hinter Buschwerk breitet sich am Südrand des Naturschutzgebietes Hördter Rheinaue ein namenloser Baggersee aus, der mit seiner Ruhe und seinem Röhrichtufer auf den ersten Blick als Vogelparadies zu erkennen ist. Auch unter der Wasseroberfläche ist es überaus lebendig, da tummeln sich Barsche, Rotaugen, Schleien, Hechte, Karpfen und Zander. So unschuldig solche Baggerseen auch wirken – ihr historischer Hintergrund ist ein dunkler: Für den Bau des Westwalls in den Jahren 1936 bis 1940 wurde eine Unmenge Kies benötigt. Da bediente man sich gerne an dem, was der Rhein in Jahrmillionen aus den Alpen hierher transportiert hatte. Heute sind die Baggerseen meist Naturrefugien oder werden zum Angeln, Paddeln und Baden genutzt.

500 m hinter dem Weiher nicht der Treidlerweg-Route nach rechts folgen, sondern links zum Dorf.

KM 12,8 » ZIEL

Hördt, Kirchstraße

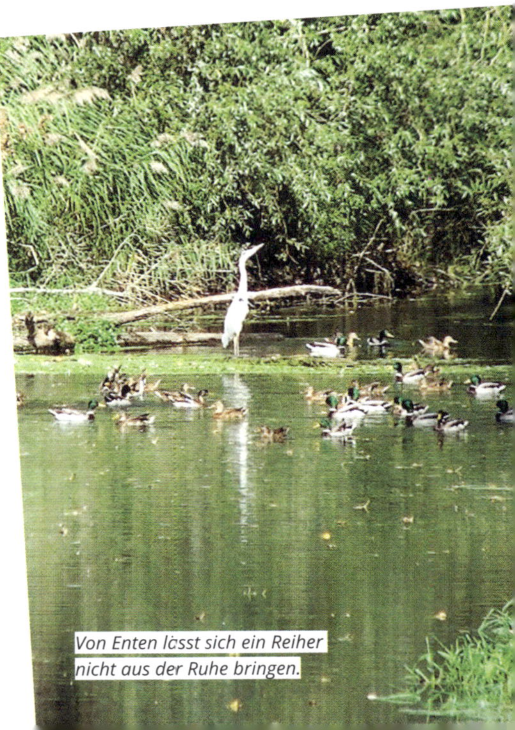

Von Enten lässt sich ein Reiher nicht aus der Ruhe bringen.

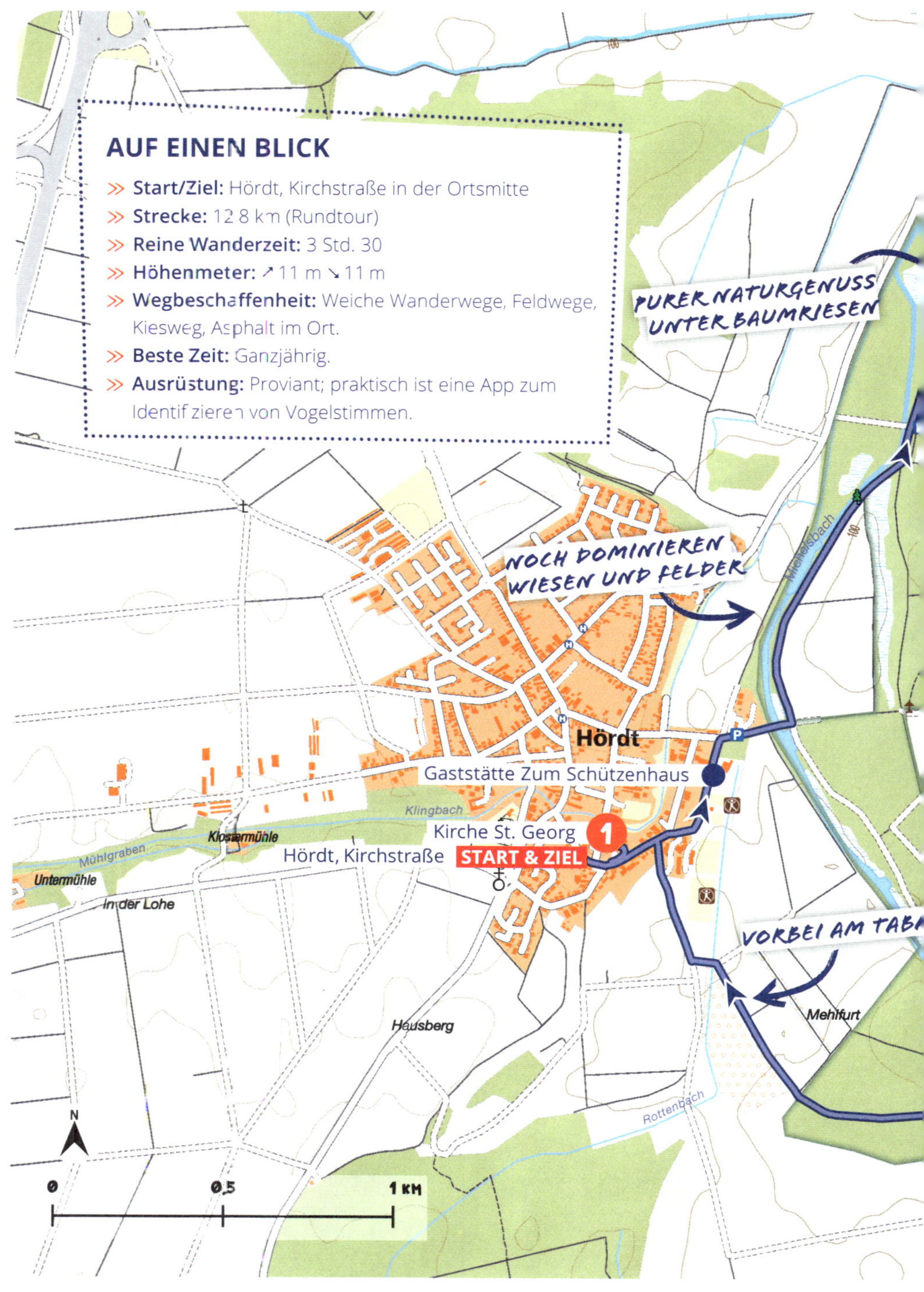

AUF EINEN BLICK
» Start/Ziel: Hördt, Kirchstraße in der Ortsmitte
» Strecke: 12,8 km (Rundtour)
» Reine Wanderzeit: 3 Std. 30
» Höhenmeter: ↗ 11 m ↘ 11 m
» Wegbeschaffenheit: Weiche Wanderwege, Feldwege, Kiesweg, Asphalt im Ort.
» Beste Zeit: Ganzjährig.
» Ausrüstung: Proviant; praktisch ist eine App zum Identifizieren von Vogelstimmen.
PURER NATURGENUSS UNTER BAUMRIESEN
NOCH DOMINIEREN WIESEN UND FELDER
VORBEI AM TAB
Hördt
Gaststätte Zum Schützenhaus
Kirche St. Georg
1
Hördt, Kirchstraße
START & ZIEL
Klingbach
Michelsbach
Klostermühle
Mühlgraben
Untermühle
In der Lohe
Hausberg
Mehlfurt
Rottenbach
100
N
0
0,5
1 KM

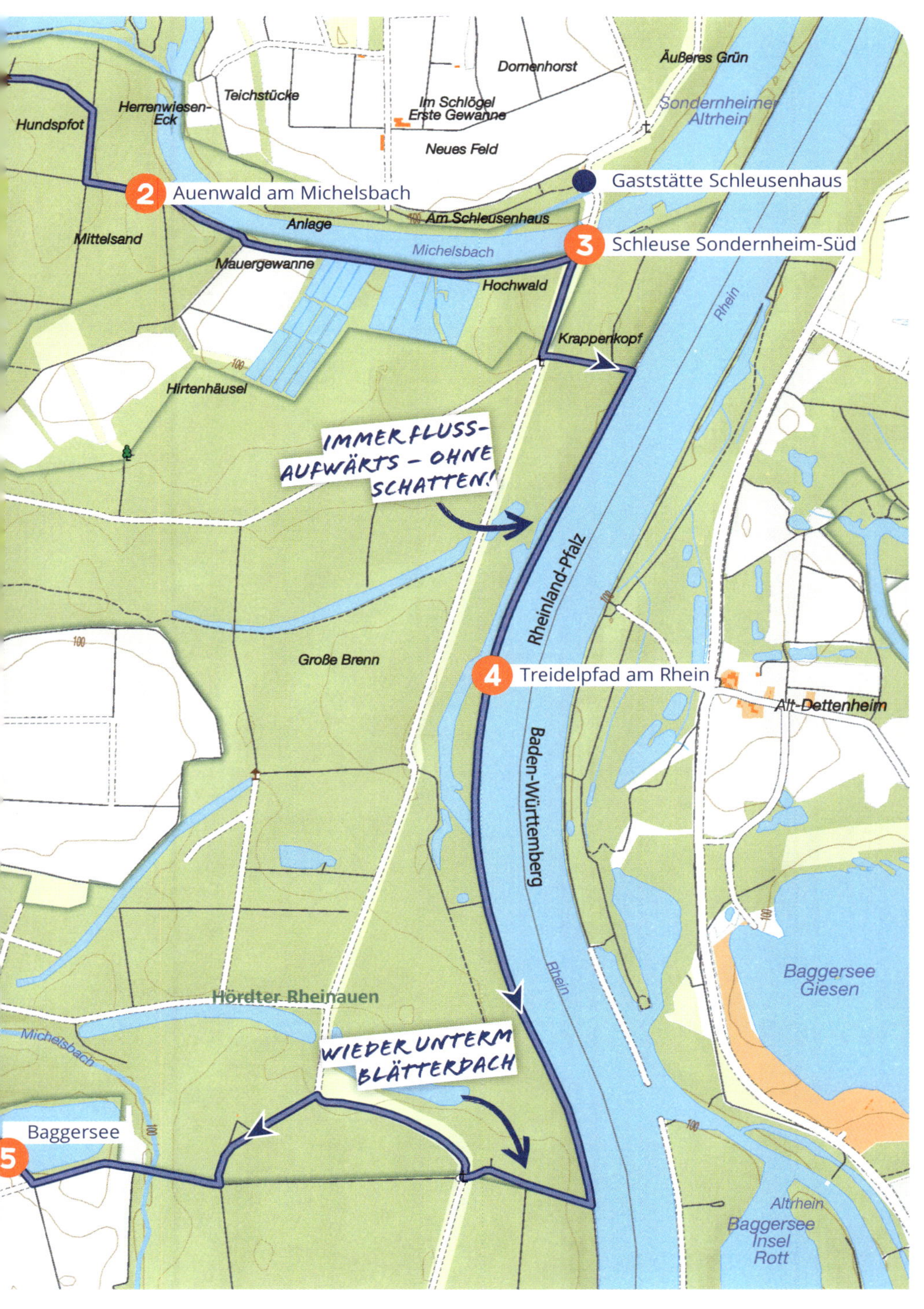

Dornenhorst
Äußeres Grün
Teichstücke
Im Schlögel
Erste Gewanne
Herrenwiesen-Eck
Hundspfot
Sondernheimer Altrhein
Neues Feld
Gaststätte Schleusenhaus
2 Auenwald am Michelsbach
Am Schleusenhaus
Anlage
Mittelsand
3 Schleuse Sondernheim-Süd
Michelsbach
Mauergewanne
Hochwald
Rhein
Krappenkopf
Hirtenhäusel
IMMER FLUSSAUFWÄRTS – OHNE SCHATTEN!
Rheinland-Pfalz
Große Brenn
4 Treidelpfad am Rhein
Alt-Dettenheim
Baden-Württemberg
Rhein
Baggersee Giesen
Hördter Rheinauen
Michelsbach
WIEDER UNTERM BLÄTTERDACH
Baggersee
5
Altrhein
Baggersee Insel Rott

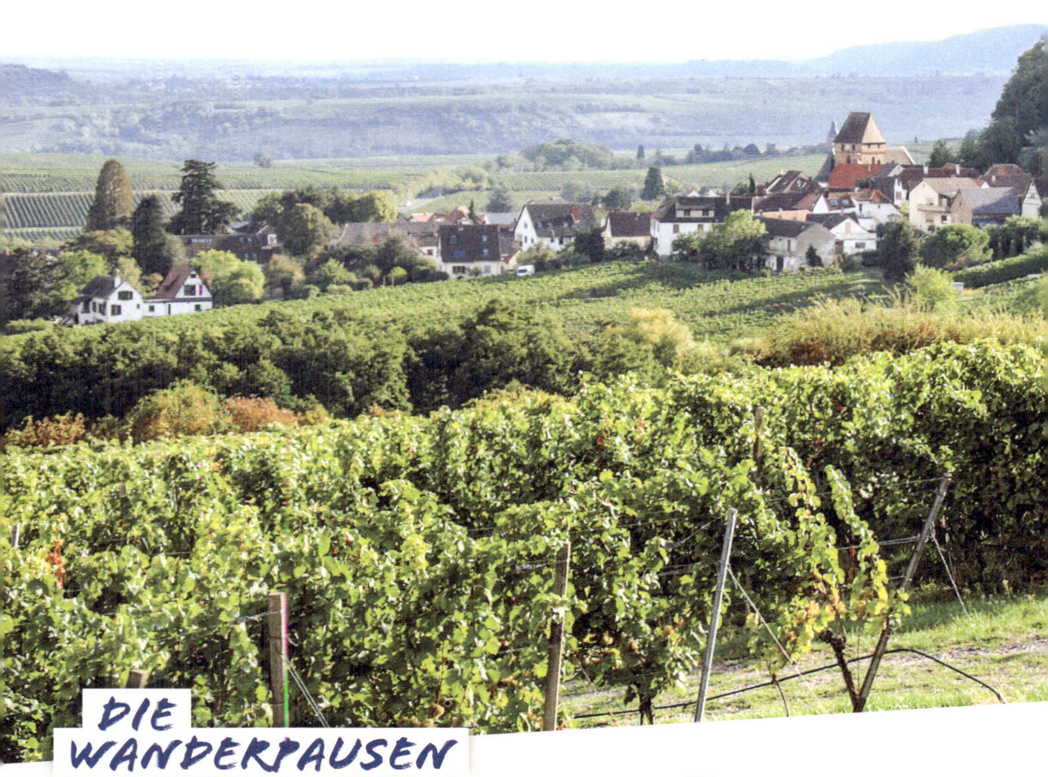

DIE WANDERPAUSEN

» START
Gleisweiler, Wanderparkplatz

KM 2

1 Walddusche
Auf ewig gesund

KM 4

2 Landauer Hütte
Dubbeglas-Lektion und Pfälzer Schorle

KM 8

3 Trifelsblickhütte
Treibstoff und Fernblick

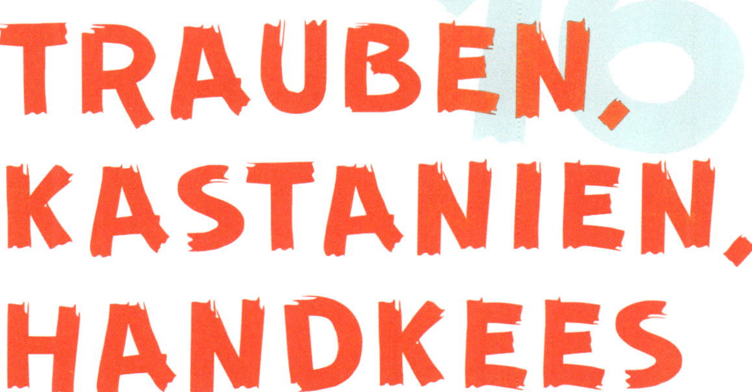

TRAUBEN, KASTANIEN, HANDKEES

Drei-Hütten-Wanderung bei Gleisweiler

Von der Weinstraße geht es Zug um Zug hinauf in die Haardtberge. Auf der Tour lässt sich der Übergang von prall-sinnenfroher zu rau-kämpferischer Vegetation erleben, nicht zu vergessen: in drei Waldhäusern Einsichten in die pfälzische Hütten-, Ess- und Trinkkultur gewinnen.

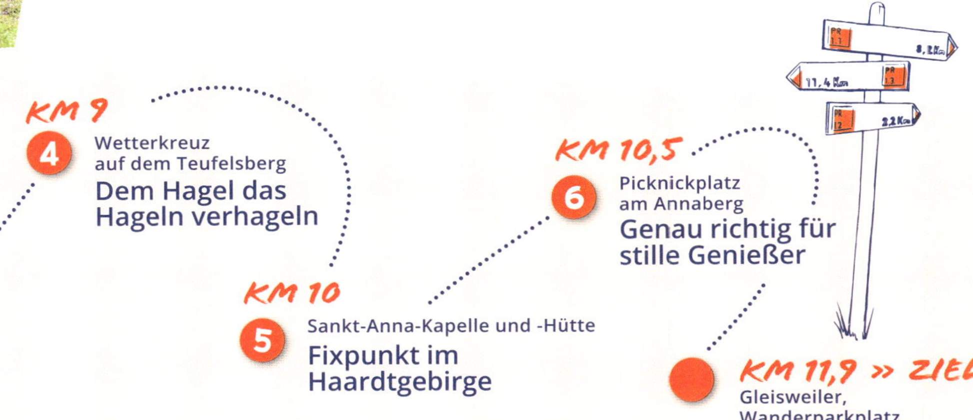

ZITRONEN, QUITTEN UND FEIGEN, …

… aber auch Pinien, Zypressen und Mammutbäume gedeihen prächtig an der Deutschen Weinstraße, Esskastanien und Weintrauben sowieso. Zu danken ist dies den steil über der Rheinebene emporragenden Haardtbergen, die die tieferen Lagen vom Westwind abschirmen. Wo die Natur solch pralles Leben begünstigt, schlägt sich das auch in der Kultur nieder: in Hüttengemütlichkeit und Weinseligkeit, in der Deftigkeit von Saumagen und Handkees, in kommunikationsfreudigen, mitunter lauten Menschen. »Pälzer Krischer« werden sie oft genannt. An Klischees über die vom Rhein bis zur Haardt reichende Vorderpfalz herrscht kein Mangel.

So ganz nebenbei lassen sie sich überprüfen auf einer Wanderung wie dieser, die aus dem Winzerdorf Gleisweiler in höchste Höhen hinaufführt und dabei gleich drei Pfälzerwald-Hütten berührt. Genauso beiläufig lernt man auch die vier typischen Vegetationszonen der Gegend kennen, in denen erst Kastanien die Weinreben ablösen, dann Kiefern und Zwergeichen den Mischwald.

WENN MAN AUF DEM WEG VON GLEISWEILER INS HAINBACHTAL VON DEN ERSTEN REIFEN KASTANIEN ANGELACHT WIRD

Lieblich der Auftakt: Pflanzenpracht in Winzerhöfen, Riesenmammutbäume im Garten einer Kurklinik, eine aussichtsreiche Kastanienallee. Rauer wird die Landschaft im tief eingeschnittenen Hainbachtal, in dem eine eigenwillige Duschanlage für Erheiterung sorgt. Nach einem leichten Anstieg ein Luxusproblem an der **Landauer Hütte:** Jetzt schon einkehren oder sich vorerst noch mit den leckeren Düften, die herüberwehen, zufrieden geben?

Dann ist der Fernblick dran. Die **Trifelsblickhütte** hält, was ihr Name verspricht – und mehr, denn an klaren Tagen sieht man von hier bis zum Straßburger Münster. Den Rheinebenen- und Odenwaldblick gibt es am **Wetterkreuz auf dem Teufelsberg.** Ringsum liegen die verstreuten Blöcke des Teufelsfelsens. Der Gehörnte muss ein umtriebiger Geselle gewesen sein, finden wir seine Spuren doch vielerorts in der Pfalz.

Noch eine dritte Hütte und ein weiterer Aussichtsbalkon an der **Sankt-Anna-Kapelle,** dann geht es wieder hinab in die Weinberge, zu Zitronen, Quitten und Feigen. «

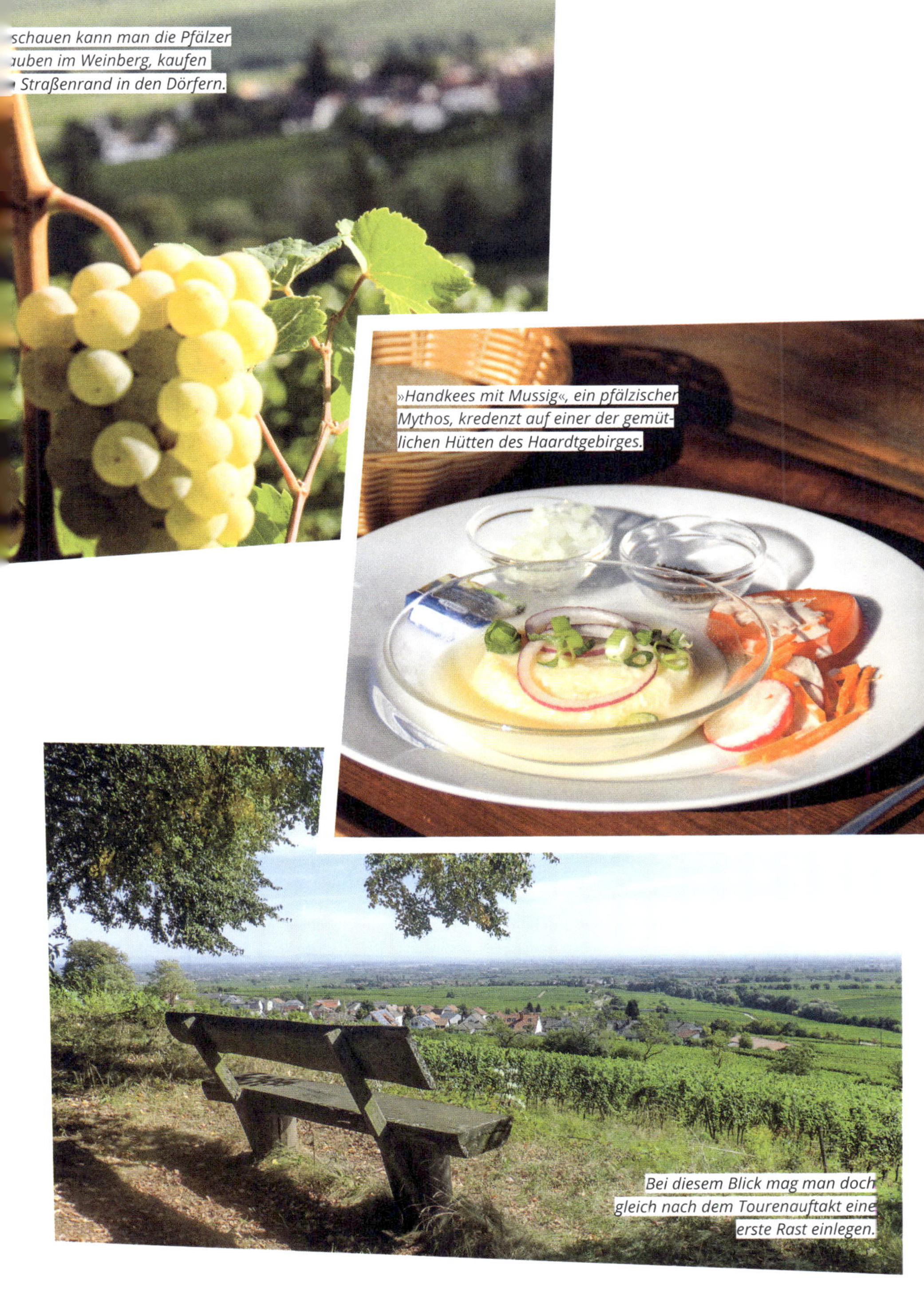

schauen kann man die Pfälzer
uben im Weinberg, kaufen
Straßenrand in den Dörfern.

»Handkees mit Mussig«, ein pfälzischer Mythos, kredenzt auf einer der gemütlichen Hütten des Haardtgebirges.

Bei diesem Blick mag man doch gleich nach dem Tourenauftakt eine erste Rast einlegen.

WANDERN & GENIESSEN

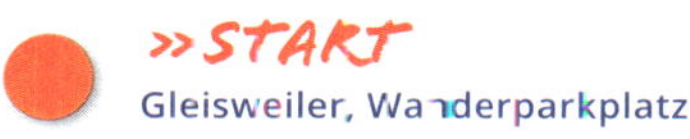

»START

Gleisweiler, Wanderparkplatz

Den Schildern zur Privatklinik Bad Gleisweiler durch den Ort folgen. Hinter der Klinik durch eine Kastanienallee und rechts ins Hainbachtal. Dort dem Schild zur Walldusche nach links folgen.

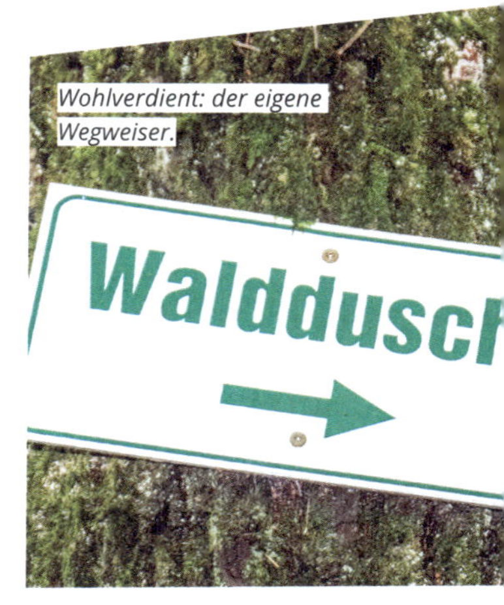

Wohlverdient: der eigene Wegweiser.

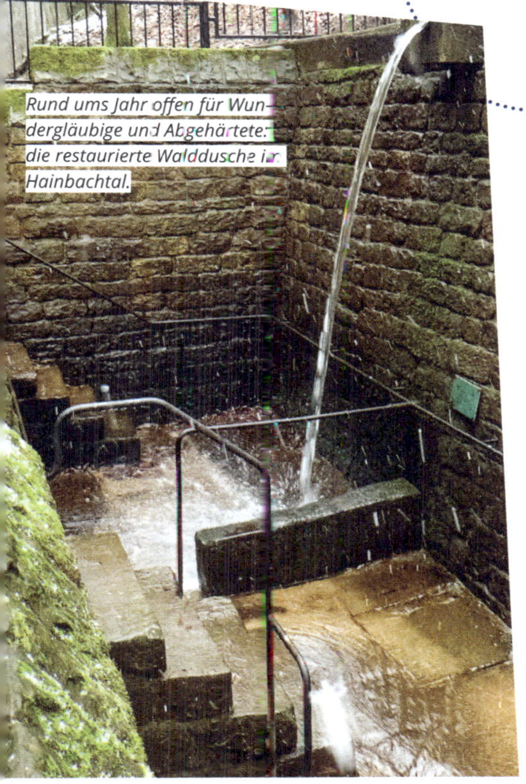

Rund ums Jahr offen für Wundergläubige und Abgehärtete: die restaurierte Walddusche im Hainbachtal.

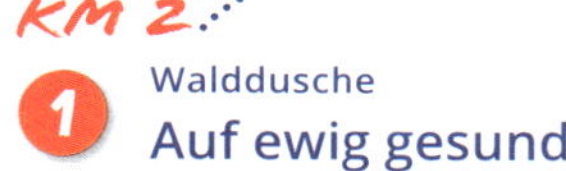

KM 2

1 Walddusche

Auf ewig gesund

Ganz schön ambitioniert, was man hier in den Jahren 1842 bis 1870 den Gästen der Bad Gleisweilerer Kaltwasserheilanstalt versprach: nicht weniger als die »Behandlung jeder Art chronischer Krankheiten«. Das elf bis zwölf Grad kalte Wasser des Hainbaches sollte es richten. Mit der Pferdekutsche wurden die Patienten zur Anlage gebracht. Dann ging's zum Duschen oder Wassertreten oder beidem, je nach Krankheitsbild. Die nach der Blütezeit von Dr. Ludwig Schneiders Kaltwasserheilanstalt fast vergessene Walddusche wurde in den 1990er-Jahren ehrenamtlich von Ortsansässigen ausgegraben und restauriert. Wer heute eine Dusche wagt, tut dies »auf eigene Gefahr« – wir sind im regelfreudigen Deutschland.

Weiter am Bach entlang und dann mit der Markierung rot-weißer Balken zur Landauer Hütte.

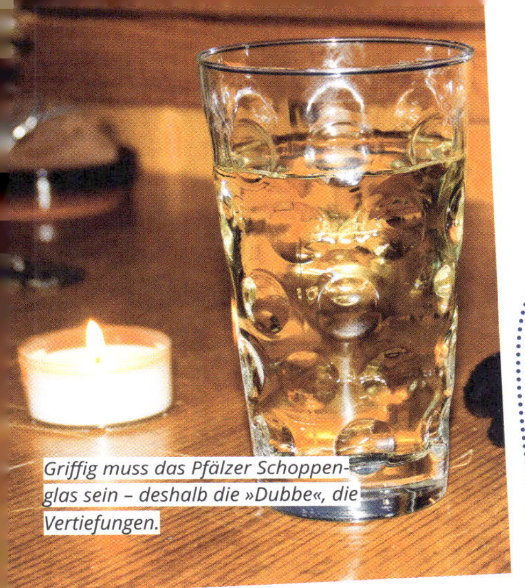

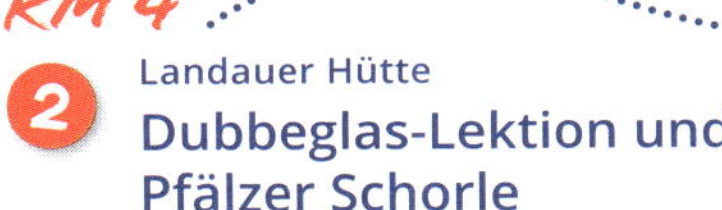
Griffig muss das Pfälzer Schoppenglas sein – deshalb die »Dubbe«, die Vertiefungen.

KM 4

2 Landauer Hütte
Dubbeglas-Lektion und Pfälzer Schorle

Aus allen Himmelsrichtungen kommen die Wanderwege, die am Zimmerplatz zusammentreffen, einer Passhöhe zwischen Gleisweiler und Dernbach im Drei-Burgen-Tal. Mehr als eine Stunde muss man nicht laufen, um dort in der Landauer Hütte des Pfälzerwald-Vereins pfälzisches Hüttenflair genießen zu können (pwv-landau.de/landauer-huette, Samstag und Sonntag, im Sommer auch am Mittwoch geöffnet). Da ist vor allem an schönen Herbstwochenenden mit Hochbetrieb zu rechnen. Aber für deftige warme Kost und eine Pfälzer Weinschorle – drei, besser vier Teile Wein auf ein Teil Wasser – steht man doch gerne Schlange, plaudert mit netten Menschen und lässt sich in die Geheimnisse des »Dubbeglases« einweihen, aus dem die Schorle traditionell getrunken wird.

Mit dem Logo der Pfälzer Hüttentour über die Schutzhütte Dreimärker zur Trifelsblickhütte.

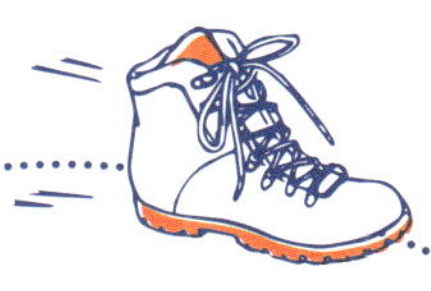

KM 8

3 Trifelsblickhütte
Treibstoff und Fernblick

Weit übers Land schauen zu den Annweilerer Burgen um den Trifels, dazu ein stilechter Imbiss – das gibt es nur an der Trifelsblickhütte (www.pwv-gleisweiler.de, Samstag und Sonntag geöffnet). Gerühmt wird die 550 Meter hoch gelegene Hütte für ihren Handkäse. Wer sich nicht unbeliebt machen möchte, bestellt nicht »Handkäse mit Musik« – das klingt dann doch arg preußisch –, sondern »Handkees mit Musigg«, Letzteres mit Betonung auf der ersten Silbe. Meist wird Mainzer Roller als Käse genommen und in Weißwein und Essig eingelegt. Die »Musigg« umfasst alles andere: reichlich Zwiebel, Salz, Pfeffer, mitunter etwas Lauch, nicht zu vergessen Kümmel. Dazu gibt es kräftiges Bauernbrot mit Butter. Treibstoff für den Aufstieg zum Teufelsberg!

Etwa 100 m zurück und beschildert rechts hoch zum Wetterkreuz.

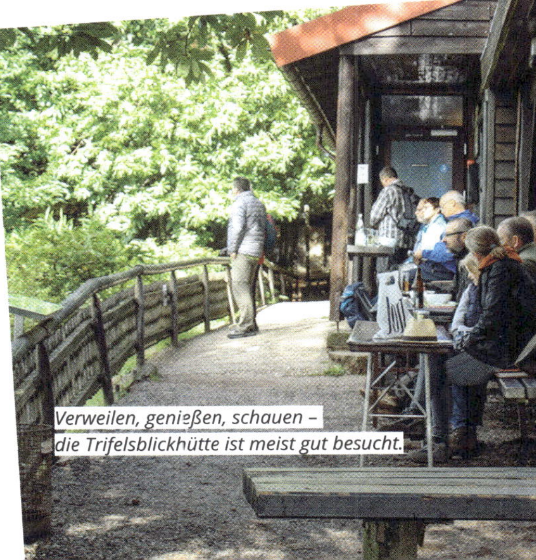
Verweilen, genießen, schauen – die Trifelsblickhütte ist meist gut besucht.

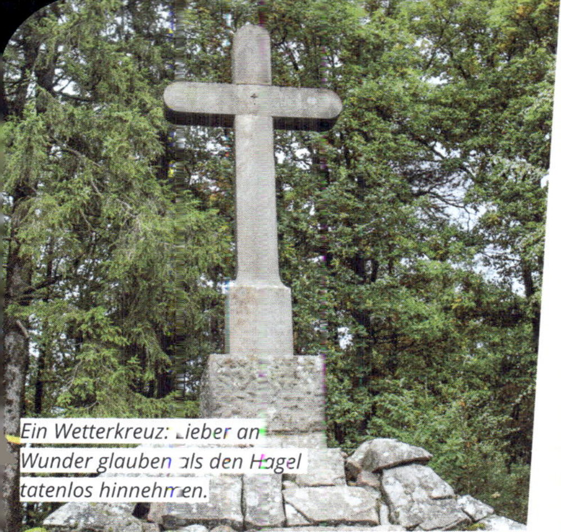

Ein Wetterkreuz: Lieber an Wunder glauben als den Hagel tatenlos hinnehmen.

KM 9

Wetterkreuz auf dem Teufelsberg

Dem Hagel das Hageln verhageln

Fast 600 Meter ist er hoch, der Teufelsberg, da kann man eine formidable Aussicht erwarten. Die gibt es auch, allerdings nur in Richtung der Rheinebene. Im Rücken ragt ein steinernes Kreuz empor, kein ganz gewöhnliches, sondern ein Wetterkreuz. Da sich am Rande des Haardtgebirges häufig heftige Gewitter entwickeln und besonders der Hagel die Weinernte bedroht, suchte man im 15. Jahrhundert Beistand von oben, indem man ein Holzkreuz auf dem Gipfel errichtete. Das heutige Steinkreuz wurde 1909 vom Speyerer Bischof höchstselbst eingeweiht, der dafür im vollen Ornat die 350 Höhenmeter von Burrweiler heraufstieg. Wie oft der Teufel den Bemühungen um das Abwenden von Wetterschäden einen Strich durch die Rechnung machte – darüber weiß auch der Deutsche Wetterdienst nichts Genaueres.

Auf einem unmarkierten Pfad direkt hinab Richtung Rheinebene.

KM 10

Sankt-Anna-Kapelle und -Hütte

Fixpunkt im Haardtgebirge

Pfälzer, die in den Weiten der Rheinebene die Orientierung verloren haben, müssen nur das Haardtgebirge nach der Sankt-Anna-Kapelle absuchen. Und da ist sie auch schon, unverkennbar auf einem Vorsprung am Hang des Teufelsberges. Aha, das Dorf darunter ist Burrweiler, also liegt Edenkoben weiter rechts, Landau weiter links. Der höhere Zweck der im neugotischen Stil erbauten Kapelle liegt natürlich in der Hoffnung: Am 1. Mai, im Juli und im August kommen Wallfahrende von weit her, um von der Heiligen Anna Hilfe zu erbitten. Wandernde haben meist Anderes im Sinn: Erst den Blick in die Ferne, dann den Blick ins Glas, denn neben der Kapelle liegt die Sankt-Anna-Hütte des Pfälzerwald-Vereins (auch Burrweiler Hütte genannt, www.pwv-burrweiler.de, Mittwoch und Sonntag geöffnet).

Rechts, also südlich der Kapelle, auf einem Kreuzweg steil hinab Richtung Burrweiler. In den Weinbergen kurz vor einem Wäldchen Abstecher nach rechts zum Picknickplatz.

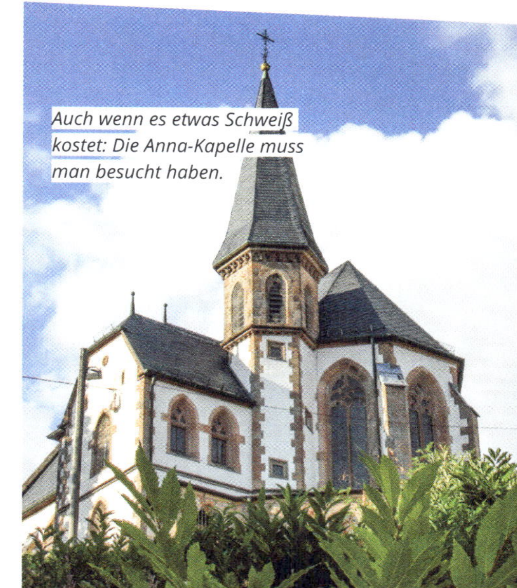

Auch wenn es etwas Schweiß kostet: Die Anna-Kapelle muss man besucht haben.

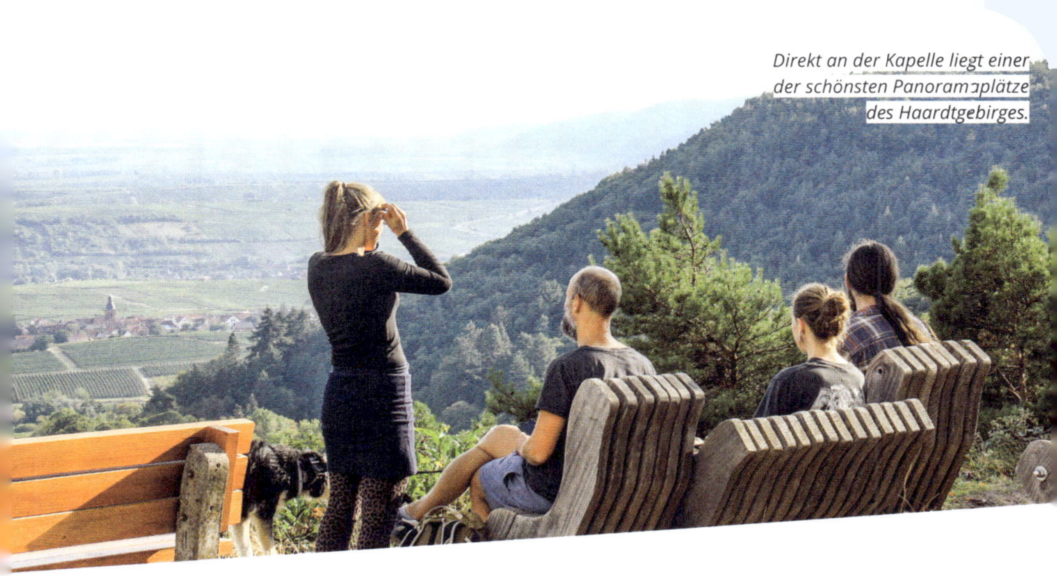

Direkt an der Kapelle liegt einer der schönsten Panoramaplätze des Haardtgebirges.

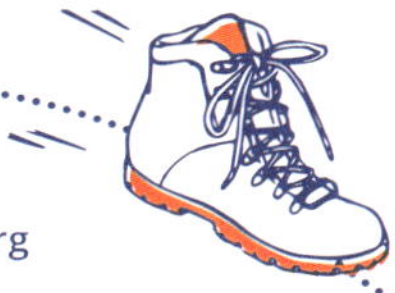

KM 10,5

6 Picknickplatz am Annaberg

Genau richtig für stille Genießer

KM 11,9 » ZIEL

Gleisweiler, Wanderparkplatz

Es soll doch tatsächlich Menschen geben, denen der Wochenendtrubel auf den Hütten dieser Wanderung zu viel ist. Die haben vorsorglich etwas Feines in den Rucksack gepackt und spekulieren auf einen Weinberg-Rastplatz wie jenen auf halber Höhe zwischen Burrweiler und der Sankt-Anna-Kapelle. Mit etwas Glück ist der Picknicktisch gerade frei und man kann sich in aller Ruhe seinem Handkees, seinen Radieschen und seinem Sylvaner widmen. Und den Fernblick genießen, der auch hier weit über die Rheinebene reicht.

Wieder zurück zum Kreuzweg und hinunter nach Burrweiler. In der Hauptstraße rechts und auf einem Radweg parallel zur Straße nach Gleisweiler.

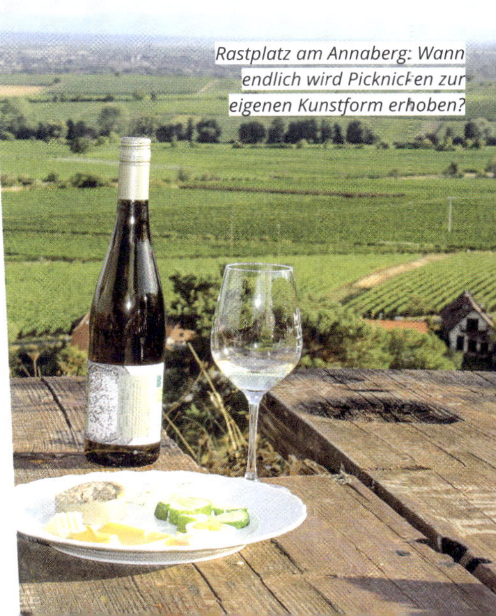

Rastplatz am Annaberg: Wann endlich wird Picknicken zur eigenen Kunstform erhoben?

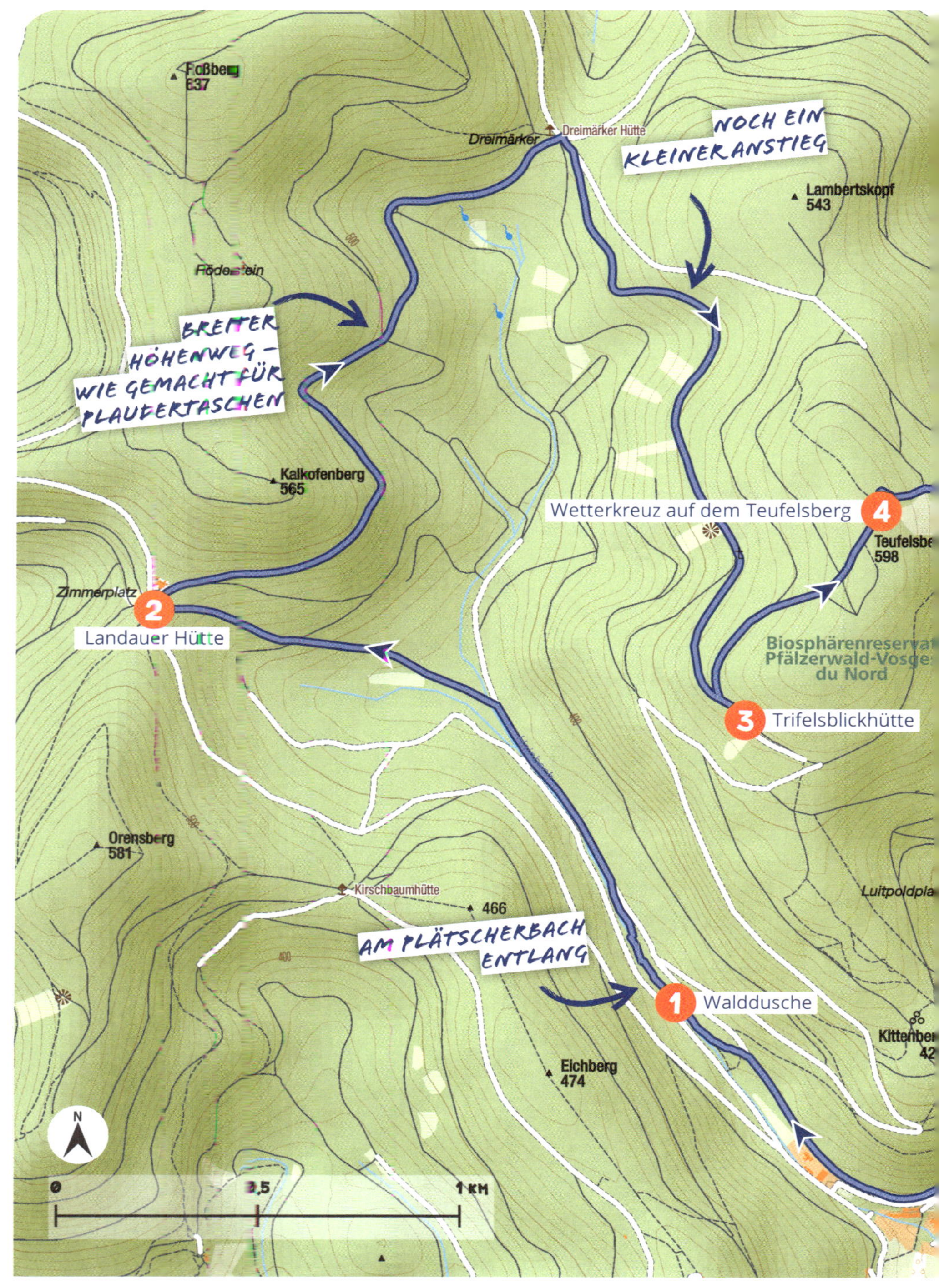

Fußberg
637
Dreimärker
Dreimärker Hütte
NOCH EIN KLEINER ANSTIEG
Lambertskopf
543
Födelstein
BREITER HÖHENWEG – WIE GEMACHT FÜR PLAUDERTASCHEN
Kalkofenberg
565
Wetterkreuz auf dem Teufelsberg
4
Teufelsbe
598
Zimmerplatz
2
Landauer Hütte
Biosphärenreservat
Pfälzerwald-Vosge
du Nord
3
Trifelsblickhütte
Orensberg
581
Kirschbaumhütte
466
Luitpoldpla
AM PLÄTSCHERBACH ENTLANG
1
Walddusche
Kittenber
Eichberg
474
N
0
0,5
1 KM

AUF EINEN BLICK

- **Start/Ziel:** Gleisweiler, Wanderparkplatz in der Weinstraße (Bushaltestelle Gleisweiler Mitte)
- **Strecke:** 11,9 km (Rundtour)
- **Reine Wanderzeit:** 3 Std. 30
- **Höhenmeter:** ↗ 409 m ↘ 409 m
- **Wegbeschaffenheit:** Befestigte Forstwege, Waldpfade, am Anfang und am Ende etwas Asphalt.
- **Beste Zeit:** Ende September bis Mitte Oktober besonders schön wegen der reifen Kastanien. Im Winter toll für Ruhesucher.
- **Ausrüstung:** Ein stärkendes Getränk, im Herbst Beutel für Kastanien und Pilze.

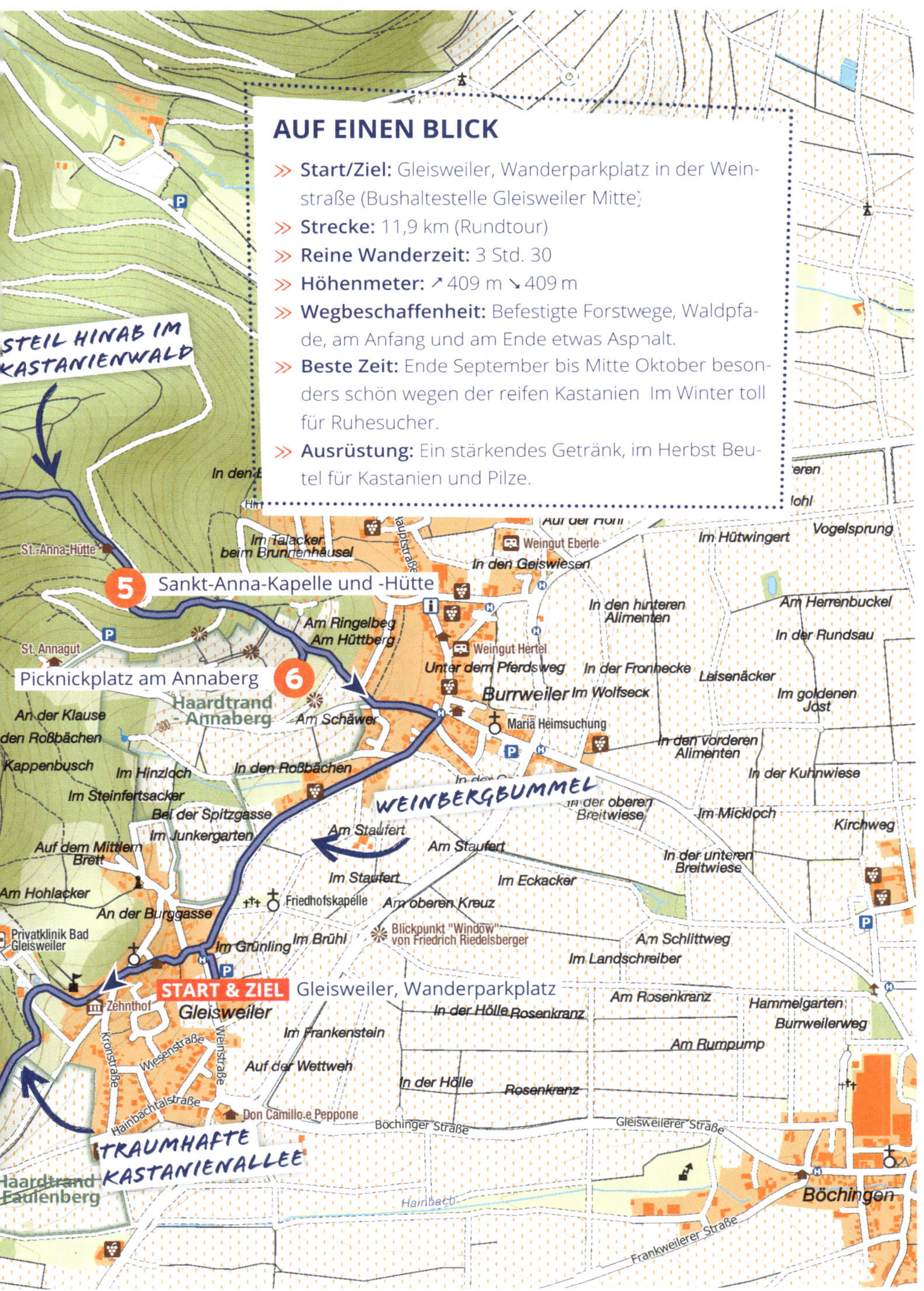

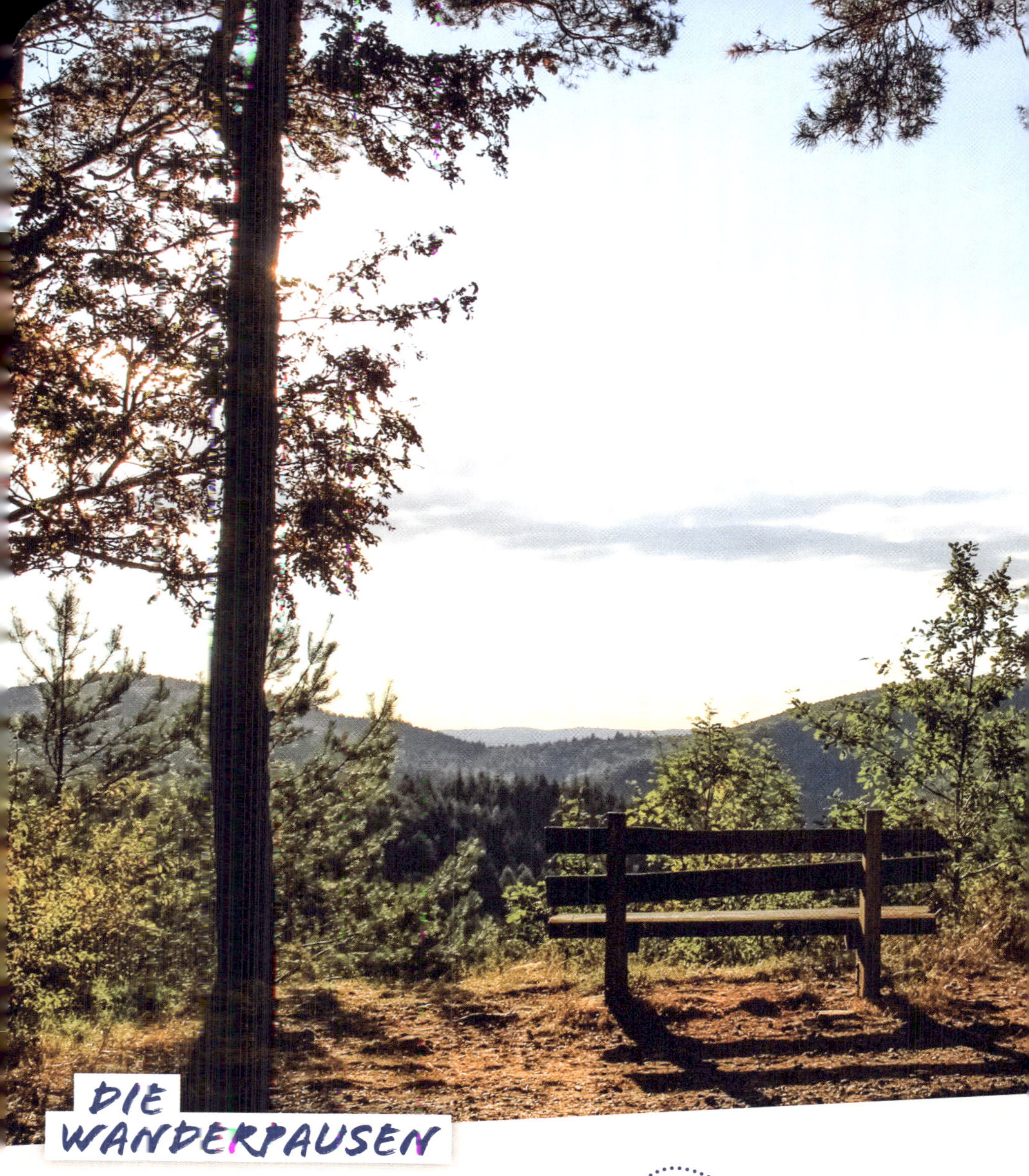

DIE WANDERPAUSEN

» START
Wanderparkplatz am Hambacher Schloss

KM 2

1 Hohe-Loog-Haus

Schweizer Hüttenromantik

KM 4

2 Wanderparkplatz Hahnenschritt

Pausenplatz der Weintransporteure

KM 5

3 Kalmit

Kahl? Ganz und gar nicht!

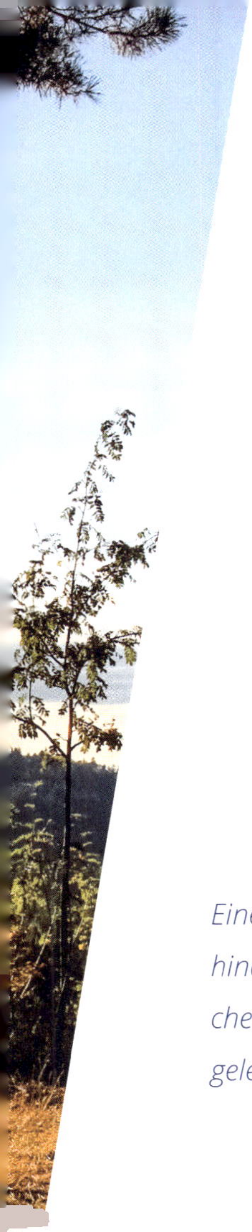

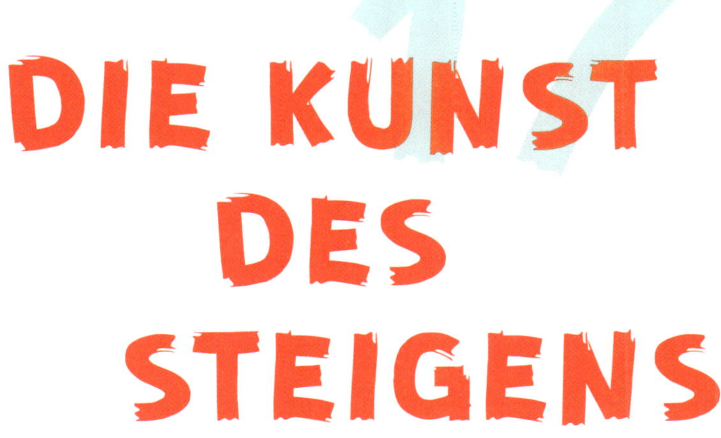

DIE KUNST DES STEIGENS

Vom Hambacher Schloss auf die Kalmit

Eine kontrastreiche Überschreitung des höchsten Pfälzerwald-Gipfels: hinauf zu einer Fernblick-Hütte, zu sturmzerzausten Kiefern und Eichen. Dann durch eine wilde Felstrümmer-Landschaft zu einem schön gelegenen Bergsee und hinunter in ein pittoreskes Weindorf.

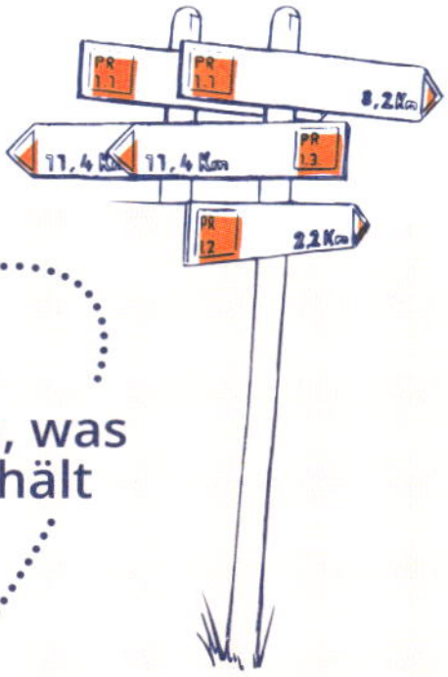

KM 6
4 Felsenmeer
Frosttrümmer

KM 9
5 Sandwiesenweiher
Vesper mit Auerochsen

KM 12
6 Sankt Martin
Bummeln, was das Zeug hält

KM 12,5 » ZIEL
Bushaltestelle Sankt Martin

GIPFELBESTEIGUNG …

… auf die Kalmit! Ein solcher Gipfel gehört mit fairen Mitteln bestiegen. Aus der Rheinebene, vom Winzerort Maikammer, sind das allerdings 500 Höhenmeter, nicht wenig für ein Mittelgebirge. Milder und auch abwechslungsreicher ist es, den Ausgangspunkt weiter nach oben zu verlegen und dann das ganze Massiv zu überschreiten. Indem man etwa am Hambacher Schloss startet, wo im Jahr 1832 beim Hambacher Fest die deutsche Demokratiebewegung ihren Anfang nahm. Den Besuch des auch Maxburg genannten Schlosses merkt man sich für ein andermal vor.

Also direkt hinauf zum Ostgipfel des Kalmit-Massivs, der Hohen Loog. Sich erst mal warm laufen am Übergang vom Kastanien- und Eichenwald zur Kiefern-Heidelbeer-Heidekraut-Szenerie und sich der Höhenzone erfreuen. Gleichmäßig und stetig gehen, dabei niemals so schnell, dass das Herz bis zum Halse schlägt. Jeden Atemzug genießen. Den Gedanken »Immer noch 150 Höhenmeter« ersetzen durch »Schön, dass noch so viel Aufstieg vor uns liegt«. Wie schnell dann der Alltag zurückbleibt und nur noch das Hier und Jetzt zählt!

DAS TOLLE GEFÜHL, WENN DER RHYTHMUS GEFUNDEN IST UND DAS STEIGEN AUF DIE KALMIT LEICHT FÄLLT

Auf der Terrasse des **Hohe-Loog-Hauses** holt man sich mit Blick zur Kalmit die verbrauchten Kalorien zurück, läuft dann ganz entspannt durch einen lichten Kiefernwald hinab zur Passhöhe **Hahnenschritt,** steigt kurz und genussvoll zum **Kalmit-Gipfel** auf und setzt sich dort vor der Ludwigshafener Hütte zu den PS-Bergsteigenden, die auf der Kalmit-Höhenstraße fast bis ganz hinauf gefahren sind.

Etwas für Liebhaber starker Kontraste ist der lange Abstieg zur Weinstraße. Zunächst schlängelt sich der Weg durch das wilde Felstrümmer-Wirrwarr des **Felsenmeeres.** Dann geht es auf einem jener Wurzel-und-Hutzel-Pfade, an denen der Pfälzerwald so reich ist, zum **Sandwiesenweiher,** der wie gemalt in einem freundlichen Talkessel liegt. Fast streng wirkt danach das enge Tal hinunter nach **Sankt Martin,** dem Sehnsuchtsort der Weinseligen. «

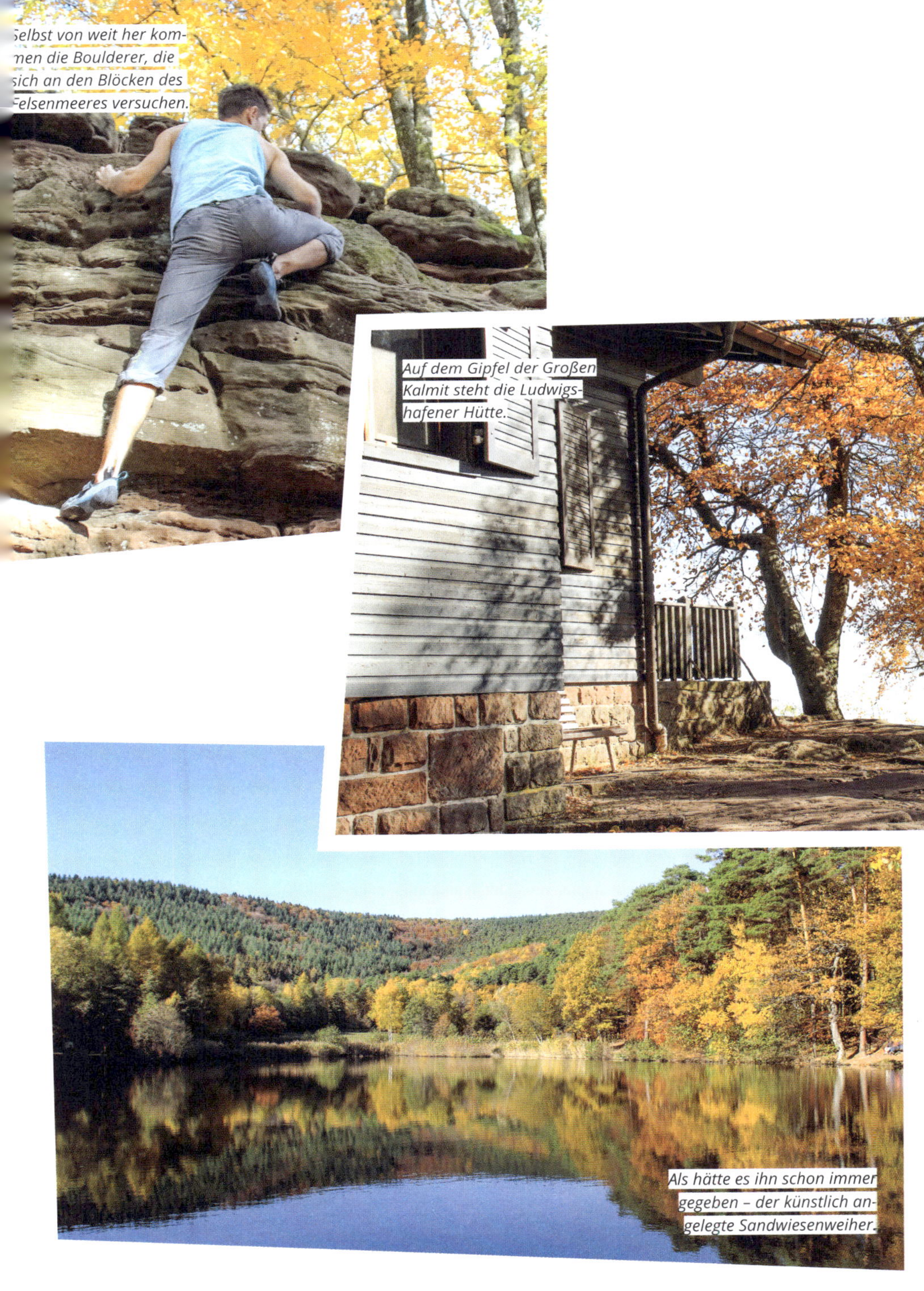

Selbst von weit her kommen die Boulderer, die sich an den Blöcken des Felsenmeeres versuchen.

Auf dem Gipfel der Großen Kalmit steht die Ludwigshafener Hütte.

Als hätte es ihn schon immer gegeben – der künstlich angelegte Sandwiesenweiher.

WANDERN & GENIEßEN

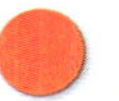

»START

Wanderparkplatz am Hambacher Schloss

An der Burgschänke Rittersberg beginnt der Aufstieg zum Hohe-Loog-Haus. Man folgt der Route des mit einem weiß-roten Logo markierten Weitwanderweges Pfälzer Weinsteig.

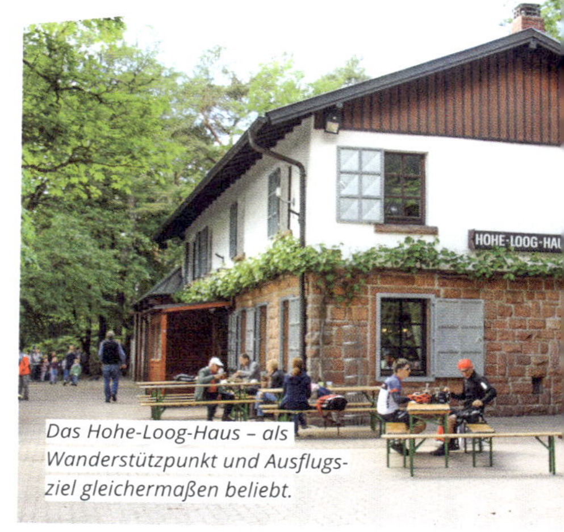

Das Hohe-Loog-Haus – als Wanderstützpunkt und Ausflugsziel gleichermaßen beliebt.

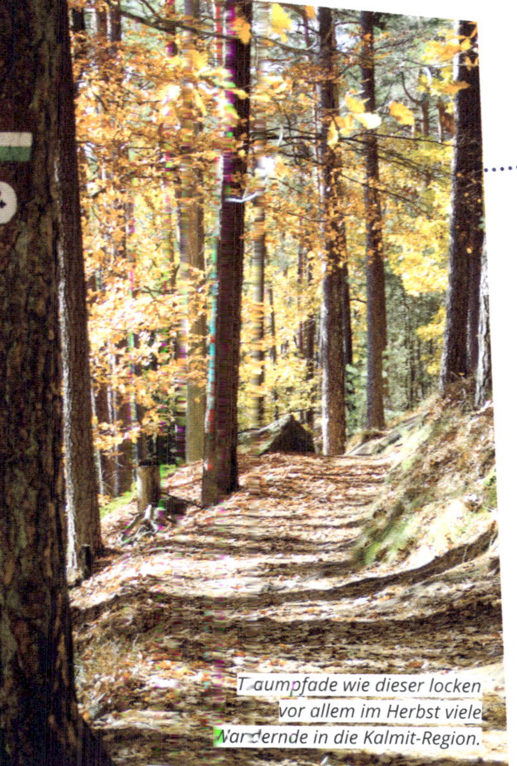

Traumpfade wie dieser locken vor allem im Herbst viele Wandernde in die Kalmit-Region.

KM 2

Hohe-Loog-Haus

Schweizer Hüttenromantik

Da mundet der Käsekuchen noch mal so gut, wenn man vor dem Hohe-Loog-Haus der Hambacher Pfälzerwäldler sitzt und hinüberschaut zum alles überragenden Gipfel der Kalmit. Knapp unterhalb des 618 Meter hohen Hohe-Loog-Gipfels gelegen, bietet die Hütte drinnen schweizerische Gemütlichkeit und draußen eine Menge Sitzplätze mit bester Aussicht in die Rheinebene. Das gut gelaunte und freundliche Hüttenpersonal behält immer die Ruhe, auch wenn am Wochenende mal Hochbetrieb herrscht – die Hütte ist leicht erreichbar, nur eine halbe Stunde dauert der Zugang von der Kalmit-Höhenstraße, die von Maikammer bis fast zum Kalmit-Gipfel hinaufzieht (www.pwv-hambach.de, Mittwoch bis Sonntag geöffnet).

Weiter auf dem Pfälzer Weinsteig.

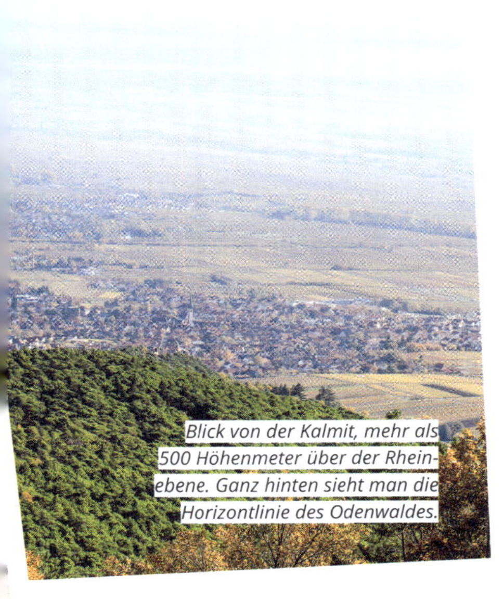

Blick von der Kalmit, mehr als 500 Höhenmeter über der Rheinebene. Ganz hinten sieht man die Horizontlinie des Odenwaldes.

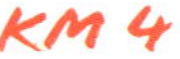

Wanderparkplatz Hahnenschritt

Pausenplatz der Weintransporteure

Sich erinnern an die Zeit, da der Wein noch auf Ochsen- und Pferdefuhrwerken oder gar mit Schubkarren von den Winzerdörfern am Haardtrand in den Pfälzerwald transportiert wurde? Dafür ist der Wanderparkplatz Hahnenschritt genau der richtige Ort, denn hier, auf diesem 554 Meter hohen Sattel zwischen der Hohen Loog und der Kalmit, lag der höchste Punkt der Weinspange, eines historischen Weintransportweges zwischen Neustadt-Hambach und dem Elmsteiner Tal. Wo früher schwer arbeitende Menschen ihren Gliedern ein wenig Erholung gönnten, treffen sich heute Freizeitlerinnen und Freizeitler aller Art, um den Pfälzerwald-Blick zu genießen und sich ein wenig auszuruhen.

Auf dem Pfälzer Weinsteig bleiben.

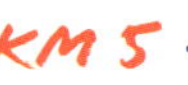

Kalmit

Kahl? Ganz und gar nicht!

Mit 673 Metern ist die Große Kalmit die höchste Erhebung des Pfälzerwaldes. Die Römer bezeichneten sie als *calvus mons,* als »Kahler Berg«. Das mag zu Zeiten des Holzraubbaus noch zugetroffen haben, heute ist die Kalmit jedoch vollständig bewaldet. Eine gewagtere Herleitung des Namens behauptet, dass Kalmit von Kalamitäten komme – verursacht durch die manchmal heftigen Unwetter der Region, denen man mit steinernen Wetterkreuzen zu begegnen versuchte. Ganz oben gibt es neben dem Sendeturm einen weiten Blick über die Rheinebene und eine bewirtschaftete Hütte, das Kalmithaus (auch Ludwigshafener Hütte genannt, www.kalmithaus.de, Mittwoch bis Sonntag geöffnet).

Weiter auf dem Pfälzer Weinsteig. Nach 1 km am Beginn des Felsenmeeres auf den mit einem weiß-grünen Balken markierten Weg wechseln, der auf dem Bergkamm zwischen den Blöcken des Felsenmeeres hindurchführt.

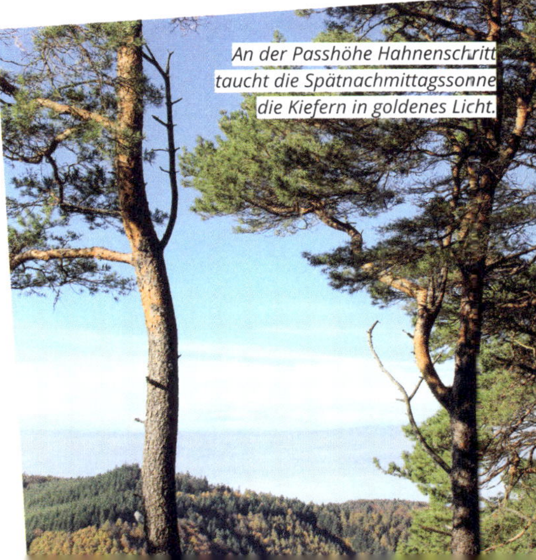

An der Passhöhe Hahnenschritt taucht die Spätnachmittagssonne die Kiefern in goldenes Licht.

KM 6

4

Felsenmeer

Frosttrümmer

Kreuz und quer liegende kleine Felsblöcke, unterbrochen von bis zu 10 Meter hohen Felsen, dazwischen Zwergeichen und Krüppelkiefern – das ist das Felsenmeer. Dieses Blockfeld einem Meer gleichzustellen, zeugt vom Selbstbewusstsein der am Fuß der Haardtberge lebenden Menschen. Zu verdanken ist die bizarre Felstrümmerlandschaft der Frostsprengung im Pleistozän, als in die Felsritzen gesickertes Wasser gefror und sich ausdehnte. Jahrmillionen später erfreuen sich Boulderer daran, in niedriger Felshöhe nach klettertechnischen Schwierigkeiten suchen.

Weiter bis zur Hüttenberghütte, einem einfachen Unterstand am Ende des Felsenmeeres. Dort mit der Markierung Weiß-grüner Balken scharf rechts hinunter zum Wanderparkplatz Hüttenhohl und links hinunter Richtung Rasthaus an den Fichten.

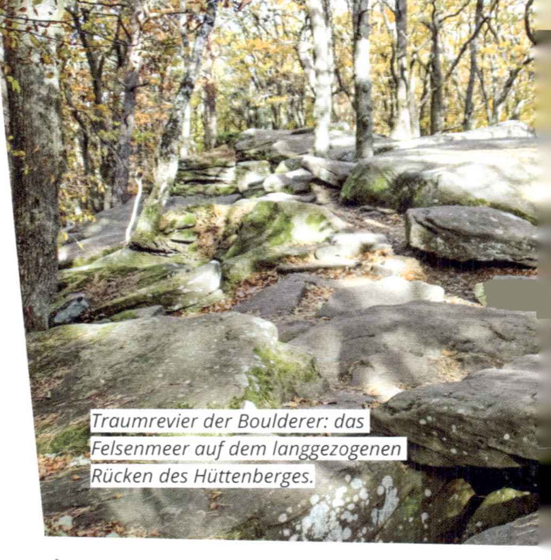

Traumrevier der Boulderer: das Felsenmeer auf dem langgezogenen Rücken des Hüttenberges.

KM 9

5

Sandwiesenweiher

Vesper mit Auerochsen

Eingebettet in ein weiträumiges Hochtal, bildet der künstlich angelegte Sandwiesenweiher einen freundlichen Kontrast zu den strengen Kalmithöhen. Oberhalb des von Schilf umsäumten Sees lebt auf einem eingezäunten Areal eine Herde von über zehn Auerochsen. Krümelsucher werden einzuwenden haben, dass es sich bei den auf eine Rückzüchtung der Gebrüder Heck zurückgehenden Tieren lediglich um eine Wildrind-Gattung handelt, die wegen ihrer großen Übereinstimmung mit dem Ur großzügig Auerochse genannt wird. Ausdiskutieren lässt sich das in der Sankt Martiner Grillhütte, einer Waldgaststätte unweit des Weihers (www.grillhuette-pfalz.de, im Sommer montags Ruhetag, im Winter auch dienstags). Für noch mehr Plaisir gibt es zudem einen Barfußpfad.

Den Schildern nach Sankt Martin folgen.

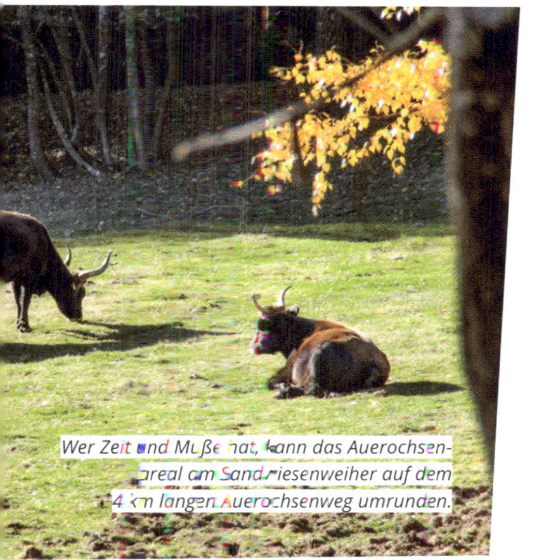

Wer Zeit und Muße hat, kann das Auerochsenareal am Sandwiesenweiher auf dem 4 km langen Auerochsenweg umrunden.

KM 12

Sankt Martin

Bummeln, was das Zeug hält

Hier scheint die Weinseligkeit bis in die letzte Mauerritze eingedrungen zu sein. Drum ist Sankt Martin, der Wein- und Luftkurort am Fuße der Kalmit, auch einer der großen Besuchermagneten an der Deutschen Weinstraße. Kein Grund, sich nicht auf einen ausgiebigen Bummel durch die malerischen Gassen mit ihren Fachwerkhäusern und Winzerhöfen einzulassen und die Auslagen des Sankt Martiner Kunsthandwerks zu inspizieren. Am Wochenende allerdings, wenn die »Makalus«, die Ausflügler aus Mannheim, Karlsruhe und Ludwigshafen, in Scharen hierher kommen, sollte man seinen Tisch in einer der zahlreichen Weinstuben rechtzeitig vorbestellen.

Die Bushaltestelle liegt in der Maikammerer Straße.

EXTRA INFOS:

Hüttensammler können vom Sandwiesenweiher einen Abstecher zum ● **Rasthaus an den Fichten** machen, einer Hütte des Pfälzerwald-Vereins (pwv-sankt-martin.de, haus-an-den-fichten.de, Mai bis Oktober täglich geöffnet, sonst Mittwoch bis Sonntag).)

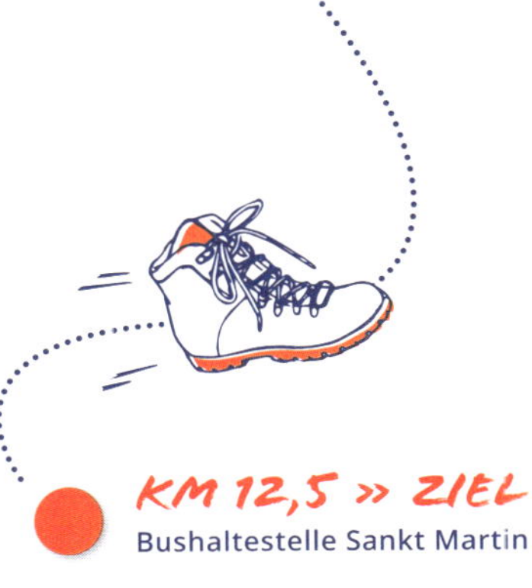

KM 12,5 » ZIEL

Bushaltestelle Sankt Martin

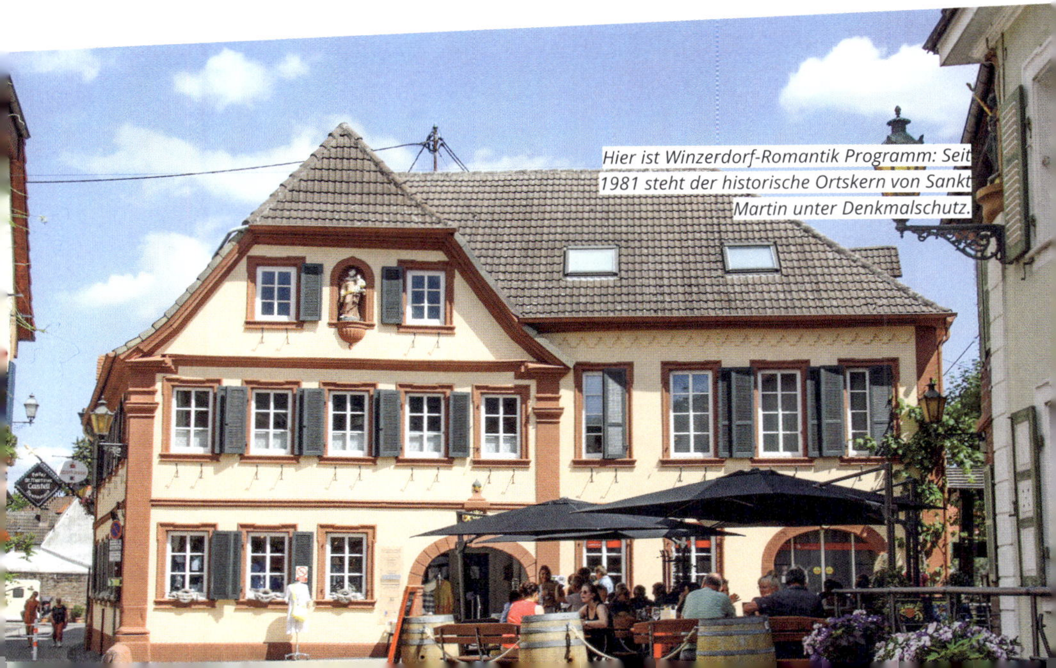

Hier ist Winzerdorf-Romantik Programm: Seit 1981 steht der historische Ortskern von Sankt Martin unter Denkmalschutz.

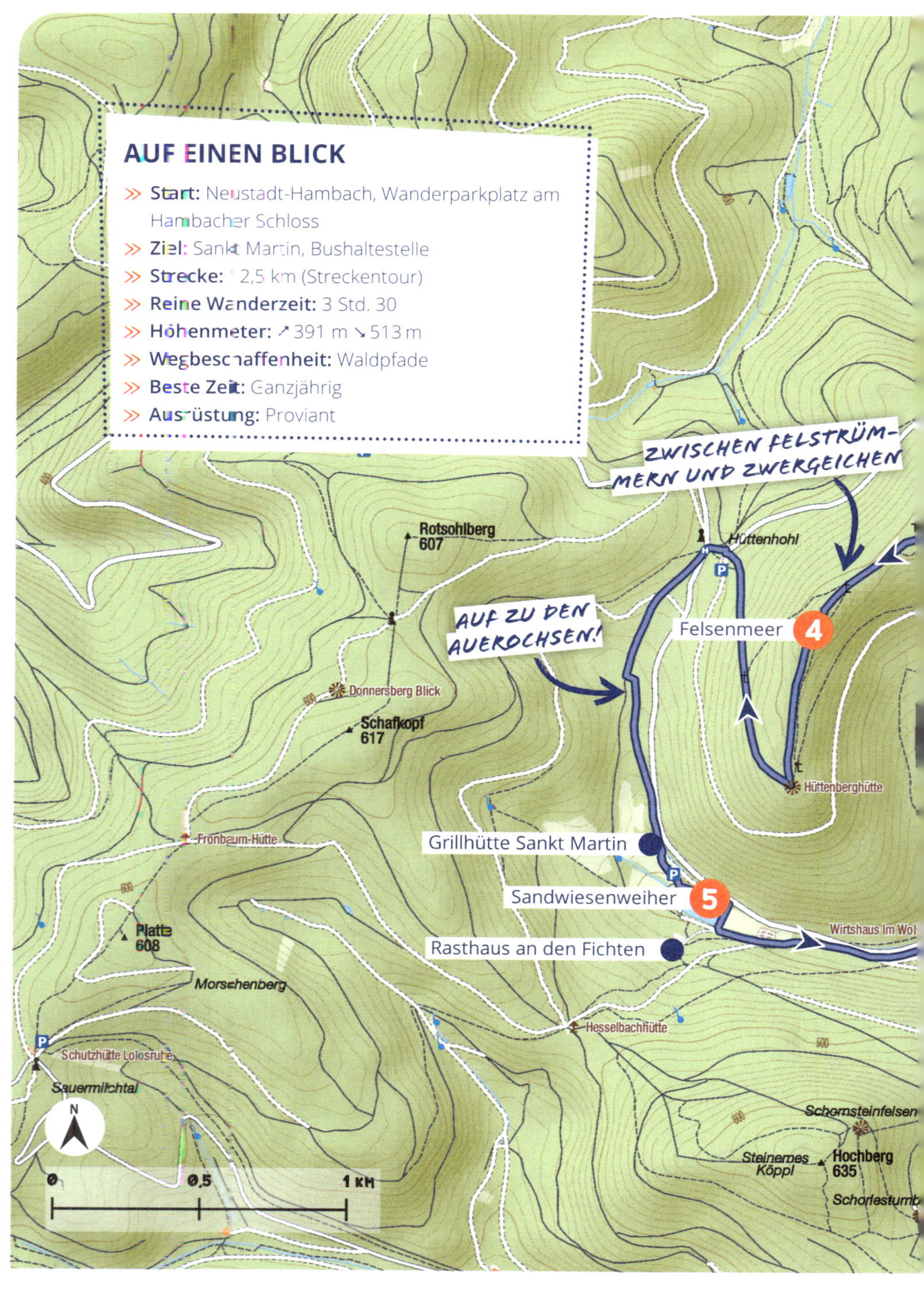

AUF EINEN BLICK
» Start: Neustadt-Hambach, Wanderparkplatz am Hambacher Schloss
» Ziel: Sankt Martin, Bushaltestelle
» Strecke: 12,5 km (Streckentour)
» Reine Wanderzeit: 3 Std. 30
» Höhenmeter: ↗ 391 m ↘ 513 m
» Wegbeschaffenheit: Waldpfade
» Beste Zeit: Ganzjährig
» Ausrüstung: Proviant
ZWISCHEN FELSTRÜMMERN UND ZWERGEICHEN
AUF ZU DEN AUEROCHSEN!
Rotsohlberg 607
Hüttenhohl
Felsenmeer
4
Donnersberg Blick
Schafkopf 617
Hüttenberghütte
Fronbaum-Hütte
Grillhütte Sankt Martin
Sandwiesenweiher
5
Wirtshaus Im Wol
Rasthaus an den Fichten
Platte 608
Morschenberg
Hesselbachhütte
Schutzhütte Lolosruhe
Sauermilchtal
Schornsteinfelsen
Steinernes Köppl
Hochberg 635
Schorlestumb
N
0
0,5
1 KM

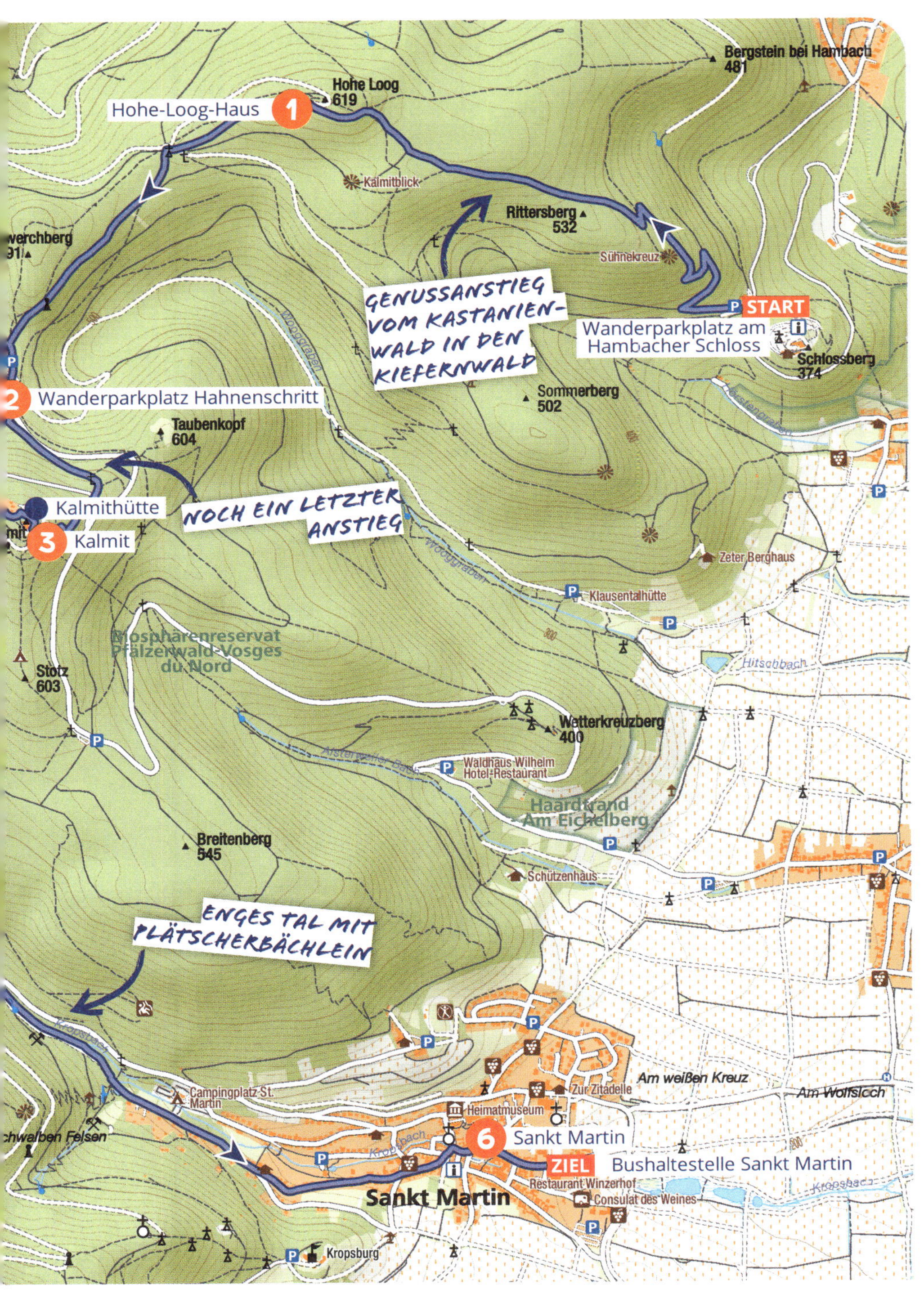
Hohe-Loog-Haus
1
Hohe Loog
619
Bergstein bei Hambach
481
Kalmitblick
Rittersberg
532
Sühnekreuz
GENUSSANSTIEG VOM KASTANIENWALD IN DEN KIEFERNWALD
START
Wanderparkplatz am Hambacher Schloss
Schlossberg
374
Sommerberg
502
2
Wanderparkplatz Hahnenschritt
Taubenkopf
604
Kalmithütte
3
Kalmit
NOCH EIN LETZTER ANSTIEG
Zeter Berghaus
Klausentalhütte
Biosphärenreservat Pfälzerwald-Vosges du Nord
Stotz
603
Hitschbach
Wetterkreuzberg
400
Waldhaus Wilhelm Hotel-Restaurant
Haardtrand Am Eichelberg
Breitenberg
545
Schützenhaus
ENGES TAL MIT PLÄTSCHERBÄCHLEIN
Campingplatz St. Martin
Heimatmuseum
Zur Zitadelle
Am weißen Kreuz
Am Wolfsloch
6
Sankt Martin
ZIEL
Bushaltestelle Sankt Martin
Restaurant Winzerhof
Consulat des Weines
Sankt Martin
Kropsburg

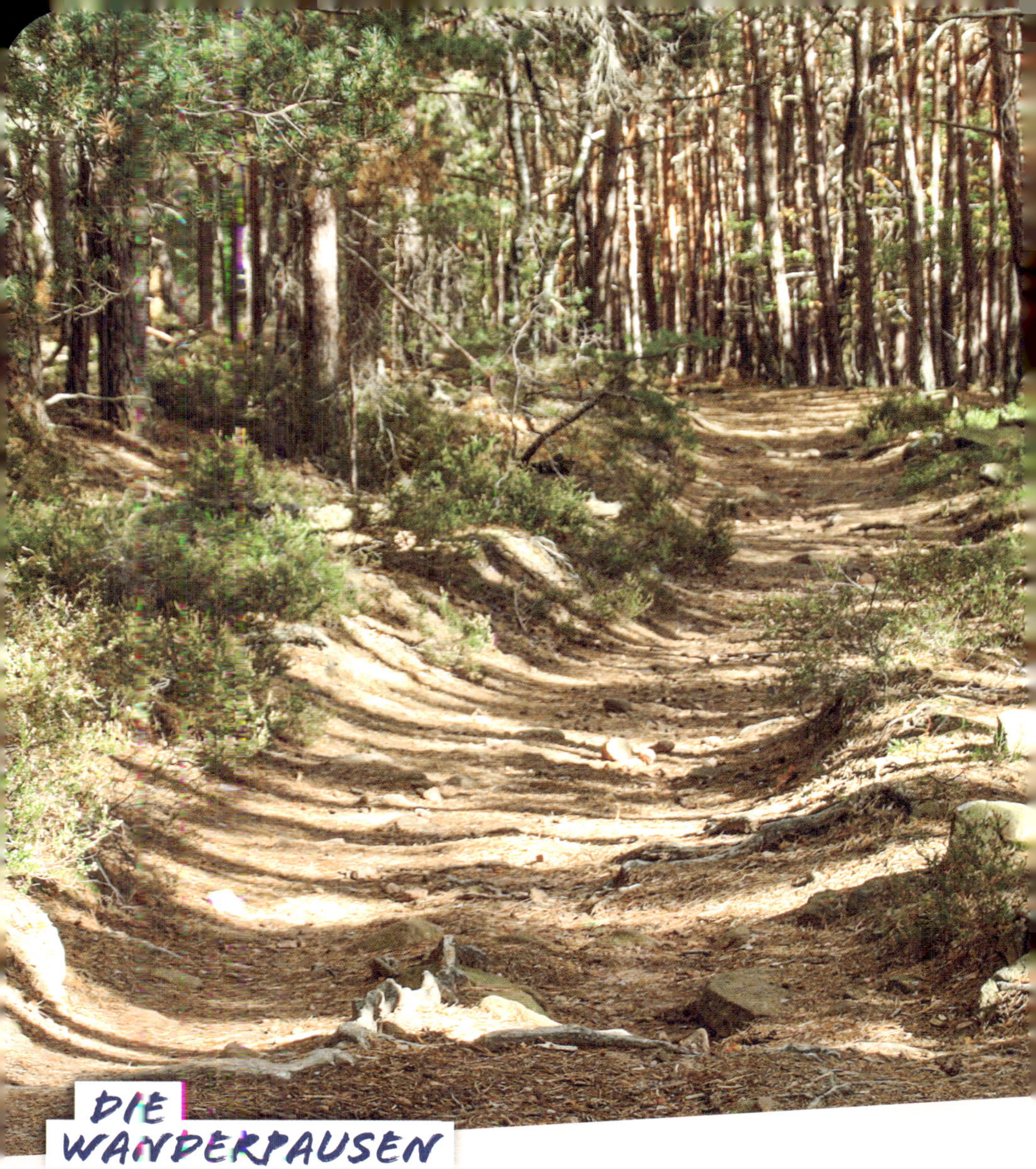

DIE WANDERPAUSEN

» START
Wanderparkplatz Sensental

KM 0,3

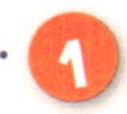

Michaelskapelle
Erst mal in die Ferne schauen

KM 1

Heidenlöcher
Einfach magisch

KM 4

Eckkopfturm
Hier pfeift der Wind

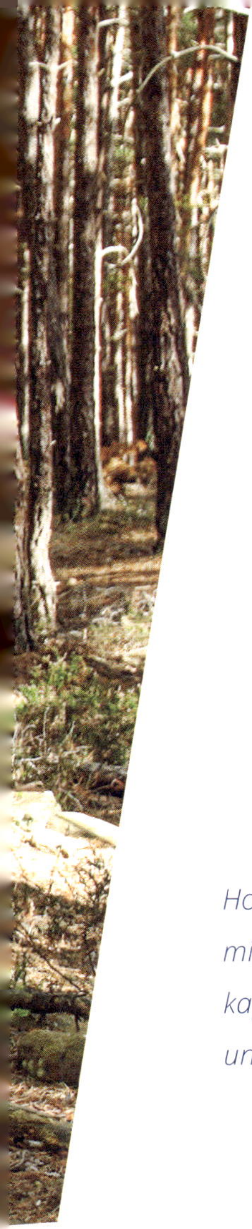

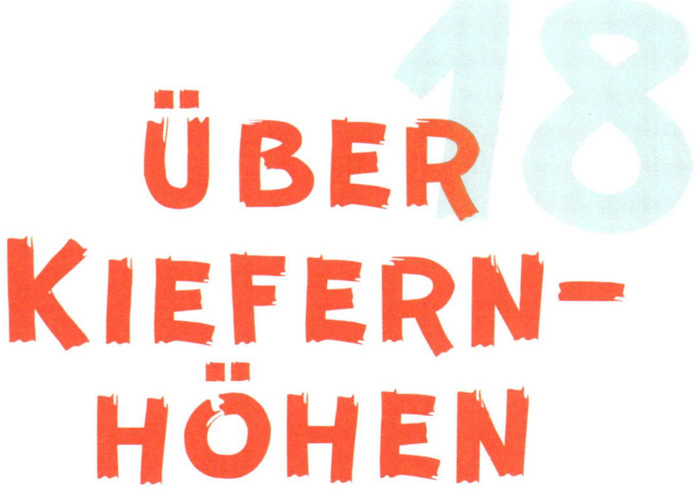

Zu den Haardtbergen über Deidesheim

Hoch über der Deutschen Weinstraße: eine Zeitreise, die bis ins Frühmittelalter zurückführt. Mit einer magischen Fliehburg, einer Wallfahrtskapelle, einem jungen und einem alten Aussichtsturm, einer Luxushütte und einem Weinbergbummel.

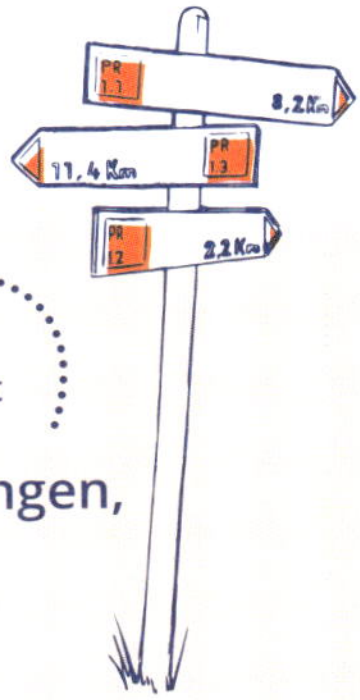

KM 7
4 Stabenbergtürmchen
»Ei wie goldisch«

KM 10
5 Waldschenke im Mühltal
Unerwarteter Luxus

KM 11
6 Naturschutzgebiet Haardtrand
Hasen, Schlangen, Wolfsmilch

KM 12,2 » ZIEL
Wanderparkplatz Sensental

VERSESSEN AUF FERNBLICK …

… sind die Menschen wohl seit Urzeiten. Haben sich immer schon Plätze gesucht, von denen sie herannahende Gefahren frühzeitig erspähen konnten. Kletterten auf Bäume, erklimmten Felsen, bestiegen Gipfel. Der *Homo Palatinensis* baute zudem Aussichtstürme, zumindest seit dem 19. Jahrhundert. Da stand allerdings das Freizeitvergnügen im Vordergrund, nicht mehr das Überwachen der Umgebung. Über 20 sind es allein im Pfälzerwald geworden. Meist aus Buntsandstein gefertigt, seltener aus Holz und Stahl wie der Eckkopfturm, der auf dieser Wanderung für das große Panorama sorgt.

Beim langen Anstieg vom Rande der Rebhänge bei Deidesheim ist der Turm noch nicht zu sehen. Blickfang ist zunächst die **Michaelskapelle,** ein keck aus dem Kastanienwald herausspitzelndes Wallfahrtskirchlein, dessen Ursprünge auf das 15. Jahrhundert zurückgehen. Nur eine Viertelstunde muss man von dort weiter aufsteigen, um ein weiteres halbes Jahrtausend zurückzureisen – zu den **Heidenlöchern,** Resten einer Fliehburg aus dem 9. und 10. Jahrhundert. Ein außerordentlich geheimnisvoller Platz!

IN DER NASE INTENSIVER KIEFERNGERUCH, UNTER DEN FÜSSEN SAMTWEICHER KIEFERNNADEL-BODEN

Kastanienbäume weichen nun immer mehr Kiefern, der dominierenden Baumart in den Höhenlagen der Haardt, des über 600 Meter hoch aufragenden Gebirgzuges entlang der Deutschen Weinstraße. Jetzt scheiden sich die Geister: Was dem einen ein wunderbarer Wald, ist dem anderen eine ungesunde Monokultur. Darüber lässt sich ganz entspannt debattieren, wenn man auf einem nur sacht ansteigenden Weg wie hier unterwegs ist, angenehm benebelt von Kieferndu ft.

Am **Eckkopfturm** hat man dann anderes im Sinn – Höhenluft schnuppern, Fernblick genießen. Ausruhen. Dann ein kleiner Abstieg, ein schnurgerader Kammweg, ein gewundener Pfad und man steht auf dem **Stabenberg** mit seinem sympathisch-bescheidenen Türmchen. Beim Abstieg zur **Waldschenke im Mühltal** geht es noch einmal durch Kiefernwald, bevor man beim Bummel durch eine naturgeschützte Weinlage letztmals den Blick in die Rheinebene richtet.

«

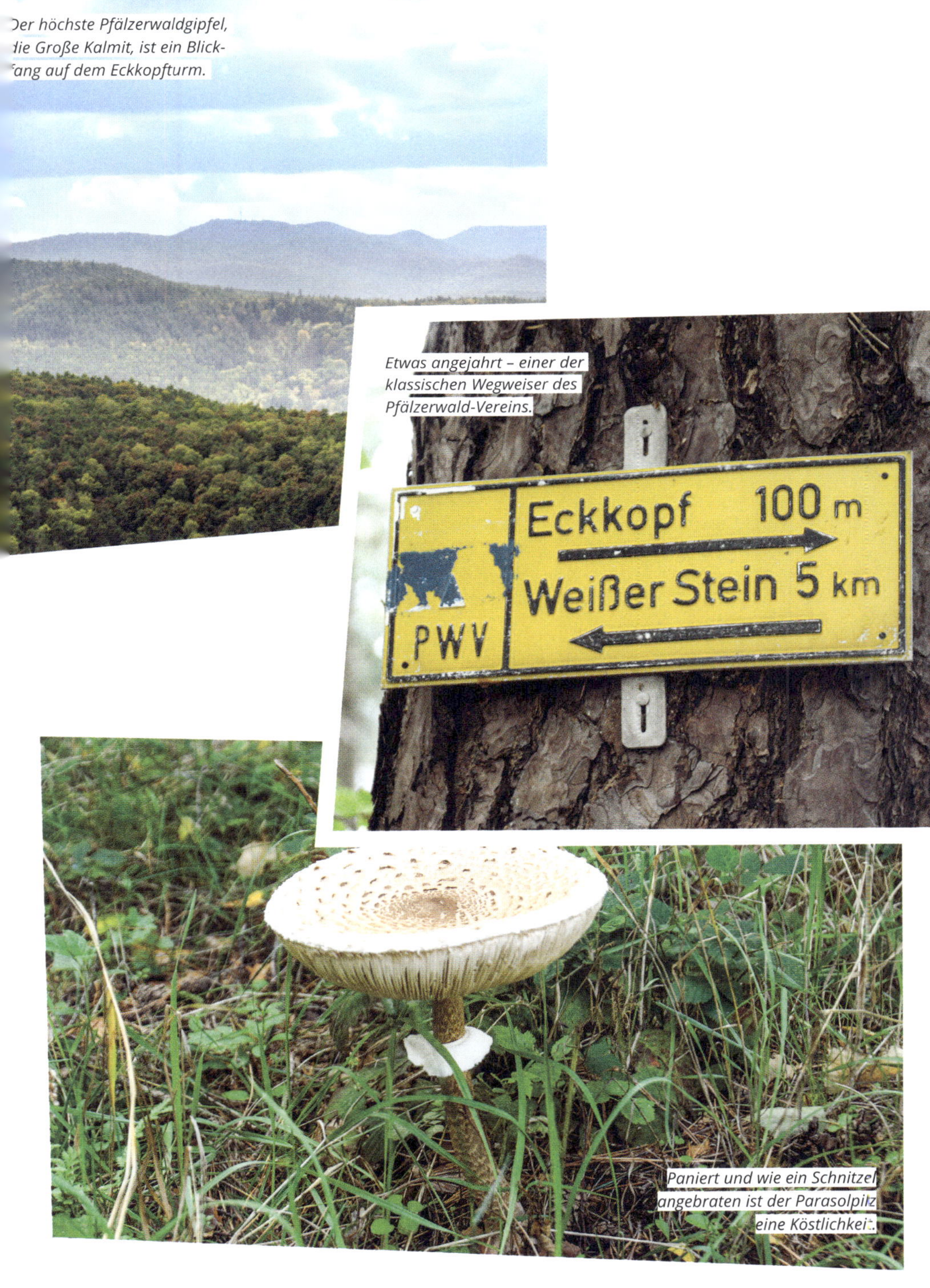

Der höchste Pfälzerwaldgipfel, die Große Kalmit, ist ein Blickfang auf dem Eckkopfturm.

Etwas angejahrt – einer der klassischen Wegweiser des Pfälzerwald-Vereins.

Paniert und wie ein Schnitzel angebraten ist der Parasolpilz eine Köstlichkeit.

WANDERN & GENIESSEN

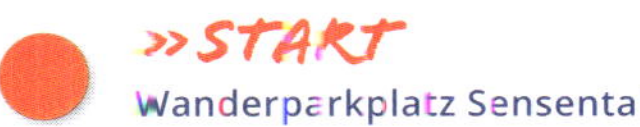

Wanderparkplatz Sensental

Am Parkplatz findet man das Logo des Pfälzer Weinsteiges, dem man sich bis hinter den Heidenlöchern anvertrauen kann.

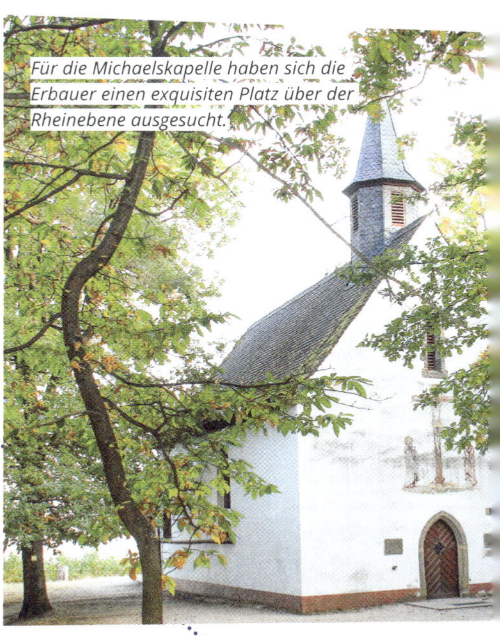

Für die Michaelskapelle haben sich die Erbauer einen exquisiten Platz über der Rheinebene ausgesucht.

KM 0,3

1 Michaelskapelle

Erst mal in die Ferne schauen

Kaum eine Viertelstunde nach dem Aufbruch darf man auf dieser Wanderung schon den Rucksack absetzen. Warum auch sollte man an der Michaelskapelle einfach so vorbeilaufen? Liegt vor dem kleinen Wallfahrtskirchlein am Abhang des Haardtgebirges doch ein veritabler Rheinebene-Aussichtsplatz. Die Kapelle selbst zeigt exemplarisch die Wechselfälle der pfälzischen Geschichte auf: 1470 im spätgotischen Stil erbaut, im darauffolgenden Jahrhundert zerfallen, 1663 wiederaufgebaut, in den Nachwirren der Französischen Revolution 1794 zerstört, 1952 abermals wiederaufgebaut. Wie es wohl weitergehen wird?

Weiter auf dem Pfälzer Weinsteig.

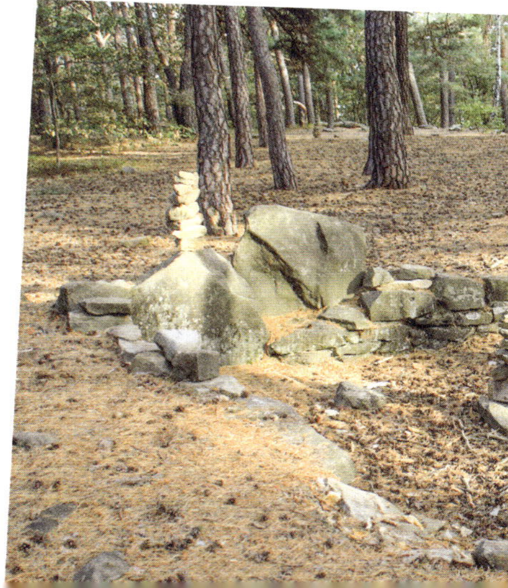

Geschafft! Die Treppen des Eckkopfturmes sind doch anstrengend.

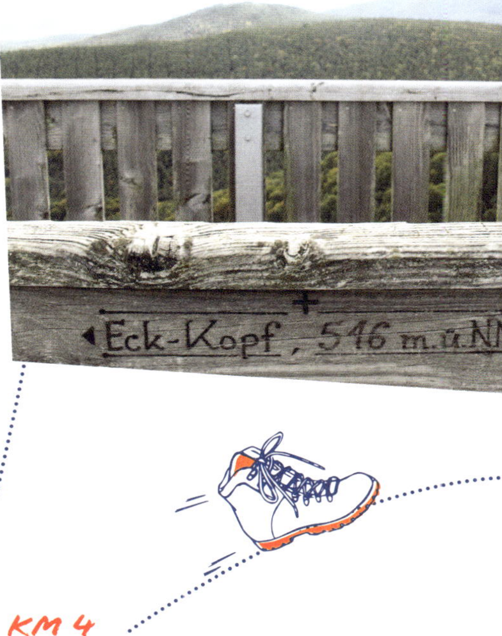

KM 1

2 Heidenlöcher
Einfach magisch

Der erste Eindruck von den Heidenlöchern: bescheiden. Reste einer Trockenmauer, dahinter einige ausgemauerte Kuhlen. Nimmt man sich aber Zeit zum Umherstreunen, erschließt sich nach und nach die Größe der Anlage. Etwa 80 eingeschossige Steinhäuschen standen hier auf einem Plateau, umgeben von einer 450 Meter langen Ringmauer. Dauerhaft gewohnt hat in den Gebäuden wohl niemand, der Platz diente als Fliehburg für Mensch und Tier – man lebte in ständiger Furcht vor Ungarn- oder Normannen-Überfällen. Heidenlöcher hieß die Anlage damals noch nicht. Der Begriff entstand erst in späterer Zeit, als man alles, was geschichtlich im Dunklen lag, gerne »Heiden« zuschrieb. Mit »Löcher« waren die Hausfundamente gemeint, die man auch heute noch dort vorfindet. Was für ein rätselhafter und magischer Fleck!

Mit dem Logo des Pfälzer Weinsteiges noch 500 m bis zu einer Wegspinne. Dort halblinks und mit dem weißen Punkt zum Eckkopfturm.

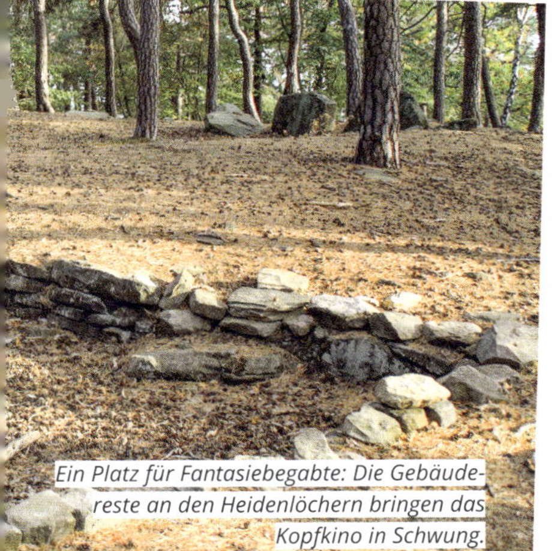

Ein Platz für Fantasiebegabte: Die Gebäudereste an den Heidenlöchern bringen das Kopfkino in Schwung.

KM 4

3 Eckkopfturm
Hier pfeift der Wind

Auch wenn in der Rheinebene mildes Wetter herrscht, muss man sich für den 516 Meter hoch gelegenen Eckkopfturm manchmal warm anziehen, so eisig kann der Wind hier pfeifen. Oben ist man froh, nicht gekniffen zu haben – vor allem der Blick in die Rheinebene sucht seinesgleichen. Aufwärmen kann man sich dann in der bewirtschafteten Hütte, die im Sockel des Turmes untergebracht ist (www.pwv-deidesheim.de, Samstag und Sonntag geöffnet). Glückspilze erwischen einen Tag, an dem es auch hier oben so warm ist, dass man die Weinschorle draußen genießen kann

Weiter mit der Markierung weißer Punkt zur Schutzhütte Am Weißenstich. Dort dem Schild »Gimmeldingen über Stabenberg« folgen und mit der Markierung rot-weißer Balken zum Stabenberg.

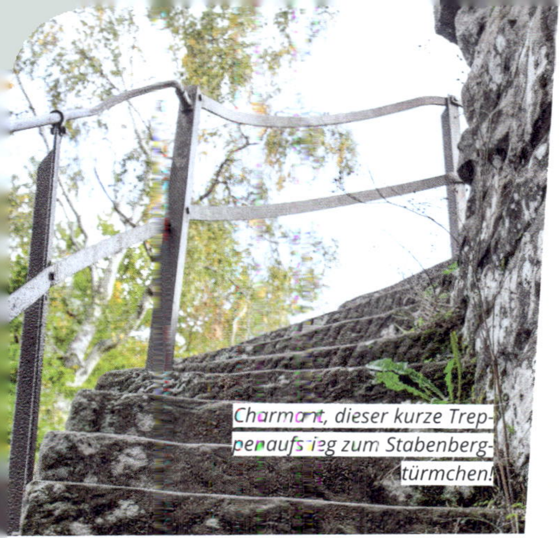

Charmant, dieser kurze Treppenaufstieg zum Stabenbergtürmchen!

KM 7

4

Stabenbergtürmchen

»Ei wie goldisch«

16 Treppenstufen, ein kleiner Rechtsschwenk, noch einmal vier Stufen und schon ist man oben auf dem Stabenbergtürmchen. »Ei wie goldisch« sagen die Pfälzer gerne, wenn etwas so klein und knuffig, also einfach goldig ist. »Man muss klein anfangen« – das hatte sich der Pfälzerwald-Verein wohl gedacht, als er im Jahr 1904 auf dem 495 Meter hohen Stabenberg sein erstes Bauwerk errichtete. Ein mit Bedacht gewählter Platz, denn das Türmchen hat einen historischen Vorgänger: Schon 100 Jahre zuvor stand an der gleichen Stelle ein »Dillegraph«. So wurden landläufig die von napoleonischen Truppen erbauten Holztürme bezeichnet, über die man mit Lichtsignalen militärische Botschaften zwischen Paris und dem besetzten Mainz hin und her schickte.

500 m zurück und mit dem roten Punkt rechts hinunter. An einer Weggabelung kurz links mit dem weißen Punkt weiter und dann mit der Markierung weiß-blauer Balken weiter bergab zur Waldschenke

KM 10

5

Waldschenke im Mühltal

Unerwarteter Luxus

Was wäre die Pfalz ohne ihre Hüttenkultur, um die sich vor allem der Pfälzerwald-Verein verdient gemacht hat? Etwa 70 bewirtschaftete Hütten betreibt der 1902 gegründete Wanderverein, 45 alleine im Naturpark Pfälzerwald. Sie werden traditionell ehrenamtlich betrieben, sind einfach, gemütlich und meist nur zu Fuß zu erreichen. Allerdings gehören die Hütten zu den bedrohten Arten, denn den PWV plagen Nachwuchssorgen. Deshalb haben manche Ortsvereine, darunter auch der Deidesheimer, ihre Hütte schweren Herzens verpachtet. Dann steht wie in der Waldschenke im Mühltal auf der Karte statt Bratwurst und Erbsensuppe unversehens Ochsenfleisch mit Meerrettich, Preiselbeeren und Pellkartoffeln (www.deidesheimer-huette.de, Mittwoch, Freitag bis Sonntag und an Feiertagen geöffnet).

Mit dem weiß-blauen Balken talabwärts. Kurz nach der Hütte links den Pfad nehmen, der hart am Bach entlang zum Wanderparkplatz Mühltal führt. Am dessen unterem Ende links auf einem grasbewachsenen Weg in die Weinberge.

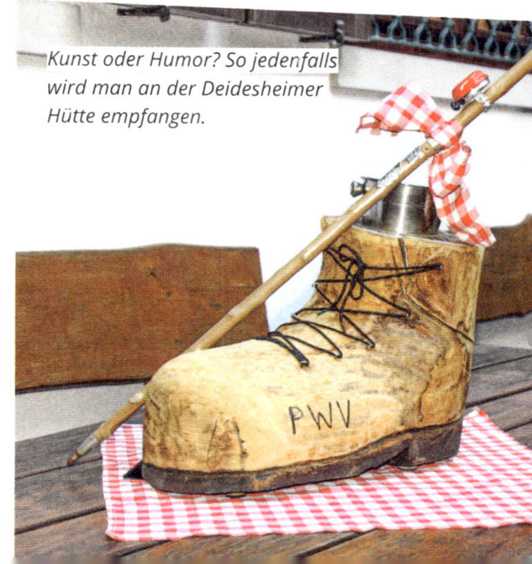

Kunst oder Humor? So jedenfalls wird man an der Deidesheimer Hütte empfangen.

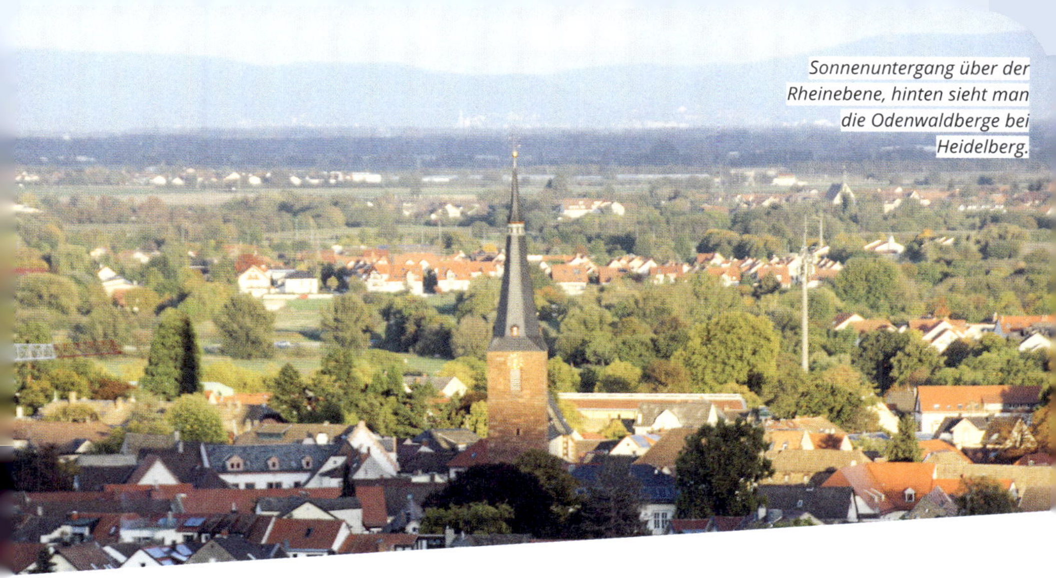

Sonnenuntergang über der Rheinebene, hinten sieht man die Odenwaldberge bei Heidelberg.

KM 11

6 Naturschutzgebiet Haardtrand

Hasen, Schlangen, Wolfsmilch

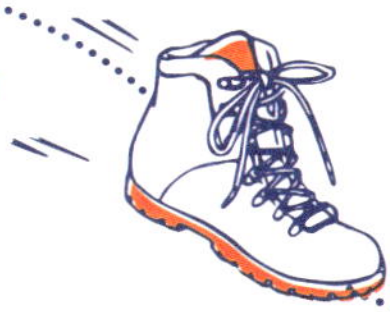

KM 12,2 » ZIEL

Wanderparkplatz Sensental

Bei einem Naturschutzgebiet denkt man an Wälder, an Moore, an urtümliche Flusslandschaften, aber wohl kaum an Weinberge. Und doch: In den Weinlagen zwischen Deidesheim und Wachenheim erstreckt sich ein fast 200 Hektar großes Naturschutzgebiet. Kalkstein- und sandige Böden treffen hier aufeinander – ideale Bedingungen für eine vielfältige Flora und Fauna. Wer Pflanzen liebt, wird aufhorchen, wenn vom Feld-Beifuß oder der Zypressen-Wolfsmilch die Rede ist. Wer sich mehr für Tiere interessiert, freut sich über die zahlreichen Hasen, in deren Sandkuhlen Insekten ihre Eier ablegen. Wer wandert, wird aufmerksam die Trockenmauern der Weinberge betrachten, auf denen sich Schlangen und Eidechsen sonnen. Den Blick auf die hübsche Silhouette von Deidesheim gibt's obendrauf.

Auf Weinbergwegen immer geradeaus am Haardtrand entlang zum Ausgangspunkt.

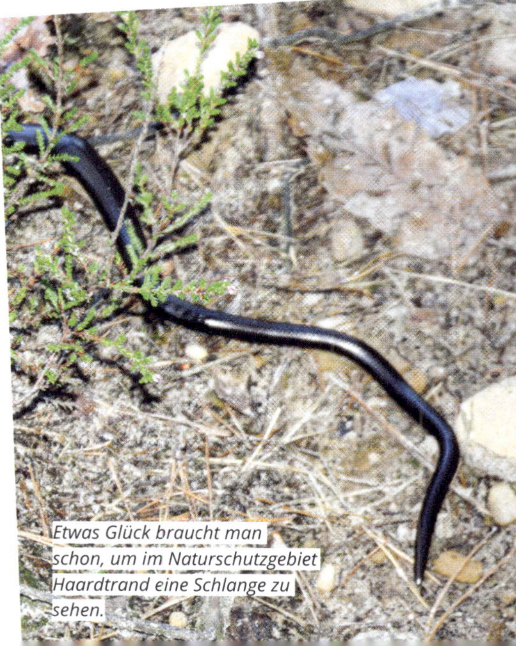

Etwas Glück braucht man schon, um im Naturschutzgebiet Haardtrand eine Schlange zu sehen.

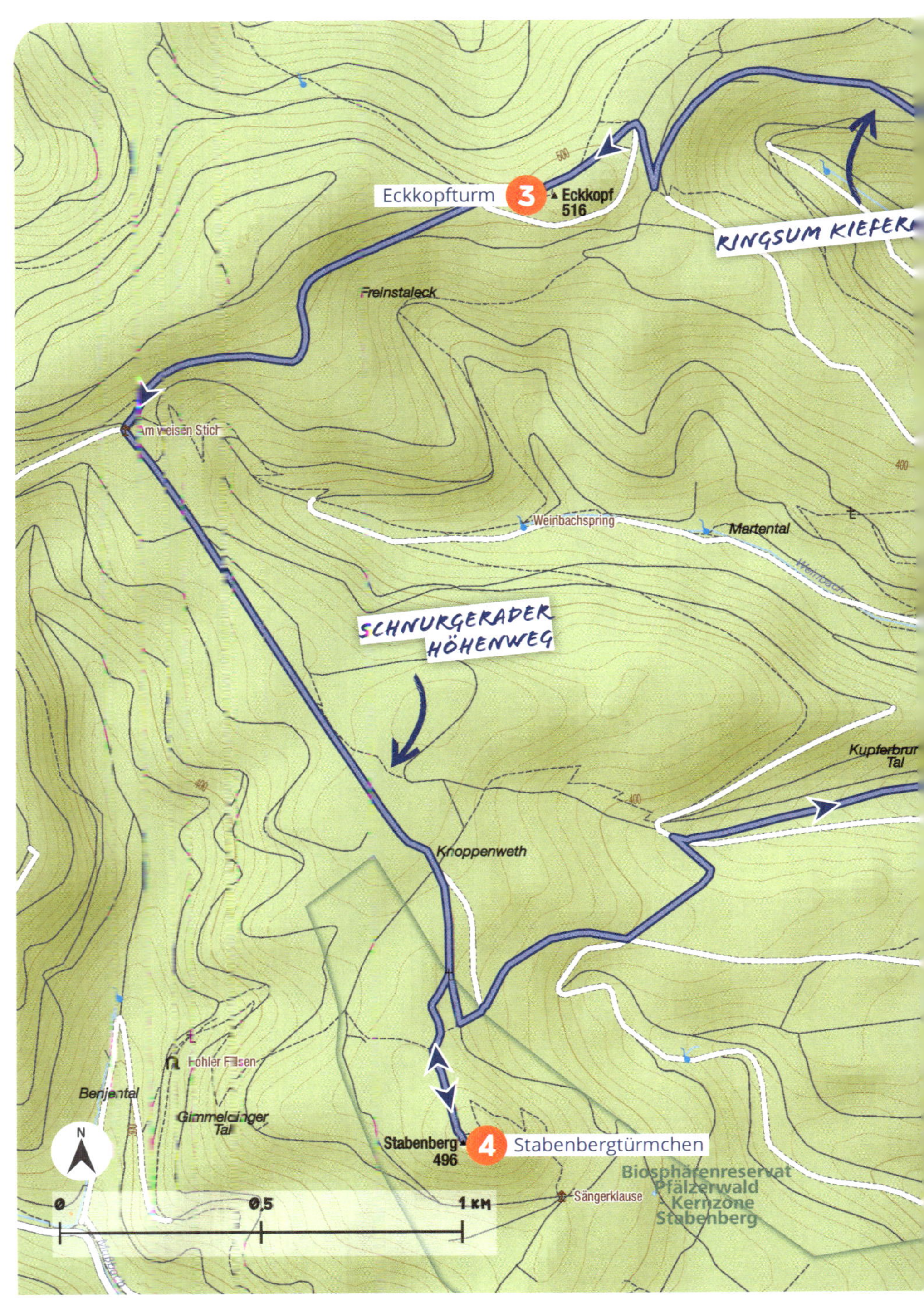

Eckkopfturm
3
Eckkopf
516
500
RINGSUM KIEFER
Freinstaleck
Am weisen Stich
Weinbachspring
Martental
Weinbach
400
SCHNURGERADER
HÖHENWEG
Kupferbrunner Tal
400
400
Knoppenweth
Hohler Felsen
Benjental
Gimmeldinger Tal
Stabenberg
496
4
Stabenbergtürmchen
Biosphärenreservat
Pfälzerwald
Kernzone
Stabenberg
Sängerklause
N
0
0,5
1 KM

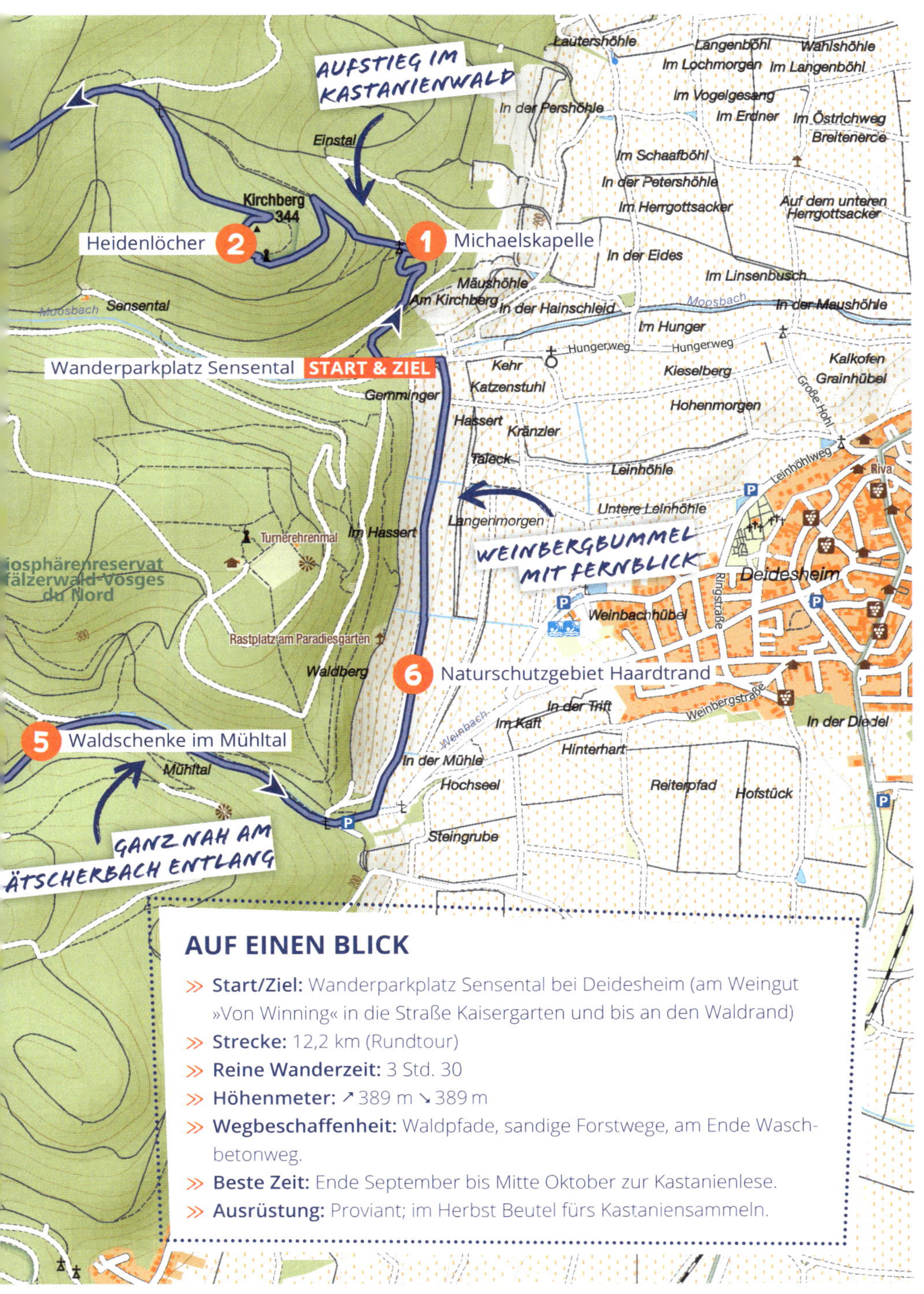

AUF EINEN BLICK

» **Start/Ziel:** Wanderparkplatz Sensental bei Deidesheim (am Weingut »Von Winning« in die Straße Kaisergarten und bis an den Waldrand)

» **Strecke:** 12,2 km (Rundtour)

» **Reine Wanderzeit:** 3 Std. 30

» **Höhenmeter:** ↗ 389 m ↘ 389 m

» **Wegbeschaffenheit:** Waldpfade, sandige Forstwege, am Ende Waschbetonweg.

» **Beste Zeit:** Ende September bis Mitte Oktober zur Kastanienlese.

» **Ausrüstung:** Proviant; im Herbst Beutel fürs Kastaniensammeln.

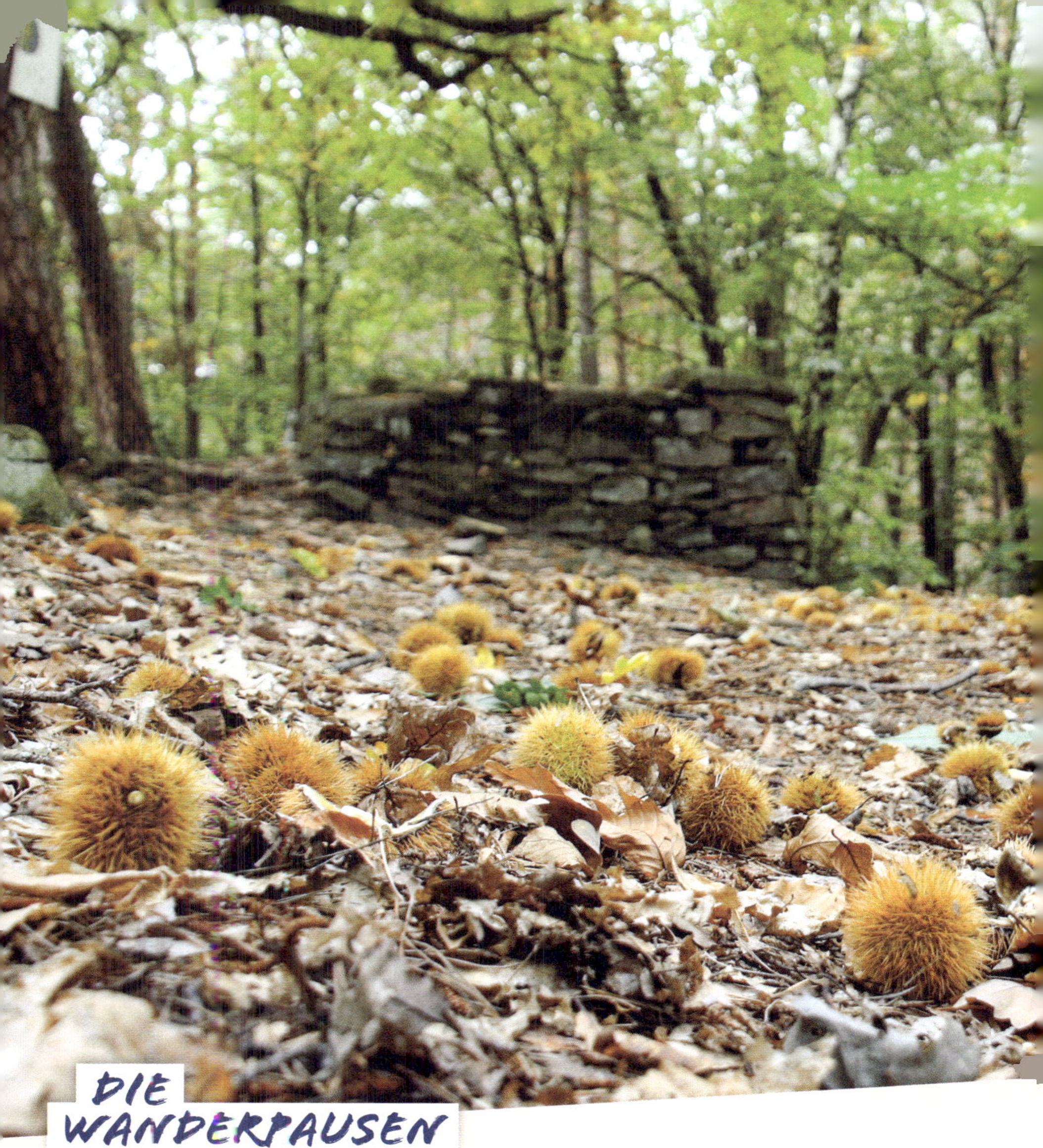

DIE WANDERPAUSEN

» START
Wanderparkplatz Forsthaus Weilach

KM 3

1 Laurahütte
Säulen für Madame

KM 5

2 Ungeheuersee
Die Stunde der Namensforscher

KM 9

3 Heidenfels
Immer noch kultig

19 WURZEL-PFADE

Am Peterskopf im Leiningerland

Auf der Tour wird das größte Bergmassiv des Leiningerlandes überschritten. Wunderbar, an einem verwunschenen Waldweiher zu sitzen oder unter einem Kultfelsen zu rasten. Nächste Programmpunkte: ein Aussichtsturm und die Einkehr in einem Forsthaus und einer Hütte.

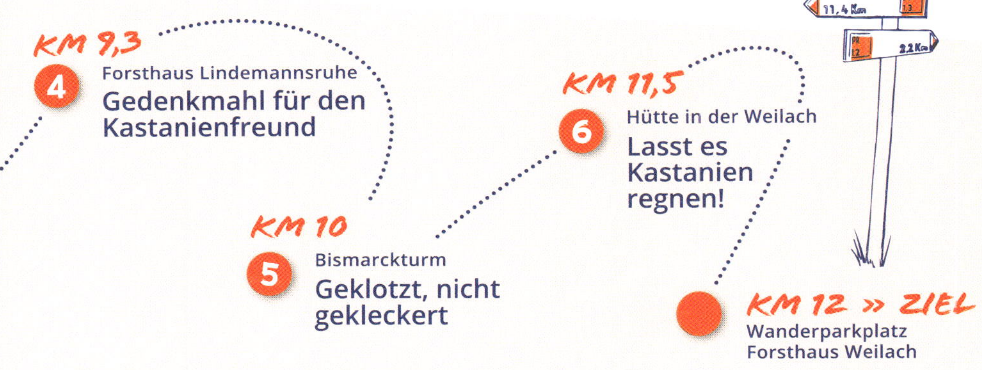

DEN SAMTWEICHEN WALDBODEN SPÜREN, ...

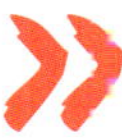

... vorsichtig auf Wurzeln treten, auf Felsplatten balancieren – ein besonderer Gehgenuss, den die Pfälzerwald-Pfade da zu bieten haben! Auch nach längeren Regenfällen ist Morast höchst selten, der Sandsteinboden nimmt Wasser sofort auf. In idealer Weise erlebt man die Freuden solcher Wurzelpfade auf dieser Rundwanderung im Leiningerland.

Sie führt auf den zwar nur 493 Meter hohen, aber massigen Peterskopf. Da er die Rheinebene deutlich überragt, fühlten sich die Menschen schon früh von ihm angezogen. Kelten und Römer haben hier ihre Spuren hinterlassen, mit Kultstätten, einem Ringwall und einem römischen Steinbruch. Heute führt eine Höhenstraße bis in Gipfelnähe. Einsam ist es dort oben nicht.

UNTER KASTANIENBÄUMEN VOR DER HÜTTE IN DER WEILACH SITZEN UND DIE TOUR REVUE PASSIEREN LASSEN

Ein wenig Waldesruhe gibt es aber schon, im ersten Wegdrittel, wenn man den Westhang des Massivs durchquert. Im Herbst ist der gewundene Wurzelpfad ein wahrer Kastanienfinder-Weg, da man nur mit wenigen anderen Menschen um die edlen Früchte konkurrieren muss. Kastaniensucher-Wege gibt es dann auf dem Peterskopf-Gipfel.

Nach einer guten Stunde wird es erstmals betriebsam: Am **Ungeheuersee,** einem verwunschenen Waldteich, treffen Wanderwege aus allen Himmelsrichtungen zusammen. Da müsste es doch eine Hütte geben, mit schattigen Freisitzplätzen! Und genauso ist es auch (Weisenheimer Hütte, www.pwv-weisenheim.de, Mittwoch und Sonntag geöffnet).

Der Weiterweg verläuft jetzt auf dem premiumzertifizierten Ganerbenweg. Ganerbschaft, so nannte man im Mittelalter eine Erbform, bei der mehrere Eigentümer nur gemeinsam über Grund und Boden verfügen konnten. Hier am Peterskopf ist es der durch einen Forstverband gemeinschaftlich bewirtschaftete Wald.

Auf dem Gipfelplateau reiht sich Höhepunkt an Höhepunkt: Der vielgestaltige **Heidenfels,** die urige Waldgaststätte im ehemaligen **Forsthaus Lindemannsruhe,** der **Bismarckturm.** Wie gelassen man jetzt doch den vielen Kastaniensuchern zuschauen kann, wenn man sein Beutelchen schon vorher gefüllt hat! «

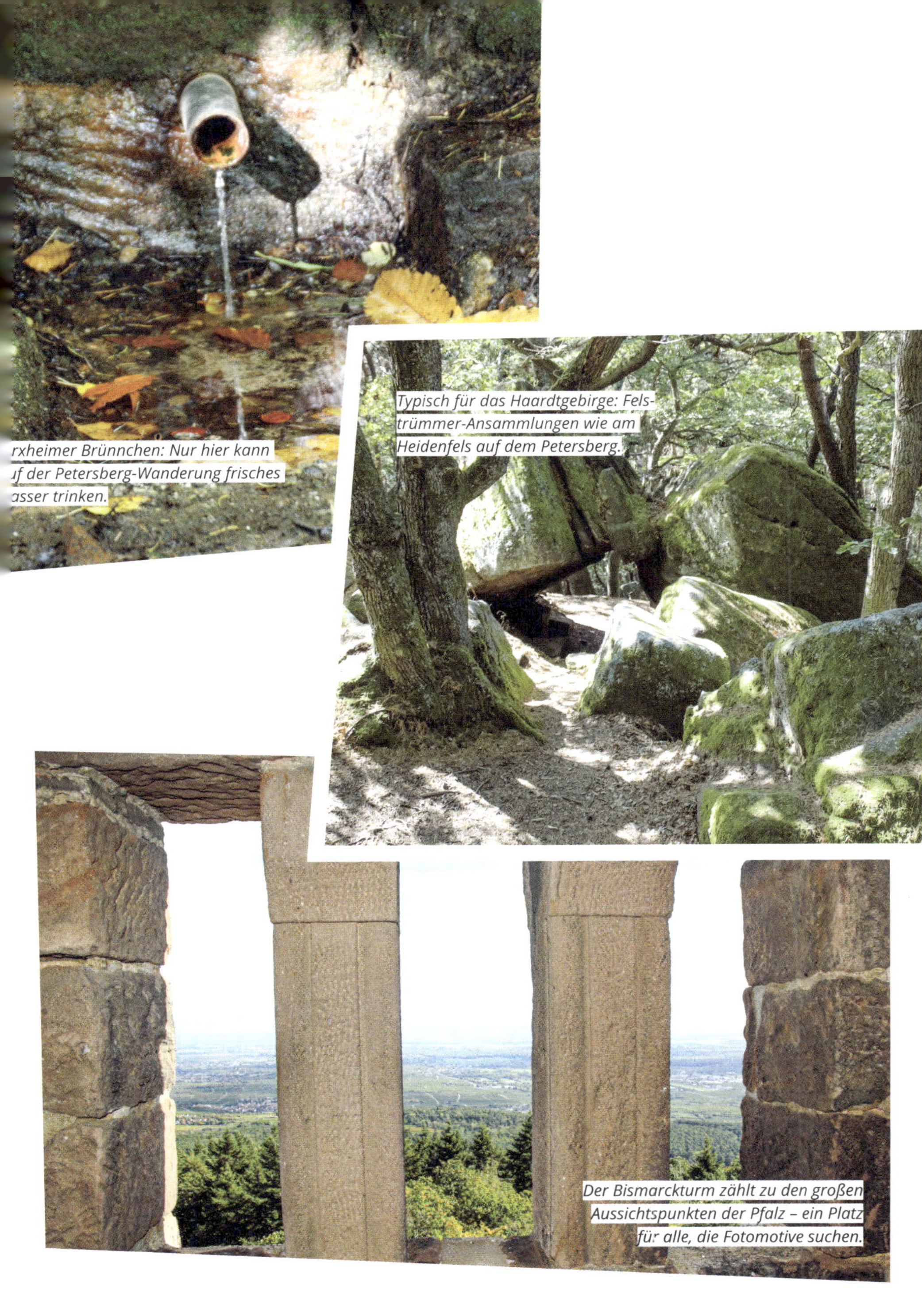

rxheimer Brünnchen: Nur hier kann
ıf der Petersberg-Wanderung frisches
asser trinken.

Typisch für das Haardtgebirge: Felstrümmer-Ansammlungen wie am Heidenfels auf dem Petersberg.

Der Bismarckturm zählt zu den großen Aussichtspunkten der Pfalz – ein Platz für alle, die Fotomotive suchen.

WANDERN & GENIESSEN

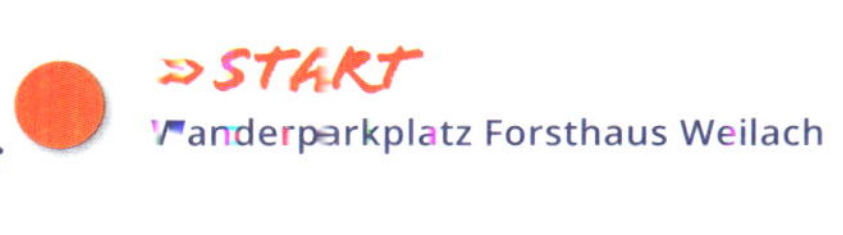

=> START

Wanderparkplatz Forsthaus Weilach

Am Forsthaus weisen Schilder den Weg zur Hütte an der Weilach und weiter zur Weisenheimer Hütte am Ungeheuersee. Wegzeichen ist der weiß-rote Balken.

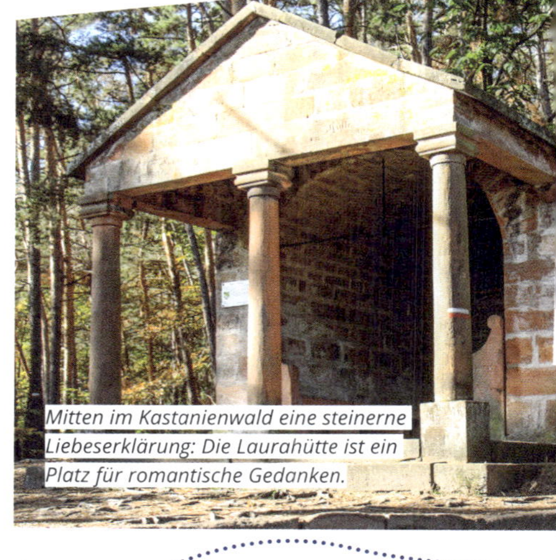

Mitten im Kastanienwald eine steinerne Liebeserklärung: Die Laurahütte ist ein Platz für romantische Gedanken.

KM 3

1 Laurahütte

Säulen für Madame

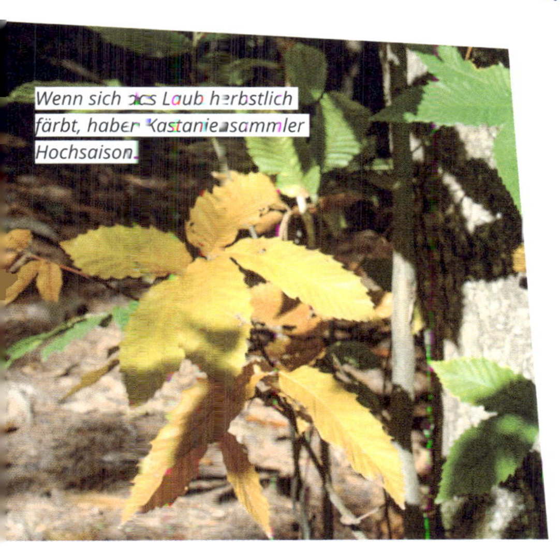

Wenn sich das Laub herbstlich färbt, haben Kastaniensammler Hochsaison.

Eine Hütte? Nein, eher wie ein Tempel schaut die Laurahütte aus, die in Karten mit dem Symbol für Schutzhütten verzeichnet ist. Errichtet wurde das Gebäude 1845 im Auftrag eines Bürgers aus Freinsheim zu Ehren seiner Frau Laura. Nach seinem Tod ging es in den Besitz des Drachenfels-Clubs über, eines Bad Dürkheimer Heimatvereins, der auch den Bismarckturm, den Dürkheimer Flaggenturm und den römischen Steinbruch Kriemhildenstuhl betreut. Ein prima Platz für eine erste Rast mit Blick in die Rheinebene.

Weiter mit dem weiß-roten Balken. An einer Wegspinne trifft man auf den Ganerbenweg, dessen Logo, eine schwarze Axt auf gelbem Grund, bis zum Heidenfels gilt.

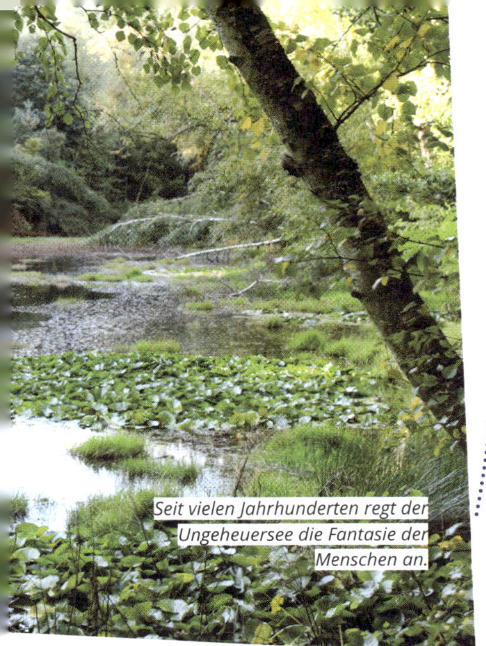

Seit vielen Jahrhunderten regt der Ungeheuersee die Fantasie der Menschen an.

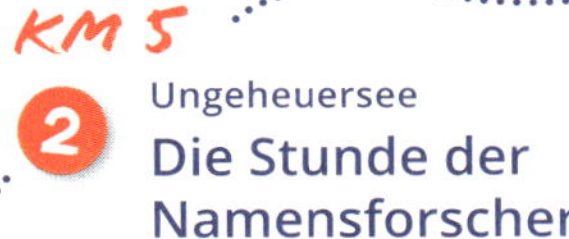

Ungeheuersee

Die Stunde der Namensforscher

Wie kommt ein kleiner Waldteich zu so einem Namen? Trieben hier etwa Waldgeister nachts ihr Unwesen? Lebte tatsächlich eine Waldfrau am See, die manchmal auszog, um Kinder zu rauben? Historisch seriös diese Erklärung: Die Menschen aus Weisenheim am Berg hätten im Dreißigjährigen Krieg ihre Kirchturmglocken im See versenkt, um sie vor räuberischen Truppen in Sicherheit zu bringen. Eher langweilig die etymologische Erklärung: Er leite sich aus altdeutschen Begriffen für Waldweide und Gehege ab. Vorab spannender für Wandernde ist die Frage: Ist Wasser drin? Der Wasserstand des Sees ist nämlich starken Schwankungen unterworfen.

Weiter mit dem Logo des Ganerbenweges, am Herxheimer Brünnchen vorbei, bergauf und auf einem Kammweg zum Heidenfels.

KM 9

3 Heidenfels

Immer noch kultig

Anders als die Felsen des südlichen Pfälzerwaldes ist der am Südrand des Peterskopf-Plateaus gelegene Heidenfels kein kompakter Fels, sondern ein wildes Felstrümmerchaos. In vorchristlicher Zeit wurde der Platz als Kultstätte genutzt, in den letzten Jahrzehnten haben Sportliche den Platz für sich entdeckt: Hier wird heute gebouldert. Auch Kult! Zwei verwinkelte Treppen führen hinunter zum Felsfuß, wo eine Grotte mit einem steinernen Tisch einen ungewöhnlichen Rastplatz abgibt.

Mit dem Logo des Ganerbenweges noch 200 m weiter bis zu einer Wegspinne. Dort den Ganerbenweg verlassen und links zum Forsthaus Lindemannsruhe.

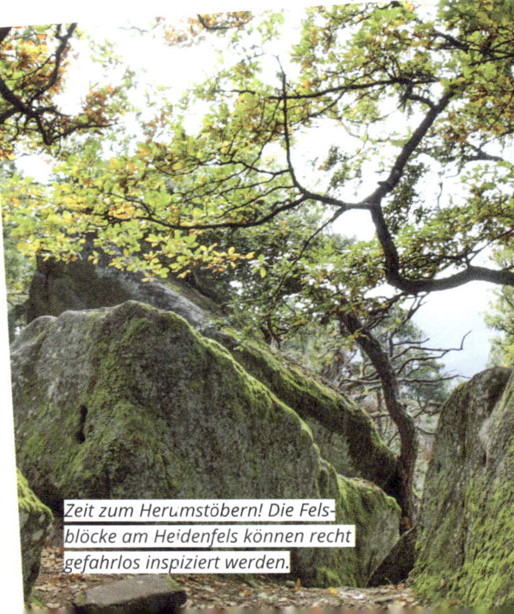

Zeit zum Herumstöbern! Die Felsblöcke am Heidenfels können recht gefahrlos inspiziert werden.

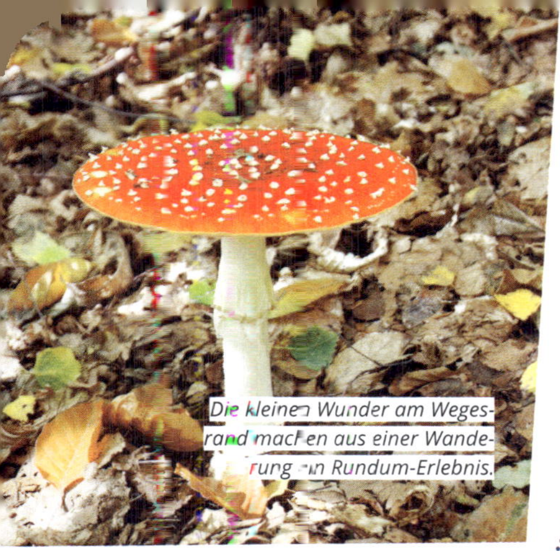
Die kleinen Wunder am Wegesrand machen aus einer Wanderung ein Rundum-Erlebnis.

KM 10

5 Bismarckturm
Geklotzt, nicht gekleckert

Um die Jahrhundertwende herrschte im Deutschen Reich ein wahrer Überbietungswettbewerb beim Bau von Türmen zu Ehren des Reichskanzlers. Da musste man schon klotzen, statt zu kleckern, um mitzuhalten. Und so ist dieser Bismarckturm auf dem Peterskopf über Bad Dürkheim auch ein wahres Buntsandstein-Ungetüm, auf einem protzigen Sockel ruhend ragt er 40 Meter empor. Bei keinem pfälzischen Turm wurde annähernd so viel Buckelquader-Mauerwerk verbaut. Am Wochenende und mittwochs ist der Turm geöffnet, im Winter allerdings nur sonntags. Er bietet einen umfassenden Rundblick über den nördlichen Pfälzerwald und die Rheinebene bis hin zum Taunus und zum Odenwald.

Mit der Markierung grün-weißer Balken hinunter zur Hütte in der Weilach.

KM 9,3

4 Forsthaus Lindemannsruhe
Gedenkmahl für den Kastanienfreund

An der 470 Meter hohen Passhöhe der von Leistadt nach Höningen führenden Straße treffen alle Peterskopf-Besucher zusammen: Radelnde aller Art, sei es mit E-Bike, dem Mountainbike oder dem Rennrad, Motorisierte mit Auto oder Motorrad, Wandernde, Frischlufthungrige, solche, die Kastanien sammeln oder Pilze suchen. Und Hungrige und Durstige, denn direkt an der Straße liegt das Forsthaus Lindemannsruhe, das wie viele andere ehemalige Forsthäuser der Pfalz heute eine Gaststätte beherbergt. Im Schatten von Kastanienbäumen oder in den mit allerlei ausgestopftem Getier dekorierten Gasträumen kann man ganz entspannt die Pfälzer Küche genießen. Benannt ist die Lindemannsruhe nach einem einstigen Oberförster, dem die Aufforstung des Peterskopfes mit Kastanienbäumen zu verdanken ist (www.lindemannsruhe.de, Mittwoch bis Sonntag geöffnet).

Den Schildern zum Bismarckturm folgen.

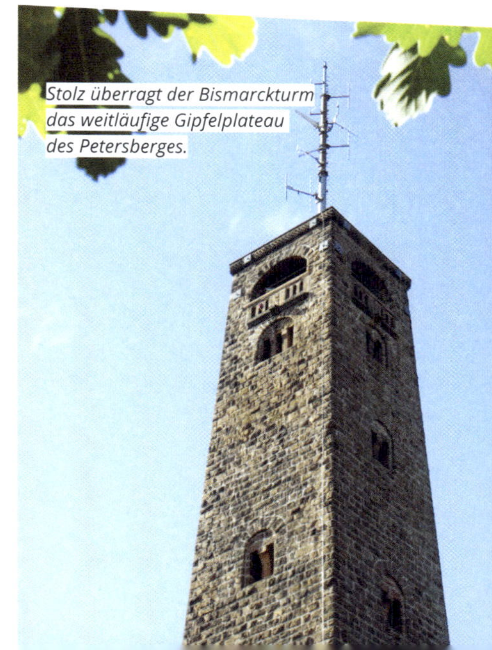
Stolz überragt der Bismarckturm das weitläufige Gipfelplateau des Petersberges.

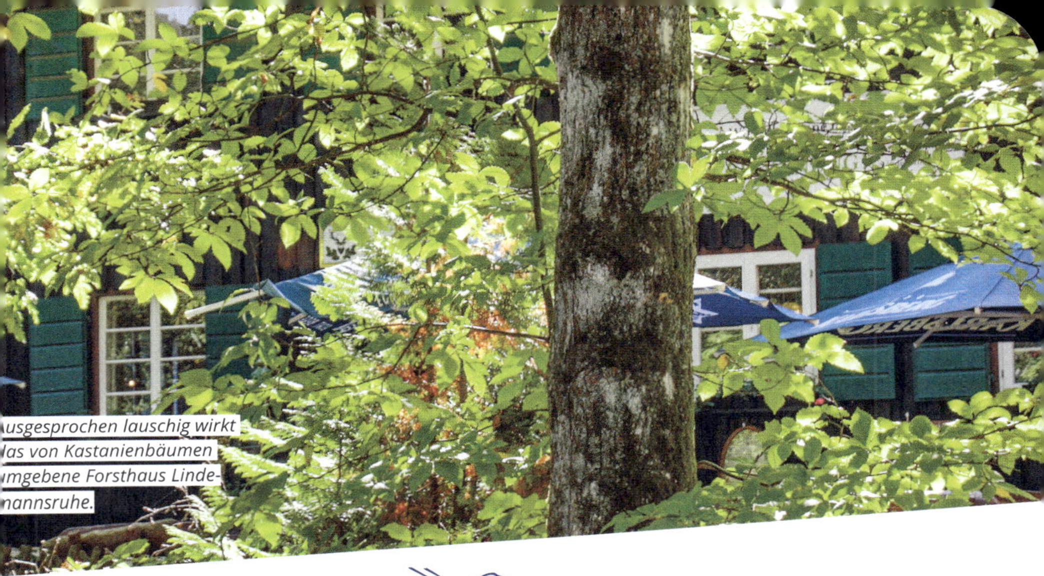

usgesprochen lauschig wirkt las von Kastanienbäumen ımgebene Forsthaus Lindenannsruhe.

KM 11,5

6 Hütte in der Weilach

Lasst es Kastanien regnen!

Im Frühherbst, wenn man bei Zwiebelkuchen und neuem Wein vor der Hütte in der Weilach sitzt, mischt sich ab und an ein Gefahrenmoment in die pfälzische Gemütlichkeit: Dann fällt schon einmal eine Esskastanie oder eine ganze stachelige Frucht in den Teller oder auf das edle Haupt – eine Helmpflicht gibt es aber noch nicht. Auch historisch hat die beliebte Hütte des Pfälzerwald-Vereins etwas Besonderes zu bieten: Sie wurde nicht als Wander-Stützpunkt erbaut, sondern nach dem Zweiten Weltkrieg als Unterkunft für Bedürftige. Nach einem Intermezzo als Landwirtschaftsgebäude bot die Forstverwaltung 1964 die beiden Häuschen dem Bad Dürkheimer PWV an, der diese dann zu seiner Vereinshütte ausbaute (www.pwv-düw.de, Samstag und Sonntag geöffnet).

Mit der Markierung grün-weißer Balken zum Ausgangspunkt.

KM 12 » ZIEL

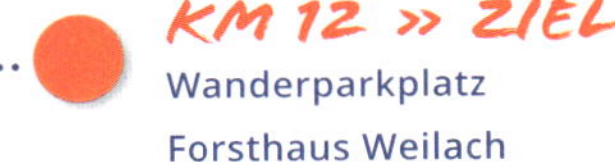

Wanderparkplatz Forsthaus Weilach

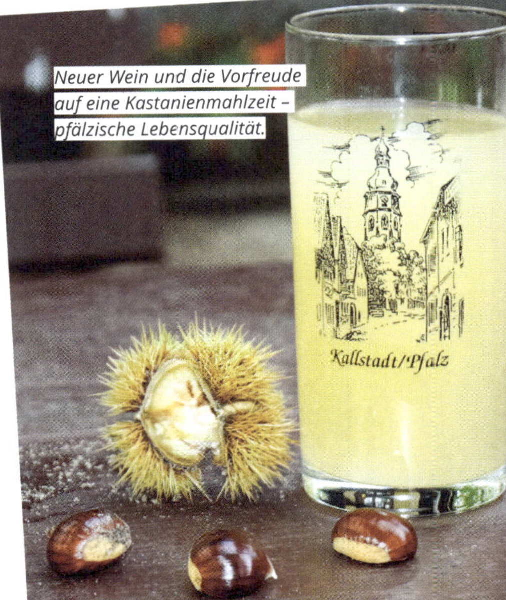

Neuer Wein und die Vorfreude auf eine Kastanienmahlzeit – pfälzische Lebensqualität.

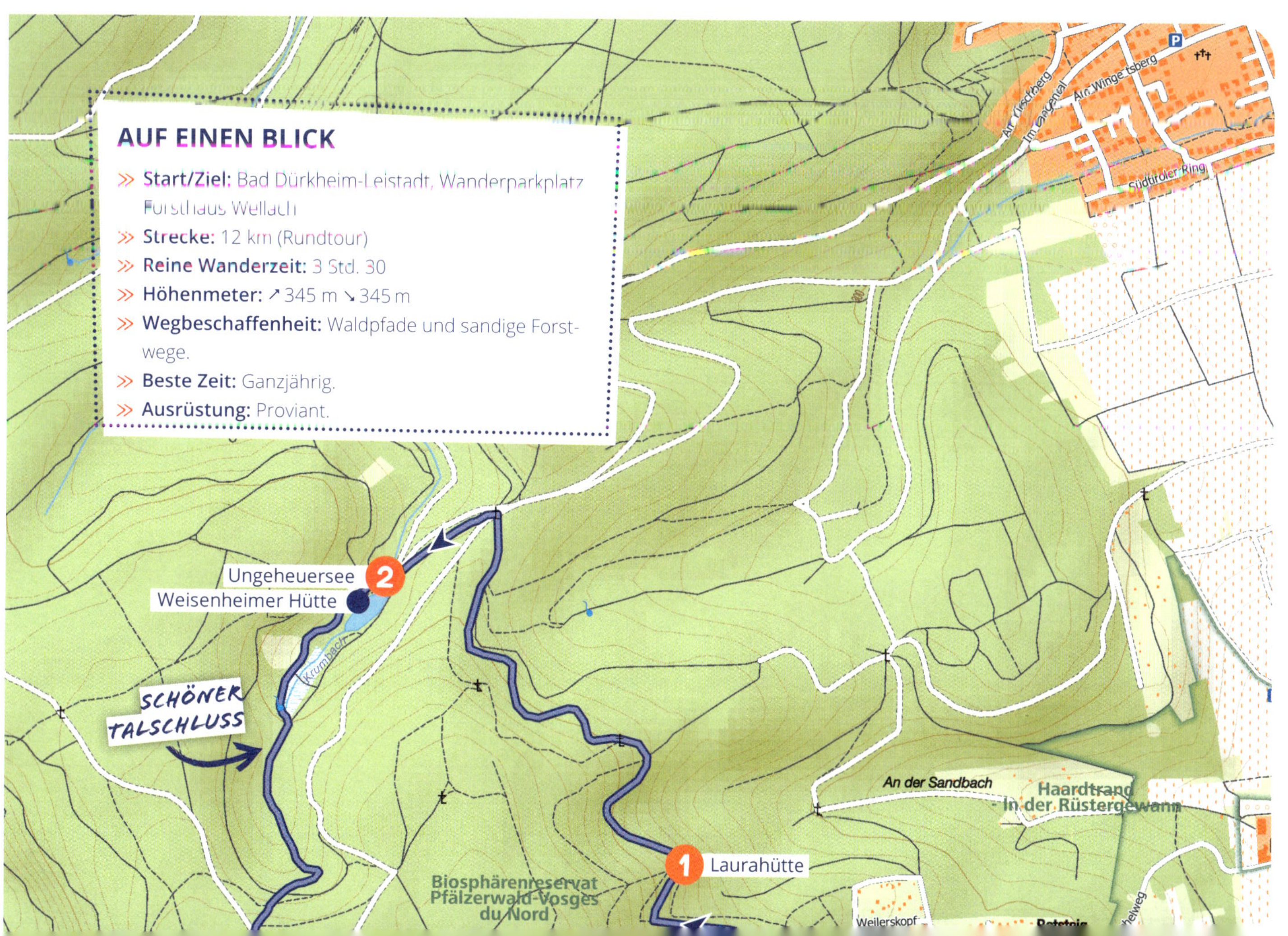

AUF EINEN BLICK
» Start/Ziel: Bad Dürkheim-Leistadt, Wanderparkplatz Forsthaus Wellach
» Strecke: 12 km (Rundtour)
» Reine Wanderzeit: 3 Std. 30
» Höhenmeter: ↗ 345 m ↘ 345 m
» Wegbeschaffenheit: Waldpfade und sandige Forstwege.
» Beste Zeit: Ganzjährig.
» Ausrüstung: Proviant.
Am Kirschberg
Im Gangental
Am Wingertsberg
Südtiroler Ring
Ungeheuersee
Weisenheimer Hütte
Krumbach
SCHÖNER TALSCHLUSS
Laurahütte
Biosphärenreservat Pfälzerwald-Vosges du Nord
An der Sandbach
Haardtrand - In der Rüstergewann
Weilerskopf

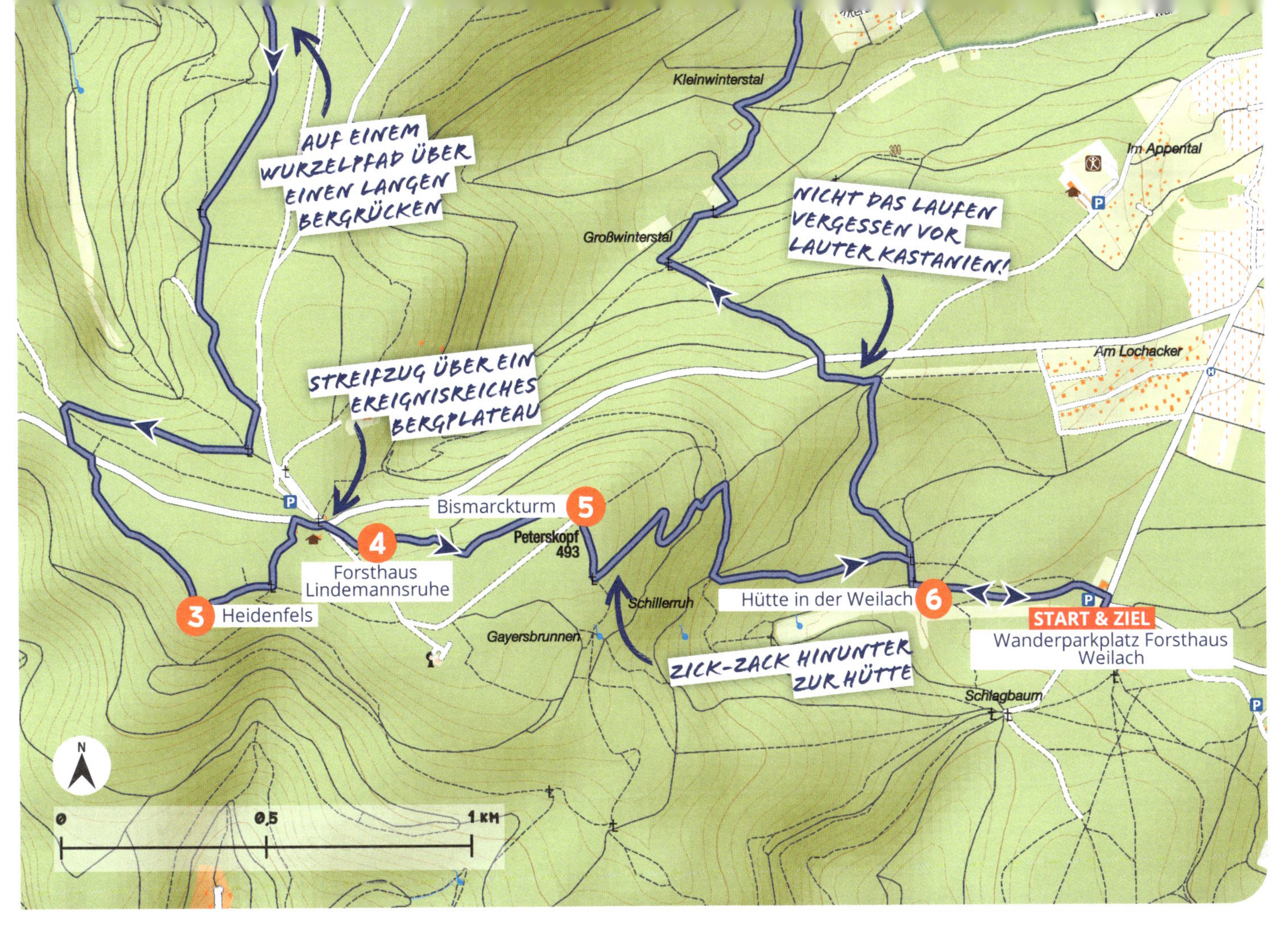
Kleinwinterstal
Im Appental
AUF EINEM WURZELPFAD ÜBER EINEN LANGEN BERGRÜCKEN
NICHT DAS LAUFEN VERGESSEN VOR LAUTER KASTANIEN!
Großwinterstal
Am Lochacker
STREIFZUG ÜBER EIN EREIGNISREICHES BERGPLATEAU
Bismarckturm
5
4
Peterskopf
493
Forsthaus Lindemannsruhe
3
Heidenfels
Schillerruh
Hütte in der Weilach
6
START & ZIEL
Wanderparkplatz Forsthaus Weilach
Gayersbrunnen
ZICK-ZACK HINUNTER ZUR HÜTTE
Schlagbaum
N
0
0,5
1 KM

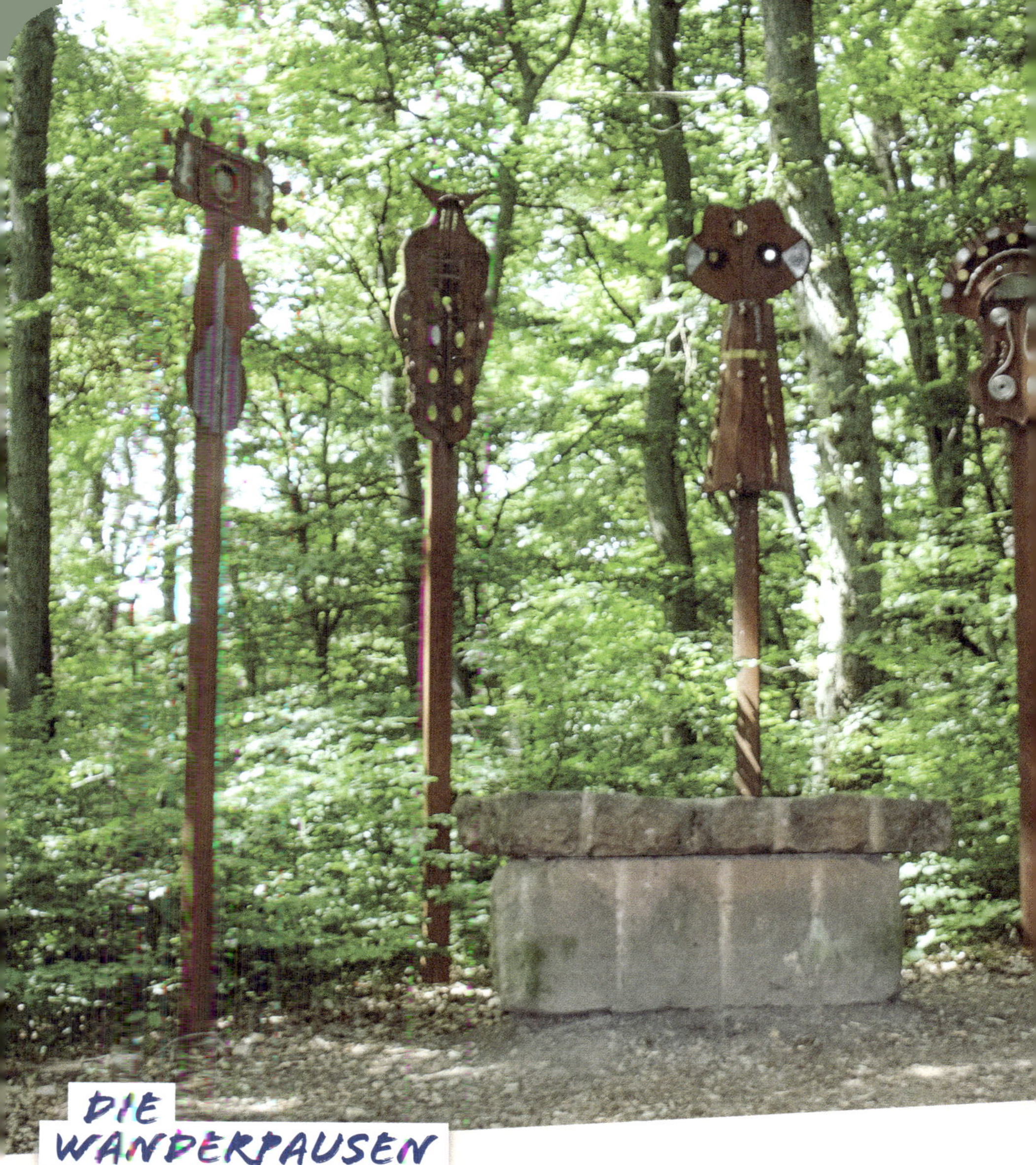

DIE WANDERPAUSEN

» START
Gasthaus Wildenstein, Parkplatz

KM 1
1 Naturschutzgebiet Wildensteiner Tal
Vogelstimmen müsste man kennen!

KM 3
2 Reißender Fels
Tief unten der Dschungel

KM 7
3 Königsstuhl
Windräder zählen

20

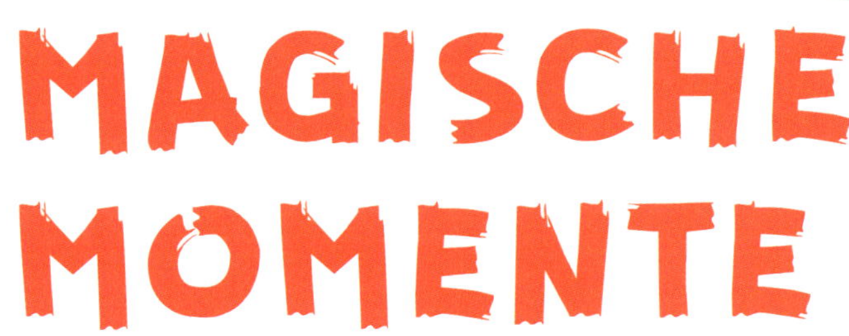

MAGISCHE MOMENTE

Spannende Wege am Donnersberg

Die abwechslungsreiche Tour führt auf den Berg der Kelten, den höchsten Berg der Pfalz. Wandernde können sich auf Dschungel-Atmosphäre, Aussichtsfelsen, einen Panoramaturm und eine wunderbar gelegene Ausflugsgaststätte freuen.

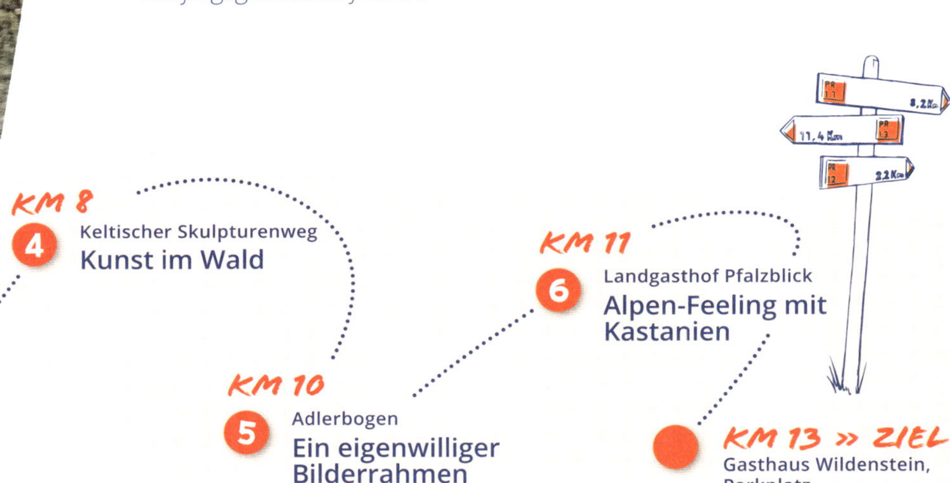

ETWAS PFADFINDER-MENTALITÄT …

… braucht man schon, um den weit aus der Umgebung herausragenden Donnersberg auf seiner interessantesten Route von Südosten her zu ersteigen. Denn dort haben die Wegeverantwortlichen weder die Bäume mit Farbe noch sich selbst mit Ruhm bekleckert. Umso größer das Erfolgserlebnis, wenn man nach einem spannenden Aufstieg den höchsten Punkt des 687 Meter hohen Massivs erreicht hat. Wo man still die Gewissheit genießt, den von Norden heraufgekommenen PS-Bergsteigern doch um einige Erlebnisse voraus zu sein.

Schon ganz unten am Fuß des Berges, beim Streifzug durch das ebenso weltferne wie geheimnisvolle **Wildensteiner Tal,** ist die Magie des Donnersberges zu verspüren. Magisch auch die alpin anmutende Blockhalden-Querung am Herkulesberg, der Tiefblick vom Aussichtspunkt **Reißender Fels,** die kargen Mauerreste der Burgruine Wildenstein.

HOCH ÜBER DEM WILDENSTEINER TAL DEM VOGELKONZERT LAUSCHEN

Auch die Vergangenheit des massigen Massivs ist faszinierend: Die Kelten mit ihrem Gespür für besondere Plätze suchten den Donnersberg nicht nur häufig auf, sondern erkoren ihn in der Latènezeit um etwa 150 vor unserer Zeitrechnung zu einem wichtigen Wohnort. Mehrere Tausend Menschen führten hier ein geschäftiges Leben, mit Handwerk, Handel und Markttreiben. Damit spielte der Donnersberg in der gleichen Liga wie der Mont Auxois im heutigen Burgund, auf dem die Gallier die Stadt Alesia anlegten. Von einem ehemals über acht Kilometer langen Ringwall, der das Oppidum umschloss, sind unweit des Ludwigsturmes teilrestaurierte Reste zu besichtigen.

Der Ludwigsturm selbst ist ein Zweckbau, der für seine Charmefreiheit mit dem erhofften 360-Grad-Panorama entschädigt. Nach der Gipfelstunde locken irdische Genüsse: Vorbei an zwei Aussichtsfelsen und dem **Adlerbogen,** einem eigenwilligen Kriegerdenkmal, geht es in Serpentinen zügig hinunter zum **Landgasthof Pfalzblick.** Gepflegt speisen, mit toller Aussicht und Kastanien direkt vor der Nase. Beim abschließenden Abstieg durch den Buchenwald unterstützt dann der gut gefüllte Magen die Schwerkraft. «

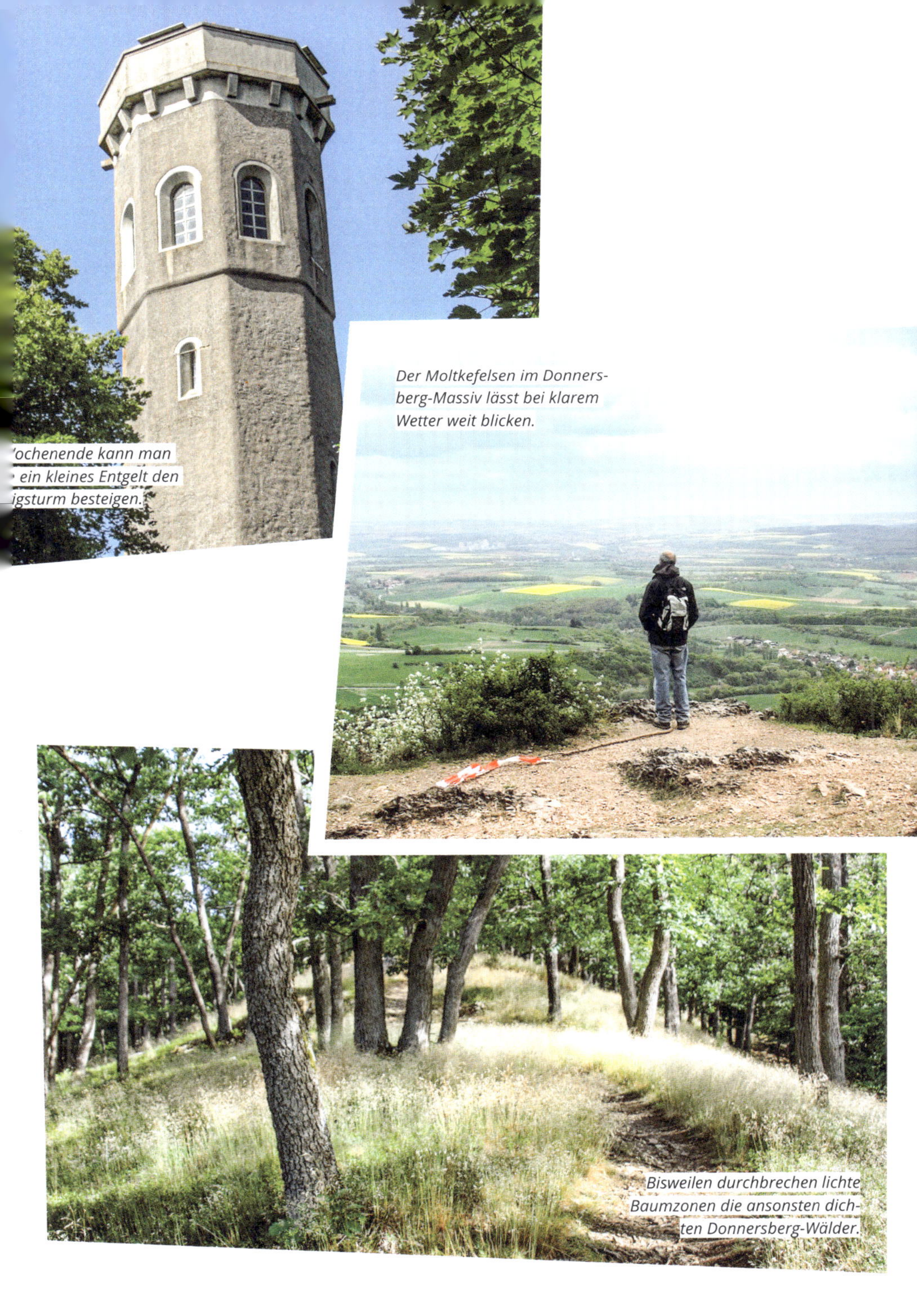

'ochenende kann man
' ein kleines Entgelt den
igsturm besteigen.

Der Moltkefelsen im Donnersberg-Massiv lässt bei klarem Wetter weit blicken.

Bisweilen durchbrechen lichte Baumzonen die ansonsten dichten Donnersberg-Wälder.

WANDERN & GENIESSEN

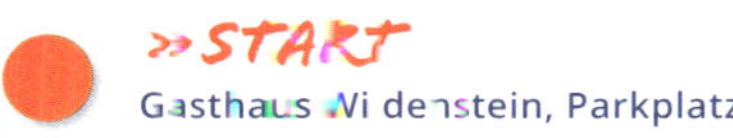

>> START

Gasthaus Wildenstein, Parkplatz

An der Orientierungstafel gegenüber des Gasthauses einen unmarkierten Forstweg nehmen, der halblinks leicht bergab führt. Nach wenigen Minuten einem Wanderweg mit der Markierung blau-roter Balken nach rechts ins Wildensteiner Tal folgen.

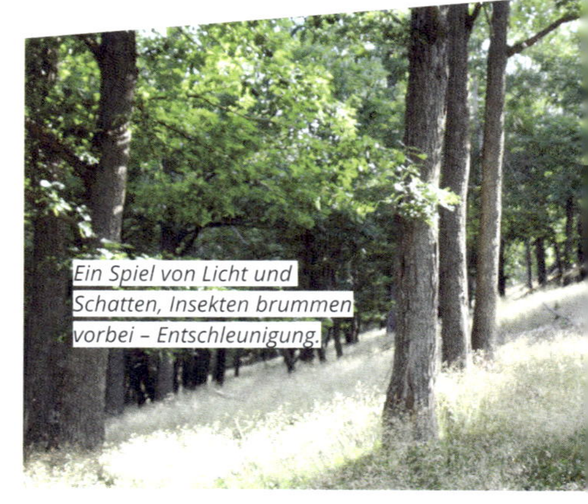

Ein Spiel von Licht und Schatten, Insekten brummen vorbei – Entschleunigung.

KM 1

Naturschutzgebiet Wildensteiner Tal

Vogelstimmen müsste man kennen!

Auf zu einer kleinen Dschungel-Expedition! Das streng naturgeschützte Wildensteiner Tal, einst holzwirtschaftlich genutzt, ist dabei, sich zu einem Urwald zu entwickeln. Schon heute verspürt man hier einen Hauch von Ewigkeit: unzugängliche Steilhänge, uralte Baumriesen – Eichen, Buchen, Bergahorne und Eschen. Das Vogelkonzert klingt bezaubernd. Hätte man doch jemanden dabei, der all diese Stimmen auseinander halten kann! Menschen, die mit Smartphone unterwegs sind, lassen sich von einer App über das Pfeifen und Singen aufklären. Irrtümer eingeschlossen.

Am Talende auf einem Bergpfad rechts weiter zum blau-weiß markierten Pfälzer Höhenweg. Diesem kurz nach links folgen und mit der ersten Abzweigung nach links hinauf zu einem Forstweg mit der Nummer 2. An einem Aussichtspunkt vorbei weiter bergauf, an einer Gabelung links. Etwa 100 m weiter an einem Naturschutzgebiet-Schild den breiten Weg verlassen und abermals links ohne Markierung zum Reißenden Fels.

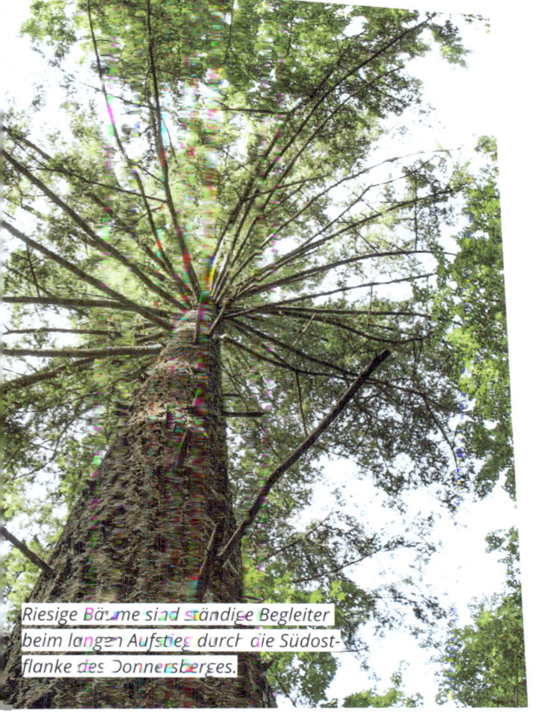

Riesige Bäume sind ständige Begleiter beim langen Aufstieg durch die Südostflanke des Donnersberges.

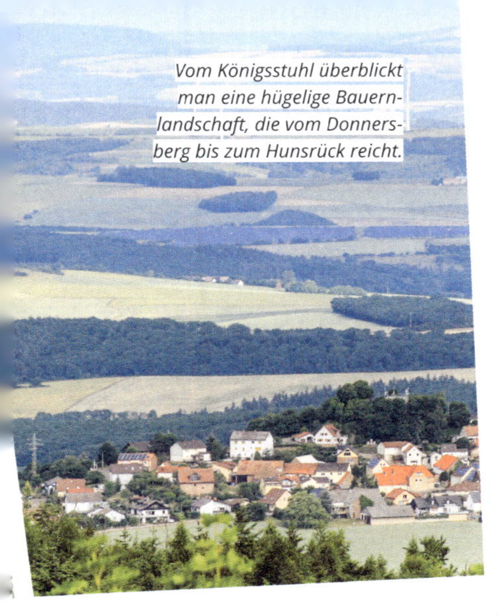

Vom Königsstuhl überblickt man eine hügelige Bauernlandschaft, die vom Donnersberg bis zum Hunsrück reicht.

KM 7

3 Königsstuhl
Windräder zählen

Im ersten Moment mag man enttäuscht sein, wenn man den Königsstuhl, den mit 687 Metern höchsten Punkt des Donnersberges vor sich hat. Ein kleiner Felshöcker, mehr ist da nicht. Auch den erwarteten Rundumblick bietet der Königsstuhl nicht – dafür gibt es eine Viertelstunde entfernt den Ludwigsturm. Dennoch: Die Aussicht hat Klasse, schaut man doch nordwärts über das Höhendorf Ruppertsecken bis zum Hunsrück und ostwärts über das Rheinhessische Hügelland bis zu Taunus und Odenwald. Geduldige oder zahlenvernarrte Menschen zählen die Windräder in der Ebene und auf den niedrigeren Höhenzügen. Bei rekordverdächtigen 150 werden sie Schluss machen.

Weiter auf dem Pfälzer Höhenweg und an der Keltenhütte vorbei zum Ludwigsturm.

KM 3

2 Reißender Fels
Tief unten der Dschungel

Große Felsen sind selten am Donnersberg. Anders als im Pfälzerwald findet man hier auch keine senkrechten Wände, sondern gestufte, vielzackige Formationen. Statt aus Buntsandstein bestehen die meisten Felsen aus mattrotem Rhyolith, einem am Donnersberg häufigen, granitartigen Gestein. Ein besonders spannendes Felsenexemplar ist der Reißende Fels über dem Wildensteiner Tal. Wie ein maroder Zahn ragt er aus einer steilen Blockhalde am Hang des Herkulesberges heraus. Für Wandernde erweist er sich als Aussichtspunkt der Extraklasse und traumhafter Picknickplatz.

Auf einem Pfad fast eben durch die Bergflanke und an einem weiteren Aussichtspunkt vorbei zur Burgruine Wildenstein. Dort kurz einem unbeschilderten Pfad folgen, der sich auf einem grünen Bergrücken bergauf zieht. Linkshaltend einem Wanderweg bis zu einem Sattel östlich des Gebrannten Berges folgen. Mit dem blau-weißen Logo des Pfälzer Höhenweges nach rechts.

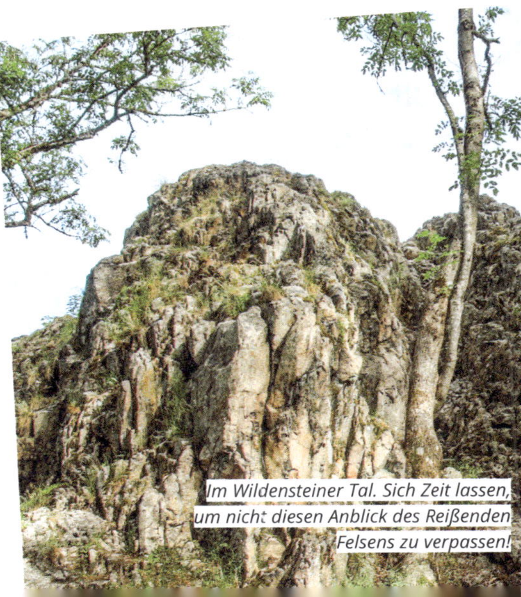

Im Wildensteiner Tal. Sich Zeit lassen, um nicht diesen Anblick des Reißenden Felsens zu verpassen!

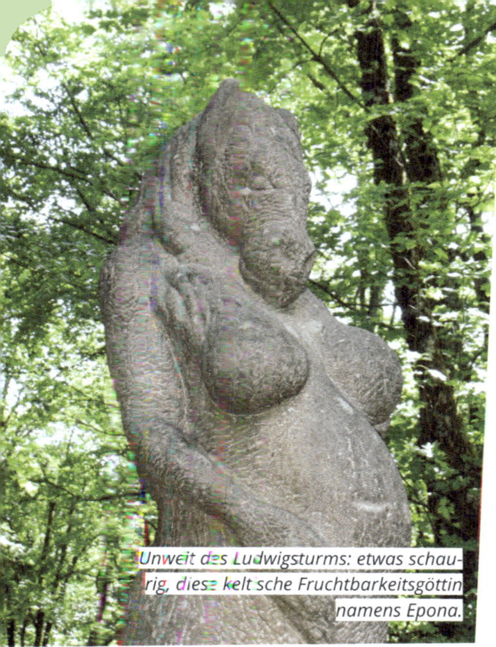

Unweit des Ludwigsturms: etwas schaurig, diese keltische Fruchtbarkeitsgöttin namens Epona.

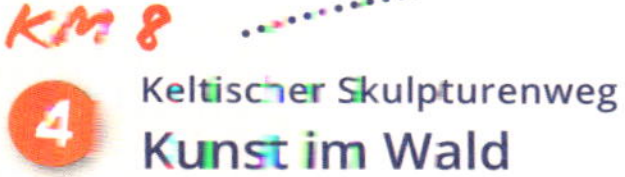

4

Keltischer Skulpturenweg
Kunst im Wald

Ein mythischer Platz wie der Donnersberg ohne Kunst? Undenkbar. Naheliegend, hier den Bezug zu den Kelten herzustellen, also hat man einen keltischen Skulpturenweg angelegt. Er verbindet das Oppidum auf dem Gipfel mit dem Steinbacher Keltendorf, einem Freilichtmuseum, in dem die Lebensweise und die Handwerkstechniken der Kelten nachgestellt werden. Da der Skulpturenweg auf der gleichen Route wie der Weitwanderweg Pfälzer Höhenweg verläuft, begleiten die auf einem Bildhauer-Symposium entstandenen Werke den gesamten Abstieg dieser Wanderung. Da gibt es Epona, die Pferde- und Fruchtbarkeitsgöttin der Kelten, den Stier als Symbol der Stärke, Waldgötter und Symbole eines rätselhaften Opferkultes.

Auf dem Pfälzer Höhenweg bergab.

KM 10

5

Adlerbogen
Ein eigenwilliger Bilderrahmen

Diesen Fernblick gibt es nur hier, in der Ostflanke des Donnersberges: Wie durch einen Bilderrahmen schaut man durch einen stählernen Rundbogen, der zwei Felszacken des Moltkefelsens überbrückt, über die Rheinebene bis zum Odenwald. Eigentlich war der über 12 Meter lange Stahlbogen für den Brückenbau vorgesehen, dann aber kam der damalige Pfälzische Verschönerungsverein auf die Idee, ihn zu einem Denkmal zu Ehren des Generalfeldmarschalls Graf von Moltke umzufunktionieren. Der hatte sich im Deutsch-Französischen Krieg um die Pfalz verdient gemacht. Verschönerung, na ja, ein Besuchermagnet allemal. Etwas oberhalb des Adlerbogens nutzen Paraglider das Plateau des Moltkefelsens als Startrampe, fliegen aber – soweit bekannt – nicht unter dem Adlerbogen hindurch. Bisher.

Weiter auf dem Pfälzer Höhenweg.

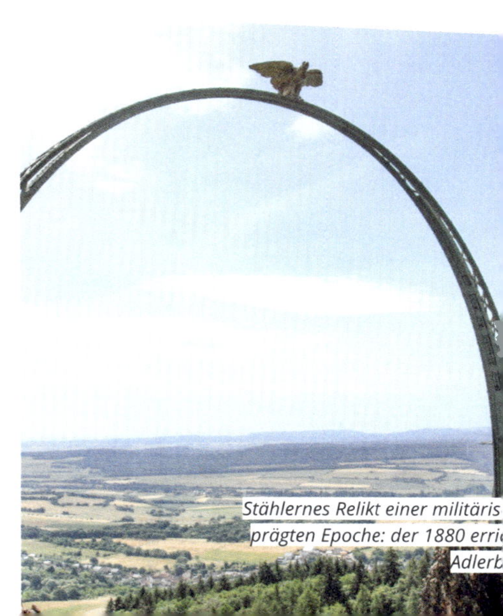

Stählernes Relikt einer militäris prägten Epoche: der 1880 erri Adlerb

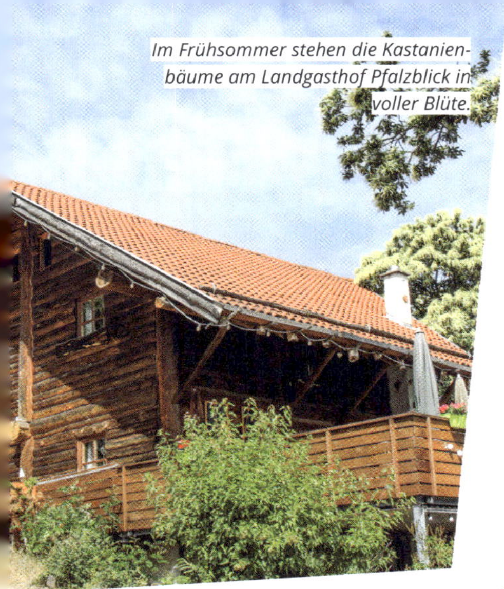

Im Frühsommer stehen die Kastanienbäume am Landgasthof Pfalzblick in voller Blüte.

EXTRA INFOS:

Nach der Hälfte der Wanderung kann man auf dem Gipfelplateau des Donnersberges in der ● **Keltenhütte des Pfälzerwald-Vereins** einkehren (www.pwv-kibo.de, Samstag und Sonntag geöffnet). Am Endpunkt wartet das ● **Gasthaus Wildenstein** mit bürgerlicher Küche auf (gast haus-wildenstein.eatbu.com, Montag bis Donnerstag und Samstag geöffnet).

KM 11

6 Landgasthof Pfalzblick

Alpen-Feeling mit Kastanien

KM 13 » ZIEL

Gasthaus Wildenstein, Parkplatz

Über dem Bergdorf Dannenfels, in der Ostflanke des Donnersberges, liegt der Landgasthof Pfalzblick, ein mit einem grandiosem Fernblick gesegnetes Restaurant (landgasthof-pfalzblick.de, Dienstag bis Sonntag geöffnet). So ungewöhnlich das Gebäude, ein Blockhaus im alpenländischen Stil, so ungewöhnlich die Speisekarte: Mit diversen Salaten und mancherlei Vegetarischem reicht sie weit über das in Pfälzer Ausflugslokalen Übliche hinaus. Lange Zeit trug das Restaurant den Namen Kastanienhof. Aus gutem Grund: Im Frühsommer regnen rund ums Haus Kastanienblüten herab, im Herbst purzeln reife Esskastanien auf den Balkon.

Weiter auf dem Pfälzer Höhenweg.

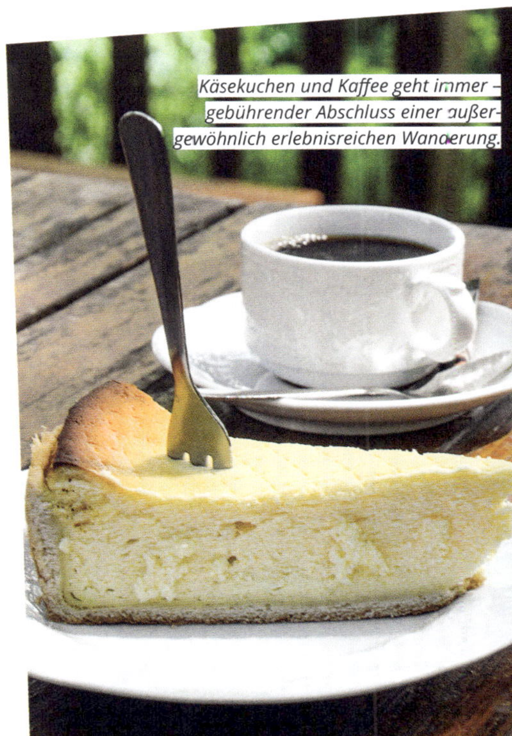

Käsekuchen und Kaffee geht immer – gebührender Abschluss einer außergewöhnlich erlebnisreichen Wanderung.

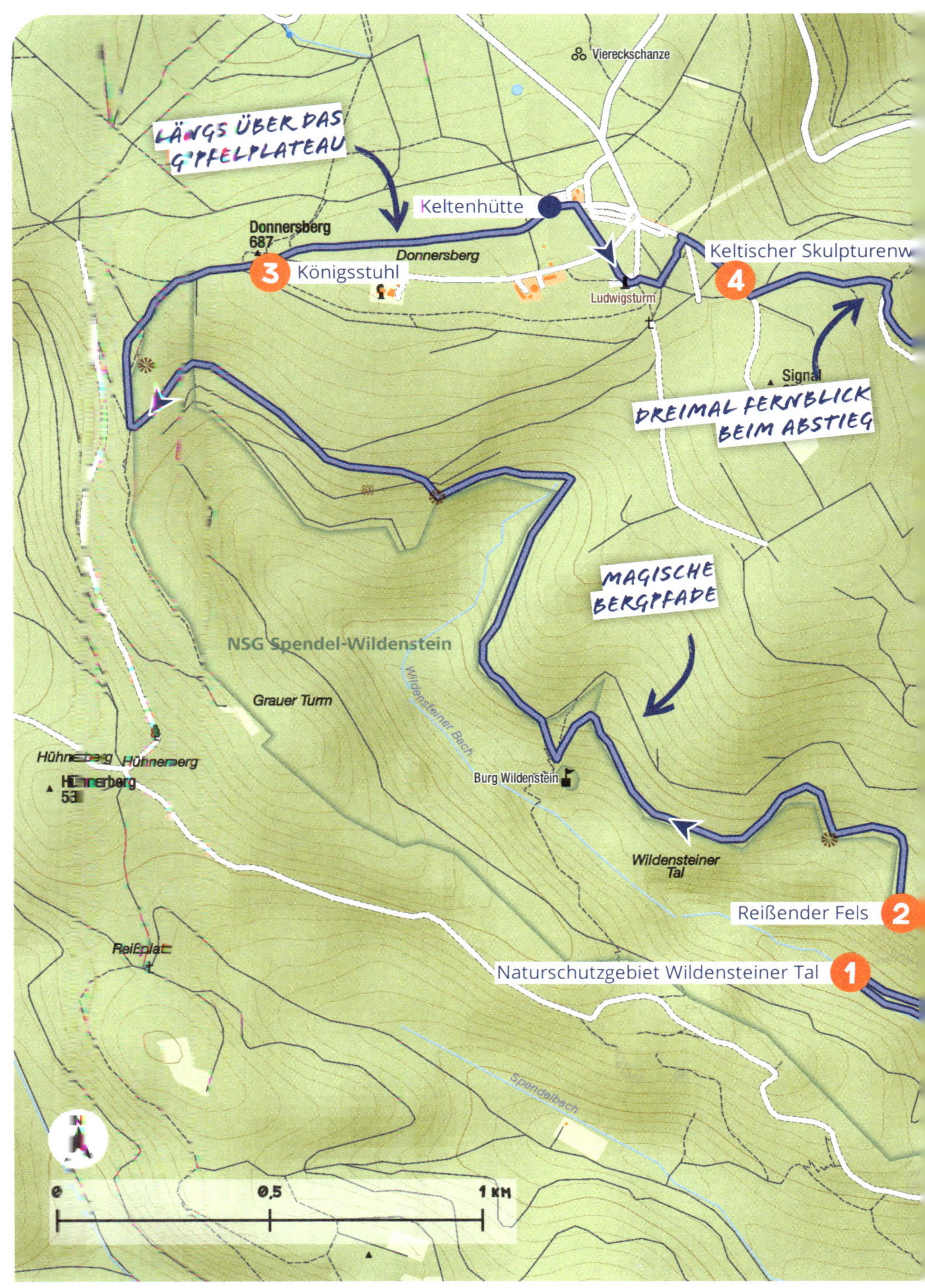

Viereckschanze
LÄNGS ÜBER DAS GIPFELPLATEAU
Keltenhütte
Donnersberg 687
Donnersberg
3 Königsstuhl
Keltischer Skulpturenw
4
Ludwigsturm
Signal
DREIMAL FERNBLICK BEIM ABSTIEG
MAGISCHE BERGPFADE
NSG Spendel-Wildenstein
Grauer Turm
Wildensteiner Bach
Burg Wildenstein
Wildensteiner Tal
Reißender Fels 2
Naturschutzgebiet Wildensteiner Tal 1
Spendelbach
N
0
0,5
1 KM

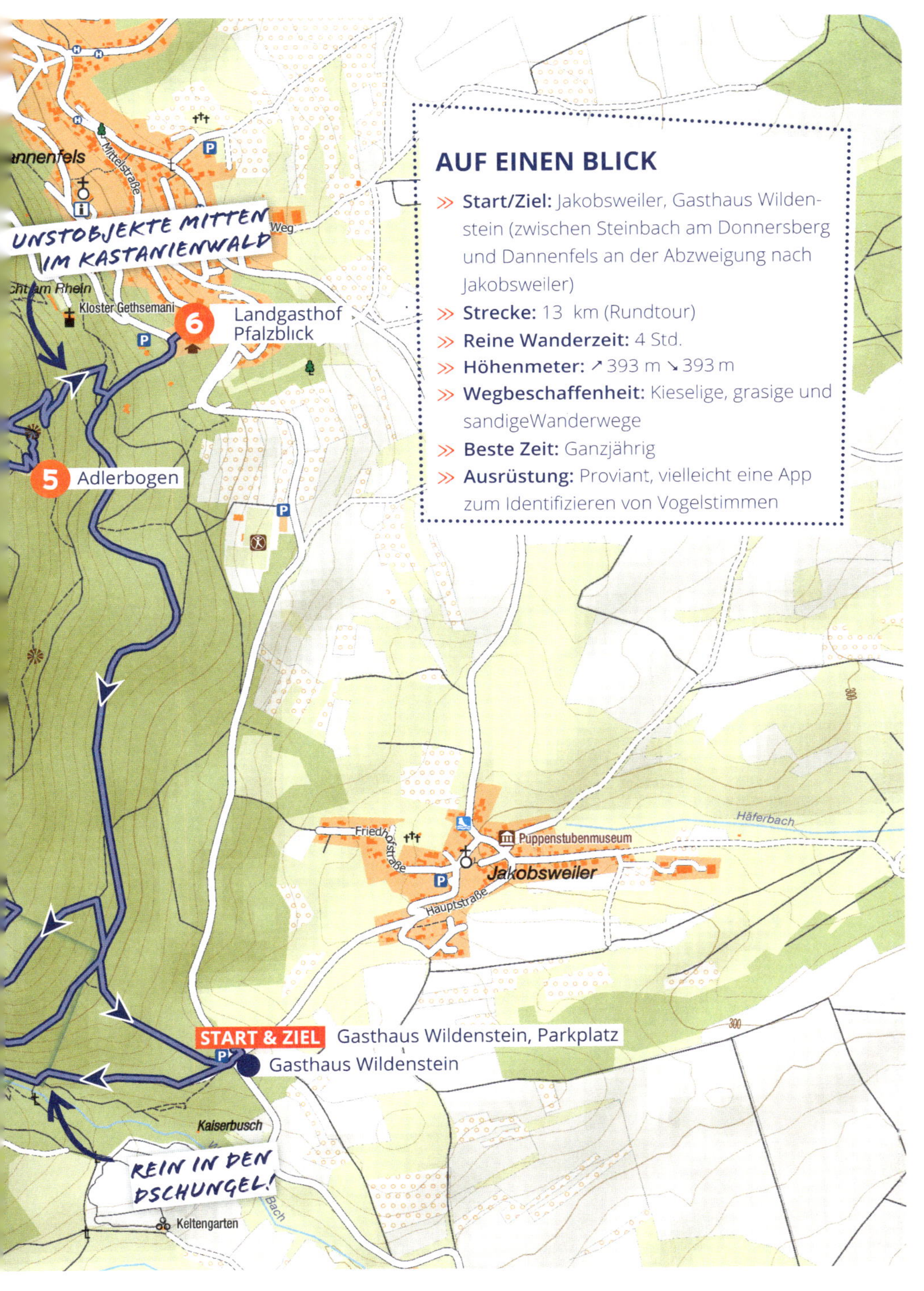

AUF EINEN BLICK

- » **Start/Ziel:** Jakobsweiler, Gasthaus Wildenstein (zwischen Steinbach am Donnersberg und Dannenfels an der Abzweigung nach Jakobsweiler)
- » **Strecke:** 13 km (Rundtour)
- » **Reine Wanderzeit:** 4 Std.
- » **Höhenmeter:** ↗ 393 m ↘ 393 m
- » **Wegbeschaffenheit:** Kieselige, grasige und sandigeWanderwege
- » **Beste Zeit:** Ganzjährig
- » **Ausrüstung:** Proviant, vielleicht eine App zum Identifizieren von Vogelstimmen

AUCH NOCH GANZ NÜTZLICH

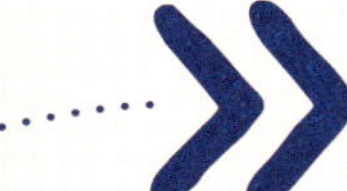

ORTSREGISTER

IMPRESSUM

» **Text:**
Thomas Diehl

» **Cover- und Buchgestaltung:**
Carolin Weidemann, Köln, www.weidemann-design.com

» **Lektorat & Produktion:**
Simone Nörling, Köln, www.derschoenstesatz.de

» **Projektmanagement:**
Susanne Heimburger, Tamara Siedler

» **Fotos:**
Titelfoto: Gregor Lengler/laif; Fotos Innenteil: Thomas Diehl mit folgender Ausnahme: Margret Germann (S. 24)

» **Kartografie:**
©KOMPASS-Karten GmbH, kompass.de unter Verwendung von ©OpenStreetMap Contributors, osm.org/copyright

» **S. 222 / 223:**
Marie Geißler (Illustration), Jens Bey (Text)

Alle Angaben ohne Gewähr. Alle Rechte vorbehalten. Das Werk einschließlich aller seiner Teile ist urheberrechtlich geschützt und darf weder kopiert, vervielfältigt, nachgeahmt oder in anderen Medien gespeichert werden, noch darf es in irgendeiner Form oder mit irgendwelchen Mitteln – elektronisch, mechanisch oder in anderer Weise – weiterverarbeitet werden.

Printed in Poland

1. Auflage 2024

© 2024 DuMont Reiseverlag, Ostfildern

ISBN 978-3-616-03233-7

www.dumontreise.de

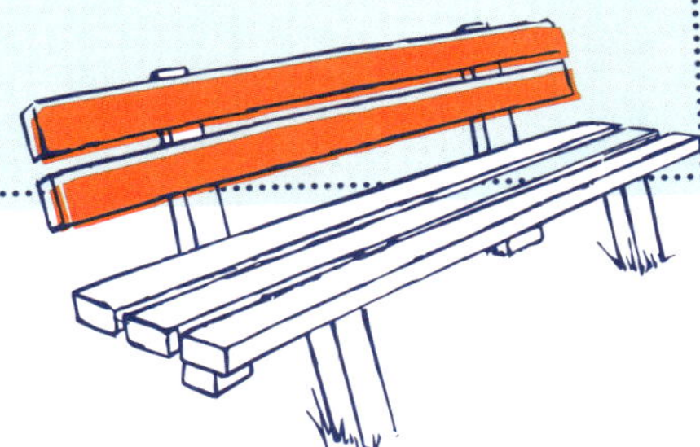

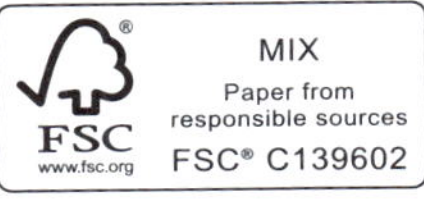

RECHTS ODER LINKS? IMMER WISSEN, WO'S LANGGEHT!

» **TOURENVERLAUF**

GPX-Daten zum kostenlosen Download
www.dumont-reise.de/wanderzeit/pfalz

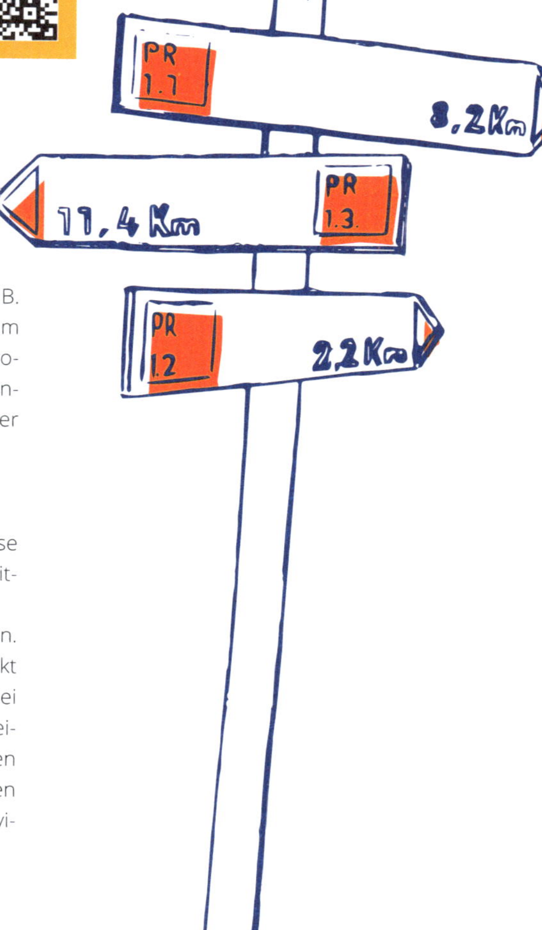

GPX-DOWNLOAD AUFS SMARTPHONE – SO GEHT'S

» **Voraussetzung:**
Eine Outdoor-App muss installiert sein, z. B. KOMPASS, Outdooractive oder Komoot. Zum Einlesen des QR-Codes benötigen ältere Android-Geräte eine QR-Code-App. Bei neueren Android- und iOS-Geräten ist diese Funktion in der Kamera integriert.

» **Daten downloaden:**

1. Den QR-Code einlesen oder die Webadresse im Browser eingeben, um auf die Wanderzeit-Website zu gelangen.
2. Die gewünschte Tour zum Download anklicken.
3. Bei iOS-Geräten werden die GPX-Daten direkt mit der vorab installierten App verknüpft. Bei Android-Geräten muss ggf. noch ein Weiterleiten-Button geklickt werden (z. B. oben rechts im Display). Manche Apps zeigen den Tourverlauf starr an, andere haben eine Navigationsfunktion dabei.

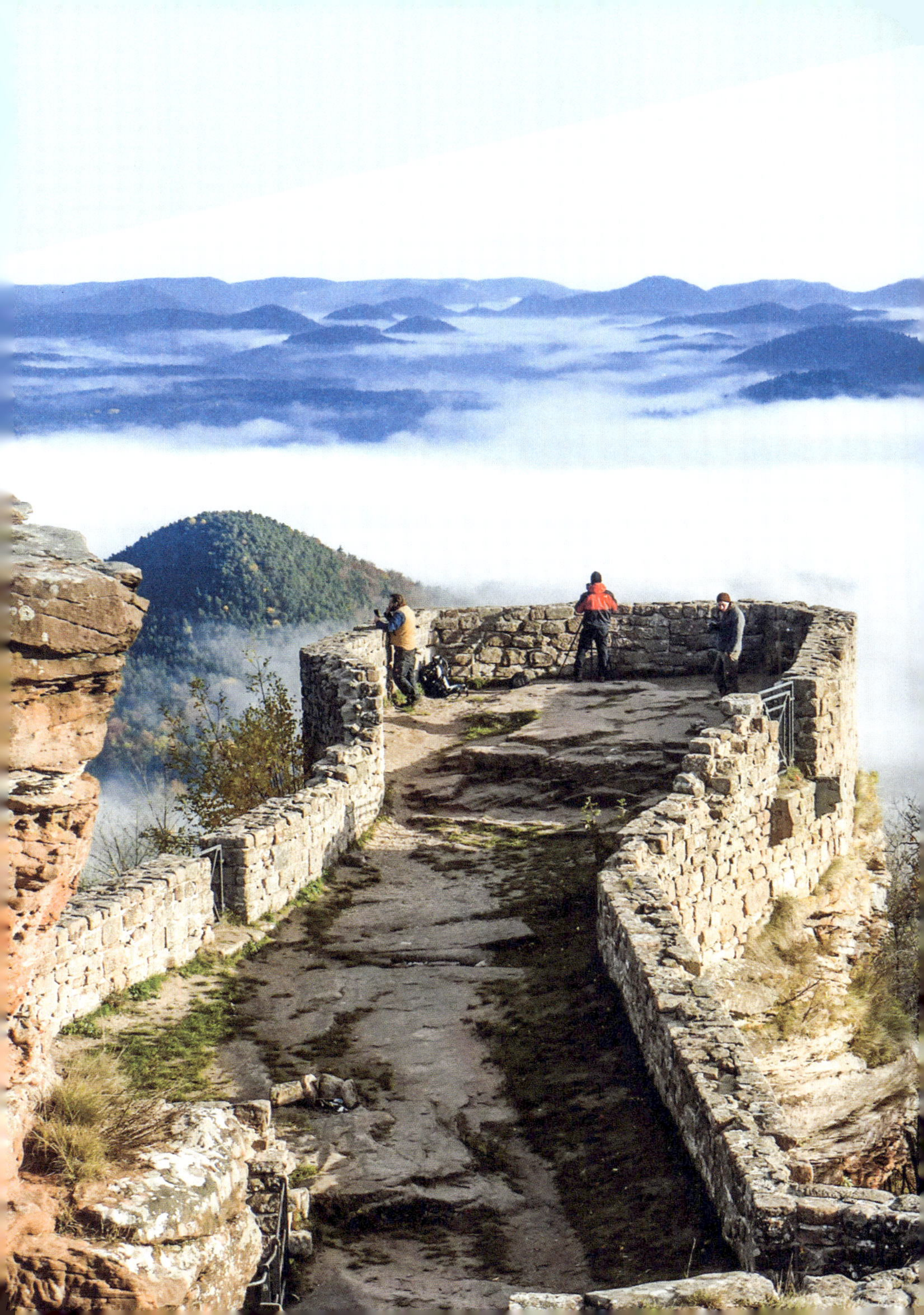

WEITERWANDERN …

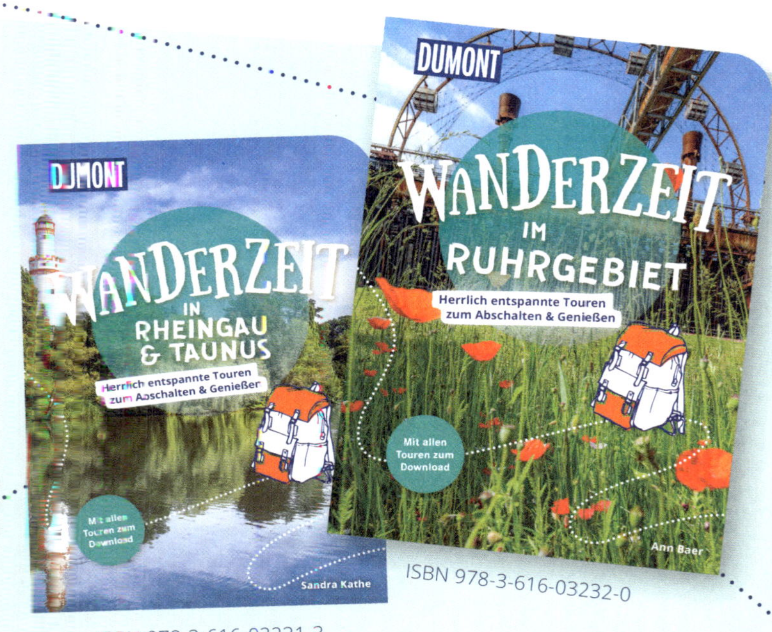

ISBN 978-3-616-03232-0

ISBN 978-3-616-03231-3

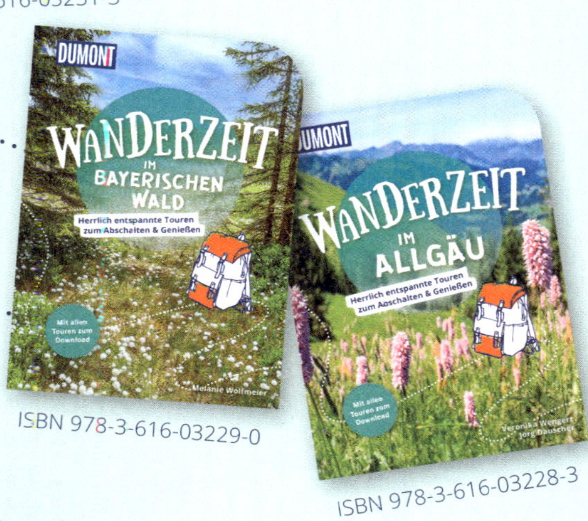

ISBN 978-3-616-03229-0

ISBN 978-3-616-03228-3

… ODER LIEBER MAL RADELN?

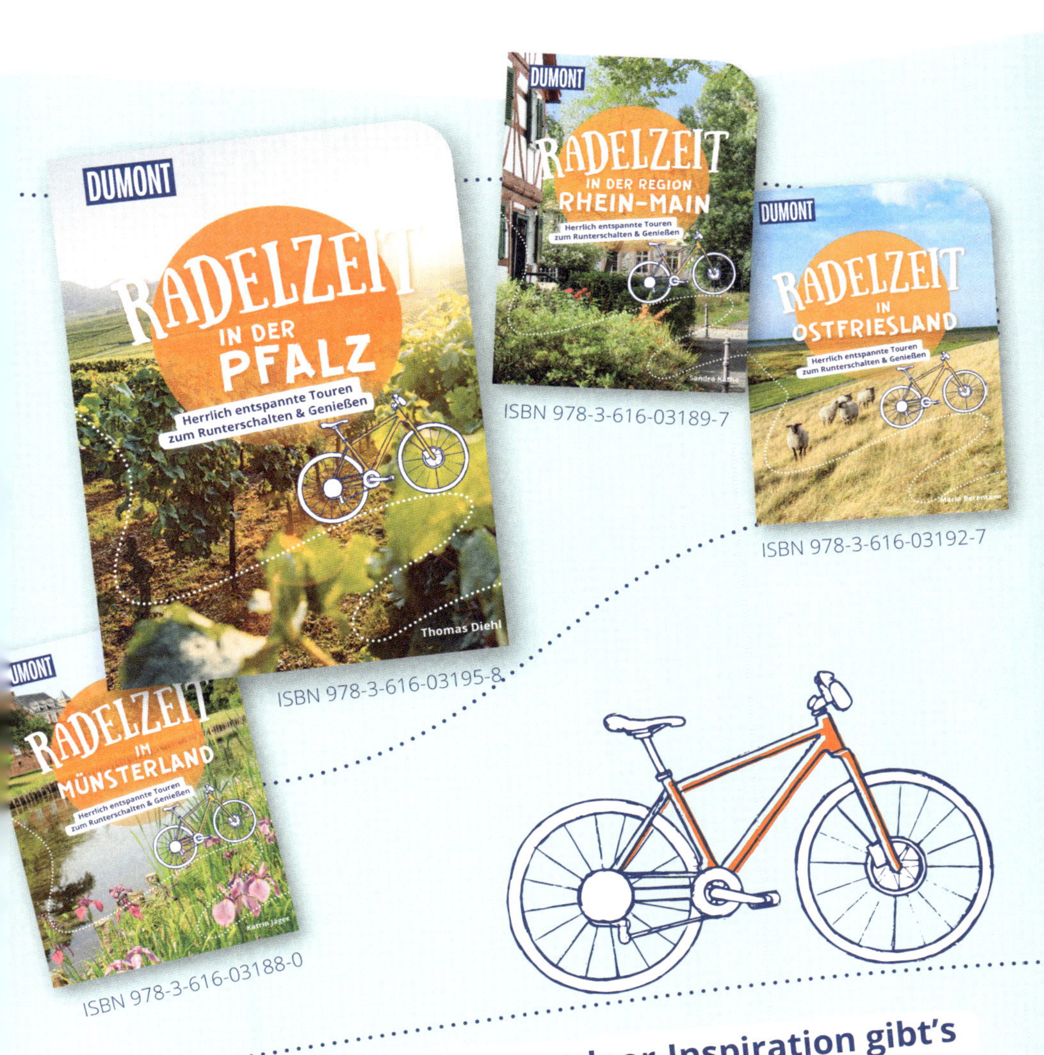

Noch mehr Outdoor-Inspiration gibt's im gut sortierten Buchhandel und unter www.dumontreise.de

ANTI-RUCKSACK-AUTSCH-ÜBUNGEN

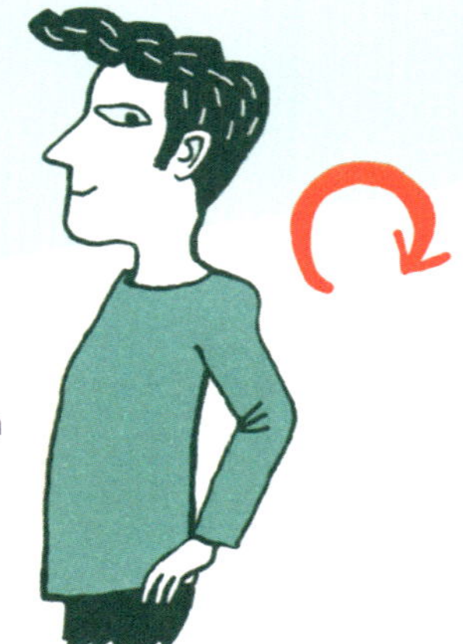

1. Kreise 30 Sekunden mit den Schultern nach hinten und unten.

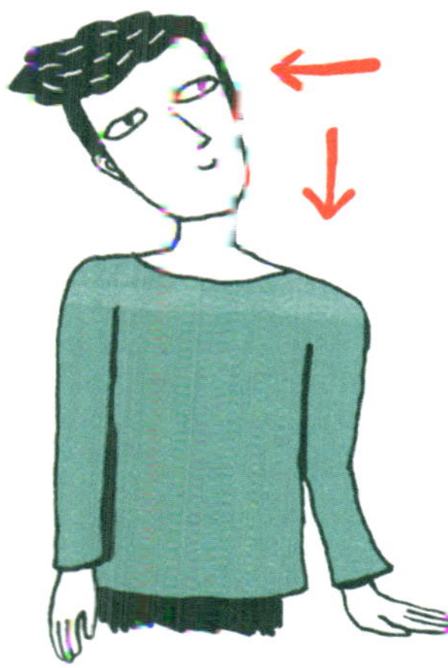

2. Den Nacken ziehst du in Form, indem du den Kopf langsam, ohne ihn zu verdrehen, zur rechten Schulter neigst. Den linken Arm schiebst du dabei langsam nach unten, die Handfläche zeigt zum Boden. Ruhig atmen, 15 Sekunden halten, dann wechselst du die Seite.

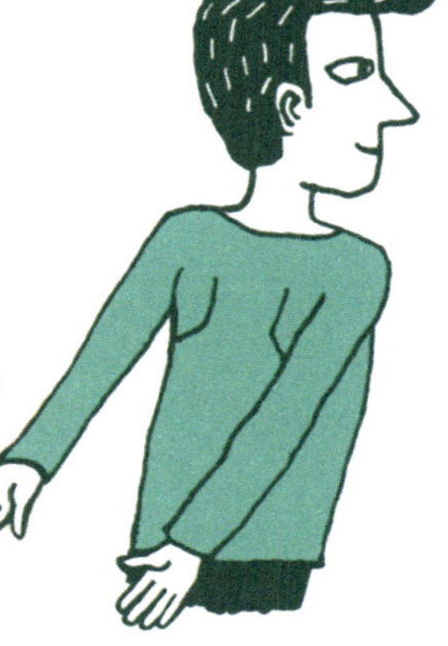

3. Die Brust entspannt sich, wenn du deine Arme seitlich nach hinten bewegst, mit den Handflächen zur Decke. 15 bis 20 Sekunden lang in der Dehnung bleiben und dabei kein Hohlkreuz machen.

4. Die Schulterbrücke stärkt den Rücken. Lege dich auf einer Matte auf den Rücken, stelle die Beine hüftbreit auf, die Arme liegen gerade am Boden. Dann hebst du das Becken an, sodass der Körper eine gerade Linie bildet. Absenken und wieder anheben.

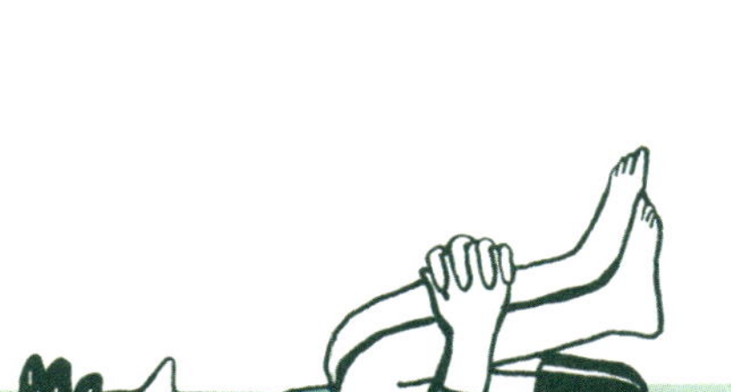

5. Prima Päckchen: Ziehe die Knie zur Brust heran, umfasse sie mit den Händen und atme aus. Lockere die Knie etwas und ziehe sie wieder heran. Das dehnt die Muskulatur an der Wirbelsäule und macht dich wieder beweglicher.

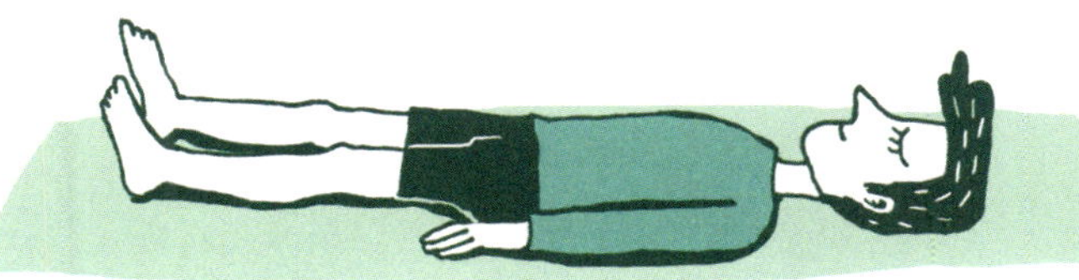

6. Zum Schluss entspannst du ein paar Atemzüge auf dem Rücken, Arme und Beine locker von dir gestreckt.

DIE PERFEKTE TOUR ...

#FÜR SONNENHUNGRIGE

Auch das ist Genießen auf Pfälzisch: Auf sonnengewärmten Felsen herumlümmeln, plaudern und dösen. Dazwischen immer mal wieder einen Blick auf die Kegelberge des Wasgaus werfen.

» TOUR 9, S. 94

#FÜR NEUGIERIGE

Auf den Spuren von Schmugglern und Zöllnern über aussichtsreiche Höhen und durch stille Täler wandern. Natürlich mit einem Grenzübertritt und einer Schlemmerei in Frankreich.

» TOUR 4, S. 44

#FÜR WASSERRATTEN

Moordunkle Badeseen, quellklare Bäche und verträumte Wooge sind die Zutaten dieser Rundwanderung in einem der stillsten Winkel der Pfalz. Schauen, plantschen, schwimmen.

» TOUR 2, S. 24

#FÜR LECKERMÄULER

Hoch über der Deutschen Weinstraße von Hütte zu Hütte. Hier die Leberknödel mit Sauerkraut wagen, dort einen »Handkees mit Musigg". Dann mit einem Käsekuchen den Magen schließen.

» TOUR 16, S. 164

#FÜR FAULE

Auf ganze elf Höhenmeter summieren sich die »Anstiege« dieser Tour durch die Rheinauen. Entlang dschungelartiger Wälder und geheimnisvoller Gewässer, bevölkert von einer exotischen Vogelwelt.

» TOUR 15, S. 154

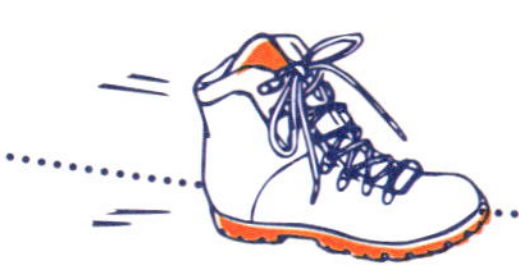